승무원 토익 700+

LC+RC
한 달 완성

Kelly | 시원스쿨어학연구소

Lab.siwonschool 시원스쿨 **LAB**

승무원 토익 700+

저자 Kelly · 시원스쿨어학연구소
　　　신승호, 박상신, 윤서연, 홍지영, 유준석, 김태성, David Smith, 유정은, 신숙원, 문나라, 안소현, 김아영, 서가은
기획총괄 신승호
편집총괄 윤서연, 이은경
검수총괄 박상신
검수 윤서연, 이은경, 신숙원, David Smith, 김아영, 서가은, Anna Lee
시험영어마케팅 우제환, 공혜림, 김진아, 김재식, 신주희, 최보미, 정재연, 최효진, 임진규, 구선주, 오한솔

출판총괄 조순정
편집디자인 김현철, 강민정, 차혜린, 김보경, 신미옥, 이상현
출판마케팅 장혜원, 이성원, 이윤재, 김영준, 위가을
제작/지원 김석성, 양수지

초판 1쇄 발행 2019년 4월 16일

펴낸이 양홍걸, 이시원
펴낸곳 ㈜에스제이더블유인터내셔널

홈페이지 lab.siwonschool.com
주소 서울시 영등포구 국회대로74길 12 남중빌딩 시원스쿨
등록번호 2010년 10월 21일 제 321-2010-0000219

도서문의 안내
대량구입문의 02)2014-8151　**팩스** 02)783-5528
기타문의 02)6409-0878

머리말

예쁜 유니폼을 입고, 우아한 미소로 승객들을 맞이하고, 전세계를 여행하며 외국인들과 허물없이 소통하는 그런 모습! 승무원을 꿈꾸는 사람들이라면 한 번쯤은 상상해본 모습이겠죠?

저에게도 승무원이 꿈이었던 시절이 있었습니다. 이력서를 쓰고, 미소와 자세 연습, 워킹 연습, 그리고 모의 면접 연습이 내 생활의 모두였던 시간이었지요. 승무원을 꿈꾸는 친구들과 함께 면접을 준비하고, 친구들의 합격 소식, 비행 소식 등을 접하면서 언젠간 나도 비행을 할 거라며 꿈을 향해 달려갔었지요. 비록 지금은 다른 꿈을 이루었지만, 여전히 승무원이라는 그 세 글자는 저에게 설레임을 주는 단어입니다.

지금도 비행기를 타고 여행을 갈 때면 승무원들을 보면서 내가 만약 그때 승무원이 되었다면 저런 모습일까 상상해보기도 합니다.

그래서일까요. 토익을 가르치면서도 "승무원을 준비한다"는 수강생을 만나면 그 시절의 절박했던 제 모습이 생각나서 눈길도 한번 더 가고, 괜히 신경이 더 쓰이더라구요. 예승이들에게 토익을 가르치면서, 내 수업으로 인해 만족스런 토익 점수를 얻고 반드시 합격하길 바란다고 마음속으로 외치며 진심을 담아 강의했습니다.

승무원을 준비하는 학생들의 1차 난관이 바로 토익 점수라지요. 최소 커트라인을 넘기기 위해서, 합격 평균 점수를 얻기 위해서, 미소 연습을 하느라 입에 볼펜을 물고 단어를 외우는 학생들을 보며 제가 무엇을 해 줄 수 있을까, 어떻게 하면 도움이 될 수 있을까 고민했습니다.

긴 고민 끝에, 제가 가장 잘 할 수 있는 것을 하기로 했습니다.

바로, 가장 짧은 시간 안에 토익 점수를 얻을 수 있는 마법 같은 교재를 준비하는 것이죠. 한 문제 한 문제, 토익 유형을 분석하여 정성을 들여 만들다 보니 집필 기간이 다소 길어질 수밖에 없었습니다. 마침내 이렇게 책을 출간한다니, 믿기지 않네요.

인터뷰에 응해 주신 전·현직 승무원님들께 감사의 말씀드립니다. 후배들을 위해서 본인의 노하우를 모두 전수해 주셔서 정말 고맙습니다.

이제는 이 책 한 권으로, 토익을 준비하는 예승이들의 모든 토익 고민이 사라지길 바랍니다. 어서 토익 졸업하시고, 면접 준비를 더 하자구요.

분명 합격할 겁니다.

진심을 담아,
Kelly 드림

차례

부록

- Half Test 1~5회
- [미니북] 나만 알고 싶은 '승무원 합격의 비밀'

온라인 lab.siwonschool.com

본서 음원(MP3)
Half Test 음원(MP3)·해설
실전 모의고사 음원(MP3)·문제·해설

왜 「승무원 토익 700+」인가?

① 국내 유일의 예비 승무원 전용 토익

▷ 국내 최초/국내 유일, 국내 항공사 승무원 준비생들에게 최적화된 맞춤형 토익 교재입니다.

▷ 대한항공/아시아나 등 국내 항공사에서 요구하는 최소 토익 점수는 550점이지만 700점 이상이 서류 합격 안정권이므로, 지원서 접수 전까지 최소 700점을 확보해 두어야 합니다.

▷ 「승무원 토익 700+」는 국내 항공사 승무원 준비생들이 단시간에 토익 700점을 달성할 수 있도록 토익 콘텐츠를 구성하고, 개인적으로 알기 어려운 승무원 합격 정보를 제공하여 승무원 준비에 필요한 시간을 대폭 단축할 수 있도록 하였습니다.

② 승무원 토익 전문 강사가 집필한 교재와 저자 직강 온라인 강의

▷ 본서의 저자인 Kelly 강사는 현재 제주국제대 항공서비스경영학과 초빙 교원으로 재직 중이며, 온·오프라인의 토익 입문 대표강사로 오랫동안 활약해 오고 있습니다.

▷ 특히 수년간 승무원 토익반을 이끌며 수많은 예비 승무원들을 합격시켜 왔기 때문에 승무원 준비생들의 단계별 토익 니즈를 깊이 이해하고 있으며, 단기간에 입문에서 700점 이상의 중급으로 도약할 수 있는 방법을 매우 잘 알고 있습니다.

▷ 이러한 노하우를 집약하여 「승무원 토익 700+」를 집필하였고, 저자 직강 강의를 통해 초단기에 700점에 이르고, 승무원 영어 면접까지 성공할 수 있는 지름길을 자신 있게 안내합니다.

③ 한 달 만에 700+에 이르는 빠른 구성

▷ 한 달 만에 700+를 달성할 수 있도록 하기 위해 [LC+RC]를 한 권으로 구성하였습니다.

▷ Kelly 강사가 초단기 700+를 위해 특별히 구성한 5회분의 Half Test와, 이를 바탕으로 구성한 문제 유형별 접근법 및 실전 전략이 총 5개 Chapter에 담겨 있습니다.

▷ 각 Chapter는 Part 1부터 Part 7까지 모두 다룹니다. 1개 Chapter 당 Unit 6개씩, 총 30개 Unit으로 구성되어 있어, 히루에 Unit 한 개씩 돌파한다고 생각하고 열심히 공부하면 한 달 만에 700+ 달성이 가능합니다.

▷ 파트별로 구성되어 앞부분인 Part 1, 2만 열심히 하다가 중도 포기하게 되는 타 교재들과 달리, 「승무원 토익 700+」는 각 Chapter에서 Part 1부터 Part 7까지 골고루 다루기 때문에 중간까지만 학습해도 여러 파트의 실력이 골고루 성장하게 됩니다.

4 공채 합격 비결 및 합격자 면접 답변 샘플 제공

▸ Kelly 강사가 승무원 시험에 최종 합격했던 제자들을 섭외하여 얻은, 돈 주고도 못 사는 귀중한 승무원 합격 자료를 미니북으로 엮었습니다.

▸ 대한항공/아시아나 항공의 전·현직 승무원들을 인터뷰하여 객실 승무원 합격 비결, 똑똑한 공채 준비 방법, 지상직 승무원 합격 비결 및 준비 방법 등을 알려드립니다.

▸ 2차 영어 면접 기출 질문과 합격자 답변 샘플을 제공해 드립니다. 이 답안을 템플릿 삼아 자신의 이야기로 수정하여 연습해 두도록 합니다.

5 영어시험 연구 전문 조직이 공동 개발

▸ 토익/텝스/토플 베스트셀러 집필진, 토익 990점 만점자, 시험영어 콘텐츠 개발 경력 10년의 원어민 연구원, 미국/호주/영국의 명문대학원 석사 출신 영어 테스트 전문가들이 포진한 영어시험 연구 조직인 시원스쿨어학연구소와 공동 개발하였습니다.

▸ 시원스쿨어학연구소의 연구원들은 매월 토익 시험에 응시하여 시험에 나온 모든 문제를 철저하게 해부, 분석함으로써 최신 출제 경향을 정확하게 꿰뚫고 있으며, 기출문제 빅데이터 분석을 통해 빠르고 효율적인 고득점이 가능한 학습 솔루션을 개발하고 있습니다. 이러한 노하우를 바탕으로 「승무원 토익 700+」의 컨텐츠 개발과 검수를 완료하였습니다.

6 실전에서 바로 통하는 실전형 전략서

▸ 한 달 만에 700+를 달성하는 것이 목표이기 때문에, 지나치게 기초적인 내용이나 워밍업 과정은 배제하였습니다.

▸ 그 대신, 본서를 공부하고 나면 토익의 주요 문제 유형과 그에 따른 실전 전략이 머리속에 완벽히 정리가 되도록 예제와 Kelly's Tip을 통해 자세히, 체계적으로 소개하였습니다.

▸ 700점 달성에 가장 필요한 문제들로 구성된 Half Test를 통해 실전 감각을 높일 수 있습니다.

7 최신 경향 반영 실전 모의고사

▸ 난이도 및 유형 면에서 최신 토익 시험과 거의 유사한 실전 모의고사 1회분을 시원스쿨LAB 홈페이지(lab.siwonschool.com)에서 제공합니다.

▸ 모의고사의 음원, 스크립트, 상세한 해설 또한 모두 무료로 제공합니다.

▸ 도서 내 쿠폰을 이용해 Kelly 강사의 명품 해설강의도 무료로 들을 수 있습니다.

이 책의 구성과 특징

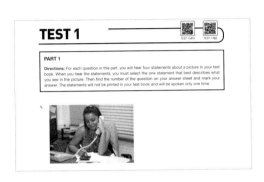

700+ Half Test

한 달 안에 700+를 달성하기 위해 꼭 알아야 하는 출제 포인트로만 구성된 [LC+RC] 총 5회분의 Half Test입니다. 여기에 수록된 문제들을 토대로 본서의 Chapter에서 접근법과 전략을 소개하므로, 본서 학습 전에 반드시 풀어보고, 본서 학습 후에는 복습용으로 활용하시기 바랍니다.

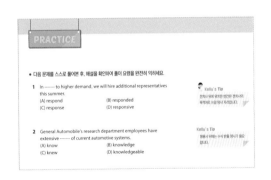

필수 예제 / Possible Answers

700+에 필수적인 출제 포인트를 담은 대표 문제를 자세히 풀이하며 Possible Answers를 제시합니다. 같은 사진도 다르게 묘사할 수 있고, 같은 질문에도 다양한 상황으로 답할 수 있기 때문에 이에 대한 대처 스킬을 기를 수 있도록 토익 기출 빅데이터에 근거한 Possible Answers를 추가하였습니다. 한 문제를 풀어도 다섯 문제 이상을 풀이한 것과 같은 효과를 볼 수 있습니다.

PRACTICE

Kelly 강사가 선정한 중요 출제 포인트를 완벽히 체득할 수 있도록 PRACTICE를 제공합니다. Half Test에서 만났던 문제들이지만, 700+ 달성에 너무나 중요한 문제들이기 때문에 '받아쓰기'와 'Kelly의 가이드대로 다시 풀어보기' 등의 연습을 통해 완벽하게 소화하도록 하였습니다.

점수 UP! 포인트_빈출 표현

Part 1 사진별, Part 3 대화 주제별, Part 4 담화 종류별, Part 7 지문 유형별 빈출 어휘와 구문을 정리하였습니다. 여기에 나온 어휘와 표현들을 필수로 알고 있어야 대화나 담화를 듣고 그 내용을 이해할 수 있으므로 모두 외워야 합니다.

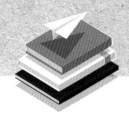

Kelly's Tip

기본적인 학습 내용에서 더 나아가, 알고 있을 경우 문제 대처 능력이 높아지는 꿀팁 및 추가 학습 내용을 Kelly 강사가 직접 짚어줍니다. 700+를 목표로 하는 수험생들은 반드시 챙겨 봐야 하는 부분입니다. 「승무원 토익 700+」 인강에서는 더욱 많은 Tip을 들을 수 있습니다.

빈출 유형별 접근법과 공략법 / 전략 포인트

대화 및 지문을 파악하는 법, 문제를 먼저 읽고 키워드를 파악하는 법, 키워드를 토대로 지문에서 단서를 잡아내는 방법, 단서가 정답에 paraphrasing 된 것을 알아차리는 요령 등을 종합적으로 안내합니다.

[미니북] 나만 알고 싶은 '승무원 합격의 비밀'

국내 항공사 합격 경험이 있는 전·현직 승무원들을 인터뷰하여 정리한 객실 승무원 합격 비결, 똑똑한 공채 준비 방법, 지상직 승무원 준비 방법, 2차 영어 면접 기출 질문과 합격자 답변 샘플을 별책으로 제공해 드립니다. 특히 여기에 수록된 합격자 답안의 경우, 그 틀을 바탕으로 자신의 이야기로 수정하여 연습해 두는 것이 좋습니다.

READING TEST
In the Reading Test, you will read a variety of texts and answer several different types of reading comprehension questions. The entire reading test will last 75 minutes. There are three parts, and directions are given for each part. You are encouraged to answer as many questions as possible within the time allowed. You must mark your answers on the separate answer sheet. Do not write your answers in the test book.

PART 5
Directions: A word or phrase is missing in each of the sentences below. Four answer choices are given below each sentence. Select the best answer to complete the sentence. Then mark the letter (A), (B), (C), or (D) on you answer sheet.

101. The assistant marketing director will soon finish ------- report detailing the results of our latest advertising campaign.
(A) his
(B) he
(C) him
(D) himself

105. P & R Manufacturing will soon open another office ------- the southern district of Dawson.
(A) in
(B) up
(C) against
(D) during

[온라인] 기출 변형 실전 모의고사

토익의 최신 경향을 반영한 실진 모의고사 1회분을 시원스쿨랩 홈페이지(lab.siwonschool.com)에서 제공합니다. 모의고사 문제와 음원, 해설까지 모두 무료입니다. 도서 내 쿠폰을 이용하여 Kelly 강사의 명쾌한 해설강의를 무료로 수강할 수 있습니다.

TOEIC이란?

TOEIC은 ETS(Educational Testing Service)가 출제하는 국제 커뮤니케이션 영어 능력 평가 시험(Test Of English for International Communication)입니다. 즉, 토익은 영어로 업무적인 소통을 할 수 있는 능력을 평가하는 시험으로서, 다음과 같은 비즈니스 실무 상황들을 다룹니다.

기업일반	계약, 협상, 홍보, 영업, 비즈니스 계획, 회의, 행사, 장소 예약
제조	공장 관리, 조립라인, 품질관리
금융과 예산	은행, 투자, 세금, 회계, 청구
개발	연구, 제품개발
사무실	회의, 서신 교환(편지, 메모, 전화, 팩스, E-mail 등), 사무용품/가구 주문과 사용
인사	입사지원, 채용, 승진, 급여, 퇴직
부동산	건축, 설계서, 부동산 매매 및 임대, 전기/가스/수도 설비
여가	교통수단, 티켓팅, 여행 일정, 역/공항, 자동차/호텔 예약 및 연기와 취소, 영화, 공연, 전시

토익 파트별 문항 구성

구성	파트	내용	문항 수 및 문항 번호		시간	배점
Listening Test	Part 1	사진 묘사	6	1-6	45분	495점
	Part 2	질의 응답	25	7-31		
	Part 3	짧은 대화	39 (13지문)	32-70		
	Part 4	짧은 담화	30 (10지문)	71-100		
Reading Test	Part 5	단문 빈칸 채우기 (문법, 어휘)	30	101-130	75분	495점
	Part 6	장문 빈칸 채우기 (문법, 문맥에 맞는 어휘/문장)	16 (4지문)	131-146		
	Part 7 독해	단일지문	29	147-175		
		이중지문	10	176-185		
		삼중지문	15	186-200		
합계			200 문제		120분	990점

접수부터 성적 확인까지

접수

- TOEIC 위원회 인터넷 사이트(www.toeic.co.kr)에서 접수 일정을 확인하고 접수합니다.
- 접수 시 최근 6개월 이내에 촬영한 jpg 형식의 사진이 필요하므로 미리 준비합니다.
- 토익 응시료는 (2019년 4월 현재) 정기 접수 시 44,500원, 특별추가접수 시 48,900원입니다.
- 시험 30일 전부터는 특별추가접수에 해당하여 5천원의 추가 비용이 발생하니 잊지 말고 정기 접수 기간에 접수하도록 합니다.

시험 당일 할 일

- 아침을 적당히 챙겨 먹습니다. 빈속은 집중력 저하의 주범이고 과식은 졸음을 유발합니다.
- 고사장을 반드시 확인합니다.
- 시험 준비물을 챙깁니다.
  - 신분증 (주민등록증, 운전면허증, 기간 만료 전 여권, 공무원증만 인정. 학생증 안됨. 단, 중고등학생은 국내학생증 인정)
  - 연필과 깨끗하게 잘 지워지는 지우개 (볼펜이나 사인펜은 안됨. 연필은 뭉툭하게 깎아서 여러 자루 준비)
  - 아날로그 시계 (전자시계는 안됨)
  - 수험표 (필수 준비물은 아님. 수험번호는 시험장에서 감독관이 답안지에 부착해주는 라벨을 보고 적으면 됨)
- 고사장으로 이동하는 동안에는 「승무원 토익 700+」의 음원을 들으며 귀를 예열합니다.
- 최소 30분 전에 입실을 마치고(오전 시험은 오전 9:20까지, 오후 시험은 오후 2:20까지) 지시에 따라 답안지에 기본 정보를 기입합니다.
- 안내 방송이 끝나고 시험 시작 전 5분의 휴식시간이 주어지는데, 이때 화장실에 꼭 다녀옵니다.

시험 진행

오전 시험	오후 시험	내용
9:30 – 9:45	2:30 – 2:45	답안지 작성 오리엔테이션
9:45 – 9:50	2:45 – 2:50	수험자 휴식시간
9:50 – 10:10	2:50 – 3:10	신분증 확인, 문제지 배부
10:10 – 10:55	3:10 – 3:55	청해 시험
10:55 – 12:10	3:55 – 5:10	독해 시험

성적 확인

- 시험일로부터 약 2주 후 한국 TOEIC 위원회 사이트(www.toeic.co.kr) 혹은 ARS 060-800-0515로 전화를 걸어 성적 확인이 가능합니다. (단, ARS 성적 확인은 토익 접수 시 ARS 성적 확인에 동의한 경우에만 가능)

TOEIC 파트별 문제 맛보기

Part 1 사진 묘사

▷ 문항 수: 6문항

▷ 반드시 미리 사진을 훑어본 뒤 듣도록 합니다.

▷ 소거법을 이용해 오답을 철저하게 가려내야 합니다.

📋 문제지에 보이는 형태	🎧 음원
1. 	**Number 1.** Look at the picture marked number 1 in your test book. (A) The man is looking at a monitor. (B) The man is talking on the phone. (C) The man is crossing his legs. (D) The man is holding a pen.

해설 남자가 휴대폰으로 통화를 하고 있는 모습이므로 이를 묘사한 (B)가 정답이다.

Part 2 질의 응답

▷ 문항 수: 25문항

▷ 할 수 있는 최대한의 집중력을 발휘하며, 질문의 첫 부분을 반드시 들어야 합니다.

▷ 소거법을 이용해 오답을 가려내는 방식으로 풀어야 합니다.

📋 문제지에 보이는 형태	🎧 음원
7. Mark your answer on your answer sheet.	**Number 7.** When will you return from your vacation? (A) Next Tuesday. (B) Because I don't have time. (C) To Europe.

해설 의문사 When을 통해 휴가에서 돌아오는 시점을 물었으므로 다음 주 화요일이라고 답한 (A)가 정답이다.

Part 3 짧은 대화

▷ 문항 수: 39문항

▷ 2~3인의 대화를 듣고 관련 질문에 대한 정답을 고르는 유형입니다.

▷ 총 13개 대화가 나오고, 대화 한 개당 3문제씩 제시됩니다.

▷ 마지막 3개 대화에서는 시각 정보가 함께 제시되는데, 대화 내용과 시각 정보를 연계해서 정답을 찾아야 합니다.

▷ 반드시 문제(질문과 선택지)를 먼저 읽고나서 대화를 들어야 합니다. 선택지까지 읽는 것이 힘들다면 질문이라도 미리 읽어 두어야 합니다.

📄 문제지에 보이는 형태

32. Why is the man calling?

(A) To purchase a product
(B) To enroll in a class
(C) To sign up for an event
(D) To extend an invitation

33. According to the woman, what does the man have to do?

(A) Attend an interview
(B) Fill out a form
(C) Send a payment
(D) Check a pamphlet

34. What does the woman request?

(A) The man's phone number
(B) The man's e-mail address
(C) The man's home address
(D) The man's credit card number

🎧 음원

Questions 32-34 refer to the following conversation.

M Hello. I'm calling to register for the electronics conference. I saw an advertisement for it in the newspaper.

W Sorry, but this phone number is just for inquiries. To register, you'll need to complete the form on our Web site.

M Actually, I tried to do that, but I think the site is broken.

W Oh, well, please give me your contact number and I will ask one of the event organizers to call you.

Number 32. Why is the man calling?
Number 33. According to the woman, what does the man have to do?
Number 34. What does the woman request?

해설

32. 남자는 대화 시작 부분에 I'm calling to ~ 표현을 이용해 용건을 알리고 있으며, 그 내용이 '컨퍼런스에 등록하는 것(to register for the electronics conference)'이므로 이를 '행사에 등록하기 위해'라는 말로 바꿔 표현한 (C)가 정답이다.

33. 여자는 대화 중반부에 등록할 때 해야 하는 일을 To register, you'll need to complete the form on our Web site라고 알리고 있는데, 웹사이트에서 양식을 작성하는 것이 핵심이므로 이와 같은 방법에 대해 언급한 (B) 가 정답이다.

34. 여자가 말하는 요청 사항은 '연락처를 알려 달라는 것(give me your contact number)'인데, 이를 통해 '행사 주최담당자가 남자에게 전화하게 하려 한다(I will ask one of the event organizers to call you)'고 말하고 있으므로 여자가 원하는 연락처는 전화번호임을 알 수 있다. 따라서 (A)가 정답이다.

TOEIC 파트별 문제 맛보기

Part 4 짧은 담화

▷ 문항 수: 30문항

▷ 전화 메시지, 안내 방송, 라디오 방송, 광고 등 한 사람이 말하는 담화를 듣고 관련 질문에 대한 정답을 고르는 유형입니다.

▷ 총 10개 담화가 나오고, 담화 한 개당 3문제씩 제시됩니다.

▷ 마지막 2개 담화에서는 시각 정보가 함께 제시되는데, 담화 내용과 시각 정보를 연계해서 정답을 찾아야 합니다.

▷ 반드시 문제(질문과 선택지)를 먼저 읽고 나서 대화를 들어야 합니다. 선택지까지 읽는 것이 힘들다면 질문만이라도 미리 읽어 두어야 합니다.

📄 문제지에 보이는 형태

71. What is the purpose of the talk?

   (A) To give details about job openings

   (B) To promote an upcoming performance

   (C) To welcome new employees

   (D) To describe a recruitment event

72. Where in the center should the listeners go when they arrive?

   (A) To the basement

   (B) To the box office

   (C) To the banquet hall

   (D) To the conference room

73. What will be given to all participants?

   (A) A free meal

   (B) A software package

   (C) A reference letter

   (D) A personal evaluation

🎧 음원

Questions 71-73 refer to the following announcement.

Good afternoon. I'd like to invite you to Career Showcase, which is scheduled to be held in the Atlantica Center. This career fair will connect you with employers who can offer you several job opportunities. The admission is free. When you turn up at the center, you just go to the box office to get a visitor's pass. Also, you will be assigned to classes depending on your interests and be scheduled for individual test interviews. At the end of the job fair, you will be given a personal report evaluating your strengths as a job candidate.

Number 71. What is the purpose of the talk?

Number 72. Where in the center should the listeners go when they arrive?

Number 73. What will be given to all participants?

해설

71. 화자는 청자들에게 특정 행사에 초대한다고 알리면서 그 행사의 특징을 This career fair will connect you with employers who can offer you several job opportunities라고 말하고 있다. 채용 박람회를 통해 여러 구직 기회를 제공할 수 있는 회사들과 연결될 수 있다는 의미이므로 '채용 행사를 설명하는 것'이라는 의미를 나타내는 (D)가 정답이다.

72. 화자는 담화 중반부에 센터에 도착하는 청자들이 해야 할 일로 '매표소에 가서 방문객 출입증을 받으라(When you turn up at the center, you just go to the box office to get a visitor's pass)'고 말하고 있다. 따라서 매표소에 가야 한다는 것을 알 수 있으므로 (B)가 정답이다.

73. 화자는 담화 끝부분에 행사가 끝날 때 '취업 지원자로서 장점들을 평가한 내용이 담긴 개인 보고서 가 주어질 것(you will be given a personal report evaluating your strengths as a job candidate)'이라고 알리고 있으므로 이를 '평가서'를 의미하는 evaluation으로 바꿔 표현한 (D) 가 정답이다.

Part 5 단문 빈칸 채우기

▷ 문항 수: 30문항

▷ 한 문장의 빈칸에 알맞은 단어나 표현을 고르는 유형입니다.

▷ 문법 문제와 어휘 문제가 섞여 나오는데, 출제 비중은 대략 문법 60%, 어휘 40% 정도입니다.

▷ 문제 당 권장 풀이 시간이 20초 정도로 매우 짧기 때문에 일일이 해석해서 풀 수 없습니다. 해석이 필요 없는 문법 문제들은 최대한 빠르게 처리하도록 합니다.

문법 문제

101. Devona Motors encourages qualified candidates to apply for the positions ------- background.

(A) regardless of
(B) whatever
(C) in fact
(D) whether

해설 빈칸 앞에 명사가 있고 뒤에도 명사가 있으므로 명사를 연결하는 전치사가 필요하다는 것을 알 수 있다. 보기 중 유일한 전치사는 (A) regardless of이므로 (A)가 정답이다. 이런 문제를 의미로 접근하면 함정에 빠질 수 있으니 조심해야 한다. 문법을 먼저 봐야 하며 그 중에서도 품사가 가장 기본이다.

어휘 문제

102. Ms. Lee has requested your ------- at the department meeting which is scheduled to take place on Friday.

(A) occurrence
(B) urgency
(C) presence
(D) insistence

해설 해석상 적합한 어휘를 찾는 문제이다. 포인트 단어는 'requested(요구했다)'와 'meeting(모임)'이다. 모임에 대해 사람이 할 수 있는 일은 참석하는 것이므로 출석(presence)을 요구하는 것이 의미상 적절하다. 따라서 정답은 (C)이다.

Part 6 장문 빈칸 채우기

▸ 문항 수: 16문항

▸ 한 개의 지문에 4개의 빈칸이 들어있고, 그 빈칸에 들어갈 알맞은 어휘/표현/문장을 고르는 유형입니다.

▸ 총 4개의 지문이 출제됩니다. 문제 당 권장 풀이 시간은 25초 정도로 매우 짧습니다.

Questions 131-134 refer to the following e-mail.

From: bchadwick@radiowkm.com	Date: 10 February
To: oliverpoole@ashton.ac.uk	Subject: Our gratitude

Dear Professor Poole,

We cannot thank you enough for ------- our radio station on Saturday. Of course, your decision to join our
131.
live debate panel -------. Based on the feedback we received, your opinions on the recession and its impact
132.
on international trade proved to be very enlightening. Throughout this year, we intend to broadcast several
more debates on various topics that interest our listeners. Would ------- consider returning to appear on
133.
similar radio talk shows in the future? -------. I would love to hear your thoughts on this.
134.

Best regards,
Bruce Chadwick

---

131. (A) referring   (C) launching
      (B) employing   (D) visiting

132. (A) is appreciating   (C) was appreciated
      (B) appreciates   (D) will be appreciated

133. (A) they   (C) those
      (B) you   (D) yours

134. (A) Many radio stations plan to cover the event.
      (B) If so, it would certainly make our listeners happy.
      (C) Your expertise has also benefited many local
          businesses.
      (D) Some individuals disagreed with your points.

해설

▸ Part 5와 동일하게 해석으로 풀이한다. 장소에 대해 가장 타당한 행위는 '방문'이므로 (D)가 정답이다.

▸ 빈칸 이후의 내용 중 'received', 'proved' 등을 통해 과거 시제임을 알 수 있으므로 (C)가 정답이다.

▸ would는 요청을 이끄는 조동사이므로 그 주어는 2인칭인 you가 되어야 한다. 따라서 (B)가 정답이다.

▸ 앞 문장에서 출연 의향이 있는지를 물었으므로 '만약 그렇다면(If so) 청취자들이 기뻐할 것이다'라는 내용의 (B)가 정답이다.

▹ 문항 수: 54문항

▹ 주어진 글을 읽고 질문에 답하는 유형입니다. 한 개의 지문을 읽고 푸는 유형, 두 개의 지문을 읽고 푸는 유형, 세 개의 지문을 읽고 푸는 유형이 있는데, 지문당 문제 개수는 지문에 따라 2~5개로 달라집니다.

Questions 157-158 refer to the following article.

Nakata Motors Issues International Recall of 3.5 Million Cars

Nakata Motors has announced a worldwide recall of 3.5 million cars due to a problem with power window switches. The recall accounts for approximately sixty percent of the automaker's yearly global production and involves some of the company's best-selling vehicles.

According to Nakata Motors, the switches on the passenger side of some models can potentially malfunction because not enough lubricant was applied to them during the manufacturing process. This can cause dust and dirt to build up around the electrical contact points, resulting in the switch overheating and melting. The automaker said it has been made aware of more than twenty incidents in which car interiors were scorched and five cases where drivers suffered minor burns to their hands.

The affected cars were produced between 2012 and 2015, and currently include Nakata's Volt, Vector, Quasar, and Phaeton models, while the Triton models are undergoing further investigation.

The manufacturing year of the affected cars can vary slightly depending on where the Nakata vehicle was made. If one of the affected models was purchased during the aforementioned time period, owners are advised to get in touch with a Nakata Motors dealer. Nakata Motors will perform all necessary work free of charge and provide the car owners with an extended parts warranty.

157. What is indicated about Nakata Motors?

(A) It sells sixty percent of its cars in Asia.
(B) It has issued many product recalls in the past.
(C) It manufactures at least five car models.
(D) It plans to slow down production this year.

158. What are owners of affected models encouraged to do?

(A) Perform a mechanical inspection
(B) Refrain from driving their vehicle
(C) Check the conditions of a warranty
(D) Contact a Nakata representative

「승무원 토익 700+」초단기 학습 플랜

30일 완성 학습 플랜

- 아래 캘린더의 학습 진도를 참조하여 30일간 매일 학습합니다.
- 하루에 최소 3시간은 할애해야 합니다.
- 만일 사정이 생겨 해당일의 학습을 하지 못했더라도 앞으로 돌아가지 말고 오늘에 해당하는 학습을 합니다. 그래야 끝까지 완주할 수 있습니다.
- 교재의 학습을 모두 마치면 시원스쿨랩 홈페이지(lab.siwonschool.com)에서 토익 최신 경향이 반영된 실전 모의고사를 다운로드 하여 꼭 풀어보고 Kelly 강사의 명쾌한 해설강의를 들어보세요.

Day 1	Day 2	Day 3	Day 4	Day 5
Half Test 1 풀기	Unit 1, 2	Unit 3	Unit 4	Unit 5
완료 □	완료 □	완료 □	완료 □	완료 □
Day 6	**Day 7**	**Day 8**	**Day 9**	**Day 10**
Unit 6	Half Test 2 풀기	Unit 7, 8	Unit 9	Unit 10
완료 □	완료 □	완료 □	완료 □	완료 □
Day 11	**Day 12**	**Day 13**	**Day 14**	**Day 15**
Unit 11	Unit 12	Half Test 3 풀기	Unit 13, 14	Unit 15
완료 □	완료 □	완료 □	완료 □	완료 □
Day 16	**Day 17**	**Day 18**	**Day 19**	**Day 20**
Unit 16	Unit 17	Unit 18	Half Test 4 풀기	Unit 19, 20
완료 □	완료 □	완료 □	완료 □	완료 □
Day 21	**Day 22**	**Day 23**	**Day 24**	**Day 25**
Unit 21	Unit 22	Unit 23	Unit 24	Half Test 5 풀기
완료 □	완료 □	완료 □	완료 □	완료 □
Day 26	**Day 27**	**Day 28**	**Day 29**	**Day 30**
Unit 25, 26	Unit 27	Unit 28	Unit 29	Unit 30
완료 □	완료 □	완료 □	완료 □	완료 □

15일 완성 학습 플랜

- 토익에 완전히 올인하여 15일만에 이 교재를 끝내고자 하는 분은 아래의 학습 플랜을 따르도록 합니다.
- 교재를 끝까지 한 번 보고 나면 2회독에 도전합니다. 두 번 째 볼 때는 훨씬 빠르게 끝낼 수 있습니다.
- 토익은 천천히 1회 보는 것보다 빠르게 2회, 3회 보는 것이 훨씬 효과가 좋습니다.
- 복습을 할 때는 다음과 같이 합니다.
  - ☑ 음원 다시 듣기
  - ☑ 잘 안 외워져서 체크(v) 표시해 놓은 어휘/구문 다시 외우기
  - ☑ 틀린 문제 다시 풀기
  - ☑ 스크립트 소리 내어 읽기

Day 1	Day 2	Day 3	Day 4	Day 5
Half Test 1 풀기	Unit 1, 2, 3	Unit 4, 5, 6	Half Test 2 풀기	Unit 7, 8, 9
완료 □	완료 □	완료 □	완료 □	완료 □
Day 6	**Day 7**	**Day 8**	**Day 9**	**Day 10**
Unit 10, 11, 12	Half Test 3 풀기	Unit 13, 14, 15	Unit 16, 17, 18	Half Test 4 풀기
완료 □	완료 □	완료 □	완료 □	완료 □
Day 11	**Day 12**	**Day 13**	**Day 14**	**Day 15**
Unit 19, 20, 21	Unit 22, 23, 24	Half Test 5 풀기	Unit 25, 26, 27	Unit 28, 29, 30
완료 □	완료 □	완료 □	완료 □	완료 □

Chapter

1

UNIT 01 | 1인 사진 | 의문사 의문문

주어진 사진을 가장 잘 묘사하는 문장을 찾는 Part 1의 1인 사진 문제 접근법 및 빈출 표현과 함께, Part 2에서 가장 큰 부분을 차지하는 의문사 의문문의 질문 패턴과 정답 유형을 살펴보겠습니다.

Part 1 1인 사진 문제 접근법

✓ 1인 사진에 등장하는 인물의 동작이나 상태를 나타내는 선택지가 정답이 될 가능성이 높습니다.
✓ 주어가 사람(He, She, A man, A woman 등)인 경우가 대부분입니다.
✓ 1인 동작이나 상태는 주로 현재 진행 시제 『be동사 + -ing』로 묘사합니다.

Example
◁)) Unit 01_1 mp3

(A) A woman is putting on a jacket.
(B) A woman is standing in front of some art pieces.
(C) A woman is talking to a group.
(D) A woman is attending a conference.

(A) 한 여자가 자켓을 입는 중이다.
(B) 한 여자가 몇몇 그림 작품들 앞에 서 있다.
(C) 한 여자가 한 무리에게 말하고 있다.
(D) 한 여자가 컨퍼런스에 참석하고 있다.

해설
(A) 여자는 자켓을 입는 동작을 취하고 있지 않다. 이미 입은 상태이므로 오답.
(B) 벽에 걸린 그림 작품들 앞에 서 있는 여자의 모습을 묘사한 정답.
(C) 여자가 누군가에게 말을 하는 장면이 아니므로 오답.
(D) 사진 속 배경이 컨퍼런스 장소인지 알 수 없으므로 오답.

Possible Answers

· A woman is staring at an art piece.   한 여자가 그림 작품을 응시하고 있다.
· A woman is admiring a painting.   한 여자가 그림을 감상하고 있다.
· A woman is wearing a jacket.   한 여자가 자켓을 입은 상태이다.

Kelly's Tip

▸ 1인 사진이 나오면 해당 인물의 시선, 손/발 동작, 착용 물품 등을 재빨리 파악하세요.
▸ 동작 및 상태를 묘사하는 표현, 즉 동사에 특히 초점을 맞춰 들어야 합니다!
▸ is putting on은 입는 동작이 진행 중인 것을 의미하기 때문에, 이미 착용한 상태를 묘사할 수 없습니다. 이미 착용한 상태를 묘사하는 것은 is wearing이라는 표현!

점수UP! 포인트

◁)) Unit 01_2 mp3

다음은 1인 사진 문제 중 가장 자주 출제되는 장소를 빈도순으로 분류해 정리한 표현들입니다. 여러 차례 소리 내어 읽으며 완벽하게 암기하도록 하세요.

1인 사진 빈출 표현

1순위 매장/상점

□ looking in a display case	진열장 안을 들여다보고 있다
□ paying for a purchase	제품 구입 비용을 지불하고 있다
□ trying on a jacket	재킷을 한 번 입어보고 있다
□ wearing a scarf	스카프를 착용한 상태이다
□ examining some clothing	일부 의류를 살펴보고 있다
□ looking into a store window	상점 유리창 안을 들여다보고 있다
□ buttoning one's coat	코트의 단추를 잠그고 있다
□ waiting in a line to make a purchase	제품을 구입하기 위해 줄을 서서 기다리고 있다
□ looking at one's reflection	거울에 비친 자신의 모습을 보고 있다
□ browsing in a store	매장 안에서 둘러보고 있다

2순위 사무실/작업실/창고

□ be seated by a window	창문 옆에 앉아 있다
□ talking on a telephone	전화 통화를 하고 있다
□ writing on a piece of paper	종이에 쓰고 있다
□ changing a light bulb	전구를 교체하고 있다
□ putting files in a drawer	파일을 서랍에 넣고 있다
□ arranging the shelves	선반을 정리하고 있다
□ holding a report	보고서를 들고 있다
□ printing some documents	일부 서류를 출력하고 있다
□ copying a document	문서를 복사하고 있다
□ moving some boxes	몇몇 상자를 옮기고 있다

3순위 주방/레스토랑

☐ pouring coffee into a cup	컵에 커피를 따르고 있다
☐ washing some vegetables	몇몇 채소를 씻고 있다
☐ preparing some food	음식을 준비하고 있다
☐ cleaning the table	테이블을 청소하고 있다
☐ putting food in a refrigerator	냉장고에 음식을 넣고 있다
☐ cutting some food	일부 음식을 자르고 있다
☐ wiping a counter	조리대를 닦고 있다
☐ taking an order	주문을 받고 있다
☐ greeting a customer	고객을 맞이하고 있다
☐ waiting to be seated	좌석을 안내받기 위해 기다리고 있다

4순위 야외공간

☐ resting against a lamppost	가로등에 기대어 쉬고 있다
☐ cycling in a park	공원에서 자전거를 타고 있다
☐ standing near the truck	트럭 근처에 서 있다
☐ parking a vehicle on a street	거리에 자동차를 주차하고 있다
☐ running along the beach	해변을 따라 달리고 있다
☐ swimming in a lake	호수에서 수영하고 있다
☐ sitting in the sand	모래사장에 앉아 있다
☐ walking in a public square	광장에서 걷고 있다
☐ rowing a boat	노를 젓고 있다
☐ lying on the beach	해변에 누워 있다

PRACTICE

● 음원을 듣고 정답을 고른 후, 빈칸에 들어갈 말을 받아써 보세요.

))) Unit 01_3 mp3

1

(A) A woman is _____.
(B) A woman is _____.
(C) A woman is _____.
(D) A woman is _____.

2

(A) A woman is _____.
(B) A woman is _____.
(C) A woman is _____.
(D) A woman is _____.

3

(A) Luggage _____ from a cart.
(B) Some bags _____.
(C) A man is _____ merchandise _____.
(D) A man is _____.

정답 및 해설 p. 208

✓ Who, When, Where, How, What, Why로 시작하는 의문문을 '의문사 의문문'이라고 합니다. 의문사 의문문은 Part 2에서 가장 기본적이면서 많은 부분을 차지하는 의문문입니다.

✓ 첫 단어로 나오는 의문사를 반드시 듣고 잊지 않도록 적어 두는 것이 좋습니다.

1 Who 의문문

Example   🔊)) Unit 01_4 mp3

Q Who will attend the award ceremony?   누가 시상식에 참가하나요?
(A) In the Grand Ballroom.   (A) 그랜드 볼룸에서요.
(B) The attendance sheet.   (B) 참석자 명단이요.
(C) Mr. Ahn said he will.   (C) Ahn 씨가 그럴 거라고 했어요.

───

해설
Who를 통해 '누가' 참석할 것인지 묻고 있으므로 기본적으로 사람 명사가 포함된 답변을 찾아야 한다.
(A) 장소 표현이므로 오답. 의문사 Who를 놓칠 경우, award ceremony만 듣고 고를 위험이 있다.
(B) 발음이 비슷한 단어(attend - attendance)를 이용한 오답.
(C) 참석 계획을 밝힌 사람의 이름을 말하는 정답.

Possible Answers

· John is planning to.   John이 그럴 계획이에요. ▸ 사람 이름 직접 언급
· The marketing manager will.   마케팅 부장님이 그럴 거예요. ▸ 직책/직업 언급
· I'll be there.   제가 거기 갈 거예요. ▸ 대명사 이용
· I have no idea.   모르겠어요. ▸ '모른다' 유형의 답변
· Ask Kelly about it.   그것에 관해 Kelly에게 물어보세요. ▸ '모른다' 유형의 답변

Kelly's Tip

▸ Who 의문문에서는 사람 이름/직책/대명사 등을 포함한 답변이 정답인 경우가 대부분입니다.

▸ '모른다'라는 의미를 나타내는 답변도 종종 나오므로 함께 기억해 두세요.

PRACTICE 🔊)) Unit 01_5 mp3   📋 정답 및 해설 p.209

4 _____ picking up Mr. Kona _____?
(A) He's flying _____.
(B) It's _____ on the schedule.
(C) At 3:30.

2 Where 의문문

Example

◁)) Unit 01_6 mp3

Q **Where** will the award ceremony be held?
(A) In the Grand Ballroom.
(B) The Employee of the Year award.
(C) Isn't it next Monday?

어디에서 시상식이 열리나요?
(A) 그랜드 볼룸에서요.
(B) 올해의 직원 상이요.
(C) 다음주 월요일 아닌가요?

해설

Where를 통해 '어디에서' 시상식이 열리는 지 묻고 있으므로 장소 표현이 포함된 답변을 찾아야 한다.
(A) 전치사 In과 함께 특정 장소를 언급하고 있으므로 정답.
(B) 동일 단어(award)를 반복한 오답.
(C) 질문의 Where를 When으로 잘못 들을 경우에 고르기 쉬운 오답.

Possible Answers

- On the 2nd floor.   2층에서요. ▸ 구체적인 위치 언급
- In JW Hall.   JW 홀에서요. ▸ 구체적인 장소 언급
- It hasn't been decided yet.   아직 결정되지 않았어요. ▸ '모른다' 유형의 답변
- Kelly can help you.   Kelly가 도와줄 수 있어요. ▸ '모른다' 유형의 답변
- Check your e-mail.   이메일을 확인해 보세요. ▸ 관련 정보 습득 방법 언급

Kelly's Tip

▸ Where 와 When의 발음을 혼동하기 쉽습니다. 특히 영국 발음으로 빨리 말하는 경우, Where 와 When을 구분하지 못하는 실수가 발생할 수 있으므로 유의하세요.
▸ Where로 묻는 질문에 대해 되묻거나 '모른다' 유형의 답변을 하는 경우도 빈번히 출제됩니다.
▸ Where를 포함하여 의문사 의문문에 Yes/No로 대답할 수 없다는 점을 기억하세요.

PRACTICE   ◁)) Unit 01_7 mp3   정답 및 해설 p.209

5 _____ can I _____ until the presentation?
(A) Yes, I need to _____.
(B) _____ over there.
(C) He will _____.

6 _____ should we _____?
(A) A well-known _____.
(B) There's _____.
(C) No, I need two nails.

3 When 의문문

Unit 01_8 mp3

Example

Q When will the award ceremony be held?
(A) In the Grand Ballroom.
(B) The Employee of the Year award.
(C) Isn't it next Monday?

언제 시상식이 열리는 건가요?
(A) 그랜드 볼룸에서요.
(B) 올해의 직원 상이요.
(C) 다음주 월요일 아닌가요?

해설

When을 통해 '언제' 시상식이 열리는지 묻고 있으므로 시점과 관련된 답변이 정답이다.
(A) 시점이 아닌 장소를 말하는 오답.
(B) 동일 단어(award)를 반복한 오답.
(C) next Monday라는 미래 시점을 언급한 정답.

Possible Answers

- Tomorrow.
- Sometime next month.
- Let me check the schedule.
- It hasn't been decided yet.
- Check your e-mail from Elizabeth.

내일이요. ▸ 구체적인 시점 언급
다음 달 중으로요. ▸ 대략적인 시점 언급
제가 일정을 확인해 볼게요. ▸ '모른다' 유형의 답변
아직 결정되지 않았어요. ▸ '모른다' 유형의 답변
Elizabeth가 보낸 이메일을 확인해 보세요. ▸ 관련 정보 습득 방법 언급

Kelly's Tip

▸ When 의문문에서는 시제를 조심해야 합니다. When will you visit Korea?(언제 한국을 방문하실 건가요?)라는 질문에 대해 Last November(지난 11월)이라는 답변이 나왔을 때 시점 표현이라는 것 하나만으로 무턱대고 정답으로 선택하면 큰일나요!

▸ When will you ~?는 미래에 대해 묻는 의문문이기 때문에 과거 시점 표현으로 대답할 수 없어요! 조심조심~

PRACTICE Unit 01_9 mp3

정답 및 해설 p. 209

7 _____ was the last time you
_____?
(A) Absolutely.
(B) _____.
(C) For three hours.

8 _____ does the musical _____?
(A) Take a _____.
(B) _____ Theater 3.
(C) Piano and violin.

4 Why 의문문

Q **Why** did you visit the Tomson branch yesterday?
(A) About thirty minutes.
(B) There was an urgent meeting.
(C) Isn't she supposed to complete the report?

왜 어제 Tomson 지점을 방문하셨나요?
(A) 약 30분 동안이요.
(B) 긴급 회의가 있었어요.
(C) 그녀가 보고서를 완료하기로 되어 있지 않나요?

해설
Why를 통해 '왜' Tomson 지점을 방문했는지 묻고 있으므로 이유나 목적 등을 나타내는 적절한 답변을 고른다.
(A) 지속 시간을 말하는 오답.
(B) '긴급 회의'라는 이유를 언급하는 정답.
(C) you에게 질문했는데 she라는 엉뚱한 대상에 대해 말하고 있으므로 오답.

Possible Answers

- Because of an urgent meeting. 긴급 회의 때문에요. ▸ 이유 설명
- The branch manager asked me to. 지점장님께서 제게 그렇게 하도록 요청하셨어요. ▸ 이유 설명
- To meet with a client. 고객과 만나기 위해서요. ▸ 목적 설명
- For employee training. 직원 교육을 위해서요. ▸ 목적 설명
- Didn't Jessica tell you? Jessica가 말해주지 않았나요? ▸ '사실 확인' 유형의 답변

 Kelly's Tip

▸ Why 의문문은 이유를 묻는 질문이므로 '~ 때문에'라는 뜻을 지닌 because / due to / because of 등의 표현으로 시작되는 답변을 선택해야 합니다. 또한, 이와 같은 표현 없이 바로 이유를 설명하는 답변도 자주 나옵니다.
▸ Why 의문문에 대해 목적을 나타내는 '~하기 위해서'라는 말로 답변할 수도 있어요. 이때 In order to / For(전치사), To부정사 등의 표현이 쓰입니다.
▸ 이유를 묻는 Why 의문문과 달리 Why don't you[we] ~?는 '~하는 게 어때요?'를 의미하는 제안 의문문입니다. 이때는 제안에 대한 수락이나 거절을 나타내는 답변을 우선적으로 찾아야 합니다.

 ◁》) Unit 01_11 mp3   정답 및 해설 p.210

9 _____ did ABC Cleaning _____ our appointment?
(A) Yes, it was very clean.
(B) That's a good point.
(C) There was a _____.

10 _____ the trade seminar with me?
(A) _____.
(B) _____.
(C) The sign says "No smoking."

5 What 의문문

What + be동사

Example ◁)) Unit 01_12 mp3

Q What is this shirt made of?
(A) It's 100% silk.
(B) It was made in Italy.
(C) Shirts and pants.

이 셔츠는 무엇으로 만들어졌나요?
(A) 100% 실크요.
(B) 이탈리아에서 만들어졌어요.
(C) 셔츠와 바지요.

해설
『be made of』는 '~로 만들어지다'라는 뜻이므로 'What = 재질'이어야 한다는 것을 알 수 있다.
(A) 옷을 만드는 재질 중 하나를 언급하고 있으므로 정답.
(B) 장소를 말하는 오답이며, 질문에 쓰인 made를 반복한 함정이다.
(C) shirt와 관련된 의류를 말하는 오답. 재질을 나타내는 것이 아니므로 맞지 않는 답변이다.

Possible Answers

· It is made of cotton. 면으로 만들어졌어요. ▸ 의류 재질로 답변
· I need to check the label. 라벨을 확인해 봐야 해요. ▸ '모른다' 유형의 답변
· I will find out. 알아볼게요. ▸ '모른다' 유형의 답변

Kelly's Tip

▸ 『What + be동사』의 경우 문장 전체를 들어야 하기 때문에 고난도에 해당됩니다. 이 질문 유형은 마지막 부분의 단어가 핵심이 되는 경우가 많아요.

What + 일반동사

Example ◁)) Unit 01_13 mp3

Q What happened at the meeting yesterday?
(A) We usually meet once a month.
(B) Mr. Chang announced his resignation.
(C) A meeting in Conference Room C.

어제 회의에서 무슨 일이 있었나요?
(A) 우리는 보통 한 달에 한 번 만나요.
(B) Chang 씨가 사임을 발표하셨어요.
(C) 회의실 C에서 열리는 회의요.

해설
What 다음에 나온 동사를 제대로 들어야 정답을 고를 수 있다. 어제 회의에서 있었던 일을 묻고 있다.
(A) 동사의 시제가 맞지 않으며 질문의 핵심과 관련 없는 오답.
(B) 과거 시제 동사와 함께 Chang 씨가 사임을 발표한 사실을 말하고 있으므로 질문에 맞는 정답.
(C) 회의가 열리는 장소를 말하는 답변이므로 오답.

Possible Answers

· I missed it too. 저도 놓쳤어요. ▸ '모른다' 유형의 답변
· Jeff took a lot of notes. Jeff가 필기를 많이 했어요. ▸ '모른다' 유형의 답변
· Mr. Kim gave a fantastic presentation. Kim 씨가 멋진 발표를 했어요. ▸ 과거의 일을 말한 답변

Kelly's Tip

▸ 「What + 일반동사」 의문문의 경우, What 다음에 나오는 동사가 핵심입니다. 이 동사에 대한 답변을 선택한다고 생각하면 훨씬 쉽게 답을 찾을 수 있어요.

▸ What do you like most?나 What did you buy?처럼 「What + 조동사 + 주어 + 동사」의 구조로 된 의문문 역시 '동사'가 핵심이며, 이와 관련된 내용이 정답으로 나온다는 것을 잊지 마세요.

What + 명사

Example
◁)) Unit 01_14 mp3

Q **What color** do you like most?	무슨 색을 가장 좋아하세요?
(A) I like blue.	(A) 파란색을 좋아해요.
(B) Colorful flowers.	(B) 다채로운 꽃들이요.
(C) Every year.	(C) 매년이요.

해설

What color(무슨 색)라고 묻고 있으므로 그에 맞게 color와 관련된 답변이 들어간 것을 정답으로 고른다.
(A) 좋아하는 색상을 언급하는 정답.
(B) color와 발음이 비슷한 colorful을 이용한 오답.
(C) 질문과 관련 없는 반복 주기를 말하는 답변이므로 오답.

Possible Answers

- I like white most.   저는 흰색을 가장 좋아합니다. ▸ 선호 색상을 말한 답변
- White is the best.   흰색이 가장 좋습니다. ▸ 선호 색상을 말한 답변
- I prefer white.   흰색을 선호해요. ▸ 선호 색상을 말한 답변

Kelly's Tip

▸ 「What + 명사」 의문문의 경우, What 다음에 나오는 명사를 반드시 주의하여 들어야 합니다. 이 명사와 관련된 내용이 정답이 됩니다.

▸ Which color처럼 Which도 명사와 함께 자주 쓰입니다. What color(무슨 색)와 Which color(어떤 색)의 차이점은 Which가 쓰일 경우, 선택 범위가 주어져 있다는 것입니다.

   Ex. What color do you like most? 무슨 색을 가장 좋아하세요?
        Which color do you like most among these? 이것들 중에서 어느 색을 가장 좋아하세요?

PRACTICE
◁)) Unit 01_15 mp3
정답 및 해설 p.210

11 _____ of this jacket?
  (A) It's a good product.
  (B) There may be a _____.
  (C) _____.

12 _____ bicycle do you have?
  (A) Are you _____
     _____?
  (B) _____ a bicycle shop.
  (C) I have _____.

6 How 의문문

How + 조동사

Example   🔊 Unit 01_16 mp3

Q How did you travel to Berlin?

    (A) By air.

    (B) I was born in Berlin.

    (C) I usually go there twice a week.

베를린까지 어떻게 가셨나요?

    (A) 비행기로요.

    (B) 저는 베를린에서 태어났어요.

    (C) 저는 보통 일주일에 두 번 그곳에 가요.

해설

『How + 조동사』에서 How는 기본적으로 '어떻게'로 해석하며, 대부분 수단이나 방법을 묻는 질문에 많이 쓰인다.

(A) 이동 수단인 비행기를 언급하는 정답.

(B) 동일 단어(Berlin)를 반복한 오답.

(C) 수단/방법을 묻는 How가 아닌 빈도를 묻는 How often 의문문에 적절한 답변이므로 오답.

Possible Answers

◦ I took a train. / By train.　　　　　　　저는 기차를 탔어요. / 기차로요.　▸ 이동 수단 제시

◦ Mr. Kim gave me a ride.　　　　　　　Kim 씨가 저를 차로 태워줬어요.　▸ 이동 방법 설명

Kelly's Tip

▸ How do you like ~?는 의견을 묻는 질문으로, '~가 어떠세요?'나 '~가 마음에 드시나요?'와 같이 해석하면 됩니다.

  Ex. How do you like the food so far?　지금까지 음식이 어떠세요?

How + be동사

Example   🔊 Unit 01_17 mp3

Q How was the meeting last night?

    (A) It went well.

    (B) A copy of the meeting minutes.

    (C) Sooner or later.

어젯밤에 열린 회의는 어땠나요?

    (A) 잘 진행되었어요.

    (B) 회의록 사본이요.

    (C) 조만간이요.

해설

『How + be동사 + 주어?』는 주어의 상태에 대해 묻는 질문이다. 과거(last night)에 열린 회의가 어땠는지 묻고 있다.

(A) 과거 시점의 진행 상황을 언급한 정답. go well(잘 진행되다)이라는 표현을 알고 있어야 한다.

(B) 동일 단어(meeting)를 반복한 오답. meeting minutes는 '회의록'이라는 뜻이다.

(C) 가까운 미래 시점을 나타내는 표현이므로 오답.

Possible Answers

◦ It was very productive.　　　　　　　아주 생산적이었어요.　▸ 회의 결과 제시

◦ I couldn't make it.　　　　　　　　　저는 갈 수 없었어요.　▸ '모른다' 유형의 답변

◦ It was postponed until tomorrow.　　그건 내일로 연기되었어요.　▸ '새로운 정보 제공' 유형의 답변

Kelly's Tip

▸ 『How + be동사 + 주어?』 질문에 '좋다/나쁘다' 외에 '다른 일이 있었어요', '일정이 변경되었어요' 등의 답변도 정답이 될 수 있어요.

How + 형용사/부사

Example   🔊 Unit 01_18 mp3

Q How long did you study English?	영어를 얼마나 오래 공부하셨나요?
(A) For 2 years.	(A) 2년 동안이요.
(B) A month ago.	(B) 한 달 전에요.
(C) How about next week?	(C) 다음 주는 어때요?

해설

『How + 형용사/부사』에서 How는 기본적으로 '얼마나'로 해석하며, How long은 '얼마나 오래'라는 의미로 지속 기간을 물을 때 사용한다.

(A) '~ 동안'이라는 의미로 지속 기간을 나타내는 『For + 기간』으로 대답하고 있으므로 정답.

(B) 지속 기간이 아닌 과거 시점을 나타내는 말이므로 오답.

(C) 미래의 특정 시점을 제안하는 질문이므로 How long(지속 기간)과 맞지 않는 오답.

Possible Answers

• Since 2017.	2017년부터요. ▸ 지속 기간 제시
• For 10 years.	10년 동안이요. ▸ 지속 기간 제시
• I am not certain.	확실하지 않아요. ▸ '모른다' 유형의 답변

Kelly's Tip

▸ How long처럼 '기간'을 묻는 질문에 대해 '시점'으로 대답하는 오답에 속지 않도록 주의하세요. 자주 나오는 오답 유형입니다.

▸ How much(얼마나)는 금액을 묻는 질문에서 자주 쓰입니다.

 Q. How much do you pay for your Internet service? 인터넷 서비스에 얼마를 지불하시나요?

 A. About 50 dollars a month. 한 달에 약 50달러요.

▸ How soon(얼마나 빨리)과 How late(얼마나 늦게)으로 시작하는 질문에서는 '시점' 관련 표현이 정답이 됩니다.

 Q. How soon will you be finished with the report? 얼마나 빨리 보고서를 끝내실 건가요?

 A. In about two hours. 약 2시간 후에요.

▸ How often(얼마나 자주)으로 시작하는 질문에서는 빈도를 나타내는 답변이 정답이 됩니다.

 Q. How often do you check your e-mail? 얼마나 자주 이메일을 확인하시나요?

 A. Twice a day. 하루에 두 번이요.

PRACTICE   🔊 Unit 01_19 mp3   📋 정답 및 해설 p.210

13 _____ will the interns _____?

(A) The interviewees were well-dressed.

(B) She has an _____.

(C) _____.

14 _____ did our clients _____

_____?

(A) They will _____.

(B) _____ Monday.

(C) I'd like to.

UNIT 02 주제/목적을 묻는 문제

대화 1개당 주어지는 3개의 문제 중 첫 번째 문제는 주로 '주제/목적'을 묻습니다. 첫 번째 문제를 놓치면 나도 모르게 심리적으로 위축되기 때문에 '주제/목적' 문제는 꼭 맞히도록 하세요.

Part 3 주제/목적 문제 접근법

✓ 주제 문제는 세 문제 중 첫 번째 문제로 나오며, 그 단서는 대화 초반부에 있습니다.
✓ 대화를 듣기 전에 반드시 질문을 먼저 읽고 집중해 들어야 할 키워드를 파악합니다.
✓ 주제 문제를 놓칠 경우, 세 문제 중에서 가장 마지막에 풀어도 됩니다.

질문 유형

1 What are the speakers **mainly discussing**? 화자들은 주로 무엇을 이야기하고 있는가?
2 What is the conversation **mainly about**? 대화는 주로 무엇에 관한 것인가?
3 What is the **main topic** of the conversation? 대화의 주제는 무엇인가?
4 **Why** is the woman **calling**? 여자는 왜 전화하는가?

Example
◁)) Unit 02_1 mp3

Q What is the topic of the conversation?
(A) The woman's new job
(B) The woman's hometown
(C) The woman's promotion
(D) The woman's housewarming party

> topic, 즉 주제를 묻는 문제의 정답 단서는 대부분 대화 초반부에 나오기 때문에 대화가 시작될 때 특히 집중해 듣도록 하세요.

M: Congratulations, Ms. Rodriguez, on your recent promotion. I heard you are going to be responsible for two store locations in L.A. Will you be relocating?

W: Yes, I am going to move next month. Mr. Son, who was in charge of the two downtown stores, resigned last week, so I was assigned to take his place.

M: It sounds like an amazing opportunity for you. It must have better pay, and it gives you a reason to move. Are they going to have a farewell party for you?

W: Absolutely, they are going to have a reception next Tuesday for all the members being transferred. I hope to see you there!

> 남자의 첫 대사에서 Congratulations와 promotion, 이 두 개의 핵심 단어를 들어야 합니다. 그런 다음, 이 핵심 단어와 관련된 선택지가 있는지 확인하세요.

해석
남: 최근의 승진을 축하합니다, Rodriguez 씨. L.A.에 있는 매장의 두 지점을 맡게 되신다고 들었어요. 이사하실 예정이신가요?
여: 네, 다음 달에 이사합니다. 시내에 있는 그 두 곳의 매장을 맡으셨던 Son 씨가 지난 주에 사직하셔서, 저에게 그분을 대신하는 일이 배정되었어요.
남: 당신에게 대단히 좋은 기회인 것 같아요. 분명 급여가 더 나을 테니, 이사하실 만한 이유가 되겠죠. 사람들이 당신을 위해 송별 파티를 열어 주나요?
여: 물론이죠, 전근가게 되는 모든 직원들을 위해 다음 주 화요일에 축하 파티를 열 예정이에요. 그곳에서 뵐 수 있기를 바라요!

▷ **주제/목적 문제가 포함된 문제 세트 공략법**

Step 1 질문을 먼저 읽고 무엇을 들어야 할지 파악하면서 듣기 전략을 세웁니다.

◁)) Unit 02_2 mp3

1 What is the topic of the conversation?
　(A) The woman's new job
　(B) The woman's hometown
　(C) The woman's promotion
　(D) The woman's housewarming party

topic, 즉 주제를 묻는 문제이므로 대화가 시작될 때 특히 집중해서 들어야 합니다.

2 What is mentioned about Mr. Son?
　(A) He has recently quit his job.
　(B) He has been praised for his work.
　(C) He will be moving to L.A.
　(D) He collaborated on a project with the woman.

질문의 mentioned, Mr. Son에 표시해 둔 다음, Mr. Son이 언급되는 부분에서 관련 정보를 찾습니다. 선택지에 다른 인물과 관련된 내용이 자주 제시되므로 주의해야 합니다.

3 According to the woman, what will happen next Tuesday?
　(A) A training session
　(B) A party
　(C) A store opening
　(D) An interview

Tuesday와 같은 특정 키워드가 제시되면 문제지에 표시해 놓고 대화에서 Tuesday가 나오는 곳을 놓치지 않고 들어야 합니다.

Step 2 각 질문에서 확인한 키워드를 바탕으로 대화 중 관련 내용이 나오는 부분을 중심으로 듣습니다.

M: **1** Congratulations, Ms. Rodriguez, on your recent promotion. I heard you are going to be responsible for two store locations in L.A. Will you be relocating?

W: Yes, I am going to move next month. **2** Mr. Son, who was in charge of the two downtown stores, resigned last week, so I was assigned to take his place.

M: It sounds like an amazing opportunity for you. It must have better pay, and it gives you a reason to move. Are they going to have a farewell party for you?

W: Absolutely, **3** they are going to have a reception next Tuesday for all the members being transferred. I hope to see you there!

1 남자의 첫 번째 대사에서 상대 방의 승진(promotion)을 축하하는 인사말이 나오고 이와 관련된 내용이 이어지고 있죠.

2 Mr. Son이 언급되는 부분인 'Mr. Son ~ resigned last week'에서 이 사람이 지난 주에 사임했다는 정보가 제시되고 있어요.

3 Tuesday가 언급되는 곳을 들어보면 reception을 할 거라고 합니다. reception의 의미를 알고 있어야 정답을 고를 수 있습니다. reception은 '연회, 파티'라는 뜻이죠.

 정답 및 해설 p.211

회사 관련 빈출 표현

Part 3에서 가장 자주 나오는 대화 상황은 회사 생활과 관련된 것으로, 회의 주제로 자주 언급되는 매출/홍보 등에 관한 내용이나 승진/전근/퇴직 등의 인사 이동, 고객과의 계약/협상 등 매우 다양합니다. 관련 빈출 표현을 미리 알아 두면 훨씬 유리하므로, 아래의 표현들을 완벽히 외우도록 합시다.

회사 관련 기본 표현

- □ colleague / coworker 회사 동료
- □ department 부서
- □ schedule a meeting 회의 일정을 잡다
- □ reschedule a meeting 회의 일정을 재조정하다
- □ postpone a training 교육을 연기하다
- □ go on a business trip 출장을 가다
- □ travel expenses 출장 경비
- □ install the software 소프트웨어를 설치하다
- □ budget 예산

회의

- □ board of directors 이사회
- □ shareholder's meeting 주주 회의
- □ conference call 전화 회의
- □ make an announcement 공지하다
- □ sales figures 매출 수치
- □ acquire 인수하다, 매입하다
- □ relocate headquarters 본사를 이전하다
- □ come up with (아이디어 등) ~을 생각해 내다
- □ be able to do ~할 수 있다
- □ prepare for the meeting 회의를 준비하다
- □ minutes 회의록
- □ agenda 안건, 의제
- □ announce a new plan 새로운 계획을 발표하다
- □ a decline in demand 수요의 감소

인사

- □ hire / recruit 채용하다
- □ promotion 승진, 홍보
- □ transfer 전근(하다)
- □ retirement 은퇴, 퇴직
- □ going away party / farewell party 송별회
- □ reception 환영 연회, 축하 파티
- □ a job interview 면접
- □ an annual training 연례 교육
- □ Human Resources 인사부

- □ qualifications 자격 (요건)
- □ based on ~에 근거하여, ~을 바탕으로
- □ take over (업무 등) ~을 인계 받다
- □ call in sick 전화로 병가를 내다
- □ sick leave 병가
- □ leave of absence 휴가
- □ apply for ~에 지원하다, ~을 신청하다
- □ application 지원(서), 신청(서)

계약/협상

- □ client / customer 고객
- □ contract 계약(서)
- □ issue / problem 문제점
- □ negotiate 협상하다
- □ renew the contract 계약을 갱신하다
- □ meet the deadline 마감시한에 맞추다
- □ estimate 견적(서)
- □ review[go over] a proposal 제안서를 검토하다
- □ revise a contract 계약서를 수정하다
- □ expire 만료되다
- □ extend 연장하다

회사 관련 기타 표현

- □ fill out a form 양식을 작성하다
- □ give a ride 차로 태워주다
- □ on time / in time 제때
- □ out of order 고장 난
- □ fix / repair 수리하다
- □ out of the office 사무실에 없는, 부재 중인
- □ come by / stop by / drop by (~에) 잠깐 들르다
- □ be responsible for ~을 책임지다
- □ be in charge of ~을 책임지다, 맡고 있다
- □ storage room 보관실
- □ supply room 비품실
- □ sign up for ~에 등록하다, ~을 신청하다
- □ rent a conference room 회의실을 대여하다
- □ inventory 재고 (목록)

PRACTICE

● 음원을 듣고 정답을 고른 후, 빈칸에 들어갈 말을 받아써 보세요.

🔊)) Unit 02_4 mp3

1 Why is the man calling?
(A) To rearrange a meeting
(B) To speak with a client
(C) To ask for a ride to work
(D) To check a meeting location

2 What does the woman suggest the man do?
(A) Contact his colleague
(B) Reserve a taxi
(C) Text his address
(D) Schedule some repairs

3 What will the woman send to the man?
(A) A meeting schedule
(B) A company's address
(C) A price list
(D) A business's phone number

M: Hello, Karen, this is Marcus. Can you _____ _____ on your way in?

W: Oh, I _____ for our meeting. Will you be able to make it here on time?

M: I don't know. _____, and the subway is closed for repairs. _____ today, so what should I do?

W: Oh, no. Our clients will be here soon, so I can't leave the office to get you. _____ _____? I will _____ Yellow Cab's phone number.

M: Okay, thanks.

- -

4 What is the woman doing?
(A) Repairing a computer
(B) Applying for an ID badge
(C) Preparing a presentation
(D) Interviewing for a job

5 What does the man say he will do?
(A) Install some software
(B) Conduct a survey
(C) Drive to work
(D) Contact a coworker

6 What does the man suggest the woman do?
(A) Call a travel agent
(B) Estimate a cost
(C) Attend a meal
(D) Give a speech

M: Hello, Ying, are you enjoying _____ _____ here? Were you able to get your _____? You need to complete the form online for that first.

W: I know, but when I tried to _____ _____, I couldn't click the "Submit" button. I have no idea why it's happening.

M: I see. I think some _____ _____. I will ask our IT technician, Hyu-so, to install them for you.

W: Thank you.

M: By the way, a few of us are _____ after work. Would you like to join us? It would be a good way for you to _____ _____ better.

📋 정답 및 해설 p. 212

UNIT 03 전화 메시지 / 자동 응답 메시지

Part 4는 Part 3와 매우 비슷하지만 화자가 한 사람이라는 것이 다르죠. '한 사람이 말하니 문제 풀기 쉽겠다'라고 생각할 수도 있지만, 오히려 말의 속도가 빠른 편이어서 듣기가 쉽지 않답니다. Part 4에서 가장 많이 출제되는 것은 바로 전화 메시지입니다. 가장 자주 출제되는 유형인만큼 그 패턴을 꼭 숙지하고 있어야 합니다.

Part 4 전화 메시지(Telephone Message) 접근법

✓ 전화 메시지는 주로 [본인소개 – 전화를 건 목적 – 세부 사항 – 당부 사항]의 순서로 전개됩니다.
✓ '누가' 전화를 걸었는지와 '왜' 전화를 걸었는지를 묻는 문제가 거의 매번 나오는데, 이들에 대한 힌트는 담화 초반에 나옵니다.
✓ 일정 변동이나 문제점, 추가 요청 사항에 관한 내용이 자주 문제로 나옵니다.
✓ 후반부의 당부/부탁 관련 정보는 정답 단서일 가능성이 매우 높으므로 놓치지 마세요.

Example

◁») Unit 03_1 mp3

❶ Hello, this is Abel Ross from the clothing manufacturer Stylish Imports. ❷ I am calling because I need some more information regarding the safety inspection that you did yesterday. ❸ The majority of your report is quite detailed, but there is no explanation on the comments section as to why we failed the inspection. ❹ We recently got a very large order that needs to be filled as soon as possible, but are unable to do so because we cannot improve our machinery if we don't know why it failed the inspection. ❺ Please call me back as soon as possible.

해석

안녕하세요, 저는 의류 제조사 Stylish Imports의 Abel Ross입니다. 제가 전화 드리는 이유는 귀하께서 어제 실시하셨던 안전 점검에 대한 정보가 좀 더 필요하기 때문입니다. 당신의 보고서 내용 대부분은 꽤 상세하지만, 의견 항목에 저희가 왜 점검에서 불합격했는지에 관한 설명이 나와 있지 않습니다. 저희는 최근에 가능한 한 빨리 이행되어야 하는 아주 큰 주문을 받았지만, 그렇게 할 수 없는 상태인데, 저희 기계가 왜 점검에서 불합격했는지를 알지 못하면 그 기계를 개선할 수 없기 때문입니다. 가능한 한 빨리 저에게 다시 전화 주시기 바랍니다.

전화 메시지 내용 구성

❶ 인사 및 본인 소개
본인의 이름과 소속 등을 밝힌다.

❷ 전화를 건 목적
전화를 건 목적을 요약하여 간략히 말한다.

❸❹ 구체적인 상황 설명
전화를 건 목적과 관련된 구체적인 정보를 제공한다.

❺ 당부 사항 또는 마무리 인사

▷ 전화 메시지 문제 세트 공략법

Step 1 질문을 먼저 읽고 무엇을 들어야 할지 듣기 전략을 세웁니다.

◁)) Unit 03_2 mp3

1 Why is the man calling?
(A) To request additional information
(B) To confirm his order
(C) To file a complaint
(D) To order more equipment

전화 메시지에서 목적/주제를 묻는 문제의 경우, 초반부에 제시되는 I am calling to ~ / I am calling about ~ 등의 단서 표현을 놓치지 말아야 합니다.

2 What happened yesterday?
(A) A product demonstration
(B) An inspection
(C) A fashion show
(D) A training session

세부 사항을 묻는 문제는 키워드를 잘 활용해 정답 단서를 찾아야 합니다. yesterday라는 시점 키워드를 통해 어제 있었던 일이 언급된다는 것을 예측할 수 있습니다.

3 What does the speaker say he is worried about?
(A) Submitting more documents
(B) Meeting a deadline
(C) Changing some materials
(D) Working extra hours

대부분 질문의 순서와 정답 단서의 제시 순서가 동일하므로, 담화의 마지막 부분에서 화자가 걱정하는 일로 언급하는 것을 찾도록 합니다.

Step 2 각 질문에서 확인한 키워드를 바탕으로 담화 중 관련 내용이 나오는 부분을 중심으로 듣습니다.

Hello, this is Abel Ross from the clothing manufacturer Stylish Imports. **1** **2** I am calling because I need some more information regarding the safety inspection that you did yesterday. The majority of your report is quite detailed, but there is no explanation on the comments section as to why we failed the inspection. **3** We recently got a very large order that needs to be filled as soon as possible, but are unable to do so because we cannot improve our machinery if we don't know why it failed the inspection. Please call me back as soon as possible.

1 I am calling ~ 표현으로 전화를 건 목적을 말하고 있습니다. 바로 뒤에 이어지는 I need ~ 에서 원하는 바를 구체적으로 언급하고 있어요.

2 yesterday라는 키워드가 언급되는 곳에서 어제 safety inspection(안전 점검)이 있었음을 말하고 있습니다.

3 '가능한 한 빨리 처리되어야 하는 주문인데 그렇게 할 수 없다'고 말하는 부분에서 화자가 마감일을 맞추지 못하는 상황을 걱정하고 있다는 것을 알 수 있어요.

📋 정답 및 해설 p.214

✓ 영업시간 외에 전화한 고객을 응대하기 위해 제공하는 자동 응답 메시지 유형의 경우, 전개 방식이 일정하기 때문에 몇 가지 종류만 귀에 익혀 두면 쉽게 풀 수 있어요.

✓ 가장 자주 나오는 것은 회사 고객 지원센터(Customer Support)의 ARS입니다.

✓ 어떤 회사에 전화를 걸었는지 알리기 위해 회사 이름을 꼭 밝히므로, 첫 부분의 인사말 부분을 듣고 업종을 반드시 파악하도록 하세요.

✓ 영업시간이나 임시 휴무, 휴무의 이유와 관련된 문제가 많이 출제되므로 관련 내용을 정확히 듣고, 기타 서비스 안내가 나오는 부분도 꼭 주의하여 듣도록 합니다.

Example

◁)) Unit 03_3 mp3

❶ You have reached the Contemporary Art Society. We've displayed contemporary art, not only on canvas, but statues, to the public for over 10 years. ❷ Our hours of operation are Monday through Friday from 9 a.m. to 7 p.m., and Saturdays from 10 a.m. until 5 p.m. ❸ Please be aware, guided tours are held only three times a day. If you would like to make a reservation, please do so online on our Web site. A calendar with available times can be found by clicking the "Reservations" tab. ❹ Thank you for calling.

해석

현대 미술 협회입니다. 저희는 10년이 넘도록 회화 뿐만 아니라 조각상에 이르는 현대 미술을 일반 대중들에게 전시해 왔습니다. 저희 운영시간은 월요일부터 금요일까지는 오전 9시부터 저녁 7시까지이고, 토요일은 오전 10시부터 오후 5시까지입니다. 가이드 동반 투어는 하루에 세 번만 열린다는 것을 알고 계시기 바랍니다. 예약을 하고자 하시면 온라인으로 저희 웹사이트에서 하시기 바랍니다. "예약" 탭을 클릭하시면 예약 가능한 시간이 나오는 일정표를 보실 수 있습니다. 전화 주셔서 감사합니다.

자동 응답 메시지 내용 구성

❶ **인사말**
단체명이나 소속 부서 또는 직책 등이 언급된다.

❷ **영업시간 안내**
영업시간과 휴무일을 안내한다.

❸ **기타 서비스 안내**
특정 서비스를 받으려면 무엇을 해야 하는지 안내한다.

❹ **마무리 인사**

▷ 자동 응답 메시지 문제 세트 공략법

Step 1 질문을 먼저 읽고 무엇을 들어야 할지 듣기 전략을 세웁니다.

🔊 Unit 03_4 mp3

1 What type of organization is the Contemporary Art Society?
(A) A travel agency
(B) A cinema
(C) A museum
(D) An art school

> 단체명과 서비스 영역을 밝히는 부분을 놓치지 말고 들어야 합니다.

2 What is the maximum number of tours that can be given in a day?
(A) One
(B) Three
(C) Five
(D) Ten

> 문제의 키워드인 maximum number of tours, in a day와 관련된 내용이 담화 중 제시되는 부분에 집중하세요.

3 How can a listener make a reservation?
(A) By leaving a message
(B) By visiting a Web site
(C) By sending an e-mail
(D) By submitting a form

> 키워드인 make a reservation과 관련해, 지문에서 예약 방법으로 설명하는 정보를 자세히 들어야 합니다.

Step 2 각 질문에서 확인한 키워드를 바탕으로 담화 중 관련 내용이 나오는 부분을 중심으로 듣습니다.

You have reached the Contemporary Art Society. **1** We've displayed contemporary art, not only on canvas, but statues, to the public for over 10 years. Our hours of operation are Monday through Friday from 9 a.m. to 7 p.m., and Saturdays from 10 a.m. until 5 p.m. Please be aware, **2** guided tours are held only three times a day. **3** If you would like to make a reservation, please do so online on our Web site. A calendar with available times can be found by clicking the "Reservations" tab. Thank you for calling.

> **1** 단체나 기관 등의 특성을 밝히는 부분을 잘 듣는 것이 관건입니다. 화자가 We've displayed contemporary art라고 말하는 부분에서 자신이 속한 단체를 설명하고 있어요.

> **2** 질문의 핵심은 투어 횟수(number of tours)이므로 투어 진행 상황에 관한 설명에서 횟수와 관련된 정보가 등장하는 부분을 놓치지 말아야 합니다.

> **3** 예약 방법을 안내하는 부분에서 please do so online on our Web site라는 말로 구체적인 방법을 안내하고 있어요.

 정답 및 해설 p.215

점수UP! 포인트

전화 메시지와 자동 응답 메시지에서 자주 쓰이는 표현들을 알아 둡시다. 특히 전화 메시지에는 문제 상황이나 일정 변경을 알리는 내용이 자주 나오기 때문에 이와 관련된 표현을 알아 두면 좋습니다.

전화 / 자동 응답 메시지 빈출 표현

전화를 건 목적/이유

- ☐ I am calling to ~ ~하기 위해 전화 드렸어요.
- ☐ I am calling about ~ ~에 관해 전화 드렸어요.
- ☐ I am calling in response to ~
  ~에 대한 답변으로 전화 드렸어요.

수신자/발신자 관련 정보

- ☐ This is 사람 from 회사 ~에서 전화 드리는 …입니다.
- ☐ This message is for 수신자
  이 메시지는 ~ 씨에게 전하는 것입니다.

문제 상황

- ☐ There is a problem[an issue] with ~
  ~와 관련된 문제가 있습니다.
- ☐ We are having[experiencing] a problem with ~
  ~와 관련된 문제를 겪고 있습니다.
- ☐ ~ is missing ~가 분실되었습니다
- ☐ in terms of ~에 관하여, ~의 측면에서
- ☐ regarding ~에 관하여
- ☐ turn out ~로 판명되다, 드러나다
- ☐ unfortunately 안타깝게도, 아쉽게도
- ☐ have an Internet problem 인터넷 문제가 있다
- ☐ pay an extra service fee 추가 서비스 요금을 지불하다
- ☐ miss a flight 비행기를 놓치다
- ☐ power failure / blackout 정전
- ☐ closed for renovation 개조 공사로 문을 닫은
- ☐ run out of copy papers 복사 용지가 다 떨어지다

자동 응답 메시지

- ☐ You have reached 회사/부서. ~에 전화 주셨습니다.
- ☐ Thank you for calling 회사/부서.
  ~에 전화 주셔서 감사합니다.
- ☐ We're currently closed. 현재 영업이 끝났습니다.

일정

- ☐ postpone a meeting 회의를 연기하다
- ☐ delay the shipping[delivery] 배송을 연기하다
- ☐ reschedule the workshop 워크숍 일정을 재조정하다
- ☐ make an adjustment 조정하다
- ☐ cancel the workshop 워크숍을 취소하다
- ☐ plan to have an outing 야유회를 열 계획이다
- ☐ register for a trade fair 무역 박람회에 등록하다
- ☐ arrange an appointment 예약을 잡다
- ☐ extension (number) 내선 전화 (번호)

요청

- ☐ Please be aware that ~라는 점을 숙지하시기 바랍니다.
- ☐ contact Mr. Song as soon as possible
  Song 씨에게 가능한 한 빨리 연락하다
- ☐ e-mail Mr. Song Song 씨에게 이메일을 보내다
- ☐ stop by[drop by] my office 내 사무실에 잠시 들르다
- ☐ R.S.V.P as soon as possible
  참석 여부를 가능한 한 빨리 알려 주세요.
- ☐ send a list of attendees 참석자 명단을 보내다
- ☐ if you need further assistance 추가 도움이 필요하시면
- ☐ speak to a customer service representative
  고객서비스 직원과 얘기하다
- ☐ stay on the line 전화를 끊지 않고 기다리다
- ☐ reach me immediately 즉시 내게 연락하다
- ☐ reserve a venue 장소를 예약하다
- ☐ visit our Web site 우리 웹 사이트를 방문하다
- ☐ join our mailing list 우리의 우편물 수신자 명단에 등록하다
- ☐ update contact information 연락처를 업데이트하다
- ☐ display some items 물건을 진열하다
- ☐ check the inventory 재고를 조사하다
- ☐ cancel an order 주문을 취소하다
- ☐ confirm the shipping address 배송 주소를 확인하다
- ☐ use public transportation 대중 교통을 이용하다

PRACTICE

● 음원을 듣고 정답을 고른 후, 빈칸에 들어갈 말을 받아써 보세요.　　　　　🔊 Unit 03_6 mp3

1 Why is the speaker unable to attend the meeting?
(A) She has an emergency in Seoul.
(B) She needs to meet her clients in Bangkok.
(C) She made a mistake on her schedule.
(D) She did not catch her flight.

2 What did Aaron suggest doing?
(A) Cutting expenses
(B) Hiring more staff
(C) Updating some information
(D) Remodeling an office

3 What does the woman mean when she says, "Let's talk about this more when I return"?
(A) She will meet the listener at the Bangkok office.
(B) She needs to clarify some issues with the listener.
(C) She wants to schedule an extra meeting.
(D) She supports the listener's proposal.

[Telephone message]

Hello, Aaron, this is Tina. I will be unable to attend our meeting this afternoon. I _____ from Bangkok to Seoul, so I won't be in the office today. However, I read through your proposal suggesting _____ _____. I see that you mentioned improving our energy efficiency, which would increase our costs initially, but allow for savings in the future. However, do you have any suggestions on _____ _____? Let's talk about this more when I return.

----

4 Who is the message probably for?
(A) Medical patients
(B) Specialized doctors
(C) Insurance agents
(D) Conference attendees

5 What is the message mainly about?
(A) Conference schedules
(B) Hours of operation
(C) Canceled appointments
(D) A new phone system

6 According to the message, what will happen on September 25?
(A) Renovations will be made.
(B) An operation will take place.
(C) The phone system will be upgraded.
(D) Doctors will travel out of town.

[Recorded message]

Thank you for calling the Rochester _____, located on Tonawanda Boulevard. If you're calling _____ with a doctor, please leave a message or call again when our office is open. Our _____ are from 9 a.m. to 7 p.m. Monday through Friday, and 10 a.m. to 3:30 p.m. on Saturdays. However, our office will be closed on Thursday, September 25, because _____ at 9 a.m. to attend a conference in Chicago. Therefore, _____. for that day. Please leave a message after the tone and we will _____ when we are available.

📋 정답 및 해설 p.216

Part 5

UNIT 04 빈칸에 맞는 품사 선택

토익에 출제되는 문법 문제 중에 가장 기본적인 것이 빈칸에 알맞은 품사로 명사, 형용사, 부사 또는 동사를 선택하는 유형입니다. 이렇게 빈칸의 품사를 파악하는 유형이 시험에서 차지하는 비중은 약 40%에 달하며, 주로 Part 5에서 출제됩니다. 이 유형은 빈칸의 품사를 파악하는 몇 가지 공식만 알면 해석이나 어휘로 고민할 필요 없이 간단하게 정답을 찾을 수 있으므로 그 공식들을 잘 정리해 둡시다.

전략 포인트 1 목적어 역할을 하는 명사 자리

① 타동사 뒤의 빈칸

타동사는 반드시 뒤에 명사 목적어를 동반하므로 타동사 뒤에 빈칸이 있다면 명사 자리입니다.

· Mr. Son is always willing to **provide** [assistance / ~~assists~~] to a new employee.
  Son 씨는 항상 신입 직원에게 기꺼이 도움을 제공하려고 한다.
  ◑ 동사 provide는 목적어를 필요로 하는 타동사이다.

· Clients can **request** [access / ~~accessible~~] to their personal information by entering a 4-digit PIN number.
  고객들은 4자리 비밀번호를 입력하는 방법으로 각자의 개인 정보에 대한 접속을 요청할 수 있습니다.
  ◑ 동사 request는 목적어가 필요한 타동사이다.

② 전치사 뒤의 빈칸

전치사는 반드시 뒤에 명사 목적어를 동반하므로 전치사 뒤에 빈칸이 있다면 명사 자리입니다.

· If you don't like the color, you can return the item **for** [~~replace~~ / replacement].
  색상이 맘에 들지 않으실 경우, 교환을 위해 제품을 반품하실 수 있습니다.

· A free shuttle service to and from the airport is available **for** [use / ~~used~~] by the Sunrise Hotel.
  Sunrise Hotel에 의해 제공되는 무료 공항 왕복 셔틀버스 서비스를 이용하실 수 있습니다.

전략 포인트 2 소유격/형용사/관사의 수식을 받는 명사 자리

① 소유격 뒤의 빈칸

대명사의 소유격과 기타 소유격 표현은 명사를 수식하므로 소유격 뒤에 빈칸이 있다면 명사가 들어갈 자리입니다.

· Mr. Turner expressed **his** [concerns / ~~concerning~~] about the recent decrease in sales.
  Turner 씨는 최근의 매출 하락에 대해 우려를 나타냈다.
  ◑ concerning은 전치사이다.

② 형용사 뒤의 빈칸

형용사는 주로 명사를 앞에서 꾸며주는 역할을 하므로 형용사 뒤에 빈칸이 있다면 명사 자리입니다.

· Mr. Atkins will issue a statement on the **upcoming** [election / ~~elect~~].

Atkins 씨는 다가오는 선거에 관한 성명을 발표할 것이다.

3 관사 뒤의 빈칸

관사(a/an/the)는 명사 앞에만 사용되므로 관사 뒤에 빈칸이 있다면 명사 자리입니다.

· All local residents are cordially invited to **the** [opening / ~~open~~] of the Wiley Coffee House.

모든 지역 주민들을 Wiley Coffee House 개장 행사에 정중히 초대합니다.

☑ 토익 빈출 사람명사 / 사물·추상명사

◦ negotiator 협상가 / negotiation 협상	◦ attendee 참석자 / attendance 참석
◦ patron 고객 / patronage 단골 이용	◦ adviser 조언자 / advice 조언
◦ performer 공연자 / performance 공연	◦ investor 투자자 / investment 투자(액)
◦ reviewer 평가자 / review 평가	◦ server (식당) 종업원 / service 서비스
◦ manufacturer 제조사 / manufacturing 제조	◦ professional 전문가 / profession 직업
◦ employer 고용주 employee 직원 / employment 고용	

☑ 다양한 형태의 명사

–al	proposal 제안(서) approval 승인 removal 제거 arrival 도착 disposal 처분 denial 부인 referral 소개 withdrawal 인출 renewal 갱신 rental 임대(료) potential 잠재력 professional 전문가 original 원본 individual 개인, 사람
–ive	objective 목적 alternative 대안 initiative 계획, 주도권 executive 이사, 임원 incentive 성과급, 지원금 representative 대표자, 직원
–ery –ory	delivery 배송(품) scenery 경치 recovery 복구 machinery 기계류 stationery 문구류 laboratory 실험실 factory 공장 directory 안내목록 inventory 재고 accessory 부대용품, 부속물
–ing	seating 좌석 (배치) building 건물, 건축 meeting 회의 accounting 회계 opening 공석, 개점 planning 기획 funding 자금 (공급) pricing 가격 책정 cleaning 청소 recycling 재활용 spending 지출
기타 형태	response 응답 architect 건축가 pleasure 즐거움 receipt 영수증, 수령 emphasis 강조 assembly 조립 complaint 불만 correspondent 통신원

전략 포인트 3 명사가 명사를 수식하는 복합 명사

1 관사와 명사 사이의 빈칸 또는 관사와 명사 뒤의 빈칸

관사 뒤로 이어지는 두 개의 명사가 하나의 명사구로 사용되는 경우입니다. 자주 출제되는 복합 명사들은 외워 두는 것이 좋으며, 특히 –ing 형태의 명사를 동사로 착각하지 않도록 주의하세요.

· We are planning **a** big [clearance / ~~clearable~~] **sale** due to having fewer customers.

손님들이 줄어든 것으로 인해 우리는 대대적인 재고 정리 할인 행사를 계획 중이다.

· Mr. Johnson is in charge of handling **the product** [~~distributor~~ / distribution].

Johnson 씨는 제품 유통을 처리하는 일을 책임지고 있다.

☑ 토익 빈출 복합명사

일반 명사	product distribution 제품 유통 awards ceremony 시상식 tourism economy 관광업 mission statement (기업 등의) 강령 product sales 제품 판매 flight arrangements 항공편 일정 (조정) savings account 저축 계좌 application form 신청서, 지원서 job opportunities 구직 기회 salary increases 급여 인상	travel documents 여행 서류 customer review 고객 (이용) 후기 recommendation letter 추천서 benefits package 복리 후생 registration fee 등록비 photo identification (사진이 있는) 신분증 savings deposit 저축 예금 staff productivity 직원 생산성 quality control 품질 관리 tax benefits 세제 혜택
-ing형 명사	opening ceremony 개회식 building materials 건축 자재 seating capacity 좌석 수용력	closing address 폐회사 building permit 건축 허가서 training session 교육 과정, 연수

Kelly's Tip

▶ 선택지에 명사가 두 개 이상 나올 경우, '① 가산명사 단수형 / 복수형' 조합이라면 수 일치로 알맞은 명사를 고르고, '② 사람명사 / 사물·추상명사' 조합이라면 해석을 통해 알맞은 명사를 고르세요.

The Southville Community Center hosts **many** sports [activities / ~~activity~~] for both adults and children.
Southville Community Center는 성인과 아동 모두를 위해 많은 스포츠 활동을 주최하고 있다.

❍ many는 복수명사를 수식하므로 복수 형태를 정답으로 고른다.

전략 포인트 4 명사를 수식하는 형용사 자리

1 관사/소유격과 명사 사이의 빈칸

관사/소유격과 명사 사이에 위치한 빈칸은 명사를 수식하는 형용사 자리입니다.

· Mr. Davis made a [~~convince~~ / convincing] **argument** for extending the deadline.

Davis 씨는 마감일을 연장하는 것에 대해 설득력 있는 주장을 펼쳤다.
❍ 이때 관사 뒤에 다른 형용사가 추가로 위치할 수도 있다.

2 형용사와 명사의 수 일치

단수 명사를 수식하는 수량 형용사와 복수 명사를 수식하는 수량 형용사를 구분해야 합니다.

토익 빈출 수량 형용사

수량 형용사의 종류	수식받는 명사
each 각각의 every 모든 one 하나의 another 또 다른 하나의	가산 단수
many 많은 various 다양한 both 둘 모두 few 거의 없는 a few 몇몇의 several 여러 개의 numerous 수많은 a number of 많은 a variety of 다양한	가산 복수
much 많은 little 거의 없는 a little 약간의	불가산
all 전부의 most 대부분의 some 몇몇의	가산 복수 & 불가산

3 분사형 형용사

빈칸이 형용사 자리가 분명한데 선택지에 형용사는 없고 분사만 있다면, 형용사의 역할을 하는 현재분사와 과거분사 중 하나를 골라야 하며, 문맥상 알맞은 것을 찾습니다.

· 현재분사: 능동을 의미(영향을 미치는 주체를 수식)
· 과거분사: 수동을 의미(영향을 받는 대상을 수식)

· Mr. Hamond's speech left a [lasting / lastly] impression on the audience. [현재분사]
　Hamond 씨의 연설은 청중에게 오래 지속되는 인상을 남겨주었다.

· We are considering a free delivery service for a [limitation / limited] time. [과거분사]
　우리는 한정된 기간 동안의 무료 배달 서비스를 고려 중이다.

☑ 토익 빈출 분사형 형용사

-ing로 끝나는 현재분사 (능동)		-ed로 끝나는 과거분사 (수동)	
lasting 지속되는	rewarding 보람 있는	established 인정받는	complicated 복잡한
challenging 힘든	rising 상승하는	designated 지정된	qualified 자격이 있는
missing 분실된	outstanding 뛰어난	required 필수의	specialized 특화된
opposing 반대의	promising 유망한	limited 제한된	accompanied 동반된
demanding 까다로운	existing 기존의	crowded 혼잡한	experienced 경험 많은
leading 선도하는	interesting 흥미로운	interested 흥미를 느낀	sophisticated 복잡한, 세련된

전략 포인트 5 다양한 위치에 쓰이는 부사

1 동사의 앞 또는 목적어 뒤에서 동사 수식

· The sales manager **carefully** <u>reviewed</u> the document. 영업부장은 서류를 주의 깊게 검토했다.

2 형용사를 바로 앞에서 수식

· The information included in the report is **extremely** <u>valuable</u>. 보고서에 포함된 정보는 매우 가치가 있다.

3 다른 부사를 앞에서 수식

· Mr. Chang answered the question **very** quickly. Chang 씨는 그 질문에 매우 빠르게 답변했다.

4 문장 전체 수식

· **Unfortunately**, he is not available at the moment. 안타깝게도, 그는 지금 시간이 나지 않는다.

5 전치사구 수식

· The sales manager arrived **just** in time. 영업부장은 제 시간에 바로 도착했다.

6 동명사를 바로 앞에서 수식

· By **actively** participating in the meeting, you can earn more points.
회의에 적극적으로 참여함으로써, 더 많은 점수를 얻을 수 있다.

Kelly's Tip

▸ 「형용사 + ly」의 형태로 부사가 될 때 뜻이 달라지는 부사들

high (형용사) 높은 / highly (부사) 매우, 대단히	late (형용사) 늦은 / lately (부사) 최근에
near (형용사) 가까이 / nearly (부사) 거의	hard (형용사) 어려운, 단단한 / hardly (부사) 거의 ~ 않다

▸ 형용사와 부사의 형태가 같은 단어들

late (형용사) 늦은 / (부사) 늦게	enough (형용사) 충분한 / (부사) 충분히
weekly (형용사) 매주의 / (부사) 매주	daily (형용사) 매일의 / (부사) 매일
monthly (형용사) 매달의 / (부사) 매달	high (형용사) 높은 / (부사) 높게

The trainees arrived [late / ~~lately~~] due to the traffic congestion. 교통 혼잡으로 인해 교육생들이 늦게 도착했다.
◐ 1형식 동사 arrive 뒤에 어울리는 부사를 넣는 문제이다. 형태만 보고 '최근에'라는 의미를 나타내는 lately를 고르지 않도록 주의해야 한다.

● 다음 문제를 스스로 풀어본 후, 해설을 확인하여 풀이 요령을 완전히 익히세요.

1 In ------- to higher demand, we will hire additional representatives this summer.

(A) respond　　　　　　　　(B) responded

(C) response　　　　　　　　(D) responsive

Kelly's Tip
전치사 뒤에 위치한 빈칸은 전치사의 목적어로 쓰일 명사 자리입니다.

2 General Automobile's research department employees have extensive ------- of current automotive systems.

(A) know　　　　　　　　　(B) knowledge

(C) knew　　　　　　　　　(D) knowledgeable

Kelly's Tip
형용사 뒤에는 수식 받을 명사가 필요합니다.

3 We at the Dinal Corporation would like to show our ------- for all of your hard work and dedication.

(A) appreciate　　　　　　　(B) appreciation

(C) appreciative　　　　　　(D) appreciates

Kelly's Tip
소유격 대명사 뒤에는 수식 받을 명사가 필요합니다.

4 Ms. Smith requested assistance with the new market research from ------- volunteers.

(A) herself　　　　　　　　(B) she

(C) hers　　　　　　　　　(D) her

Kelly's Tip
전치사와 명사 목적어 사이에 위치한 빈칸은 명사를 수식할 형용사 자리입니다. 대명사의 경우 소유격이 와야 합니다.

5 The environmental scientist emphasized the importance of land ------- and outlined some effective strategies.

(A) preserves　　　　　　　(B) preserved

(C) preserve　　　　　　　(D) preservation

Kelly's Tip
전치사의 목적어로 두 개의 명사가 복합 명사를 구성할 수도 있습니다.

6 The manager ------- explained to the office workers how to install the financial software.

(A) clear　　　　　　　　　(B) clears

(C) clearly　　　　　　　　(D) clearing

Kelly's Tip
동사를 앞에서 수식할 수 있는 품사는 부사입니다.

정답 및 해설 p.218

시제와 태 문제

Part 6는 지문당 네 개의 문제가 출제되는데, 그 중 한 두 개는 문법과 관련된 문제입니다. 단, Part 5와 달리 반드시 지문의 흐름을 파악해야 하므로 빈칸 앞뒤가 아닌 지문 전체를 읽어야 합니다. 가장 빈번히 출제되는 문제 유형은 동사의 시제 문제입니다. Part 5에서는 시점을 알 수 있는 표현이 주어지지만, Part 6에서는 지문 내용의 흐름을 통해 동사의 시제를 유추해내야 합니다.

전략 포인트 1 ┃ 동사의 시제 문제

Part 6 문법 문제 중 수험생들이 가장 어려움을 느끼는 것이 바로 동사와 관련된 문법 문제입니다. 특히 동사의 시제를 묻는 문제는 반드시 지문 전체의 흐름을 따져봐야 해요. 시간의 흐름을 파악한다면 동사 문제도 쉽게 느껴질 거예요. 일단, 영어에 존재하는 12가지 동사 시제는 필수적으로 알고 시작합시다.

① 동사 시제 형태 총정리

현재	V	일반적인 사실이나 반복적인 일을 묘사할 때 쓴다.
과거	V-ed	과거의 일을 묘사한다. 과거를 뜻하는 시점 표현이 함께 쓰이는 경우가 많다.
미래	will V	미래의 일을 묘사한다. 미래를 뜻하는 시점 표현이 함께 쓰이는 경우가 많다.
현재완료	have p.p.	경험이나 완료 등을 나타낸다. 기간을 나타내는 전치사 for 또는 과거의 기준 시점을 나타내는 전치사 since 등과 자주 함께 쓰인다.
과거완료	had p.p.	특정 과거 시점보다 더 이전의 과거 시점에 일어난 일을 나타낼 때 사용한다.
미래완료	will have p.p.	미래의 특정 시점까지 어떤 일이 완료되는 것을 의미할 때 쓴다.
현재진행	am/are/is V-ing	지금 진행되고 있는 일을 묘사할 때 쓴다. 미래시제를 대체할 때 사용되기도 한다.
과거진행	was/were V-ing	과거의 특정 시점에 진행되고 있었던 일을 묘사할 때 쓴다.
미래진행	will be V-ing	미래의 특정 시점에 진행되고 있을 일을 묘사할 때 쓴다.
현재완료진행	have been V-ing	과거부터 현재까지 어떤 일이 계속 진행되고 있음을 강조할 때 쓴다.
과거완료진행	had been V-ing	먼 과거부터 가까운 과거까지 어떤 일이 계속 진행되고 있었음을 강조할 때 쓴다.
미래완료진행	will have been V-ing	과거나 현재에 시작된 일이 미래까지 계속 진행될 것임을 강조할 때 쓴다.

· The sales figures for the new hybrid vehicles [**were released** / ~~have been released~~] **last week**.

　새로운 하이브리드 자동차의 매출 수치가 지난 주에 발표되었다.

　◉ 현재완료 시제는 명백한 과거 시점 부사와 절대로 함께 사용할 수 없다.

· Mr. Ewing [**is coming** / ~~came~~ / ~~coming~~] **next week** to discuss the expansion of the company.

　Ewing 씨가 다음 주에 회사의 사업 확장을 논의하기 위해 올 것이다.

　◉ 미래시제 동사가 없을 경우, 미래를 대체할 수 있는 현재진행 시제(is coming)를 정답으로 선택한다.

2 글의 흐름으로 동사 시제 유추하기

앞서 살펴본 예문처럼 동사의 시제를 알려 주는 시점 표현이 문장에 있다면 정답을 찾기 쉽겠지만, Part 6에 자주 나오는 유형은 지문의 흐름을 통해 동사의 시제를 유추하는 것입니다.

Example

> We are happy to announce that our new equipment has successfully been installed. The new machines ------- our product quality and quantity. As we have new equipment, all personnel must
> 1
> be trained on it by the end of the month. We are going to schedule the training sessions.
> They ------- in the break room.
> 2

1 (A) will improve   (B) improve

    (C) improved   (D) have improved

앞 문장에는 새 장비가 설치된 사실이 쓰여 있고, 다음 문장에는 직원들이 그 장비와 관련된 교육을 받아야 한다고 알리고 있다. 따라서 새로 설치된 장비가 앞으로 제품의 품질과 수량을 향상시킬 것이라는 의미가 되어야 알맞으므로 미래 시제인 (A) will improve가 정답이다.

2 (A) will be posted   (B) are posted

    (C) were posted   (D) have been posted

앞 문장에 직원들이 새 장비 사용과 관련된 교육을 받아야 한다는 말과 함께 교육 시간 일정을 잡을 예정이라는(are going to schedule) 말이 쓰여 있다. 빈칸 앞의 They가 training sessions를 지칭하므로 교육 시간이 게시되는 시점도 are going to와 같은 미래가 되어야 알맞다. 따라서 미래 시제인 (A) will be posted가 정답이다.

해석

우리의 새 장비가 성공적으로 설치되었음을 알려 드리게 되어 기쁩니다. 이 새로운 기계들은 우리 제품의 품질과 수량을 향상시켜 줄 것입니다. 우리가 새 장비를 보유하고 있으므로, 전 직원은 반드시 월말까지 그것에 관한 교육을 받아야 합니다. 교육 시간 일정을 잡을 예정입니다. 이 시간들은 휴게실에 게시될 것입니다.

정답 및 해설 p.218

동사의 태 문제

동사 시제와 능동태/수동태가 결합된 동사 문제가 자주 출제됩니다. 동사의 시제는 12개지만, 토익에 등장하는 수동태 형태는 8개뿐! 각 동사 시제의 수동태 형태를 알아봅시다.

❶ 동사의 태 형태 총정리

시제	능동태 동사	수동태 동사	활용
현재	V	am/are/is p.p.	일반적인 사실이나 반복적인 일을 묘사할 때 쓴다.
과거	V-ed	was/were p.p.	과거의 일을 묘사한다. 과거를 뜻하는 시점 표현이 함께 쓰이는 경우가 많다.
미래	will V	will be p.p.	미래의 일을 묘사한다. 미래를 뜻하는 시점 표현이 함께 쓰이는 경우가 많다.
현재완료	have p.p.	have been p.p.	경험이나 완료 등을 나타낸다. 기간을 나타내는 전치사 for 또는 과거의 기준 시점을 나타내는 전치사 since 등과 자주 함께 쓰인다.
과거완료	had p.p.	had been p.p.	특정 과거 시점보다 더 이전의 과거 시점에 일어난 일을 나타낼 때 사용한다.
미래완료	will have p.p.	will have been p.p.	미래의 시점까지 어떤 일이 완료되는 것을 의미할 때 쓴다.
현재진행	am/are/is V-ing	am/are/is being p.p.	지금 진행되고 있는 일을 묘사할 때 쓴다. 미래시제를 대체할 때 사용되기도 한다.
과거진행	was/were V-ing	was/were being p.p.	과거의 특정 시점에 진행되고 있었던 일을 묘사할 때 쓴다.

· Our staff can [inspect / ~~be inspected~~] **every part** of a building within a short time frame.

저희 직원들이 짧은 시간 내에 건물의 모든 부분을 점검해 드릴 수 있습니다.
> ❖ 타동사 inspect는 뒤에 위치한 명사구(every part)를 목적어로 취해야 하므로 **능동태를 선택한다.**

· Every item should [~~inspect~~ / be inspected] **carefully** prior to shipping.

모든 물품은 배송 전에 신중히 검사되어야 합니다.
> ❖ inspect는 타동사인데, 뒤에 명사 목적어가 없으므로 **수동태를 선택한다.**

2 글의 흐름으로 동사의 태 유추하기

동사의 시제와 태를 함께 파악하는 문제가 자주 출제되므로 지문의 흐름을 통해 알맞은 시제를, 빈칸 뒤의 목적어 유무에 따라 알맞은 태를 찾아야 합니다.

Example

To: writers
From: lanalee@risemedia.com
Date: August 21
Subject: Payment revision

As announced last week, we have changed the way we pay our freelance writers. I ------- you all
1
to send me back the document, but only six of you did. The next payment day is August 31. The
payment ------- only to those who submitted the document. If you haven't submitted yet, please do
2
so by August 23. Thank you for your cooperation.

Lana Lee, HR Manager
Rise Media

1 (A) was asked   (B) asked
   (C) will ask   (D) will be asked

빈칸 뒤에 과거 시제 동사 did를 통해 오직 6명만 해당 문서를 보냈다는 말이 쓰여 있으므로, 그렇게 하도록 요청한 시점도 과거여야 한다. 또한 빈칸 뒤에 위치한 you를 목적어로 취해야 하므로 능동태 동사가 필요하다. 따라서 이 두 가지 조건을 충족하는 (B) asked가 정답이다.

2 (A) was made   (B) made
   (C) will make   (D) will be made

앞 문장에 다음 지급일로 언급된 August 31는 상단의 이메일 작성 날짜 August 21보다 미래 시점이므로 미래 시제 동사가 빈칸에 필요하다. 또한 빈칸 뒤에 목적어가 없어서 수동태 동사가 쓰여야 하므로 미래 시제 수동태인 (D) will be made가 정답이다.

해석

수신: 기자들
발신: lanalee@risemedia.com
날짜: 8월 21일
제목: 비용 지급 변경

지난주에 공지된 바와 같이, 프리랜서 기자들에게 비용을 지급하는 방식을 변경했습니다. 제가 여러분 모두에게 해당 문서를 저에게 다시 보내도록 요청 드렸지만, 오직 6명의 기자들만 문서를 보내 주셨습니다. 다음 지급일은 8월 31일입니다. 비용은 오직 해당 문서를 제출해 주신 분들에게만 지급될 것입니다. 아직 제출하지 않으셨다면, 8월 23일까지 그렇게 해 주시기 바랍니다. 여러분의 협조에 감사드립니다.

Lana Lee, 인사부장
Rise Media

정답 및 해설 p. 219

● 다음 문제를 스스로 풀어본 후, 해설을 확인하여 풀이 요령을 완전히 익히세요.

Questions 1-4 refer to the following article.

In the past decade, the number of people residing in the Edgewood area has ------- significantly. Recent
census data shows that the population climbed 35 percent, which is nearly double the growth rate
of the surrounding communities. However, there is not ------- available housing to meet the demand
of the growing population. -------. The City Council has already decided where the new buildings will
be constructed. As of now, the Lakewood area only has two apartment complexes: Arbor Court and
Spring Gardens. The new complexes ------- the area with an additional 750 new homes for the growing
population.

1 (A) dropped   (B) proceeded
   (C) increased   (D) noticed

어휘 문제

사람들의 수(the number of people)에 대한 증감 정
도를 나타낼 동사가 필요하므로 그 단서를 찾아야 해요.
두 번째 문장의 'climbed 35percent' 부분과 그 뒤의
'nearly double'을 정답 단서로 활용할 수 있습니다.

2 (A) numerical   (B) attentive
   (C) sufficient   (D) competent

어휘 문제

앞 내용과 연결해 보았을 때, 증가하는 인구 수요를 충족
시키기 위해(meet the demand) 이용 가능한 주택의
수량과 관련된 의미를 나타낼 형용사가 필요합니다.

3 (A) As a result, there are plans to build four new apartment
      complexes.
   (B) Furthermore, the number of residences is rapidly climbing.
   (C) In addition, an expansion plan still needs to be approved.
   (D) In the end, the committee will request additional building
      permits.

문장 삽입 문제

문장 삽입 문제는 앞뒤 문장들의 의미를 파악해 그 흐름
에 어울리는 문장을 찾아야 합니다. 빈칸 앞에는 인구의
증가 사실과 함께 주택이 충분치 않음을 말하고 있고, 빈
칸 뒤에는 새로운 건물들이 들어설 곳을 이미 결정했다는
내용이 쓰여 있습니다. 이와 같은 흐름에 어울리는 문장
을 찾아 보세요.

4 (A) will provide   (B) providing
   (C) provided   (D) have provided

문법 문제

앞서 새로운 주택 건물이 지어질 것이라고(will be
constructed) 했으므로 그 건물들이 750가구를 제공
하는 시점도 동일해야 합니다.

Questions 5-8 refer to the following notice.

If you are a permanent staff member at Super Electronics, you will be entitled to six days of additional time-off for health reasons. In order ------- your additional time-off, you are required to provide the company with evidence. Documents issued by state agencies, national institutes, public hospitals, and certified institutions are considered as acceptable -------. -------. As such, any health-related records you submit will only be ------- by an authorized person for genuine business reasons.

₅   ₆   ₇   ₈

---

5 (A) ensuring   (B) to ensure
   (C) ensures   (D) for ensuring

6 (A) application   (B) proof
   (C) experience   (D) outcome

7 (A) We care about the privacy of your health information.
   (B) Sick leave cannot be carried over into subsequent years.
   (C) Please give us at least 24-hours' warning if you need a day off.
   (D) Thank you for your cooperation on this matter.

8 (A) access   (B) accessing
   (C) to access   (D) accessed

정답 및 해설 p.219

Part 7

UNIT 06 편지 / 이메일

토익 Part 7에서 가장 빈번하게 출제되는 지문 유형이 '편지와 이메일'이라고 해도 과언이 아닐 정도로 자주 나오는 지문 유형입니다.

전략 포인트 1 편지(Letter) 지문 유형

✓ 편지 지문은 [주제/목적 제시 → 세부사항 제시 → 요청/제안 사항 언급]의 순서로 전개됩니다.
✓ 발신인과 수신인의 관계나 시제를 이용한 문제가 출제될 수 있습니다.
✓ 편지의 목적, 동봉 자료, 요청/제안 사항을 묻는 질문이 자주 나오기 때문에 관련 표현을 미리 숙지하는 것이 좋습니다.
✓ 이메일의 목적은 보통 초반부에, 첨부 자료나 요청/제안 사항 등은 가장 마지막 부분에 언급될 확률이 높고, 중반부에 제시되는 세부 사항을 묻는 문제가 주로 출제됩니다.

Example **Questions 1-2** refer to the following letter.

1 July → 편지가 작성된 날짜

Dear Ms. Robertson, → 편지 수신인

❶ Congratulations! You have earned enough points through TVG Cinema Club's rewards program to receive ❷ two free movie tickets, which you will find enclosed. So that you may take full advantage of your two free movie tickets that are valid until August 31, we have ❷ also enclosed our current movie showtimes.

❸ Our valued TVG Cinema Club members receive two free tickets for every 2,500 points accumulated. Points are earned for every regular priced ticket purchased at participating TVG cinema locations. You can keep track of the points you have earned online at www.TVGCLUB.co.uk.

Sincerely,

❹ TVG Cinema Club

❶ "축하합니다"라는 말로 편지를 시작했으므로 긍정적인 사실을 전달하기 위해 편지를 썼다는 것을 알 수 있다.

❷ enclosed라는 동사를 통해 두 장의 무료 영화권과 상영 시간표 두 가지를 동봉했다고 알리고 있다.

❸ 이 부분에서 Robertson 씨가 TVG 시네마 클럽의 회원이라는 점과 2,500 포인트를 모았다는 점을 알 수 있다.

❹ 편지 발신인에 관한 정보를 알 수 있다. 주로 발신인의 이름, 부서명, 직책 등의 정보가 제시된다.

1 What is **enclosed** with the letter?
(A) A free magazine
(B) A membership application
(C) A movie schedule
(D) An event invitation

2 **Why** should **Ms. Robertson visit** the **Web site**?
(A) To see her points
(B) To purchase movie tickets
(C) To renew her membership
(D) To cancel a reservation

해석

2017년 7월 1일

Robertson 씨께,

축하합니다! 귀하께서는 TVG Cinema Club의 보상 프로그램을 통해 두 장의 무료 영화 티켓을 받으실 수 있을 정도로 충분한 포인트를 얻으셨으며, 동봉해 드린 이 티켓을 확인해 보시기 바랍니다. 8월 31일까지 유효한 이 두 장의 무료 영화 티켓을 모두 이용하실 수 있도록, 현재 상영 중인 영화 시간표도 함께 동봉해 드렸습니다.

소중한 저희 TVG Cinema Club 회원들께서는 2,500점의 포인트가 누적될 때마다 두 장의 무료 티켓을 받고 계십니다. 포인트는 이 프로그램에 참여하는 TVG 극장 지점에서 구매하시는 모든 정가 티켓에 대해 누적됩니다. www.TVGCLUB.co.uk에서 귀하께서 받으신 포인트를 온라인으로 확인하실 수 있습니다.

안녕히 계십시오.

TVG Cinema Club

정답 및 해설 p.220

✓ e-mail에는 수신인 및 발신인 관련 정보와 제목, 발신 날짜 등의 정보가 주어지는데, 이 정보와 관련된 문제가 반드시 출제됩니다.

✓ e-mail 지문은 [주제/목적 제시 → 세부 사항 제시 → 요청/제안 사항 언급]의 순서로 전개됩니다.

✓ 대부분 초반부에 주제나 목적을 제시하므로 이와 관련된 문제의 정답을 찾고, 중반부에는 대부분 '사실 관계'나 '세부 사항'을 묻는 문제의 정답이 숨겨져 있으므로 빠르게 선택지와 대조하며 문제를 풀도록 합니다.

✓ 후반부에서는 요청/제안 사항과 관련된 문제의 정답 단서를 찾을 수 있습니다.

Example **Questions 1-2** refer to the following e-mail.

❶ From: Karl Castro <karlcastro@socksandyou.uk>
❶ To: Aaron Stanler <aaronstanler@mpgr.com>
❷ Re: Order #07073009
❸ Date: July 11

Dear Mr. Stanler,

We regret to inform you that we do not currently have enough blue wool socks in stock to fulfill the order of 20 pairs you placed on our online store on July 7. We are not able to provide a date as to when we will be able to fulfill the order and prepare it for shipping. We do, however, have yellow and green wool socks in stock. If you would like to change your order, please contact our Customer Service Department at 555-3346. If you do not want to change the order, we will cancel the order and credit your account for the amount you originally paid.

We apologize for any inconvenience this may have caused you. If there is anything else we can help you with, please contact our Customer Service Department.

Karl Castro
Customer Service Department
555-3346

❶ 'From'은 발신인 정보, 'To'는 수신인 정보를 나타낸다. 이메일 주소를 참고해 socksandyou.uk라는 회사에서 발신한 이메일임을 알 수 있으며, 양말과 관련된 회사인 것으로 유추 가능하다.

❷ 'Re'로 표기된 부분이 회신으로 보내는 메일의 제목이며, 제목 내용을 통해 대략적인 주제를 파악할 수 있다. Order를 통해 이 이메일이 '주문'과 관련된 내용이라는 것을 알 수 있다.

❸ 발신 날짜와 관련된 문제 역시 종종 출제된다. 배송 날짜, 주문 날짜 등을 유추하도록 묻는 경우가 있기 때문에 이메일의 발신 날짜를 꼭 확인하고 읽기 시작할 것!

1 What is the purpose of the e-mail?

(A) To arrange a delivery date

(B) To submit an application

(C) To revise the terms of a contract

(D) To report a problem with an order

이메일의 목적은 대부분 초반부에서 파악할 수 있는데, 이 지문에서도 We regret to inform you that we do not currently have enough blue wool socks in stock(파랑색 울 양말이 현재 충분한 재고가 없음을 알리게 되어 유감입니다) 부분에서 주문품의 재고가 없다는 문제점을 알리는 이메일이라는 것을 알 수 있습니다.

2 What will happen if Mr. Stanler doesn't change the order?

(A) A delivery fee will be waived.

(B) A gift certificate will be sent.

(C) A delivery will be made within a week.

(D) A refund will be provided.

change the order가 질문의 키워드이므로 지문에서 이 표현이 나오는 곳을 찾아 단서를 파악해야 해요. 후반부에 If you do not want to change the order, we will cancel the order and credit your account for the amount you originally paid라고 쓰여 있는데, 이는 주문 변경을 원하지 않으면 취소 후에 원래 지불했던 금액을 계좌로 입금해 준다는 뜻입니다.

해석

발신: Karl Castro <karlcastro@socksandyou.uk>
수신: Aaron Stanler <aaronstanler@mpgr.com>
회신: 주문 번호 07073009
날짜: 7월 11일

Stanler 씨께,

귀하께서 7월 7일에 저희 온라인 매장에서 주문하신 20켤레의 주문 사항을 이행할 수 있을 정도로 충분한 청색 모 양말이 현재 재고로 남아 있지 않다는 점을 알려 드리게 되어 유감스럽게 생각합니다. 저희가 언제 이 주문 사항을 이행해 배송을 준비할 수 있을지에 관해 날짜를 말씀 드릴 수가 없습니다. 하지만, 저희는 노란색과 녹색 모 양말을 확실히 보유하고 있습니다. 귀하의 주문 사항을 변경하고자 하실 경우, 555-3346번으로 저희 고객 서비스부에 연락 주시기 바랍니다. 주문 사항 변경을 원하지 않으실 경우, 저희가 해당 주문을 취소하고 처음에 지불하셨던 금액을 귀하의 계좌로 입금해 드릴 것입니다.

이 문제로 귀하께 초래될 수 있는 어떠한 불편에 대해 사과 드립니다. 저희가 도와 드릴 수 있는 다른 어떤 일이든 있으시다면, 저희 고객 서비스부로 연락 주십시오.

Karl Castro
고객 서비스부
555-3346

 정답 및 해설 p. 221

점수 UP! 포인트

편지와 이메일은 Part 7에서 가장 자주 등장하는 지문 유형입니다. 따라서 편지와 이메일에 자주 쓰이는 어휘와 표현들을 정리해 두는 것이 좋습니다.

편지 / 이메일 빈출 표현

목적을 나타내는 표현

□ I'd like to do ~하고 싶습니다.

□ I am writing to do ~하기 위해 편지를[이메일을] 씁니다.

□ I am responding to ~에 대해 답변 드립니다.

□ In response to your e-mail
귀하의 이메일에 대한 답변으로

□ To show our gratitude 감사를 표하기 위해

□ To express our appreciation 감사를 표하기 위해

□ We regret to inform you that
~임을 알려드리게 되어 유감입니다.

□ It is my pleasure to do ~해서 기쁩니다.

□ inform A about B A에게 B에 관해 알리다

□ inform A that A에게 ~라고 알리다

구매/할인/환불/교환

□ out of stock 재고가 없는

□ in stock 재고가 있는

□ exchange 교환(품)

□ refund 환불

□ in cash 현금으로

□ receipt 영수증

□ installment 할부금

□ special price 특가

□ special offer 특가 제품, 특가 서비스

□ make a payment 지불하다

□ interest in ~에 대한 관심

□ free 무료의

□ available 구입할 수 있는(↔ unavailable)

주문/배송

□ in transit 배송 중인

□ express delivery service 특급 배송 서비스

□ overnight delivery 익일 배송 서비스

□ fee 요금, 수수료

□ estimate 견적(서)

□ place[make] an order 주문하다

□ demand 수요

문제/사과

□ defective / faulty 결함이 있는

□ customer service department 고객 서비스부

□ malfunction v. 오작동하다 n. 오작동

□ missing 잃어버린, 분실된

□ replacement 대체품, 교환품

□ free of charge 무료로

□ shipping charge 배송 요금

□ apologize for the inconvenience
불편함에 대해 사과하다

기타 빈출 표현

□ item / product / merchandise / goods 제품, 상품

□ take care of ~을 처리하다, 다루다

□ in advance 미리, 사전에

□ temporarily 일시적으로, 임시로

□ details 상세 정보, 세부 사항

□ itinerary 일정(표)

□ be suitable for ~에 적합하다, 어울리다

□ contract 계약(서)

□ amount 수량, 액수

□ take effect 시행되다, 효력이 발휘되다

□ work shift 교대 근무(조)

□ deal with ~을 다루다, 처리하다

□ attendee 참석자

□ take place (일, 행사 등이) 일어나다, 발생되다

□ host ~을 주최하다

□ showcase ~을 선보이다

□ upcoming 다가오는, 곧 있을

□ voucher / gift certificate 쿠폰, 상품권

□ sign up for ~에 등록하다, ~을 신청하다

□ look forward to -ing ~하기를 고대하다

□ inquire about ~에 관해 문의하다

□ on behalf of ~을 대신해, 대표해

□ be entitled to ~에 대한 자격이 있다

□ be impressed with ~에 깊은 인상을 받다

□ make sure that 반드시 ~하도록 하다

□ get in touch (with) (~와) 연락하다

□ be scheduled to do ~할 예정이다

• 다음 문제를 스스로 풀어본 후, 해설을 확인하여 풀이 요령을 완전히 익히세요.

Questions 1-3 refer to the following e-mail.

To: Palm Springs Shop Cashiers
From: James Brown
Date: June 8
Subject: Progress Update

Starting on July 1, Palm Springs Shop will not accept returns or exchanges of worn or damaged clothing that is returned without an original receipt. This notification will be displayed on every cashier station by next week. An e-mail notification will also be sent out to existing customers to inform them about this new policy. However, if a customer wants to make a return that is not accompanied by a receipt, you should call the manager on duty for further assistance.

We appreciate your cooperation.

James Brown
Director of Operations

---

1 What is the purpose of the e-mail?
(A) To announce a policy change
(B) To discuss common customer complaints
(C) To explain the closing of a shop
(D) To inform staff about new products

> 목적을 묻는 문제의 경우, 대부분 초반부에 정답 단서가 제시되지만, 간혹 배경 설명을 먼저 한 다음에 목적을 언급하는 경우도 있습니다.

2 According to the e-mail, what will be required for a return?
(A) A credit card
(B) A membership card
(C) A receipt
(D) Cash

> According to로 시작하는 질문은 세부 사항을 묻는 문제입니다. 세부 사항 문제는 질문에 나온 키워드가 언급된 부분을 지문에서 빠르게 찾고 그 앞뒤의 내용을 파악하는 것이 중요합니다.

3 Where does Mr. Brown probably work?
(A) In a stationery store
(B) In an electronics store
(C) In a clothing shop
(D) In an auto shop

> Mr. Brown의 이름이 제시되는 부분을 먼저 확인한 후, 특정 업무나 서비스 등의 정보를 단서로 정답을 찾습니다.

 정답 및 해설 p.222

Chapter

2

UNIT 07 다인 사진 | 일반 의문문

Part 1에 출제되는 6장의 사진 중에서, 사람이 등장하는 사진의 경우 가장 쉽게 정답을 예상할 수 있습니다. 오늘은 1인 사진보다 좀 더 고난도인 다인 사진 문제들을 살펴 보겠습니다. 더불어, Part 2에 출제되는 일반 의문문의 종류와 정답 유형들을 학습해 보겠습니다.

Part 1 다인 사진 문제 접근법

✓ 다인 사진에서는 등장인물들의 공통된 행동을 묘사하는 것이 정답일 가능성이 높습니다.
✓ 등장 인물들 중 한 명에게만 초점을 맞춰 묘사한 정답이 제시되기도 합니다.
✓ 드물게 배경을 묘사하는 것이 정답이 될 수도 있습니다.

Example
◁)) Unit 07_1 mp3

(A) Some people are facing each other.
(B) A man is adjusting his glasses.
(C) A man is leaning forward.
(D) Some people are wearing safety vests.

(A) 일부 사람들이 서로 마주보고 있다.
(B) 한 남자가 안경을 조절하고 있다.
(C) 한 남자가 앞으로 몸을 숙이고 있다.
(D) 일부 사람들이 안전 조끼를 착용한 상태이다.

해설
(A) 두 사람이 서로 다른 곳을 보고 있으므로 오답.
(B) 남자가 안경을 쓰고 있지 않으므로 오답.
(C) 남자가 몸을 숙이고 있지 않으므로 오답.
(D) 두 사람이 안전 조끼를 착용한 상태를 묘사한 정답.

Possible Answers

- They are working at the warehouse.
- Some people are sitting next to each other.
- The woman is writing something on a notepad.

사람들이 창고에서 일하고 있다.
일부 사람들이 서로 나란히 앉아 있다.
여자가 메모지에 뭔가 쓰고 있다.

 Kelly's Tip

▸ 다인 사진 문제에서는 각 선택지의 주어에 특히 귀 기울여 들어야 해요.

| They - 사진에 등장하는 모든 인물 | One of the men - 남자들 중 한 명 | One of the women - 여자들 중 한 명 |

Some - 사진에 나오는 인물들 중 일부   Most of the men - 남자들 중 대부분

▸ 사진에 여러 사람이 보이면, 먼저 모든 사람이 공통적으로 하는 행동을 파악하고, 그 다음으로 각 등장 인물의 동작이나 상태를 파악해야 합니다.

점수UP! 포인트

다음은 다인 사진 문제 중 가장 자주 출제되는 장소를 빈도순으로 분류해 정리한 표현들입니다.
여러 차례 소리 내어 읽으며 완벽하게 암기하도록 하세요.

다인 사진 빈출 표현

1순위 매장/상점

☐ making a purchase	제품을 구매하고 있다
☐ paying for a purchase	제품 구매 비용을 지불하고 있다
☐ handing over a credit card	신용카드를 건네고 있다
☐ purchasing some products	몇몇 제품들을 구입하고 있다
☐ entering a supermarket	슈퍼마켓에 들어가고 있다
☐ putting merchandise into a bag	가방에 상품을 넣고 있다
☐ waiting in line	줄 서서 기다리고 있다
☐ waiting to make a purchase	제품을 구입하기 위해 기다리고 있다
☐ holding a bag open	가방을 연 채로 들고 있다
☐ trying on shoes	신발을 신어보고 있다
☐ showing customers an item	손님들에게 제품을 보여주고 있다
☐ examining items on display	진열된 제품들을 살펴보고 있다
☐ helping the customer with the shoes	신발과 관련해 고객을 돕고 있다

2순위 야외/공원

☐ resting on a bench	벤치에서 쉬고 있다
☐ having a picnic	피크닉을 즐기고 있다
☐ leaning against a fence	울타리에 기대고 있다
☐ strolling along the path	길을 따라 산책하고 있다
☐ riding a bicycle	자전거를 타고 있다
☐ sitting on the grass	잔디에 앉아 있다
☐ relaxing under a tree	나무 아래에서 쉬고 있다
☐ taking a walk	산책하고 있다
☐ gathering leaves	나뭇잎을 모으고 있다
☐ fishing from a dock	부두에서 낚시하고 있다
☐ jogging along the river	강을 따라 조깅하고 있다
☐ taking a photograph	사진을 찍고 있다
☐ resting outside	밖에서 쉬고 있다
☐ wearing sunglasses	선글라스를 착용한 상태이다
☐ enjoying a street performance	거리 공연을 즐기고 있다
☐ posing for a picture	사진을 찍기 위해 포즈를 취하고 있다
☐ sitting by a plant	식물 옆에 앉아 있다
☐ surrounding a fountain	분수를 둘러싸고 있다

CHAPTER 02

3순위 레스토랑/미용실/공항 등의 기타 장소

□ holding a serving tray	서빙용 쟁반을 들고 있다
□ taking an order	주문을 받고 있다
□ looking at the menu	메뉴판을 보고 있다
□ pouring coffee	커피를 따르고 있다
□ placing an order	주문을 하고 있다
□ pointing at a menu	메뉴를 가리키고 있다
□ writing down an order	주문 내용을 받아 적고 있다
□ setting the table	탁자를 차리고 있다
□ pouring water	물을 따르고 있다
□ waiting on a customer	손님의 시중을 들고 있다
□ getting a haircut	머리를 자르고 있다
□ looking into a mirror	거울을 들여다보고 있다
□ trimming a customer's hair	손님의 머리를 다듬고 있다
□ walking toward the gate	탑승구를 향해 걸어가고 있다
□ wearing a uniform	유니폼을 착용한 상태이다
□ waiting in line	줄 서서 기다리고 있다
□ checking one's luggage	수화물을 부치고 있다
□ standing at the check-in counter	탑승 수속 카운터에 서 있다
□ sitting by the window	창가에 앉아 있다
□ be seated across from each other	서로 마주보고 앉아 있다
□ looking at some artwork	일부 예술품을 보고 있다
□ storing luggage above their seats	좌석 위에 짐을 보관하고 있다

● 음원을 듣고 정답을 고른 후, 빈칸에 들어갈 말을 받아써 보세요.　　　　　◁)) Unit 07_3 mp3

1

(A) The man and woman are _____.
(B) The man and woman are _____.
(C) The man and woman are _____.
(D) The man and woman are _____.

2

(A) They are _____.
(B) One of the women is _____.
(C) One of the men is _____.
(D) They are _____.

3

(A) Some people are _____.
(B) Some people are _____.
(C) A woman is _____.
(D) A man is _____.

📋 정답 및 해설 p. 223

✓ 일반 의문문이란 Be동사나, Do/Have/Can/Will 등과 같은 조동사로 시작하는 의문문을 말합니다.

✓ 일반 의문문은 그 종류와 형식이 워낙 다양하고, 주어와 동사를 바탕으로 질문의 전체적 의미를 파악해야 하기 때문에 의문사 의문문보다 훨씬 어렵습니다.

✓ 일반 의문문은 Yes나 No로 답변하는 것이 일반적이지만, Yes/No를 생략한 답변도 자주 등장하므로 많은 연습을 통해 이에 대비해야 합니다.

1 Be동사 의문문

Example   ◁)) Unit 07_4 mp3

Q Are you registered for the ITC trade seminar?   ITC 무역 세미나에 등록되어 있으신가요?

(A) Yes, I did it yesterday.   (A) 네, 어제 등록했어요.

(B) Yes, she did.   (B) 네, 그녀는 했어요.

(C) The registration.   (C) 등록이요.

해설

'Are you'로 물었으므로 'I'로 대답하는 것이 가장 기본이다.

(A) 등록하는 일을 it으로 지칭해 과거 시점에 했다고 답변하는 정답.

(B) 답변자 자신(I)이 아닌 she가 한 일을 말하는 오답.

(C) 발음이 유사한 단어들(register-registration)을 활용한 오답.

Possible Answers

· Yes, it was due yesterday.   네, 어제가 마감이었어요. ▸ 대명사 이용

· I attended that last year.   저는 작년에 참석했어요. ▸ 부정 이유 설명

· Of course.   당연하죠. ▸ 긍정 답변

· Is it mandatory to attend the seminar?   그 세미나에 참석하는 게 의무적인 건가요? ▸ 되묻기

Kelly's Tip

▸ 내용과 관련이 없는 엉뚱한 대명사로 대답하거나 질문에서 들린 것과 비슷한 발음으로 된 단어가 반복되면 오답입니다.

▸ 질문에 대해 직접적으로 대답하지 않고 궁금한 내용을 먼저 확인하기 위해 되묻는 말도 정답으로 자주 출제돼요!

PRACTICE   ◁)) Unit 07_5 mp3   정답 및 해설 p.224

4   Excuse me, is this your car key?

(A) No, I lost _____.

(B) _____.

(C) Oh, thanks. _____.

2 Do 조동사 의문문

Example

🔊 Unit 07_6 mp3

Q Do you have time to discuss the negotiation schedule tomorrow?

(A) No, I need to attend a time management seminar.

(B) Yes, she is free tomorrow.

(C) The negotiation went well.

내일 협상 일정을 논의할 시간이 있으신가요?

(A) 아뇨, 저는 시간 관리 세미나에 참석해야 해요.

(B) 네, 그녀는 내일 시간이 있어요.

(C) 협상은 잘 진행되었어요.

해설

Do로 시작되는 조동사 의문문은 그 뒤에 이어지는 동사를 잘 들어야 한다. 시간이 있는지 묻는 것이 핵심이므로 그 여부와 관련된 답변이 정답으로 알맞다.

(A) 부정을 뜻하는 No와 함께 시간이 없는 이유를 언급하는 정답.

(B) 답변자 자신(I)이 아닌 she의 상황에 관해 말하는 오답.

(C) 질문에서 언급된 negotiation을 반복한 답변으로 질문의 의도에서 벗어난 오답.

Possible Answers

· I have numerous engagements.	저는 약속이 많아요. ▸ 부정 이유 언급
· My calendar is full.	제 일정표가 꽉 차 있어요. ▸ 부정 이유 언급
· I'll be available after 3.	제가 3시 이후에 시간이 날 겁니다. ▸ 긍정 조건 제시
· Let me check my calendar.	제 일정표를 확인해 보겠습니다. ▸ '모른다' 유형의 답변
· I will let you know in an hour.	한 시간 후에 알려 드리겠습니다. ▸ '모른다' 유형의 답변

Kelly's Tip

▸ Do 조동사 의문문에서는 주어 뒤에 나오는 동사를 주의 깊게 들어야 합니다.

▸ Do 조동사 의문문에 대해 절(주어 + 동사)이 아니라 구나 단어 등으로 답하면 오답일 가능성이 높습니다.

▸ 엉뚱한 대상을 언급해 대답하는 것은 전형적인 오답이에요.

PRACTICE

🔊 Unit 07_7 mp3

📋 정답 및 해설 p. 224

5 Did you _____ that _____ will open next Wednesday?

(A) A flyer.

(B) Yes, and _____.

(C) The art museum is far away.

3 기타 조동사 의문문

◁)) Unit 07_8 mp3

Example

Q Could you work my shift on Monday night?
　(A) Yes, I will attend the workshop.
　(B) Did you attend the training on Monday?
　(C) I will be out of town on Monday.

월요일 밤에 제 교대 근무를 대신해 주실 수 있으세요?
　(A) 네, 저는 그 워크숍에 참석할 거예요.
　(B) 월요일에 교육에 참석하셨나요?
　(C) 저는 월요일에 다른 지역에 가 있을 거예요.

해설

Could you로 시작되는 제안 의문문이므로 기본적으로 수락 또는 거절과 관련된 답변이 정답이다. 이때 Yes나 No가 언급된다고 반드시 정답인 것은 아니며, 생략되어도 정답인 경우도 있다.
(A) Yes 뒤에 이어지는 내용이 질문의 핵심과 어울리지 않는 오답.
(B) 질문에 나온 Monday를 그대로 활용한 답변으로 질문과 관련 없는 오답.
(C) No를 생략한 채로 거절의 이유를 언급한 정답.

Possible Answers

· Yes, I am free that night.
· My mom is visiting me on Monday.
· Did you get the manager's approval?
· Well, I have to check my schedule.
· Ask the manager first.

네, 저는 그날 밤에 시간이 있어요.　▸ Yes 포함 긍정 답변
월요일에 저희 어머니께서 오세요.　▸ No 생략 부정 답변
부장님의 승인을 받으셨나요?　▸ 되묻기 답변
저, 제 일정을 확인해 봐야 해요.　▸ '모른다' 유형의 답변
부장님께 먼저 여쭤 보세요.　▸ '모른다' 유형의 답변

Kelly's Tip

▸ 조동사 의문문에는 Yes/No로 대답하는 경우가 대다수이지만, Yes/No를 생략하고 다른 말로 긍정/부정의 의미를 전달하는 경우도 많기 때문에 주의해야 합니다.
▸ No가 생략된 답변일 때, 언뜻 들어서는 거절의 이유인지 확실히 들리지 않을 수도 있어요. 질문자에게 되묻거나 제 3의 의견을 제시할 수도 있다는 점을 기억하세요!

PRACTICE　◁)) Unit 07_9 mp3　📋 정답 및 해설 p.224

6 Should I _____ in the drawer?
　(A) Did you _____?
　(B) A _____.
　(C) Of course. _____.

7 Can we _____?
　(A) A résumé and cover letter.
　(B) No, _____.
　(C) I think the new _____.

4 Have 조동사 의문문

Q Have we sold more washing machines this year than last year?
(A) Purchase more machines.
(B) Yes, the sales increased by about 20%.
(C) This washing machine is out of order.

우리가 작년보다 올해 세탁기를 더 많이 판매했나요?
(A) 기계를 더 구매하세요.
(B) 네, 판매가 약 20퍼센트 정도 늘었어요.
(C) 이 세탁기는 고장 나 있어요.

해설
Have로 시작되는 의문문에서는 그 뒤에 이어지는 과거분사에 특히 집중해 들어야 한다. Yes나 No와 함께 긍정 또는 부정을 나타내는 답변이 제시되기도 하지만, Yes나 No가 언급된다고 반드시 정답인 것은 아니며, 생략되어도 정답인 경우도 있다.
(A) 질문에 나온 machine을 그대로 활용한 답변으로 판매량 비교와 관련 없는 오답.
(B) 긍정을 나타내는 Yes와 함께 판매량 증가 수치(20%)를 증거로 제시하는 정답.
(C) 질문에 나온 washing machine을 그대로 활용한 답변으로 판매량 비교와 관련 없는 오답.

Possible Answers

- About three times as many.
- No, sales dropped significantly.
- I need to check the sales report first.
- Let me ask Sarah.
- Daniel put together the sales report.

약 세 배 정도 많아요. ▸ Yes 생략 긍정 답변
아뇨, 매출이 급격히 하락했어요. ▸ No 포함 부정 답변
판매 보고서를 먼저 확인해 봐야 해요. ▸ '모른다' 유형의 답변
Sarah 씨에게 물어볼게요. ▸ '모른다' 유형의 답변
Daniel 씨가 매출 보고서를 준비했어요. ▸ '모른다' 유형의 답변

Kelly's Tip

▸ Have로 시작되는 의문문은 완료나 경험 여부를 묻는 질문이 대부분이기 때문에, Yes/No가 들어간 답변을 고르는 것이 기본이지만, Yes/No를 생략하고 다른 말로 긍정/부정의 의미를 전달하는 경우도 많기 때문에 주의해야 합니다.
▸ 「Have + 주어」가 연음으로 들리는 것에 주의해야 하며, 그 뒤에 이어지는 과거분사에 특히 귀 기울여 들어야 합니다.

PRACTICE   🔊 Unit 07_11 mp3   📋 정답 및 해설 p. 224

8 Have you _____?
(A) Three _____.
(B) _____.
(C) No, not yet.

9 Has your boss _____?
(A) I'm taking a taxi to the airport.
(B) _____.
(C) My business trip to New York.

UNIT 08 세부 사항을 묻는 문제

세부 사항을 묻는 문제는 3문제 중 1문제 정도 고정적으로 출제됩니다. 세부 내용이 워낙 다양하게 나오기 때문에 그 만큼 질문 내용도 다양해서 유형을 나누기는 어렵지만, What does the man[woman] say ~ 나 According to the man[woman] 같은 세부 사항 질문이 나오면, 누구의 말을 집중적으로 들어야 할 지 미리 알 수 있답니다.

Part 3 세부 사항 문제 접근법

✓ 가장 먼저 할 일은 질문에서 키워드를 파악하는 것입니다. 대화에 이 키워드가 거의 그대로 언급되므로, 대화를 듣기 전 질문을 읽을 때 반드시 키워드를 잡아내야 합니다.

✓ 질문에서 파악한 키워드가 나오는 곳에 세부 사항 문제의 정답 단서가 있습니다. 대화에서 키워드가 들리는 순간에 특히 집중하도록 합니다.

✓ 세부 사항을 묻는 문제는 3문제 중 2번째 문제로 등장하는 경우가 많습니다.

질문유형

1 What does the **man say** about **Mr. Davis**? 남자는 Davis 씨에 관해 무슨 말을 하는가?
2 What is mentioned about the **sales report**? 매출 보고서에 관해 언급된 것은 무엇인가?
3 **Why** is **Mr. Smith late** for the meeting? 스미스 씨는 왜 회의에 늦었는가?
4 **What did the man do in Canada**? 남자는 캐나다에서 무엇을 했는가?

Example
◁)) Unit 08_1 mp3

Q Why will the woman be unavailable Wednesday morning?
(A) She will be moving offices.
(B) She will be remodeling her house.
(C) She will be in a meeting.
(D) She will be setting up a computer.

여자가 수요일 오전에 시간이 되지 않는 이유를 묻고 있으므로 대화 중에 수요일 오전에 시간이 나지 않는다는 사실과 그 이유가 언급될 것으로 예상하고 들어야 합니다.

M: Hi. My name is Robert, and I'm from Dalton Corporation. I'm calling today to confirm the delivery date for the new computer you ordered. Could you confirm that this Wednesday is still good for the delivery?
W: Oh, good thing that you called! As it turns out, I have an important meeting that morning. Can we reschedule it to next Monday?
M: Let me check the availability. Yes, Monday at 10:30 A.M. is indeed available. Would you like us to schedule the delivery for that time?
W: Yes, please. Also, could you give me a call 30 minutes before you arrive? That would be helpful.

남자가 수요일 배송 일정에 대해 얘기하자, 여자가 그날 아침에 중요한 회의가 있다고(I have an important meeting that morning) 알리고 있으므로 회의 일정과 관련된 선택지를 찾습니다.

해석
남: 안녕하세요. 제 이름은 Robert이며, Dalton Corporation에 근무하고 있습니다. 귀하께서 주문하신 새 컴퓨터의 배송 날짜를 확인하기 위해 오늘 전화 드렸습니다. 이번 주 수요일이 배송 받기에 여전히 괜찮으신지 확인해 주시겠습니까?
여: 아, 전화 주셔서 정말 잘됐네요! 알고 보니, 제가 그날 아침에 중요한 회의가 있어요. 다음 주 월요일로 일정을 재조정할 수 있나요?
남: 가능 여부를 확인해 보겠습니다. 네, 월요일 오전 10시 30분에 확실히 가능합니다. 저희가 그 시간에 배송 일정을 잡아 드릴까요?
여: 네, 그렇게 해 주세요. 그리고, 도착하시기 30분 전에 저에게 전화 좀 주시겠어요? 그렇게 해 주시면 도움이 될 거예요.

▷ 세부 사항 문제가 포함된 문제 세트 공략법

Step 1 질문을 먼저 읽고 무엇을 들어야 할지 듣기 전략을 세웁니다.

〈)) Unit 08_2 mp3

1 Why is the man calling?
(A) To apologize for a delay
(B) To ask for help
(C) To check the delivery date
(D) To discuss a problem

전화를 건 이유를 묻는 질문이므로 대화 초반부에 집중해 남자가 I'm calling ~ 등의 표현을 통해 그 이유를 언급하는 부분에 집중합니다.

2 Why will the woman be unavailable Wednesday morning?
(A) She will be moving offices.
(B) She will be remodeling her house.
(C) She will be in a meeting.
(D) She will be setting up a computer.

질문의 why, woman, unavailable, Wednesday morning에 표시해 둔 다음, 여자의 말에서 수요일 오전에 시간이 없다는 사실과 그 이유가 함께 제시되는 부분을 찾습니다.

3 What does the woman ask the man to do?
(A) Arrive early
(B) Install some equipment
(C) Provide a discount
(D) Give her advance notice

여자가 남자에게 부탁하는 것을 묻고 있으므로 여자의 말에서 Please ~, Could you ~?, Would you ~? 등의 요청 관련 표현이 나오는 부분에 집중합니다.

Step 2 각 질문에서 확인한 키워드를 바탕으로 대화 중 관련 내용이 나오는 부분을 중심으로 듣습니다.

M: Hi. My name is Robert, and I'm from Dalton Corporation. **1** I'm calling today to confirm the delivery date for the new computer you ordered. **2** Could you confirm that this Wednesday is still good for the delivery?

W: Oh, good thing that you called! As it turns out, **2** I have an important meeting that morning. Can we reschedule it to next Monday?

M: Let me check the availability. Yes, Monday at 10:30 A.M. is indeed available. Would you like us to schedule the delivery for that time?

W: Yes, please. Also, **3** could you give me a call 30 minutes before you arrive? That would be helpful.

1 남자가 주문 제품의 배송 날짜를 확인하기 위해 전화했다고 말하는 부분에서 (I'm calling today to confirm the delivery date ~) 전화를 건 이유를 확인할 수 있습니다.

2 남자가 수요일 배송이 괜찮은지 물은 것에 대해, 여자가 그날 오전에 중요한 회의가 있다고(~ an important meeting that morning) 알리고 있습니다.

3 could you로 시작되는 요청 의문문과 함께 30분 전에 미리 전화해 달라고 요청하고 있는데, 이는 자신에게 미리 알려 달라는 의미로 볼 수 있습니다.

 정답 및 해설 p. 225

점수UP! 포인트

🔊)) Unit 08_3 mp3

세부 사항 문제와 관련해 자주 출제되는 대화 상황이 주문/계약/구매에 관한 것입니다. 상점에서 물건을 구매하는 일 뿐만 아니라, 인터넷 주문 후 배송, 배송 날짜 변경, 주문 계약을 맺는 일 등의 상황이 자주 나옵니다. 이러한 상황들과 관련된 표현들을 외워 두도록 합시다.

주문/계약/구매 관련 빈출 표현

주문

- □ place[make] an order 주문하다
- □ online order 온라인 주문
- □ bulk order 대량 주문
- □ in stock 재고가 있는 cf. stock 재고(품)
- □ out of stock 품절인, 매진된
- □ feature 특징, 기능
- □ warranty 품질 보증(서)
- □ be in high demand 수요가 많다
- □ invoice 거래 내역서
- □ price estimate 가격 견적(서)
- □ supplier 공급업체
- □ vendor 판매업체, 판매업자
- □ order form 주문서
- □ quantity 수량
- □ Does your store carry ~? 당신의 매장은 ~을 취급합니까?
- □ What colors does it come in? 어떤 색상들이 나오나요?
- □ free trial 무료 체험
- □ come with ~가 딸려 나오다, 포함되어 있다
- □ merchandise 상품(= goods)
- □ product specifications 제품 사양
- □ take inventory 재고를 파악하다
  cf. inventory 재고(품), 재고 목록

배송

- □ shipping service 배송 서비스
- □ deliver 배송하다 cf. delivery 배송, 배달
- □ schedule[reschedule] a delivery
  배송 일정을 잡다[재조정하다]
- □ delivery fee 배송 요금
- □ extra charge 추가 요금
- □ at no extra cost 추가 비용 없이
- □ additional fee 추가 요금
- □ load a vehicle 차량에 짐을 싣다
- □ express delivery 빠른 배송
- □ overnight delivery 익일 배송

- □ status of an order 주문 배송 상태
- □ reship ~을 다시 보내다
- □ fragile 깨지기 쉬운
- □ be handled carefully 조심히 다뤄지다

비용 지불

- □ give A a final cost estimate
  A에게 최종 가격 견적을 제시하다
- □ Prices are reasonable. 가격이 합리적이다.
- □ at a reduced price 할인된 가격으로
- □ overcharge ~을 과다 청구하다
- □ register 계산대
- □ pre-payment 선불, 선납
- □ pay the full amount 전액 지불하다
- □ pay one's bill online 온라인으로 납부하다
- □ cardholder 카드 소지자
- □ account 계정, 계좌

반품/교환

- □ proof of purchase 구매 증거
- □ receipt 영수증
- □ refund v. ~을 환불해주다 n. 환불
- □ refund policy 환불 정책
- □ replace ~을 교체하다, 대체하다
- □ return ~을 반품하다, 반납하다
- □ damage 손상, 피해
- □ customer complaints 고객 불만사항

홍보/할인/혜택

- □ promotional sale 판촉 할인 행사
- □ brochure 전단(= flyer, leaflet)
- □ special offer 특가 제품, 특가 판매
- □ extended warranty 기간 연장된 품질 보증(서)
- □ valid 유효한
- □ enter the code 코드를 입력하다

● 음원을 듣고 정답을 고른 후, 빈칸에 들어갈 말을 받아써 보세요.

1 What does the man ask for help with?
(A) Contacting clients
(B) Completing a budget report
(C) Booking a flight
(D) Filing a complaint

2 What does the woman suggest the man do?
(A) Check his flight number
(B) Talk to a manager
(C) Open a bank account
(D) Delay a trip

3 According to the woman, what is needed for reimbursement?
(A) Bank information
(B) Budget reports
(C) Signatures
(D) Receipts

M: Susan, I have never been on a business trip for work. I don't even know how to make the flight reservation. Can you help me out with it?

W: First, go ahead and _____ for the travel budget because there should be a _____. Once you've done that, I will gladly help you book the flight.

M: All right. How about reimbursements? Do I need to _____?

W: As long as it is _____, the company will reimburse everything. And, of course, you'll need to _____.

4 What did the man recently do?
(A) Graduate from school
(B) Visit another country
(C) Participate in a business class
(D) Start a business

5 What is the man excited about?
(A) A business trip
(B) A language lesson
(C) A book publication
(D) A magazine article

6 What does the man suggest the woman do?
(A) Attend a free class
(B) Travel abroad
(C) Invest in a business
(D) Lead a seminar

W: Daniel, I heard that _____ _____. Is your business venture going well?

M: Yes, and the number of members is growing. I'm looking forward to next week's issue of *Town Life* magazine because _____.

W: Wow, _____ should bring in a lot of new students.

M: Right, and the article will emphasize the classes we offer such as business Spanish, business French, and more.

W: Business French? You know, I will _____ _____ to France soon.

M: Then come to the class tomorrow night. _____ _____.

W: That sounds great.

📋 정답 및 해설 p.226

인물 소개와 회의 발췌 담화는 토익 수험생들이 직접 겪어 보지 못한 상황일 수 있기 때문에 더 어렵게 느낄 수도 있는 유형입니다. 하지만 Part 4에 나오는 인물 소개와 회의 발췌 담화는 주된 내용이 크게 달라지지는 않기 때문에 빈출 흐름을 알고 있다면 조금 더 쉽게 다가갈 수 있을 거예요.

Part 4 인물 소개(Introduction) 접근법

✓ 인물 소개는 사회자가 특정 인물을 소개하는 상황이 대부분으로, 수상자 소개, 라디오 방송 초대 손님 소개, 또는 취임식이나 은퇴식에서의 직원 소개 등이 자주 나옵니다.

✓ 인물 소개는 대부분 [이름/직책 – 경력 및 학력 – 업적 – 무대 등장 요청] 등의 순서로 이어집니다.

✓ 소개되는 인물에 관한 내용을 듣고 장소가 어디인지 유추할 수 있어야 합니다.

✓ 소개되는 인물의 특징에 관한 세부 사항 문제는 빠지지 않고 나옵니다.

Example

◁)) Unit 09_1 mp3

❶ Welcome to Marketing Manager Anton Quan's promotion party! ❷ Anton has dedicated himself to the highest standard of success during his time here. As you know, ever since he joined our Canada region, our company has experienced tremendous growth. Once he took over, our number of locations in Canada more than tripled. Of course, he didn't do it by himself, but we cannot deny that he contributed so much. ❸ And now, after being promoted to Marketing Director, he will be joining our latest expansion efforts in South America. ❹ Anton, I would like to invite you to the stage now to present you with a gift that shows our appreciation of your services over the years.

해석

Anton Quan 마케팅 부장님의 승진 기념 파티에 오신 것을 환영합니다! Anton 부장님께서는 이곳에서 근무하시는 동안 가장 높은 수준의 성공에 이르기까지 헌신해 오셨습니다. 아시다시피, Anton 부장님께서 우리 캐나다 지역에 오신 이후로 우리 회사는 엄청난 성장을 경험해 왔습니다. 부장님께서 직책을 맡으시자마자, 캐나다 내 우리 지점의 수는 세 배를 넘었습니다. 당연히, 부장님 혼자 하신 일은 아니지만, 부장님께서 아주 크게 기여하셨다는 점을 부인할 수 없습니다. 그리고 이제, 마케팅 이사로 승진하신 후에, 남미 지역에서의 최근 사업 확장 활동에 합류하실 예정입니다. Anton 부장님, 수년 간에 걸친 부장님의 노고에 감사의 뜻을 표하는 선물을 증정해 드리기 위해 지금 무대로 오르시도록 요청 드리고자 합니다.

인물 소개 내용 구성

❶ 대상 인물의 이름과 직책 언급
소개하려는 인물의 이름과 직책, 행사명 등을 밝힌다.

❷ 경력 및 업적 설명
해당 인물이 그동안 맡았던 일과 성취한 일, 그리고 그에 따른 영향 등을 설명한다.

❸ 향후 계획 설명
해당 인물이 앞으로 맡을 일 등을 알린다.

❹ 무대로 나오도록 요청
상이나 기념품 등을 전달하기 위해 무대로 나오도록 요청한다.

▷ **인물 소개 문제 세트 공략법**

질문을 먼저 읽고 무엇을 들어야 할지 듣기 전략을 세웁니다.

◁)) Unit 09_2 mp3

1 What event is being held?
(A) A retirement party
(B) An awards dinner
(C) An opening ceremony
(D) A promotion celebration

2 What is mentioned about Mr. Quan?
(A) He studied marketing in university.
(B) He expanded the business in Canada.
(C) He will be promoted to CEO.
(D) He will have a vacation in South America.

3 What will happen next?
(A) A gift will be awarded.
(B) A speech will be given.
(C) Invitation letters will be sent.
(D) Meals will be distributed.

인물 소개 담화의 첫 번째 문제는 보통 화자의 신분이나 담화 장소 등을 물을 가능성이 큽니다. 이때 직접적으로 단서가 주어지지 않을 수 있기 때문에 특정 업무나 활동, 서비스 등과 관련된 정보를 통해 정답을 유추해야 합니다.

Quan 씨에 관해 언급된 것을 찾는 세부 사항 문제입니다. Mr. Quan이라는 키워드와 함께 각 선택지를 미리 파악해 뒀다가 담화에 제시되는 정보와의 일치 여부를 확인해야 합니다.

세 번째 문제로 흔히 출제되는 '곧 이어 있을 일'을 묻는 문제의 경우, 대화 마지막 부분에 특히 주의하여 들어야 합니다. Let's ~, I will ~, I would like to ~, Please ~ 등의 표현을 통해 곧 발생될 일과 관련된 정답 단서가 제시됩니다.

CHAPTER 02

각 질문에서 확인한 키워드를 바탕으로 담화 중 관련 내용이 나오는 부분을 중심으로 듣습니다.

1 Welcome to Marketing Manager Anton Quan's promotion party! Anton has dedicated himself to the highest standard of success during his time here. As you know, **2** ever since he joined our Canada region, our company has experienced tremendous growth. Once he took over, our number of locations in Canada more than tripled. Of course, he didn't do it by himself, but we cannot deny that he contributed so much. And now, after being promoted to marketing director, he will be joining our latest expansion efforts in South America. **3** Anton, I would like to invite you to the stage now to present you with a gift that shows our appreciation of your services over the years.

1 Welcome to ~ 나 Thank you for visiting ~ 등의 표현은 장소를 유추할 수 있는 단서가 됩니다. Welcome to 뒤에 이어지는 promotion party를 통해 현재 장소가 승진 축하 기념 행사장이라는 것을 유추할 수 있습니다.

2 Mr. Quan과 관련된 여러 정보 중에서, 그가 캐나다 지역에 합류한 후 회사가 큰 성장을 이뤘다는 내용이 상당히 비중 있게 다뤄지고 있어요.

3 담화 마지막에 I would like to ~를 이용해 곧 있을 일을 알리고 있습니다. present you with a gift 라는 말을 통해 정답을 찾을 수 있습니다.

정답 및 해설 p.228

- ✓ 회의가 진행되는 상황에서 발표자나 진행자가 이야기하는 담화로서, 초반부를 통해 어떤 종류의 회사인지 또는 어느 부서에서 하는 회의인지 등의 정보를 유추할 수 있습니다.
- ✓ 회의 상황에서 주로 다루는 내용은 신제품 출시, 고객 불만, 판매 수치 보고, 규정/정책 변경, 업무 환경, 인사 이동 등입니다.
- ✓ 담화 마지막 부분에는 요청 사항이나 전달 사항이 자주 제시됩니다.

Example　　　　　　　　　　　　　　　　　　　　　　　◁)) Unit 09_3 mp3

❶ As senior managers of this branch of Burger Time, it is our duty at today's meeting to pick one junior manager whose performance and dedication make him or her deserving of a senior position.
❷ The first candidate I'd like to discuss is Colton Waddell. Colton started working for the restaurant around six years ago, and for the past two years he has been responsible for running our monthly skills workshops for new recruits. He has also played a key role in creating the successful Smiley Meal promotional campaign.
❸ Before discussing our next candidate, Kristina Moss, let's take a moment to look over Colton's company file and his past achievements at Burger Time.

해석

우리 Burger Time 지점의 선임 매니저로서, 오늘 회의에서 우리가 할 일은 업무 수행 능력과 헌신으로 인해 선임 직책으로 승진될 만한 부매니저 한 명을 고르는 것입니다. 제가 논의하고 싶은 첫 번째 후보자는 Colton Waddell 씨입니다. Colton 씨는 약 6년 전에 우리 레스토랑에서 근무하기 시작했으며, 지난 2년 동안 신입 사원들을 위한 월간 업무 능력 개발 워크숍을 진행하는 일을 맡아 오셨습니다. 또한 성공적인 Smiley Meal 홍보 캠페인을 만드는 데 있어 핵심적인 역할도 한 바 있습니다. 다음 후보자인 Kristina Moss 씨에 대해 논의하기 전에, 잠시 Colton 씨의 회사 파일과 우리 Burger Time에서의 과거 업적을 살펴보는 시간을 갖도록 합시다.

회의 발췌 내용 구성

❶ **회의의 목적 언급**
　회의를 통해 달성하고자 하는 목적을 언급한다.

❷ **현 상황과 전략 등에 관한 설명**
　특정 주제와 관련된 현재의 상황을 설명하고 앞으로의 계획이나 전략 등을 언급한다.

❸ **요청 사항 제시**
　회의에 참석한 청자들에게 요청하는 일을 제시한다.

▷ **회의 발췌 문제 세트 공략법**

Step 1 질문을 먼저 읽고 무엇을 들어야 할지 듣기 전략을 세웁니다.

◁)) Unit 09_4 mp3

1 What is the purpose of the meeting?
    (A) To choose a new senior manager
    (B) To interview prospective employees
    (C) To discuss general staff efficiency
    (D) To announce a promotional campaign

> 회의의 목적을 묻는 문제이므로 담화가 시작되는 부분에 집중해서 들어야 합니다. 회의 발췌 담화는 회의를 통해 달성하고자 하는 목적을 먼저 밝힌 후, 그에 필요한 계획이나 전략 등을 설명합니다.

2 What does Colton Waddell do?
    (A) He runs regular safety workshops.
    (B) He designs product packaging.
    (C) He coordinates employee training.
    (D) He supervises all junior managers.

> Colton Waddell 씨가 하는 일을 묻는 세부 사항 문제입니다. 이때 키워드와 함께 각 선택지를 미리 파악해 뒀다가 담화에 제시되는 정보와의 일치 여부를 확인해야 합니다.

3 What will the listeners most likely do next?
    (A) Evaluate samples of a new product
    (B) Interview a job applicant
    (C) Register for monthly training sessions
    (D) Review a worker's accomplishments

> 곧이어 할 일을 묻는 문제이므로 담화 마지막 부분에 집중하여 단서를 찾아야 합니다. 담화 마지막 부분에 요청 사항이나 미래 시점 표현, 계획 등과 관련된 정보로 제시되는 것을 잘 듣도록 하세요.

Step 2 각 질문에서 확인한 키워드를 바탕으로 담화 중 관련 내용이 나오는 부분을 중심으로 듣습니다.

As senior managers of this branch of Burger Time, **1** it is our duty at today's meeting to pick one junior manager whose performance and dedication make him or her deserving of a senior position. The first candidate I'd like to discuss is Colton Waddell. Colton started working for the restaurant around six years ago, and **2** for the past two years he has been responsible for running our monthly skills workshops for new recruits. He has also played a key role in creating the successful Smiley Meal promotional campaign. Before discussing our next candidate, Kristina Moss, **3** let's take a moment to look over Colton's company file and his past achievements at Burger Time.

> **1** it is our duty at today's meeting ~ 이라는 말과 함께 회의 중에 할 일을 언급하는 부분이 목적에 해당합니다. 선임 매니저가 될 만한 부 매니저를 고른다는 말은 승진 대상자를 선택하는 일을 뜻합니다.

> **2** Colton Waddell 씨를 처음 언급한 뒤로 대명사 he로 지칭하고 있습니다. 신입 사원들을 위한 능력 개발 워크숍을 진행한다는 말은 교육을 한다는 말과 같습니다.

> **3** let's ~ 로 시작되는 표현과 함께 요청 사항을 말하는 부분에서 이 담화에 이어 청자들이 할 일이 언급되고 있습니다.

 정답 및 해설 p.229

점수UP! 포인트

다음은 모임/행사 등에서 특정 인물을 소개할 때 잘 쓰이는 표현과 회의 시간에 자주 나오는 표현들을 모아 정리한 것입니다. 인물 소개의 경우 인물의 업적과 약력 관련 표현들을 중점적으로 익히고, 회의 발췌의 경우 매출이나 프로젝트 관련 표현들을 잘 기억하도록 합시다.

인물 소개 / 회의 발췌 빈출 표현

인물 소개

- □ express the appreciation 감사의 뜻을 표현하다
- □ present a gift 선물을 주다
- □ farewell party 송별회
- □ award ceremony 시상식
- □ recipient 수상자
- □ nominee 수상 후보자
- □ accomplishment 성취, 업적
- □ win the award 상을 타다
- □ the employee of the year 올해의 직원
- □ dedicated to ~에 전념하는, 헌신적인
- □ contribute to ~에 공헌하다, 기여하다
- □ be promoted to ~으로 승진되다
- □ graduate from ~을 졸업하다
- □ join + 회사명: ~에 입사하다
- □ take over ~을 인계 받다, 이어받다
- □ over the years 여러 해에 걸쳐서
- □ fill out ~을 작성하다(= complete)
- □ give A a warm welcome A를 따뜻하게 환영해 주다
- □ awards banquet 시상식 연회
- □ event coordinator[planner] 행사 진행 책임자
- □ host an event 행사를 주최하다
- □ give[make, deliver] a speech 연설하다
- □ attend ~에 참석하다(= participate in, take part in)
- □ extend an invitation 초대장을 보내다
- □ keynote speaker 기조 연설자
- □ venue 행사장, 개최 장소
- □ attendee 참석자(= participant)
- □ award winner 수상자
- □ honor ~에게 영예를 주다, ~을 기리다
- □ applaud 박수를 치다, 갈채를 보내다
- □ give A a big hand A에게 큰 박수를 보내다
- □ as a token of appreciation 감사의 표시로
- □ assume (직책 등) ~을 맡다
- □ founder 창립자, 설립자
- □ major role 중요한 역할

회의 발췌

- □ make sure that 반드시 ~하도록 하다(= make sure to do)
- □ finalize ~을 최종 확정하다, 마무리 짓다
- □ kick off ~을 시작하다
- □ offer an opportunity 기회를 제공하다
- □ complete the project 프로젝트를 완료하다
- □ put together ~을 만들다, 준비하다
- □ agenda 안건, 의제
- □ hand out ~을 나눠주다 cf. handout 유인물
- □ point out ~을 지적하다
- □ turn out to be A A로 밝혀지다, A한 것으로 드러나다
- □ sales target 매출 목표
- □ figure 수치, 숫자
- □ survey 설문 조사(지)
- □ operating costs 운영비
- □ meet the needs 요구 사항을 충족시키다
- □ expand the market 시장을 확장하다
- □ review the feedback 의견을 검토하다
- □ attract customers 고객들을 끌어들이다
- □ follow up on ~에 대한 후속 조치를 취하다
- □ file a complaint 불만을 제기하다
- □ on such short notice 아주 갑작스러운 공지에도
- □ acquire ~을 인수하다, 매입하다
- □ win an account 거래처를 확보하다
- □ market share 시장 점유율
- □ launch v. ~을 출시하다, 시작하다 n. 출시(회)
- □ embark on ~에 착수하다, ~을 시작하다
- □ revenue 수익
- □ budget 예산
- □ estimate 견적(서), 추정치
- □ come up with (아이디어 등) ~을 생각해 내다

● 음원을 듣고 정답을 고른 후, 빈칸에 들어갈 말을 받아써 보세요.　◁)) Unit 09_6 mp3

1 Who is Mr. Bourdain?
 (A) A food critic
 (B) A radio show host
 (C) A restaurant chef
 (D) A magazine editor

2 What did Mr. Bourdain recently do?
 (A) He opened a new restaurant.
 (B) He published a book.
 (C) He hosted a television show.
 (D) He won a cooking award.

3 What will probably happen next?
 (A) A guest will be interviewed.
 (B) A recipe will be introduced.
 (C) A commercial will be aired.
 (D) A speech will be given.

[Introduction]

On today's show, we're happy to be joined by Paul Bourdain. As some of you may know, Mr. Bourdain is _____ of Paul's Kitchen on Main Street. Paul's Kitchen has been

_____

in the region for the last ten years. We've asked Mr. Bourdain to come to our station today to talk about his _____, which has been on the bestseller list of most major newspapers for more than four weeks. His book, *Bon Appétit with Paul Bourdain*, includes recipes and cooking tips for healthy homemade meals. After the interview, Mr. Bourdain will be _____ from our listeners. If you have something you want to ask Mr. Bourdain, call us at 555-3429.

4 What is the main purpose of the talk?
 (A) To notify employees of construction details
 (B) To announce some policy changes
 (C) To inform employees of a merger
 (D) To discuss the costs of a proposal

5 What does the speaker mean when he says, "the plans also include a parking tower!"?
 (A) Construction expenses will increase.
 (B) The construction will take longer than expected.
 (C) More employees will be hired.
 (D) Limited parking will no longer be a concern.

6 What are the listeners asked to do?
 (A) Inquire about the project
 (B) Work from home temporarily
 (C) Extend a project deadline
 (D) Request assigned parking spaces

[Excerpt from a meeting]

It is my pleasure to announce that we have finalized _____ and construction will begin shortly. I have _____ of the floor plans, so if you are interested in seeing them, please let me know. I would be _____ _____. You might also be curious about how our parking situation will improve. Well, the plans also include a parking tower! Now, I'll be happy to answer any questions regarding the _____.

 정답 및 해설 p.230

Part 5

UNIT 10 동사의 종류 / 수 일치 / 태 / 시제

동사 문제는 토익에서 매회 빠짐없이 출제되고 있습니다. 그런데 많은 수험생들이 아무리 열심히 공부해도 동사 문제에서 오답을 고르는 경우가 잦다고 해요. 왜일까요? 동사 문제는 동사의 종류와 수 일치, 태, 시제 등을 복합적으로 묻기 때문입니다. 이 모든 문법 사항들을 다 알아야만 제대로 된 정답을 고를 수 있으므로 기초부터 튼튼히! 동사를 완벽하게 마스터해 봅시다.

전략 포인트 1 1~5형식 동사를 구분하자!

1형식	주어 + 동사	The train arrived. 기차가 도착했다.
2형식	주어 + 동사 + 주격 보어	It is important. 그것은 중요하다. She is an engineer. 그녀는 엔지니어이다.
3형식	주어 + 동사 + 목적어	He repaired a car. 그는 차를 수리했다.
4형식	주어 + 동사 + 간접목적어 + 직접목적어	Please send me the invoice. 저에게 거래 내역서를 보내주세요.
5형식	주어 + 동사 + 목적어 + 목적격 보어	You should keep this document safe. 이 서류를 안전하게 보관하셔야 해요.

1 1형식 동사

1형식 동사는 완전 자동사로, 목적어나 보어가 필요 없습니다.

arrive(도착하다) go(가다) come(오다) rise(솟다, 오르다) arise(발생하다) increase(증가하다) decrease(감소하다) drop(떨어지다) fall(떨어지다) expire(만료되다) occur(발생하다) happen(발생하다) take place(발생하다)

· The train arrived. (O) 기차가 도착했다. ◐ 1형식 동사는 목적어 없이 사용된다.
· The train arrived early. (O) 기차는 일찍 도착했다. ◐ 1형식 동사 뒤에 의미 추가를 위해 부사가 사용될 수 있다.
· The train arrived the station. (X) ◐ 1형식 동사 뒤에는 목적어가 쓰일 수 없다.

2 2형식 동사

2형식 동사는 불완전 자동사로, 주격 보어가 필요합니다. 특히 be, become과 같은 동사들은 명사 보어 또는 형용사 보어와 함께 쓰일 수 있습니다.

be(~이다/~하다) become(~가 되다/~한 상태가 되다) look(~한 것 같다) seem(~한 것 같다) appear(~한 것 같다) sound(~한 것 같다) smell(~한 냄새가 나다) taste(~한 맛이 나다) remain(~한 채로 있다)

· It is important. (O) 그것은 중요하다. ◐ 형용사 보어
· She is an engineer. (O) 그녀는 엔지니어이다. ◐ 명사 보어
· It looks great. (O) 그것은 훌륭한 것 같다. ◐ 형용사 보어

❸ 3형식 동사

3형식 동사는 목적어를 필요로 하는 동사입니다.

· The building is undergoing <u>a renovation</u>. 그 건물은 보수 작업을 거치는 중이다.

　　　　　　　　　　　 　　　목적어

❹ 4형식 동사

4형식 동사 뒤에는 간접목적어와 직접목적어가 옵니다.

send(보내다)　buy(사주다)　give(주다)　award(수여하다)　offer(제공하다)　bring(가져오다)　grant(승인하다)

· Please send <u>me</u> <u>the invoice</u>. 청구서를 저에게 보내주시기 바랍니다.

　　　　　간접목적어　직접목적어

❺ 5형식 동사

5형식 동사는 뒤에 『목적어 + 목적격 보어』의 구조를 갖습니다. 목적격 보어로 명사나 형용사가 쓰일 수 있는데, 토익에 나오는 문제들의 경우 대부분 목적격 보어로 형용사가 쓰입니다.

make(만들다)　consider(여기다)　keep(유지하다)　name(명명하다)　call(부르다)　find(생각하다)

· You should keep <u>this document</u> <u>safe</u>. 이 문서를 안전하게 보관하셔야 합니다.

　　　　　　　　 목적어　　　　　목적격 보어(형용사)

Kelly's Tip

▸ '시키다, ~하게하다'라는 의미를 기본으로 하는 사역 동사 make, have, let은 원형 부정사와 함께, 준사역동사인 help는 원형 부정사 또는 to부정사와 함께 사용됩니다.

Tina made her employees [arrive / ~~to arrive~~] on time.

Tina는 자신의 직원들이 제때 도착하도록 했다.

Tina helped her coworker [complete / ~~completing~~] the project on time.

= Tina helped her coworker [to complete / ~~completing~~] the project on time.

Tina는 자신의 동료 직원이 제때 그 프로젝트를 완료하도록 도왔다.

전략 포인트 2 **주어와 동사의 수 일치**

❶ 단수 주어 + 단수 동사 / 복수 주어 + 복수 동사

주어와 동사의 수 일치를 묻는 문제가 출제됩니다. 주어가 단수이면 동사도 단수, 주어가 복수이면 동사도 복수여야 합니다. 단수 주어가 복수 동사와 쓰이거나 복수 주어가 단수 동사와 쓰일 수 없습니다.

단수 주어		단수 동사
단수 명사 A report 회사 이름 AKJ Cosmetics 단수 대명사 He, She, It 동명사 주어 Submitting your resume on time 명사절 주어 That Mr. Kim will be promoted	**+**	be동사: is, was 일반동사: (현재 시제의 경우) 동사 + s

복수 주어		복수 동사
복수를 뜻하는 구 You and I 복수 명사 Some students	**+**	be동사: are, were 일반동사: (현재 시제의 경우) 동사원형

· **Submitting your résumé on time** [is / ~~are~~] extremely important.

　귀하의 이력서를 제때 제출하는 일은 대단히 중요합니다.
　◎ 동명사구가 주어로 쓰일 때는 단수 취급한다.

· **That Mr. Kim will be promoted** [was / ~~were~~] announced yesterday.

　Kim 씨가 승진될 것이라는 사실이 어제 발표되었다.
　◎ 명사절이 주어로 쓰일 때는 단수 취급한다.

· **Both Mr. Kim and Dr. Fatima** [~~is~~ / are] planning to attend the meeting.

　Kim 씨와 Fatima 박사 둘 모두 그 회의에 참석할 계획이다.
　◎ 『Both A and B』는 복수 취급하므로 복수 동사와 함께 사용한다.

❷ 수 일치의 예외

(1) 조동사 뒤

· Mr. Kim <u>visit</u> Japan every two months. (X)
　◎ 주어가 단수이지만 동사가 복수이므로 틀린 문장이다.

· Mr. Kim <u>visits</u> Japan every two months. (O)　Kim 씨는 두 달에 한 번씩 일본을 방문한다.
　◎ 주어가 단수이고 동사도 단수이므로 맞는 문장이다.

· Mr. Kim **might** [visit / ~~visits~~] Japan next month.　Kim 씨는 다음 달에 일본을 방문할 지도 모른다.

· Both Mr. Kim and Dr. Fatima **will** [be/~~are~~] available after 7.　Kim 씨와 Fatima 박사 모두 7시 이후에 시간이 날 것이다.
　◎ 조동사가 있을 경우, 수 일치와 상관없이 항상 동사원형이 조동사 뒤에 쓰인다.

(2) 일반동사의 과거 시제

· Mr. Kim <u>visited</u> Japan last month. (O)　Kim 씨는 지난달에 일본을 방문했다.

· John and I <u>visited</u> Japan last month. (O)　John과 나는 지난달에 일본을 방문했다.
　◎ 일반동사에 -d/-ed를 붙인 과거 시제도 수 일치와 상관없이 사용될 수 있다.

전략 포인트 3 **시점 표현과 시제의 일치**

시점을 나타내는 표현이 주어진 문장은 그 표현과 동사 시제가 일치되어야 합니다.

❶ 단순 시제

형태	용법	어울리는 시점 표현
과거시제 (V-ed)	과거 시점에 발생된 일을 나타낸다.	last month 지난달에 previously 이전에 three weeks ago 3주 전에
현재시제 (V)	주기적으로 반복되는 일이나 일반적인 사실 등을 의미한다.	every two years 2년마다 always 항상 generally 일반적으로 regularly 주기적으로
미래시제 (will V)	미래 시점에 발생될 일을 나타낸다.	next year 내년에 tomorrow 내일 in three years 3년 후에

· Mr. Kim [**presented** / ~~presents~~] the annual sales figures **last week.** Kim 씨는 지난주에 연간 매출 수치를 발표했다.

· Mr. Kim [**presents** / ~~will present~~] the annual sales figures **every year.** Kim 씨는 매년 연간 매출 수치를 발표한다.

· Mr. Kim [**will present** / ~~presented~~] the annual sales figures **next week.**
  Kim 씨는 다음 주에 연간 매출 수치를 발표할 것이다.

❷ 진행 시제

형태	용법	어울리는 시점 표현
과거진행 (was/were V-ing)	과거의 한 시점에 진행되고 있던 일을 나타낸다.	과거 시점 표현
현재진행 (am/are/is V-ing)	현재 진행되고 있는 일을 나타낸다.	currently, now, at the moment 등의 현재 시점 표현
미래진행 (will be V-ing)	미래의 한 시점에 진행되고 있을 일을 나타낸다.	미래 시점 표현

· Cecil [**was working** / ~~is working~~] on a budget **at 9 last night.** Cecil은 어젯밤 9시에 예산 작업을 하고 있었다.

· Cecil [**is working** / ~~will be working~~] on a budget **now.** Cecil은 현재 예산 작업을 하고 있다.

· Cecil [**will be working** / ~~was working~~] on a budget **at 2 tomorrow.** Cecil은 내일 2시에 예산 작업을 하고 있을 것이다.

❸ 완료 시제

형태	용법	어울리는 시점 표현
과거완료 (had p.p.)	특정 과거 시점보다 더 과거의 일을 나타낸다.	『before + 주어 + 과거 동사』 등의 표현과 함께 사용한다.
현재완료 (have p.p.)	과거에 발생된 일이 현재까지 영향을 미치는 경우에 사용한다.	since(~ 이후로), 『for + 기간』, 『over + 기간』 등의 표현과 함께 사용한다.
미래완료 (will have p.p.)	과거 또는 현재에 시작된 일이 미래의 특정 시점에 완료되는 일을 나타낸다.	『by (the time) + 미래 시점 표현』 등의 표현과 함께 사용한다.

· Ryan [**had visited** / ~~has visited~~] Spain **before** he went to England.
  Ryan은 잉글랜드에 가기 전에 스페인을 방문했었다.

· Ryan [**has traveled** / ~~will have visited~~] to 12 countries **since 2009**.
  Ryan은 2009년 이후로 12개 국가로 여행을 다녔다.

· Ryan [**will have visited** / ~~had visited~~] more than 15 countries **by next year**.
  Ryan은 내년이면 15개가 넘는 국가를 방문하게 될 것이다.

전략 포인트 4 능동태와 수동태의 구분

동사 문제를 풀 때는 정답부터 찾으려 하기보다는 오답을 먼저 하나씩 소거해 나가는 것이 훨씬 효율적입니다. 특히 동사 문제에서는 『수 일치 → 태 → 시제』의 순서로 오답을 소거해 나가도록 하세요.

1 수동태의 특징

(1) 수동태는 『be + p.p.』의 구조로, be동사는 주어와 시제에 따라 형태가 바뀌며, 일반적으로 수동태 동사 뒤에는 목적어가 없습니다.

   · The news **was announced** Mr. Kim. (X) ◑ 수동태 동사 뒤에 목적어가 쓰일 수 없다.
   · The news **was announced** by Mr. Kim. (O) 그 소식은 Kim 씨에 의해 발표되었다.
       ◑ by 전치사구로 행위 주체자를 나타낸다.

(2) 1형식 동사와 2형식 동사는 자동사이므로 수동태 구조로 쓰일 수 없습니다.

(3) 목적어를 2개 가질 수 있는 4형식 동사는 수동태 구조로 바뀔 때 동사 뒤에 목적어가 하나 남습니다.

   · They **gave** <u>the assistant</u> <u>a task</u> of restocking the closet. ◑ 4형식 능동태 (주어 + 동사 + 간목 + 직목)
     그들은 보조 직원에게 창고에 물품을 보충하는 업무를 주었다.

     → The assistant **was given** <u>a task</u> of restocking the closet. ◑ 4형식 수동태 (주어 + 수동태 동사 + 직목)
                         능동태의 간목
     보조 직원에게 창고에 물품을 보충하는 업무가 주어졌다.

(4) 목적격 보어와 함께 사용하는 5형식 동사는 수동태 구조로 바뀔 때 동사 뒤에 목적격 보어가 남습니다.

   · Dr. Hofmann **should keep** <u>the document</u> <u>safe</u>. ◑ 5형식 능동태 (주어 + 동사 + 목적어 + 목적격 보어)
     Hofmann 박사는 그 문서를 안전하게 보관해야 한다.

     → The document **should be kept** <u>safe</u> by Dr. Hofmann. ◑ 5형식 수동태 (주어 + 수동태 동사 + 목적격 보어)
                                능동태의 목적어
     그 문서는 Hofmann 박사에 의해 안전하게 보관되어야 한다.

● 다음 문제를 스스로 풀어본 후, 해설을 확인하여 풀이 요령을 완전히 익히세요.

1 The council's decision to expand the city limits ------- some concerns among local residents.

(A) has generated

(B) generating

(C) is generated

(D) generate

 Kelly's Tip

빈칸이 동사 자리인지 파악한 후 빈칸 뒤에 some concerns라는 목적어가 있는 것에 주목합니다.
이것을 힌트로 태를 파악하고, 주어와의 수 일치, 시제 등을 따져 봅니다.

2 The internal auditor ensures that all business practices ------- in accordance with policies.

(A) would have performed

(B) have performing

(C) to be performed

(D) are being performed

Kelly's Tip

빈칸이 동사 자리인지 먼저 파악한 후, 동사 자리일 경우에 『수 일치 → 태 → 시제』 순서로 알맞은 동사를 찾아보세요.

3 Mr. Hudson is currently in a meeting, so he ------- available after 4 P.M.

(A) was

(B) is

(C) will be

(D) being

Kelly's Tip

각 선택지에 쓰여 있는 be동사의 시제가 모두 다르므로 시점 관련 단서를 먼저 찾아보세요.

4 Before making a payment, please note that batteries are not ------- with this purchase.

(A) including

(B) include

(C) includes

(D) included

Kelly's Tip

be동사 are와 어울리는 것이 필요한데, 빈칸 뒤에 목적어 없이 전치사구만 쓰여 있는 것이 단서입니다.

정답 및 해설 p.232

Part 6에서 특징적인 문제 유형 중의 하나가 바로 연결어 문제입니다. 연결어가 필요한 빈칸 앞 부분의 내용과 뒤 부분의 내용을 읽고 의미를 파악한 후, 그 흐름을 자연스럽게 만들어 줄 수 있는 연결어를 고르는 문제입니다. 따라서 문장들 사이의 의미 관계를 잘 파악하는 것이 필수입니다.

전략 포인트 1 역접 연결어와 결과 연결어

역접 연결어는 앞뒤 내용이 서로 상반될 때, 결과 연결어는 원인-결과로 이어질 때 사용합니다.

역접 연결어	however 그러나 nevertheless / nonetheless / notwithstanding 그럼에도 불구하고 even so 그렇다고 하더라도
결과 연결어	therefore 따라서, 그러므로 accordingly 그에 따라 thus 따라서, 그러므로 as a result 그 결과로 consequently 결과적으로

Example

ECA announced Friday that it has acquired RDA Solutions. The financial details of the deal were not disclosed. -------, market analysts expect that it would be a deal worth at least 24 million dollars.
An ECA spokesperson, James Han, said Monday that it will triple its profits by acquiring RDA, and make use of its recently developed solutions. -------, their competitors are worried. They feel that this acquisition could make ECA the top manufacturer of semiconductors.

1 (A) So   (B) For example

(C) In case   (D) However

① 빈칸 앞 문장 의미 파악: 재정적인 세부 사항이 공개되지 않았다는 말이 쓰여 있다.
② 빈칸 뒤 문장 의미 파악: 시장 분석 전문가들이 예상하는 비용 가치가 쓰여 있다.
③ 두 문장이 서로 상반되는 의미를 나타내고 있으므로 '하지만'을 뜻하는 역접 연결어 (D) However가 정답이다.

2 (A) Therefore   (B) Then

(C) For instance   (D) Still

① 빈칸 앞 문장 의미 파악: RDA를 인수하고 그들의 솔루션을 활용해 수익이 세 배가 될 것이라는 말이 쓰여 있다.
② 빈칸 뒤 문장 의미 파악: ECA의 경쟁업체들이 우려하고 있다는 말이 쓰여 있다.
③ 수익 증가라는 원인으로 인해 경쟁업체들이 걱정하게 되는 결과가 생기는 것으로 볼 수 있으므로 '따라서, 그러므로' 등의 의미로 결과 앞에 사용하는 (A) Therefore가 정답이다.

CHAPTER 02

전략 포인트 2 세부 내용 연결어

세부 내용 연결어는 부연 설명을 할 때 사용합니다.

세부 내용 연결어	furthermore / moreover 게다가, 더욱이 for example / for instance 예를 들어 in fact 사실은, 실제로 especially 특히 in addition 추가로, 뿐만 아니라, 게다가
기타 연결어	namely 즉, 다시 말해 afterwards 그 후에 now 이제는 meanwhile 그러는 동안, 한편 in particular 특히 specifically 구체적으로 similarly 유사하게 instead 대신에 otherwise 그렇지 않으면, 그 외에는 then 그런 다음

Example

Office Lease

A great office with a beach view could be all yours! All offices in the building feature spectacular views of the area and include a storage room. ------- , the rent has been recently decreased by 10%!
1
Every office includes four parking spaces.

1　(A) In addition 　　　　 (B) For example

　　(C) However 　　　　　 (D) Otherwise

① 빈칸 앞 문장 의미 파악: 모든 사무실들이 지니고 있는 특징이 언급되어 있다.
② 빈칸 뒤 문장 의미 파악: 임대료가 10퍼센트 인하된 사실이 쓰여 있다.
③ 두 문장 모두 사무실 공간 임대와 관련된 장점에 해당되는 내용이므로 추가 정보가 이어지는 흐름임을 알 수 있다. 따라서 '뿐만 아니라, 게다가' 등의 의미로 추가 정보를 덧붙일 때 사용하는 (A) In addition이 정답이다.

해석

전략 포인트 1

ECA 사가 RDA Solutions 사를 인수했다고 금요일에 발표했습니다. 이 거래의 재정적인 세부 사항은 공개되지 않았습니다. 하지만 시장 분석 전문가들은 최소 2천 4백만 달러의 가치를 지닌 거래일 것으로 예상하고 있습니다. ECA 사의 대변인인 James Han 씨는 RDA 사를 인수함으로써 수익을 세 배로 늘리고, 그곳에서 최근 개발된 솔루션들을 활용할 것이라고 월요일에 밝혔습니다. 따라서, 그들의 경쟁업체들은 우려하고 있습니다. 그 업체들은 이번 인수로 인해 ECA 사가 최고의 반도체 제조업체가 될 수 있을 것으로 생각하고 있습니다.

전략 포인트 2

사무실 임대

해변 경관이 보이는 훌륭한 사무실이 전부 여러분의 것이 될 수 있습니다! 건물 내의 모든 사무실들이 아주 멋진 지역 경관을 특징으로 하고 있으며, 하나의 창고를 포함하고 있습니다. 게다가, 임대료가 최근에 10퍼센트 인하되었습니다! 모든 사무실은 네 개의 주차 공간을 포함합니다.

정답 및 해설 p.233

● 다음 문제를 스스로 풀어본 후, 해설을 확인하여 풀이 요령을 완전히 익히세요.

Questions 1-4 refer to the following article.

The Hot 95 Atlanta Report, hosted by Tom Jones and Quincy Steven, is a local cable TV program focused ------- bringing viewers up-to-date forecasts and local weather-related news and programs. The Hot
1
95 Atlanta Report started with only Tom Jones six years ago delivering local forecasts. -------, it really
2
started to rise as the top-rated show in the Atlanta area when award-winning journalist Quincy Steven joined Tom Jones a few years later. At that time, the upper management of the program ------- to include
3
weather-related documentaries as part of its regular show format. -------. In response to viewer demand,
4
the show now features two or three short documentaries per week, in addition to its regular reports and forecasts.

1 (A) from (B) on
(C) of (D) to

2 (A) Therefore (B) Namely
(C) However (D) Meanwhile

3 (A) decided (B) will decide
(C) deciding (D) to decide

4 (A) Most viewers prefer to watch documentaries on the Internet.
(B) The weather in the region can change quickly, so accurate forecasts are necessary.
(C) Tom Jones went on to win an award for weather journalism the following year.
(D) These proved to be extremely popular with viewers.

Questions 5-8 refer to the following advertisement.

Do you ever feel that marketing your products or business is frustrating and difficult? Then contact us here at Yamada Marketing and we will handle everything on your behalf! Even these days, traditional marketing tools, ------- newspapers and magazines, are still highly effective platforms for advertising. -------, social media platforms have become essential tools for marketers. Then there are in-app advertisements on mobile devices, which ------- data taken from a user's browsing history and preferences. -------. If you are looking for someone who can optimize your marketing presence, contact us right now!

5 (A) in case   (B) such as
     (C) between   (D) within

어휘 문제

빈칸 앞뒤에 각각 위치한 명사구 traditional marketing tools와 newspapers and magazines 사이의 관계를 나타낼 수 있는 전치사를 골라야 합니다.

6 (A) Otherwise   (B) As a result
     (C) Therefore   (D) In addition

연결어 문제

빈칸 앞뒤 문장의 의미를 먼저 파악한 후, 둘 사이의 의미 관계를 잘 나타낼 수 있는 연결어를 골라야 합니다. 빈칸 앞에는 전통적인 마케팅 도구가 여전히 효과가 좋다는 말이, 빈칸 뒤에는 소셜 미디어가 필수적인 도구가 되었다는 말이 쓰여 있습니다.

7 (A) utilize   (B) serve
     (C) confirm   (D) design

어휘 문제

선행사를 부연 설명하는 which절의 동사 자리이므로 선행사가 무엇인지 먼저 파악한 후, 목적어로 쓰여 있는 data와의 의미 관계를 나타내기에 적절한 동사를 고릅니다.

8 (A) We will consider all options and develop the best multi-platform strategy for you.
(B) Press releases are one of the most important things in marketing.
(C) An annual marketing report is always a valuable source of data.
(D) The vast majority of purchases these days are made through the Internet.

문장 삽입 문제

문장 삽입 문제는 앞뒤 문장들의 의미를 파악해 그 흐름에 어울리는 문장을 찾아야 합니다. 광고 지문 마지막 부분에 쓰일 문장을 찾아야 하므로 앞서 지문 전반적으로 언급된 광고 내용과 어울리는 것을 찾아야 합니다.

정답 및 해설 p.233

Part 7

UNIT 12 온라인 채팅 / 문자 메시지

온라인 채팅이나 문자 메시지도 Part 7에 출제된다는 사실, 알고 계셨나요? 실제 생활에서 접할 가능성이 큰 유형의 지문이지만, 토익에 출제되는 온라인 채팅이나 문자 메시지는 친구보다는 회사 동료나 고객 등과 주고받는 내용이 대부분입니다. 따라서 비즈니스와 관련된 내용이 주를 이루며, 편지나 이메일과 달리 구어체 표현이 자주 등장합니다.

전략 포인트 1 온라인 채팅(Online chat discussion) 지문 유형

✓ 온라인 채팅 지문에서 특징으로 꼽을 만한 것은 참여 인원이 여러 명일 수 있다는 점입니다. 3~4명까지 등장할 수 있기 때문에 채팅에 참여하는 사람들의 관계를 빨리 파악하고 누가 무엇을 제안하는지를 꼭 확인하세요.

✓ 대부분의 온라인 채팅은 [주제 제시 → 세부 사항 → 요청 사항 공유] 등으로 전개됩니다.

Example Questions 1-3 refer to the following online chat discussion.

Rhea Lee: [1:51 P.M.] Hi, Joshua. ❶ This is my first time using the online training system on our Web site. I just open the e-mail and click the link to get started, right?

Joshua Park: [1:52 P.M.] ❷ Yeah, and then you'll need to choose a user name and use the code in your e-mail.

Rhea Lee: [1:54 P.M.] ❸ I did that, but I keep getting an error message. It says to try again later.

Joshua Park: [1:55 P.M.] Hmm… that's strange. I will send you the e-mail again.

Rhea Lee: [1:55 P.M.] Is there an issue with the invitation?

Joshua Park: [1:56 P.M.] ❹ It might have expired. Here you go. I sent you another one.

Rhea Lee: [1:57 P.M.] Thanks, it seems to be working fine now.

❶ 온라인 교육 시스템을 처음 사용한다는 말과 함께 문의 사항을 언급하고 있다.

❷ 앞선 Lee 씨의 메시지를 통해 Park 씨가 같은 회사의 동료 직원인 것으로 유추할 수 있다.

❸ 문제점을 언급하고 있으므로 이와 관련된 내용으로 전개될 것임을 예측할 수 있다.

❹ 여자가 언급한 문제점에 대해 해결책을 제시하고 있다.

1 Why did the Ms. Lee contact Mr. Park?

(A) To thank him for his advice

(B) To request his assistance

(C) To notify him about a new system

(D) To check if he received an e-mail

다른 사람에게 연락한 이유를 묻고 있는데, 이는 채팅을 시작한 목적에 해당되므로 지문 시작 부분에서 단서를 찾아야 합니다.

2 What problem does Ms. Lee mention?

(A) She cannot open the attached file.

(B) She cannot access an online system.

(C) She cannot install some software.

(D) She cannot attend a training workshop.

Lee 씨가 언급하는 문제점을 묻고 있으므로 Lee 씨가 쓴 메시지에서 부정적인 정보가 제시되는 부분을 찾아야 합니다.

3 At 1:57 P.M., what does Ms. Lee mean when she writes, "it seems to be working fine now"?

(A) She can access the system with the man's help.

(B) She made copies of the meeting minutes.

(C) She liked the man's presentation very much.

(D) She can reschedule the training session.

특정 문장이 채팅상에서 어떤 의미를 나타내는지 파악하는 문제이므로 그 문장 앞뒤에 제시된 다른 문장들을 통해 그 흐름을 먼저 파악해야 합니다.

해석

Rhea Lee: [오후 1:51] 안녕하세요, Joshua 씨. 제가 우리 웹 사이트에서 온라인 교육 시스템을 처음 사용해보는데요. 이메일을 열어서 링크를 클릭해 시작하기만 하면 되는 게 맞죠?

Joshua Park: [오후 1:52] 네, 그리고 그 다음에 사용자 이름을 선택해 이메일에 있는 코드를 사용하셔야 해요.

Rhea Lee: [오후 1:54] 그렇게 했는데, 계속 오류 메시지가 떠요. 나중에 다시 시도해보라고 나와요.

Joshua Park: [오후 1:55] 흠... 이상하네요. 제가 그 이메일을 다시 보내 드릴게요.

Rhea Lee: [오후 1:55] 초대와 관련된 문제가 있는 건가요?

Joshua Park: [오후 1:56] 그것이 만료되었을 수도 있어요. 여기요. 다시 보내드렸어요.

Rhea Lee: [오후 1:57] 감사합니다, 이제 잘 되는 것 같아요.

 정답 및 해설 p. 235

문자 메시지(Text message) 지문 유형

✓ 예상치 못한 문제가 생겨서 동료 직원에게 도움을 요청하거나 뭔가를 부탁하는 내용이 많이 제시됩니다.
✓ 문자 메시지 역시 [문제점 제시 → 세부 사항 설명(이유 설명) → 요청이나 부탁] 등의 순서로 전개되는 것이 가장 흔합니다.

Example **Questions 1-2** refer to the following text message.

❶ Hi, Brad, I was supposed to receive a Clavins Tool Pack today, according to the order confirmation e-mail, ❷ but it has not arrived yet. The order number is ZZ010103. **Can you please call Clavins and see when it will arrive at my office?** Also, ❸ I am driving to our Yellowtail branch for a 4:00 meeting with supervisors, but it seems like I will be late by around 20 minutes. ❹ There is a busy music festival happening nearby and I'm currently waiting behind a long line of cars. I don't have the phone number, ❺ so can you call the Yellowtail branch and let them know I will be 20 minutes late? Thanks.	❶ 문자를 받는 사람이다. ❷ 문제점을 알리고 있다. but 뒤에는 중요한 정보가 제시될 가능성이 매우 높다. ❸ 또 다른 문제점을 언급하고 있다. ❹ 문제점의 이유 ❺ 당부사항
❻ Richard	❻ 문자 메시지를 보낸 사람

1 Who most likely is Brad?
(A) Richard's client
(B) A Clavins employee
(C) Richard's colleague
(D) The Yellowtail branch manager

> 받는 사람 또는 보낸 사람 중의 한 명에 관해 물을 경우, 문제점의 종류나 요청 수준 등을 통해 두 사람 사이의 관계를 유추할 수 있습니다.

2 Why will Richard be late for the meeting?
(A) He is stuck in traffic.
(B) His car has broken down.
(C) He has a schedule conflict.
(D) He went to the wrong location.

> 세부 사항 문제이므로 질문에서 키워드를 확인한 다음, 해당 키워드가 언급되는 부분에서 정답 단서를 찾아야 합니다.

해석

안녕하세요, Brad 씨, 주문 확인 이메일에 따르면 제가 오늘 Clavins Tool Pack을 받기로 되어 있는데, 아직 도착하지 않았습니다. 주문 번호는 ZZ010103입니다. Clavins 사에 전화해서 언제 제 사무실에 도착하는지 확인해 주시겠어요? 그리고, 제가 부서장들과 갖는 4시 회의 때문에 옐로우테일 지사로 운전해 가는 중인데, 약 20분 정도 늦을 것 같아요. 근처에 분주하게 진행되는 음악 축제가 있어서, 현재 길게 늘어선 차량들 뒤쪽에서 기다리는 중입니다. 제가 전화번호를 갖고 있지 않기 때문에, 옐로우테일 지사에 전화해서 제가 20분 늦을 거라고 알려 주시겠어요? 감사합니다.

Richard

📋 정답 및 해설 p.235

점수 UP! 포인트

Part 7에서 온라인 채팅 및 문자 메시지는 비교적 짧고 쉬운 유형이기 때문에 해당 지문을 풀 때 시간을 단축해야 합니다. 온라인 채팅과 문자 메시지에 자주 등장하는 표현과 어휘들을 알아두면 문제 푸는 시간을 대폭 줄일 수 있습니다.

온라인 채팅 / 문자 메시지 빈출 표현

문제점

- The computer is not working.
  컴퓨터가 작동하지 않고 있다.
- The computer is out of order. 컴퓨터가 고장 나 있다.
- The train is going to arrive late.
  기차가 늦게 도착할 것이다.
- My car broke down. 제 차가 고장 났어요.
- How are things going? 일이 어떻게 진행되고 있나요?
- I was supposed to do 나는 ~ 할 예정이었다.
- get an error message 오류 메시지가 뜨다
- traffic congestion 교통 체증
- expire (기간이) 만료되다
- regarding ~에 관해서
- come up 발생되다, 생겨나다
- unfortunately 안타깝게도, 아쉽게도
- miss a flight 비행기를 놓치다
- software issue 소프트웨어 문제
- stop manufacturing 생산을 멈추다
- be torn 찢어져 있다
- power failure 정전
- damage 손상, 피해
- forget 잊어버리다
- missing luggage 분실 수하물
- interrupt 방해하다
- out of power 전원이 나간
- out of fuel 연료가 다 떨어진

요청/제안

- Can you ~? ~해 줄 수 있나요?
- Could you ~? ~해 주시겠어요?
- Please ~ ~해 주세요.
- Why don't you ~? ~하는 게 어때요?
- I suggest[recommend] ~을 제안[추천]합니다.
- How[What] about ~? ~하는 게 어때요?
- What do you think about ~? ~은 어때요?
- Would you be willing to ~? ~해 주실 의향이 있으신가요?
- Do you think you can ~? ~하실 수 있으세요?

- Would you mind -ing ~? ~해 주시겠어요?
- I'd like you to ~해 주셨으면 해요.
- Can I ~? 제가 ~할까요?

문제 해결

- on time 제 시간에
- in the process of ~하는 중인
- attribute A to B A의 원인을 B로 생각하다
- give an update 새로운 소식을 알려주다
- upcoming 다가오는, 곧 있을
- come by / drop by / stop by ~에 들르다
- in consideration of ~에 대한 보답으로
- renew 갱신하다
- in need 필요로 하는
- look into ~을 자세히 조사하다
- correct 바로잡다, 수정하다
- change 변경하다
- at no extra cost 추가 비용 없이
- replace 교체하다
- update information 정보를 업데이트하다
- keep track of ~을 계속 파악하다
- reschedule ~의 일정을 재조정하다
- give a refund 환불하다
- give a discount 할인해주다
- return 반품하다
- explain 설명하다
- manual 설명서, 안내서
- under warranty 보증 기간 중인
- move an appointment 약속[예약] 시간을 옮기다
- process 처리하다
- ahead of schedule 일정보다 앞서
- conduct an inspection 점검을 실시하다
- call back 다시 전화하다, 답신 전화하다
- ship out 발송하다
- in person 직접 (가서)

● 다음 문제를 스스로 풀어본 후, 해설을 확인하여 풀이 요령을 완전히 익히세요.

Questions 1-3 refer to the following online chat discussion.

June Kim [11:16 A.M.]

Everyone, as you know, our sales have been down and we are considering moving in a new direction. I'd like the team to begin to think about the team meeting we had on Friday.

May Chen [11:17 A.M.]

Should we have prepared something?

June Kim [11:26 A.M.]

It appears that office supplies demand is on the decrease, so it will be smart for us to include more products in the McDougal's catalog.

Samuel Patison [11:27 A.M.]

Day-to-day cleaning products are always in need for businesses.

Ruby Shayer [11:28 A.M.]

Great. Let's look into more paper products and supplies to be used in break rooms.

May Chen [11:30 A.M.]

I agree. Appliances such as microwaves or coffee makers can be sold as well.

June Kim [11:32 A.M.]

I like all your ideas. Please prepare to present them at the meeting with research on other suppliers and costs. I will need your research and pricing information alongside your proposals for preliminary budgeting with the management.

Ruby Shayer [11:33 A.M.]

Will do.

June Kim [11:34 A.M.]

If you have any questions or concerns, please let me know. Otherwise, I will reserve a conference room for Friday.

---

1 Where most likely does Ms. Kim work?

(A) At a tourist information center

(B) At a catering company

(C) At an office supplies shop

(D) At a cleaning company

Kim 씨가 근무하는 곳을 묻고 있으므로 지문에 제시되는 업무나 서비스 관련 특징, 제품 종류, 부서명 등의 정보를 통해 유추해야 합니다.

2 At 11:33 A.M, what does Ms. Shayer mean when she writes, "Will do"?

(A) She will purchase a microwave and a coffee maker.

(B) She will send a questionnaire to Ms. Kim.

(C) She will reserve a conference room.

(D) She will work on Ms. Kim's request

'Will do'는 일종의 동의를 나타냅니다. 앞선 메시지에서 언급된 내용에 대해 'Will do'라고 답변하는 상황이므로 앞 메시지에 어떤 내용이 제시되어 있는지를 먼저 확인해야 합니다.

3 What will Ms. Kim do next?

(A) She will send an e-mail with a sales report.

(B) She will schedule a meeting with a client.

(C) She will prepare a meeting with the board of directors.

(D) She will make a reservation.

Kim 씨가 곧이어 할 일을 묻고 있으므로 지문 마지막 부분에 제시되는 Kim 씨의 메시지에서 will, be going to, plan 등과 같이 미래 시점 표현이나 계획, 의지 등을 나타내는 표현과 함께 언급되는 내용이 단서가 됩니다.

📋 정답 및 해설 p. 236

CHAPTER 02

Chapter

3

UNIT 13 | 사물 사진 | 부정 의문문, 부가 의문문

Part 1의 6문항 중 4문항은 사람이 포함된 사진이 출제되지만, 1~2문항 정도는 사물 사진이 출제됩니다. 사물 사진 문제는 정답을 예상하기 힘든 경우가 많으므로 그 접근법을 확실히 알아 둡시다. Part 2에서는 토익 수험생들이 특히 어려워하는 부정 의문문과 부가 의문문 풀이법을 알아보겠습니다.

Part 1 사물 사진 문제 접근법

✓ 녹음이 나오기 전에 미리 사진을 보면서 여러 사물의 배치 및 상태를 꼭 확인해야 합니다.

✓ 사물을 주어로 하는 문장이 중심이 되기 때문에 수동태 문장에 익숙해져야 합니다.

✓ 주로 사물의 배치를 묘사하는 것이 정답으로 출제됩니다.

Example

◁)) Unit 13_1 mp3

(A) There are some table mats on the table.
(B) The silverware is being polished.
(C) Water is being poured into the glasses.
(D) Some bottles are on the shelves.

(A) 몇몇 식탁 매트가 탁자 위에 있다.
(B) 은식기가 닦이는 중이다.
(C) 물이 유리잔에 부어지는 중이다.
(D) 몇몇 병들이 선반 위에 놓여 있다.

해설
(A) 식탁에 몇 개의 식탁 매트가 놓인 모습이 아니므로 오답.
(B) 식기를 닦는 모습이 보이지 않으므로 오답.
(C) 물을 붓는 동작을 하는 사람이 없으므로 오답.
(D) 몇몇 병들이 선반에 놓여 있는 상태에 초점을 맞춰 묘사한 정답.

Possible Answers

· Some plants are arranged on the countertop.   몇몇 식물이 조리대 위에 정렬되어 있다.
· Teacups are hanging on the rack.   찻잔들이 진열대에 걸려 있다.
· Some cutting boards are leaning against the wall.   몇몇 도마들이 벽에 기대어져 있다.

Kelly's Tip

▸ 사진에 등장하는 '사물' 명사뿐만 아니라, 반드시 상하좌우 등의 위치를 나타내는 전치사들을 주의하여 들어야 합니다. 사물의 위치 관계를 묘사하는 문장이 자주 나오기 때문입니다.

by / next to ~ 옆에	along ~을 따라	near ~ 근처에	in front of ~ 앞에
on ~ 위에	between ~ 사이에	in ~ 안에	

점수UP! 포인트

다음은 사물 사진 문제 중 가장 자주 출제되는 장소를 빈도순으로 분류해 정리한 표현들입니다. 여러 차례 소리 내어 읽으며 완벽하게 암기하도록 하세요.

사물 사진 빈출 표현

1순위 사무실/도서관

□ Some desks have been cleaned.　　몇몇 책상들이 청소된 상태로 있다.

□ Some computers are on a table.　　몇몇 컴퓨터들이 탁자 위에 있다.

□ Some chairs have been stacked next to a table.　　몇몇 의자들이 탁자 옆에 쌓여 있다.

□ An office is unoccupied.　　사무실이 비어 있다.

□ A door has been left open.　　문 하나가 열린 상태로 있다.

□ A counter has been cleared of objects.　　카운터의 물건들이 치워진 상태로 있다.

□ A picture is mounted on a wall.　　그림 한 점이 벽에 걸려 있다.

□ Documents are scattered on the floor.　　서류가 바닥에 흩어져 있다.

2순위 주택 내·외부

□ A box of books is next to a table.　　탁자 옆에 책들이 담긴 상자가 하나 있다.

□ Flowers have been put in a vase.　　꽃병에 꽃들이 꽂힌 상태로 있다.

□ Some artwork is hanging on a wall.　　미술품이 벽에 걸려 있다.

□ An armchair is unoccupied.　　안락의자가 비어 있다.

□ Books and magazines are arranged on shelves.　　선반에 책과 잡지가 정렬되어 있다.

□ A painting has been left on the floor.　　그림 한 점이 바닥에 놓인 상태로 있다.

□ There is a lamp on the windowsill.　　창턱에 전등이 하나 있다.

□ Some stairs lead to an entrance.　　일부 계단이 입구로 이어져 있다.

3순위 공원/호수/강

□ There are flowers around the public monument.

□ There are trees along the path.

□ Some trees have been trimmed.

□ Bushes are planted along the walkway.

□ There are some tall trees in the park.

□ Some benches are lined up on the pathway.

□ Some signs have been posted along a walkway.

□ A bridge spans over the water.

□ Some tall buildings are located near a hill.

□ There's a fountain in front of a building.

꽃들이 기념비 근처에 있다.

나무들이 길을 따라 늘어서 있다.

몇몇 나무들이 다듬어진 상태로 있다.

덤불이 보도를 따라 심어져 있다.

몇몇 키가 큰 나무들이 공원에 있다.

몇몇 벤치들이 길을 따라 줄지어 있다.

몇몇 표지판들이 보도를 따라 세워져 있다.

다리가 물 위를 가로질러 놓여 있다.

몇몇 고층 건물들이 언덕 근처에 있다.

건물 앞에 분수대가 있다.

4순위 교통 수단

□ The train is stopped at the station.

□ A platform is empty.

□ Some train rails run alongside a building.

□ A vehicle is stopped at a traffic light[signal].

□ Vehicles are parked side by side.

□ The pavement is being repaired.

□ A streetlamp is being repaired.

□ Boats are docked near a pier.

□ Some boats are floating in a harbor.

□ A ship is sailing near a bridge.

기차가 역에 멈춰 서 있다.

승강장이 비어 있다.

몇몇 철로들이 한 건물과 나란히 놓여 있다.

차량 한 대가 신호등 앞에 서 있다.

차량들이 서로 나란히 주차되어 있다.

포장도로가 수리되는 중이다.

가로등이 수리되는 중이다.

보트들이 부두 근처에 정박되어 있다.

몇몇 보트들이 항구에서 물에 떠 있다.

배 한 척이 다리 근처에서 운항하고 있다.

PRACTICE

● 음원을 듣고 정답을 고른 후, 빈칸에 들어갈 말을 받아써 보세요.

 Unit 13_3 mp3

1

(A) _____ are on the table.
(B) Some cups _____ next to the table.
(C) A teakettle _____ on the table.
(D) Some pastries _____ in a display case.

2

(A) Some books _____ on the shelves.
(B) Some shelves _____.
(C) Some cushions _____ on the sofa.
(D) A sofa is being _____.

3

(A) A bicycle is _____.
(B) Some chairs and tables have been _____.
(C) Some cars _____ along the alley.
(D) Some chairs _____.

🗒 정답 및 해설 p. 237

✓ 질문에서 not을 빼고 생각하는 것이 쉽습니다.
✓ 일반 의문문과 마찬가지로 질문 내용에 대해 긍정할 때는 Yes로, 부정할 때는 No로 답변합니다.
✓ 질문에 나온 단어와 비슷한 발음의 단어가 포함된 답변은 오답일 가능성이 많습니다.

1 Be동사 부정 의문문

Example   ◁)) Unit 13_4 mp3

Q Aren't you registered for the ITC trade seminar?	ITC 무역 세미나에 등록되어 있지 않으신가요?
(A) Yes, I did it yesterday.	(→ 등록되어 있죠?)
(B) No, I already made a payment.	(A) 네, 어제 등록했어요.
(C) On the Web site.	(B) 아뇨, 저는 이미 비용을 지불했어요.
	(C) 웹 사이트에서요.

해설

질문에서 not을 빼고 그냥 Are you registered ~와 같이 이해한다. Yes/No로 답변하는 것이 일반적이지만, Yes/No를 생략하고 답변할 수도 있다.
(A) 긍정을 뜻하는 Yes와 함께 등록하는 일을 it으로 지칭해 등록 시점(yesterday)을 말하는 정답.
(B) 등록되지 않았음을 뜻하는 No 뒤에 이어지는 말이 비용에 대한 내용으로, No라는 응답과 어울리지 않는 오답.
(C) 등록 여부가 아닌 등록 가능한 방법을 말하는 오답.

Possible Answers

· (No,) I attended that last year.	(아뇨,) 작년에 참석했어요. ▸부정 답변(No 생략 가능)
· No, not yet.	아뇨, 아직이요. ▸부정 답변
· No, I couldn't find the registration form.	아뇨, 등록 신청서를 찾을 수 없었어요. ▸부정 답변
· (Yes,) Sophie and I are definitely going.	(네,) Sophie와 저는 확실히 갈 거예요. ▸긍정 답변(Yes 생략 가능)
· Do you mean the ITC International Trade Seminar?	ITC 국제 무역 세미나를 말하는 거예요? ▸되묻기 유형

Kelly's Tip

▸ 부정 의문문이 나오면 not과 상관없이 Yes로 답변하면 긍정의 의미, No로 답변하면 부정의 의미로 생각하면 됩니다.
Q. Aren't you registered for the ITC trade seminar? / Are you registered for the ITC trade seminar? (not을 빼고 생각하기)
A. Yes, I am. 네, 등록되어 있어요. No, not yet. 아뇨, 아직이요.

PRACTICE ◁)) Unit 13_5 mp3   📋 정답 및 해설 p.238

4 Wasn't this sales report _____?
(A) No, you don't have to report to Ms. Yamamoto.
(B) _____ on page 13.
(C) The deadline has been _____.

5 Wasn't she _____ last year?
(A) _____.
(B) Yes, and she is a _____.
(C) Their new album.

2 Do 조동사 부정 의문문

Q Don't you have time to discuss the negotiation schedule tomorrow?
(A) No, I am busy tomorrow.
(B) Yes, a client meeting.
(C) A discussion on relocation.

내일 협상 일정을 논의할 시간이 있지 않으세요?
(→ 시간 있죠?)
(A) 아뇨, 저는 내일 바쁩니다.
(B) 네, 고객과의 회의요.
(C) 위치 이전에 관한 논의요.

해설
Don't you have ~ 로 시작하는 질문이지만 Do you have ~로 생각하고 풀면 쉽다.
(A) 부정을 뜻하는 No와 함께 내일 시간이 없는 이유를 밝히는 정답.
(B) 시간이 있음을 뜻하는 Yes 뒤에 이어지는 말이 질문과 관련 없는 오답.
(C) discuss와 발음이 유사한 discussion을 활용한 답변으로 질문과 관련 없는 오답.

Possible Answers

- (No,) I have numerous engagements. (아뇨,) 전 약속이 많아요. ▸ 부정 답변(No 생략 가능)
- No, I have a training to attend. 아뇨, 참석해야 할 교육이 있어요. ▸ 부정 답변
- (Yes,) what time is best for you? (네,) 몇 시가 가장 좋으세요? ▸ 긍정 답변(Yes 생략 가능)
- Yes, I do. I am available after 2. 네, 있어요. 2시 이후에 시간이 나요. ▸ 긍정 답변
- Let me check my schedule first. 제 일정 좀 먼저 확인해 볼게요. ▸ '모른다' 유형의 답변

Kelly's Tip

▸ Don't you로 시작되는 질문은 Do you로 물을 때와 같다고 생각하면 됩니다.
▸ Do 조동사 의문문에 구나 단어로 대답하면 오답이에요. 질문 내용과 관련 있는 단어를 이용해 혼동을 노리죠.
  Ex. A client meeting. 고객과의 회의
▸ 조동사 뒤에 이어지는 일반동사를 제대로 들어야 정확한 답변을 고를 수 있습니다.

PRACTICE 🔊 Unit 13_7 mp3 📋 정답 및 해설 p.239

6 Didn't _____
_____ last month?
(A) June or July.
(B) We _____.
(C) _____.

7 Didn't Alex _____?
(A) A deeply moving experience.
(B) Let me look for the report.
(C) Yes, _____
the Chicago branch.

3 Have 조동사 부정 의문문

Example　　　　　　　　　　　　　　　　　　　　　　　🔊)) Unit 13_8 mp3

Q **Haven't we sold** more washing machines this year than last year?

(A) Please purchase more machines.

(B) The sales report.

(C) About three times as many.

저희가 작년보다 올해 세탁기를 더 많이 팔지 않았나요?
(→ 팔았죠?)

(A) 기계를 더 구매하세요.

(B) 매출 보고서요.

(C) 약 세 배 정도 많이요.

해설

Haven't we sold ~ 질문이지만 Have we sold ~로 생각하고 풀면 쉽다.

(A) 세탁기 판매량 비교가 아닌 기계 추가 구매를 요청하는 말이므로 오답.

(B) 세탁기 판매량 비교 정보가 아닌 매출 보고서를 언급한 오답.

(C) 판매량의 차이를 나타내는 답변이므로 정답.

Possible Answers

- (Yes,) the sales increased dramatically.
- (Yes,) the new model has been really popular.
- (No,) we are selling more refrigerators, not washing machines.
- (No,) the market is not as good as we expected.
- Ask Joanne in Sales.

(네,) 매출이 급격히 올랐어요.　▸ 긍정 답변

(네,) 새 모델이 정말 인기가 많아요.　▸ 긍정 답변

(아뇨,) 세탁기가 아니라 냉장고를 더 많이 팔고 있어요.　▸ 부정 답변

(아뇨,) 예상했던 것만큼 시장이 좋지 않아요.　▸ 부정 답변

판매부의 Joanne 씨에게 물어보세요.　▸ '모른다' 유형의 답변

Kelly's Tip

▸ 질문에서 들은 단어와 같거나 비슷한 발음을 지닌 단어, 또는 의미가 연관된 단어를 이용한 오답이 자주 나옵니다. 따라서, 질문 내용을 놓치거나 알아듣기 힘든 경우, 질문에서 들었던 단어가 그대로 나온 선택지를 먼저 소거하면 정답률을 높일 수 있습니다.

▸ 과거분사의 형태로 제시되는 동사를 잘 듣고 그 동사에 대해 긍정 또는 부정의 답변이 나온다고 생각하면 정답 찾기가 쉽습니다.

PRACTICE　　🔊)) Unit 13_9 mp3　　　　　　　　　　　📋 정답 및 해설 p.239

8 Hasn't _____?

(A) Glory Hotel, Grand Ballroom.

(B) _____ to Oxford.

(C) It _____ next Tuesday.

9 Haven't those sales figures been _____?

(A) _____.

(B) They have just arrived in Sydney.

(C) _____.

4 부가 의문문

Example ◁))) Unit 13_10 mp3

Q You applied for the cabin crew position, didn't you?

   (A) Yes, I did.

   (B) The application form and my résumé.

   (C) It's not the same position, though.

객실 승무원 직책에 지원하셨죠, 그렇지 않나요?

(→ 그렇죠?)

(A) 네, 맞아요.

(B) 지원서와 제 이력서요.

(C) 하지만 같은 직책은 아닙니다.

해설

부가 의문문을 제외하고 주어진 문장을 무조건 긍정으로 해석한 다음, Yes로 답변하면 긍정의 내용으로, No로 답변하면 부정의 내용으로 생각한다.

(A) 긍정을 뜻하는 Yes와 함께 applied를 did로 대신해 답변한 정답.

(B) applied와 발음이 유사한 application을 활용한 답변으로 지원 여부가 아닌 지원 서류를 말한 오답.

(C) position이 반복 사용된 답변으로 지원 여부와 관련 없는 오답.

Possible Answers

- No, the sales manager position.
- (Yes,) I am waiting for the job interview.
- (Yes,) I submitted the online application.

아뇨, 판매 부장 직책이요. ▸ 부정 답변

(네,) 취업 면접을 기다리고 있어요. ▸ 긍정 답변

(네,) 온라인 지원서를 제출했어요. ▸ 긍정 답변

Kelly's Tip

▸ 부가 의문문은 '확인'을 목적으로 평서문의 맨 뒤에 붙이는 의문문이에요. 문장이 긍정이면 부정 형태로, 문장이 부정이면 긍정 형태로 꼬리말을 붙입니다.

  Q. Rachel is in Shanghai on business, isn't she? Rachel이 출장으로 상하이에 가 있죠, 그렇지 않나요?

  Q. You haven't met the new manager, have you? 신임 부장님을 못 만나 보셨죠, 그렇죠?

▸ 꼬리말의 형식이나 해석에 신경 쓰지 말고 그냥 'right?(그렇지?)'으로 물었다고 생각하고 답변을 고르면 쉬워요.

  Q. You applied for the cabin crew position, right? 객실 승무원 직책에 지원하셨죠, 그렇죠?

  A. Yes, and I am waiting for the interview. 네, 그리고 면접을 기다리고 있어요.

PRACTICE ◁))) Unit 13_11 mp3   📋 정답 및 해설 p.239

10 Ms. Baya _____ of the agenda, doesn't she?

(A) _____ .

(B) Reserve a conference room.

(C) _____ , so yes.

11 The office _____ , isn't it?

(A) Ms. Kim probably _____ .

(B) A _____ .

(C) Please park here.

UNIT 14 | 미래 행동을 묻는 문제

대화 1개당 주어지는 3개의 문제 중에 마지막 문제로 화자의 미래 행동을 묻는 경우가 많습니다. 질문의 유형과 정답 단서의 위치가 거의 정해져 있기 때문에 조금만 연습해두면 매우 쉽게 풀 수 있습니다.

Part 3 미래 행동 문제 접근법

✓ 미래 행동을 묻는 문제는 3문제 중 가장 마지막에 출제되는 경우가 대부분입니다.

✓ 정답 단서는 대부분 대화의 마지막 부분에 주어집니다.

✓ 미래 시점과 요청 사항, 계획 등과 같이 앞으로의 일과 관련된 표현들을 알아 두는 것이 좋습니다.

질문 유형

1 What will probably **happen next**? 곧이어 무슨 일이 있을 것 같은가?
2 What will the **man** most likely **do next**? 남자는 곧이어 무엇을 할 것 같은가?
3 What does the **woman** say **she will do**? 여자는 무엇을 할 것이라고 말하는가?

Example

◁))) Unit 14_1 mp3

Q What will the man do next?
(A) He will file a complaint.
(B) He will schedule an express delivery.
(C) He will refund a payment.
(D) He will transfer a call.

M: Hi, my name is Gavin and I'm calling from Air Fry Everything for Ms. Kim.

W: This is Ms. Kim.

M: I am terribly sorry to inform you that your order of two large-size air fryers was left out of the delivery schedule this morning by accident.

W: That is unfortunate. I'm replacing my oil fryers with air fryers to meet the new health inspection standards, and they need to be installed before Friday.

M: I understand. Would you hold on for a second? I'll let you speak to my supervisor to see if there's anything else that can be done for your delivery. I'm positive he can help.

질문의 man, do next를 통해 남자의 미래 행동을 묻는 문제임을 파악하고 대화의 마지막 부분에 주의해서 듣도록 합니다. 이때 묻는 대상이 남자인지 여자인지 확실히 기억해두는 것이 중요합니다.

대화 마지막에 미래 시제가 포함된 남자의 대사와 관련된 보기를 고르면 됩니다.

해석

남: 안녕하세요, 제 이름은 Gavin이며, Air Fry Everything에서 Kim 씨께 전화 드렸습니다.

여: 제가 Kim입니다.

남: 오늘 아침에 실수로 귀하의 주문품인 두 대의 대형 에어 프라이어 제품이 배송 일정에서 제외되었다는 점을 알려 드리게 되어 대단히 죄송합니다.

여: 아쉽게 됐네요. 새로운 위생 점검 기준을 충족하기 위해 오일 프라이어를 에어 프라이어로 교체하려고 하는데, 금요일 전에 설치되어야 하거든요.

남: 알겠습니다. 끊지 말고 잠시 기다려 주시겠습니까? 귀하의 배송 건에 대해 취해질 수 있는 다른 조치가 있는지 알아보실 수 있도록 제 상사와 이야기하게 해드리겠습니다. 분명 그분이 도와드릴 수 있을 겁니다.

Step 1 질문을 먼저 읽고 무엇을 들어야 할지 듣기 전략을 세웁니다.

◁)) Unit 14_2 mp3

1 Why is the man calling?
  (A) To explain the delay of a delivery
  (B) To reschedule a pick-up time
  (C) To install a machine
  (D) To respond to an inquiry

전화를 건 목적을 파악하는 문제입니다. 대화 초반부에 전화를 건 목적이 언급되므로 대화가 시작되는 순간에 특히 집중하여 듣도록 합니다.

2 According to the woman, why is she trying to change the oil fryers to air fryers?
  (A) To remodel the kitchen
  (B) To decrease energy consumption
  (C) To replace broken equipment
  (D) To satisfy new requirements

According to the woman이라고 했으므로, 여자의 대사에 정답 단서가 있을 것입니다. air fryers로 바꾸려는 이유를 묻고 있으므로 air fryers를 키워드로 정하고 대화에서 이를 중심으로 듣도록 합시다.

3 What will the man do next?
  (A) He will file a complaint.
  (B) He will schedule an express delivery.
  (C) He will refund a payment.
  (D) He will transfer a call.

남자의 미래 행동을 묻는 질문입니다. 대화 마지막에 제시되는 남자의 대사에서 힌트를 찾도록 합니다. 이때, I will이나 I am planning to 등과 같은 미래 시제 표현에 특히 유의하세요.

Step 2 각 질문에서 확인한 키워드를 바탕으로 대화 중 관련 내용이 나오는 부분을 중심으로 듣습니다.

M: Hi, my name is Gavin and I'm calling from Air Fry Everything for Ms. Kim.

W: This is Ms. Kim.

M: **1** I am terribly sorry to inform you that your order of two large-size air fryers was left out of the delivery schedule this morning by accident.

W: That is unfortunate. **2** I'm replacing my oil fryers with air fryers to meet the new health inspection standards, and they need to be installed before Friday.

M: I understand. **3** Would you hold on for a second? I'll let you speak to my supervisor to see if there's anything else that can be done for your delivery. I'm positive he can help.

1 전화를 건 목적이 to inform you that을 통해 언급되고 있습니다. 주문품이 배송 일정에서 누락되었다는(left out of the delivery schedule) 말이 핵심 단서입니다.

2 여자의 말에서 oil fryers를 air fryers로 교체하는 이유가 to meet the new health inspection standards(새로운 위생 점검 기준을 충족시키기 위해서)라고 언급되고 있습니다.

3 미래 행동을 묻는 문제의 정답 단서는 주로 대화의 마지막 부분에 주어집니다. 남자의 상사와 얘기하게 해주겠다는 말은 상사에게 전화를 연결해 주겠다는 뜻입니다.

📋 정답 및 해설 p. 240

여가 관련 빈출 표현

Part 3에서 회사 업무 관련 내용을 제외하고 가장 많이 나오는 주제는 여가와 관련된 것입니다. 특히 전화 통화에 해당되는 대화에서 이 주제들이 잘 나옵니다. 관련 빈출 표현을 미리 알아 두면 대화가 훨씬 편하게 들리므로, 아래의 표현들을 완벽히 외우도록 합시다.

여행/교통

- □ make a reservation 예약하다
- □ confirm a reservation 예약을 확인하다
- □ book a flight 비행기를 예약하다
- □ be all booked up 예약이 꽉 차 있다
- □ overbooked 초과 예약이 된
- □ connecting flight 연결 항공편
- □ boarding pass 탑승권
- □ stopover 중간 기착지
- □ flight itinerary 비행 일정(표)
- □ final destination 종착지
- □ carry-on luggage 기내 휴대용 수하물
- □ check the baggage (공항에서) 출국 수속을 하며 짐을 부치다
- □ aisle seat 통로 좌석 cf. window seat 창가 좌석
- □ direct flight 직항편
- □ duty-free shop 면세점
- □ in-flight 기내의
- □ flight attendant 기내 승무원
- □ take off 이륙하다(↔ land 착륙하다)
- □ within walking distance 걸어서 갈 수 있는 거리에 있는
- □ in advance 미리, 사전에
- □ delay 연기하다(= put off, postpone)
- □ rent a car 자동차를 빌리다
- □ complimentary beverage 무료 음료
- □ one way 편도 cf. round trip 왕복
- □ transfer 환승하다
- □ miss a flight 비행기를 놓치다
- □ travel agency 여행사
- □ overhead compartment 머리 위의 짐칸
- □ tourist attraction 관광 명소
- □ guided tour 가이드 동반 여행[관람]

문화생활

- □ box office 티켓 판매처
- □ showing 영화 상영, 연극 상연
- □ film critic 영화 비평가

- □ big crowd 많은 관객
- □ performance 공연
- □ exhibition 전시(회)
- □ collection 수집(품), 소장(품)
- □ admission fee 입장료
- □ costume 의상
- □ intermission (공연 중) 중간 휴식 시간
- □ acting 연기
- □ main character 주인공
- □ plot 구성, 줄거리

쇼핑/구매

- □ catering service 출장 요리 제공 서비스
- □ cost n. 비용 v. ~의 비용이 들다
- □ change address 주소를 변경하다
- □ retail store 소매점
- □ wholesale store 도매점
- □ warehouse 창고
- □ furniture store 가구 매장
- □ electronics store 전자제품 매장
- □ kitchen appliance 주방용 가전 기기
- □ on sale 할인 중인
- □ exchange 교환하다
- □ refund n. 환불 v. ~을 환불해주다
- □ sold out 매진된, 품절된
- □ under warranty 보증 기간에 해당되는
- □ defective 결함 있는(= faulty)
- □ quality goods 품질 좋은 상품
- □ feature 특징(적인 것)
- □ on display 진열 중인
- □ gift certificate 상품권(= gift voucher)
- □ 50% off 50퍼센트 할인되는
- □ durable 내구성이 좋은
- □ easy-to-use 사용하기 쉬운
- □ lightweight 가벼운, 경량의
- □ try on ~을 입어보다, 신어보다

● 음원을 듣고 정답을 고른 후, 빈칸에 들어갈 말을 받아써 보세요.   🔊)) Unit 14_4 mp3

1 What is the **purpose** of the woman's **call**?
(A) To confirm a schedule
(B) To ask for additional information
(C) To inquire about transportation
(D) To make a complaint

2 What does the **woman say about the hotel service**?
(A) The shuttle bus was not offered.
(B) The breakfast was not included.
(C) The room was too small for her family.
(D) Some facilities were unavailable.

3 What will the **man do next**?
(A) Send the woman a discount coupon
(B) E-mail the hotel manager
(C) Talk to his supervisor
(D) Provide a refund

W: Hello, I am _____ I recently made through your agency. I just returned from my trip to Seoul, and I was very _____ the hotel. Your site stated that it was _____ _____ of many major _____ _____, but the closest attraction was 30 minutes by bus.

M: I am sorry to hear that.

W: Plus, you mentioned there was a kids' pool in the hotel, but it was still _____.

M: Oh, the hotel didn't inform us of that, either.

W: Well, I would like a refund. My family and I couldn't enjoy the pool or the attractions.

M: Let me _____ and _____.

- -

4 **Who** most likely is the **woman**?
(A) An office manager
(B) A furniture store owner
(C) An event planner
(D) An interior decorator

5 What does the **woman** imply when she says, "**I'll definitely need more than twenty**"?
(A) An order will be expensive.
(B) A discount will be applicable.
(C) The store's stock is insufficient.
(D) Additional purchases will be required.

6 What will the **woman do next**?
(A) Make a payment
(B) Provide an address
(C) Visit the Web site
(D) Talk to an employee

W: Hello, I am interested in ordering some chairs for a wedding I'm planning next month. I checked your Web site's selection, but do you have _____ _____? Plus, do you _____ _____?

M: We offer discounts if you order more than twenty, and we have a large stock of chairs. The Web site just _____.

W: Oh, I'll definitely need more than twenty. Could you tell me where I can find images of your entire stock then? I didn't like the ones on the Web site.

M: Sure. I can _____ _____ if you just _____ _____.

📋 정답 및 해설 p.241

UNIT 15 광고 / 라디오 방송

광고와 라디오 방송은 Part 4에서 어려운 담화에 속합니다. 전화 메시지 같은 것은 일상 생활에서 자주 접하는 유형이지만, 광고나 라디오 방송은 속도가 빠를 뿐만 아니라 내용도 좀 낯설기 때문입니다. 자, 그럼 어떤 내용인지 한번 살펴볼까요?

Part 4 광고(Advertisement) 접근법

✓ 제품 광고의 경우, 초반에 제품이 먼저 소개됩니다. 주의를 집중시키기 위해 맨 첫 문장을 의문문으로 시작하는 경우가 많은데, 거의 바로 다음에 제품이 소개되므로 반드시 담화가 시작되는 부분에 집중하여 듣도록 하세요.

✓ 제품 광고의 경우, 할인이나 상품의 특징을 묘사하는 표현을 필수적으로 파악해 둡시다.

✓ 광고의 마지막 부분에서 제품의 구매 방법, 추가 정보 등을 안내하는데, 이러한 정보와 관련된 문제가 마지막에 주로 나옵니다.

Example
🔊)) Unit 15_1 mp3

❶ Do you own a small store? Then you understand the difficulties of displaying all your products with such limited space. ❷ Well, here at Tom's Displays, we have the perfect solution for you! We have a wide selection of shelving units to fit any space. Whether you have high ceilings or narrow spaces, we have something for everyone. We also have a huge selection on our online store. ❸ And if you order within the next month, we will give you free installation! ❹ Visit our Web site today!

해석

소규모 매장을 소유하고 계신가요? 그러시다면, 아주 제한된 공간에 모든 제품을 진열하는 일의 어려움을 알고 계실 겁니다. 자, 저희 Tom's Displays에 여러분을 위한 완벽한 해결책이 있습니다! 저희는 어떤 공간에도 잘 맞는 아주 다양한 선반 제품을 보유하고 있습니다. 천장이 높은 공간이 좁든 상관없이, 모든 분들을 위한 제품을 보유하고 있습니다. 또한 저희 온라인 매장에도 선택 가능한 제품이 아주 많습니다. 그리고 다음 달 내로 제품을 주문하시면, 무료 설치 서비스를 제공해 드릴 것입니다! 오늘 저희 웹 사이트를 방문해 보세요!

광고 내용 구성

❶ 주의 집중

효과적인 홍보를 위해 주로 의문문으로 청자의 관심을 끈다.

❷ 상품이나 서비스 소개

무엇에 관한 광고인지 구체적으로 소개한다.

❸ 혜택 소개

할인 정보나 무료 제공품 등의 혜택 등을 소개한다. 이 정보를 잘 파악해야 한다.

❹ 마무리

추가 정보를 얻는 방법이나 연락처를 제시한다.

▷ 광고 문제 세트 공략법

Step 1 질문을 먼저 읽고 무엇을 들어야 할지 듣기 전략을 세웁니다.

◁)) Unit 15_2 mp3

1 What is being advertised?
(A) Display shelves
(B) Store signs
(C) Ceiling fans
(D) Real estate

광고의 대상이 되는 업체나 제품에 관한 정보는 담화 초반부에 언급됩니다. 특히 Do you have trouble ~ 이나 Are you looking for ~ 등으로 시작하는 첫 문장 뒤에 이어지는 내용을 잘 듣는 것이 중요합니다.

2 What does the speaker say about the online store?
(A) Shipping is free for a limited period.
(B) Customers can view various products.
(C) Special discounts are available.
(D) Customers can join a mailing list.

키워드가 중심이 되는 세부 사항 문제는 질문에 제시된 키워드가 담화 중 언급되는 부분 근처에 단서가 있습니다. 이 질문의 키워드는 online store이므로 online store가 언급되는 부분을 놓치지 말고 잘 들어야 합니다.

3 What is being offered for free with customer purchases within the next month?
(A) Delivery
(B) Gift-wrapping
(C) Installation
(D) Extended warranties

마찬가지로 키워드를 바탕으로 들어야 하는 세부 사항 문제이며, 이 질문에서는 offered, free, within the next month가 키워드입니다. 다음 달 안에 제품을 구매하는 고객들에게 무료로 제공되는 혜택과 관련된 정보가 제시된다는 것을 알고 그 부분을 중심으로 듣도록 합니다.

Step 2 각 질문에서 확인한 키워드를 바탕으로 담화 중 관련 내용이 나오는 부분을 중심으로 듣습니다.

Do you own a small store? Then you understand the difficulties of displaying all your products with such limited space. Well, here at Tom's Displays, we have the perfect solution for you! **1** We have a wide selection of shelving units to fit any space. Whether you have high ceilings or narrow spaces, we have something for everyone. **2** We also have a huge selection on our online store. **3** And if you order within the next month, we will give you free installation! Visit our Web site today!

1 광고의 첫번째 문장은 대부분 주의 집중을 위한 질문인 경우가 많아 결정적인 단서가 되지는 않습니다. 그 이후에 나오는 업체명 Tom's Displays에서 '진열'과 관련된 업체임을 짐작할 수 있고, a wide selection of shelving units(다양한 선반)를 보유하고 있다는 부분에서 광고 제품을 파악할 수 있습니다.

2 online store가 언급되는 부분에 a huge selection, 즉 다양한 제품이 있다고 소개하고 있으므로 이 말과 뜻이 통하는 선택지를 고르면 됩니다.

3 다음 달 내로 제품을 구매하는 고객에게 free installation(무료 설치)을 제공한다고 말하고 있습니다.

 정답 및 해설 p.243

Part 4 라디오 방송 (Radio Broadcast) 접근법

✓ 라디오 방송 담화는 크게 일반 라디오 프로그램과 보도(뉴스, 일기예보, 교통상황 안내) 유형으로 나눌 수 있습니다.

✓ 라디오 방송은 도입부에 화자(진행자)가 자기 소개를 하는 부분에서 라디오 방송인 것을 알 수 있습니다. 이 부분을 놓치지 않아야 화자가 누구인지 묻는 문제를 쉽게 풀 수 있어요.

✓ 교통상황 안내의 경우, 도로 공사나 행사 등으로 인한 교통 혼잡 문제나 도로 상황과 관련된 정보를 주로 전달하는데, 문제 발생의 원인과 그에 따른 권고 사항이 문제로 나오는 경우가 많으므로 이 내용을 주의 깊게 듣도록 합니다.

Example

🔊 Unit 15_3 mp3

❶ Good evening folks, this is Channel 14 News. ❷ Our top story today is Mayor Heilman's press conference about the city's plans to repair the damaged roads in the surrounding area. ❸ The mayor has stated that the construction will begin on April 3 and that it will start on Main Street. There will be detour signs posted throughout the city on April 2. The mayor also announced that the city would be hiring at least fifty new workers to complete the roadwork. ❹ You can visit our Web site for detailed information about the new jobs.

해석

여러분 안녕하세요, Channel 14 News입니다. 오늘 첫 소식은 인근 지역의 손상된 도로를 수리하기 위한 시의 계획과 관련된 Heilman 시장의 기자 회견 내용입니다. Heilman 시장은 해당 공사가 4월 3일에 시작된다는 점과 Main Street에서 개시된다는 사실을 알렸습니다. 4월 2일에 도시 전역에 걸쳐 우회 경로 표지판이 설치될 것입니다. 시장은 또한 이 도로 공사를 완료하기 위해 최소 50명의 새로운 작업자를 시에서 고용하게 될 것이라고 발표했습니다. 새로운 일자리에 관한 상세 정보를 원하시는 분께서는 저희 웹 사이트를 방문하시면 됩니다.

라디오 방송 내용 구성

❶ 인사말

라디오 방송임을 알 수 있는 인사말이 나온다.

❷ 보도 내용 도입부

보도 내용의 핵심을 간략하게 먼저 언급한다.

❸ 상세한 소식

앞서 언급한 핵심 보도 내용과 관련된 상세 정보를 제공한다.

❹ 마무리

간략하게 마무리 인사를 하거나 해당 보도 내용과 관련된 추가 정보를 찾을 수 있는 방법을 알려 준다.

Step 1 질문을 먼저 읽고 무엇을 들어야 할지 듣기 전략을 세웁니다.

🔊 Unit 15_4 mp3

1 What is the news report about?
(A) A budget committee meeting
(B) A building renovation schedule
(C) A local government election
(D) An upcoming construction project

뉴스의 주제는 담화 초반부에 그 단서가 제시됩니다. 인사말 뒤에 이어지는 핵심 보도 내용이나 프로그램 소개 등과 관련된 정보에 집중해 들어야 합니다.

2 What is suggested about Main Street?
(A) It will be renovated on April 2.
(B) It will be unavailable on April 3.
(C) It will be used as a detour.
(D) It will be the site of a new business.

키워드를 바탕으로 풀어야 하는 문제이므로 키워드에 잘 표시해 둔 후, 해당 키워드가 언급되는 부분에서 정답 단서를 찾아봅니다.

3 What is available on the Web site?
(A) A list of tourist attractions
(B) Details about available positions
(C) A description of new policies
(D) Maps of the local area

웹 사이트 안내는 보통 담화의 마지막에 나옵니다. 뉴스 보도에서는 If you ~ please visit our Web site / You can visit our Web site for ~ 등의 표현을 이용해 관련 정보를 제공하는 경우가 많습니다.

CHAPTER 03

Step 2 각 질문에서 확인한 키워드를 바탕으로 담화 중 관련 내용이 나오는 부분을 중심으로 듣습니다.

Good evening folks, this is Channel 14 News. **1** Our top story today is Mayor Heilman's press conference about the city's plans to repair the damaged roads in the surrounding area. The mayor has stated that **2** the construction will begin on April 3 and that it will start on Main Street. There will be detour signs posted throughout the city on April 2. The mayor also announced that the city would be hiring at least fifty new workers to complete the roadwork. **3** You can visit our Web site for detailed information about the new jobs.

1 Our top story today ~ 부분에서 뉴스 주제를 알 수 있습니다. 담화 초반부에 the city's plans to repair the damaged roads(손상된 도로 수리 계획)가 주제로 제시되었습니다.

2 공사가 4월 3일에 Main Street부터 시작된다고 했으므로, 시민들이 4월 3일부터 Main Street를 이용하지 못할 것이라고 유추할 수 있습니다.

3 담화의 가장 마지막에 You can visit our Web site for ~라고 언급하는 부분에서 신규 채용에 관한 세부 정보를 찾을 수 있다고 안내하고 있습니다.

📋 정답 및 해설 p.244

광고 및 라디오 방송은 매우 빠르게 지나가기 때문에 관련 표현을 알고 있지 않으면 알아 듣기 쉽지 않습니다. 특히, 일기 예보/교통 방송의 경우 특수한 어휘들을 미리 익혀 두어야 합니다.

광고 / 라디오 방송 빈출 표현

광고

- Do you have trouble with ~? ~에 문제가 있나요?
- Are you having difficulties with ~?
  ~에 어려움을 겪고 있나요?
- Are you tired of ~? ~에 싫증 나셨나요?
- look no further than ~
  ~ 외에 다른 곳은 찾아 보실 필요가 없습니다
- a wide[huge] selection of 아주 다양한
- specialize in ~을 전문으로 하다
- review 후기, 평가, 고객 의견
- reliable 믿을 수 있는
- switch to ~로 바꾸다
- solid reputation 확고한 명성
- leading 선도하는, 앞서가는
- put your worries behind you
  걱정을 하지 않다, 연연하지 않다
- step-by-step video 단계별 안내 동영상
- state-of-the-art 최신의, 첨단의
- take up a lot of space 많은 공간을 차지하다
- for all budgets 모든 수준의 예산에 대해
- complimentary 무료의
- free installation 무료 설치
- starting Monday 월요일부터
- annual sale 연례 세일 행사
- buy-one-get-one-free 1개 구입 시 1개 무료인
- first-come-first-served 선착순의
- Visit us at + 웹 사이트 주소. 저희 웹 사이트 ~을 방문하세요.
- for a list of our locations 저희 지점 목록을 원하시면
- for comments from our many satisfied users
  만족한 많은 사용자들의 의견을 보시려면
- toll-free number 수신자 부담 전화번호

뉴스

- Thanks for tuning in to ~ ~을 청취해 주셔서 감사합니다
- Stay tuned! 채널 고정해 주십시오!
- radio host 라디오 진행자
- press conference 기자 회견
- city officials 시 당국자, 시 관계자
- reveal ~을 드러내다, 밝혀내다
- merger 합병

- anticipate a boost 촉진될 것으로 예상하다
- positive impact 긍정적 영향
- lead to ~로 이어지다
- voice its strong support for
  ~에 대한 강력한 지지를 말로 표현하다
- spokesperson 대변인
- commercial break (라디오) 광고
- fundraising concert 기금 마련 콘서트
- attendance 참석, 참석자 수
- resident 주민

일기 예보 / 교통 방송

- snowstorm 눈보라
- weather forecast 일기 예보
- chilly 쌀쌀한
- below freezing 영하의
- weather update 날씨 정보
- temperature 기온
- expect rain 비를 예상하다
- a chance of showers 소나기가 올 가능성
- clear up 날씨가 개다
- use extra caution 특별히 주의하다
- keep you informed of ~에 관한 정보를 계속 알리다
- traffic update 교통 소식
- broken water pipe 망가진 수도 파이프
- maintenance work 유지 관리 작업
- backed up (차량들이) 밀려 있는
- due to inclement weather 악천후로 인해
- take Route 77 77번 도로를 이용하다
- heading south 남쪽으로 향하는
- take an alternate route 대체 경로를 이용하다
- detour 우회(로)
- under construction 공사 중인
- block the lane 차선을 막다
- ease the congestion 혼잡을 완화하다
- avoid ~을 피하다
- travel 이동하다
- be advised to do ~하기 바라다, ~하도록 권고되다
- be aware that ~임을 숙지하다

● 음원을 듣고 정답을 고른 후, 빈칸에 들어갈 말을 받아써 보세요.   ◁)) Unit 15_6 mp3

1 What is being advertised?
   (A) A health service
   (B) A food store
   (C) A sports competition
   (D) A dieting application

2 What is available on the Web site?
   (A) Sample courses
   (B) Healthy recipes
   (C) Employee credentials
   (D) Customer testimonials

3 How can a customer make a reservation?
   (A) By visiting a Web site
   (B) By making a call
   (C) By sending an e-mail
   (D) By submitting a form

[Advertisement]

Are you _____ ?
Then, _____ at
the world-renowned St. Mary Health and Fitness Center.
Our experts will monitor you as you perform simple
exercises, and they'll use advanced technology to track
a variety of health measurements as you exercise. The
data collected will help us _____

_____, one that is specifically catered to
the way your body works. If you need to _____

_____, please visit our Web site
and find the "Testimonials" section. Then, after seeing
what we can help you do, call our office at 531-5921
to _____.

4 Who is the speaker?
   (A) A radio program host
   (B) A news reporter
   (C) An author
   (D) A business analyst

5 What does the speaker say about Ms. Moore?
   (A) She is a new stock analyst.
   (B) She majored in advertising in university.
   (C) She is planning to start her own business.
   (D) She released shorter publications before
      her book.

6 What are listeners encouraged to do?
   (A) Register for a mailing list
   (B) Sign up for a membership
   (C) Share their business experiences
   (D) Visit a small business

[Broadcast]

Welcome to Radio Now's Business Talk. Today,
we'll be discussing ways for small businesses
to _____ .
Small businesses tend to _____

_____ for advertising, so it's often
difficult to acquire new customers. Later on in the show,
we'll be talking with Edna Moore, who is a professional
market trend analyst. _____

_____ in leading
business magazines, Ms. Moore published her first full-
length book just last month. However, before we
speak to Ms. Moore, I'd like to _____

_____. If you are a small business owner,
_____ and share how you
have been successful in marketing your business.

📋 정답 및 해설 p.245

Part 5

UNIT 16 to부정사 / 동명사 / 분사

to부정사와 동명사, 분사를 '준동사'라고 합니다. 준동사는 이름 그대로 동사의 성격에 가깝지만 절대 문장의 동사로 쓰일 수 없는데, 이 점을 잘 기억해야 합니다. 매달 준동사 문제가 1~2문제는 꼭 출제되므로, 확실히 정리해 두도록 합시다.

전략 포인트 1 to부정사의 역할

1 주어로 쓰이는 to부정사

『to부정사 + 목적어』가 명사처럼 주어 자리에 들어갈 수 있습니다.

· [To expand / ~~Expand~~] the Russia factory is our goal this year.

　러시아 공장을 확장하는 것이 올해 우리의 목표이다.

　◐ To expand the Russia factory(러시아 공장을 확장하는 것)가 문장의 주어이다.

2 목적어로 쓰이는 to부정사

『to부정사 + 목적어』가 명사처럼 동사의 목적어 자리에 들어갈 수 있습니다. 단, to부정사를 목적어로 취하는 동사의 목적어 자리에만 쓰인다는 것을 기억하세요.

· The newly appointed CEO **plans** [to expand / ~~expand~~ / ~~expanding~~] our Russia factory by next year.

　새롭게 선임된 대표이사는 내년까지 러시아 공장을 확장할 계획이다.

　◐ to expand the Russia factory(러시아 공장을 확장하는 것)가 동사 plans의 목적어이다.

☑ to부정사를 목적어로 취하는 동사들

plan 계획하다	wish 소망하다	want 원하다	need 필요하다	hope 희망하다	expect 예상하다	decide 결정하다
ask 요청하다	intend 작정하다	would like 하고자 한다				

3 보어로 쓰이는 to부정사

『to부정사 + 목적어』가 명사처럼 be동사 뒤의 보어 자리에 들어갈 수 있습니다.

· Our plan this year **is** [to expand / expand] our Russia factory.

　올해 우리의 계획은 러시아 공장을 확장하는 것이다.

4 명사를 수식하는 to부정사

· Mr. Kim announced **a decision to move** our headquarters to Paris.

　Kim 씨는 파리로 본사를 옮기는 결정을 발표했다.

☑ to부정사의 수식을 받는 명사들

decision 결정	plan 계획	opportunity 기회	chance 기회	effort 노력	attempt 시도	ability 능력

5 to부정사 관용어구

관용어구를 구성하는 to부정사를 정답으로 찾아내는 문제가 종종 출제되므로 주요 to부정사 관용어구를 미리 기억해 두는 것이 좋습니다.

be eligible to ~할 자격이 있다	**be able to** ~할 수 있다
be willing to ~할 의향이 있다	**be unable to** ~할 수 없다
be about to 막 ~하려 하다	**be scheduled to** ~할 예정이다
be eager to ~하기를 열망하다	**in order to** ~하기 위해서

전략 포인트 2 동명사의 역할

1 주어로 쓰이는 동명사

명사처럼 『동명사 + 목적어』도 주어 자리에 쓰입니다. 이때 동사는 반드시 단수여야 합니다.

· [**Presenting** / ~~Present~~] your idea about the project **is** scheduled for June 3.
그 프로젝트에 관한 당신의 생각을 발표하는 것이 6월 3일로 예정되어 있습니다.
◎ Presenting your idea about the project(그 프로젝트에 관한 당신의 생각을 발표하는 것)가 문장의 주어이다.

2 목적어로 쓰이는 동명사

(1) 동사의 목적어

『동명사 + 목적어』도 명사처럼 동사의 목적어 자리에 쓰입니다. 단, 동명사를 목적어로 취하는 동사의 목적어 자리에만 쓰일 수 있습니다.

· Mr. Kaya **suggested** [**visiting** / ~~to visit~~] the construction site.
Kaya 씨는 공사 현장을 방문하는 것을 제안했다.

☑ 동명사를 목적어로 취하는 동사들

suggest 제안하다 **avoid** 피하다 **consider** 고려하다 **deny** 부정하다 **quit** 그만두다 **enjoy** 즐기다	
mind 꺼려하다 **finish** 끝내다 **keep** 계속하다 **discontinue** 중단하다	

(2) 전치사의 목적어

『동명사 + 목적어』는 전치사의 목적어로도 쓰일 수 있습니다.

· The QC manager is responsible **for** [**inspecting** / ~~inspect~~] the factory.
QC 책임자는 공장을 점검하는 일을 맡고 있다.

3 동명사의 목적어

타동사의 동명사는 반드시 목적어가 필요합니다. 모든 동명사가 목적어를 필요로 하는 것은 아닙니다. 1형식 동사나 수동태 동사의 경우, 동명사의 형태가 되어도 목적어가 올 수 없습니다.

· [Presenting / ~~Presentation~~] your idea in front of the public is necessary.

　대중 앞에서 당신의 생각을 발표하는 것이 필수적입니다.

　　❍ 동명사(presenting) + 목적어(your idea)

· Presentation your idea in front of the public is necessary. (X)

　　❍ 명사 Presentation 뒤에 목적어(your idea)가 올 수 없다.

4 동명사 수식

형용사의 수식을 받는 명사와 달리, 동명사는 부사의 수식을 받으며, 관사와 함께 사용할 수 없습니다.

· Clearly presentation (X)　　　　　　　Clearly presenting your idea (O) 명확하게 생각을 발표하기

· Clear presenting your idea (X)　　　　Clear presentation (O) 명확한 발표

· A presenting (X)　　　　　　　　　　A presentation (O) 발표

전략 포인트 3 분사는 형용사처럼 명사를 수식

1 명사를 앞에서 수식하는 분사

과거분사(p.p.)는 수동의 의미를 나타내며 '~된'이라고 해석하고, 현재분사(-ing)는 능동의 의미로서 '~하는'이라고 해석합니다. 수식하는 명사와의 의미 관계에 따라 알맞은 분사를 선택합니다.

· A [designated / ~~designating~~] parking space is guaranteed for VIP customers.

　VIP 고객들에게 지정된 주차 공간이 보장된다.

2 명사를 뒤에서 수식하는 분사

명사를 뒤에서 수식할 때, 과거분사 뒤에는 목적어가 올 수 없고 현재분사 뒤에는 목적어가 올 수 있습니다.

· The parking area designated for VIP customers is on the 3rd floor.

　VIP 고객에게 지정된 주차 공간은 3층에 있다.

· The employees seeking IFQ 200 forms should contact Ms. Hayashi.
　　　　　　　　　　　　목적어
　IFQ 200 양식을 찾는 직원들은 Hayashi 씨에게 연락해야 합니다.

• 다음 문제를 스스로 풀어본 후, 해설을 확인하여 풀이 요령을 완전히 익히세요.

1 In order ------- the deadline for the building blueprint, Mr. Kane stayed at his workstation until 11 P.M.

(A) meets
(B) met
(C) to meet
(D) meeting

Kelly's Tip
in order와 어울려 쓰이는 형태로 된 것을 찾아야 합니다.

2 By ------- four new stores, the company has expanded its presence throughout the southern states.

(A) opened
(B) open
(C) opening
(D) opens

Kelly's Tip
전치사 By 뒤에 위치한 명사구를 목적어로 취함과 동시에 전치사의 목적어 역할을 할 수 있는 것이 빈칸에 필요합니다.

3 The ------- information about the annual shoe sale was announced on the Best Shoes Web site this morning.

(A) detailed
(B) detailing
(C) details
(D) detail

Kelly's Tip
「관사 + 빈칸 + 명사」의 구조이므로 빈칸은 명사를 수식할 분사 자리이며, 명사 information과의 의미 관계를 확인해 알맞은 것을 골라야 합니다.

4 Installation of the new system will take place once the IT manager finishes ------- his employees.

(A) to train
(B) training
(C) train
(D) trains

Kelly's Tip
빈칸 앞에 위치한 finish가 목적어로 취할 수 있는 형태를 골라야 합니다.

정답 및 해설 p.247

UNIT 17 어휘 문제 I

Part 5와 마찬가지로 Part 6에서도 어휘 문제가 나오는데, Part 6의 어휘 문제는 차원이 다릅니다. 일단, 빈칸이 속해 있는 문장을 해석하는 것만으로는 풀 수 없고, 앞뒤 문장을 함께 확인해 흐름을 파악해야 풀 수 있습니다. 심지어 4개의 선택지가 문장에 모두 어울리기는 하지만 지문의 흐름에 맞는 것은 1개뿐인 경우도 있습니다. 오늘은 이러한 치명적인 매력이 있는 Part 6 어휘 문제를 집중적으로 다뤄 보겠습니다.

전략 포인트 1 빈칸 앞뒤 내용으로 단서 찾기

Part 6 어휘 문제 중 가장 자주 나오는 유형은 빈칸 앞뒤에서 단서를 찾아 푸는 유형입니다. 예제를 통해 감을 잡아 봅시다.

Example 1

Looking for an electric kettle? If so, I would highly -------- the Stainless Electric Kettle B17. This cordless electric kettle is much ------- than your conventional kettle. Its cordless design allows for easy filling and serving! The Stainless Electric Kettle B17 features an array of quality functions that are easy to operate. Here is an example. Do you wake up early in the morning and feel like having a cup of coffee? No problem! With the B17, you can get hot water within 20 seconds!

1 (A) impact   (B) improve

  (C) recommend   (D) register

앞 문장에 '전기 주전자를 찾고 계신가요?'라는 말이 있고, 빈칸 뒤에는 Stainless Electric Kettle B17 제품의 특징을 설명하고 있다. 따라서 제품 광고임을 알 수 있고, 광고의 특성상 제품을 추천한다는 의미가 되어야 알맞으므로 '~을 추천하다'를 뜻하는 (C) recommend가 정답이다.

2 (A) cheaper   (B) lighter

  (C) faster   (D) bigger

기존의 주전자와 비교되는 특징을 나타낼 형용사가 필요한데, 뒤에 이어지는 내용을 보면 쉽게 사용하고 작동시킬 수 있다는 말과 함께 그 예로 20초 내로 물을 데운다는 말이 쓰여 있다. 따라서 빠르게 사용할 수 있는 제품임을 알 수 있으므로 (C) faster가 정답이다.

해석

전기 주전자를 찾고 계신가요? 그러시다면, Stainless Electric Kettle B17 제품을 적극 추천해 드립니다. 이 무선 전기 주전자는 기존에 사용하시던 주전자보다 훨씬 더 빠릅니다. 무선 디자인으로 인해 손쉽게 물을 채우고 제공하는 것이 가능합니다! Stainless Electric Kettle B17 제품은 작동하기 편리한 여러 가지 고급 기능들을 특징으로 합니다. 여기 그 예가 하나 있습니다. 아침 일찍 일어나서 커피 한 잔 하고 싶으시다고요? 문제 없습니다! B17 제품을 사용하시면, 20초 이내에 뜨거운 물을 얻으실 수 있습니다!

Example 2

At Diamond Appliances, we are committed to keeping our prices reasonable and competitive. If you are interested in a product, but find that it is available for a lower price at a different retailer, please ------- the following information. Our price matching policy applies only to identical items, and matching is limited to one item per customer per day. If the item in our store is deemed to be -------, we will take appropriate action in accordance with the policy. Diamond Appliances makes the final decision regarding all requests and adjustments.

1 (A) require   (B) submit

   (C) amend   (D) note

빈칸이 속한 문장은 '다른 곳에서 더 저렴한 제품을 발견할 경우에, 다음 정보를 ~하세요'라는 의미이며, 그 뒤에 특정 정책을 설명하는 내용이 이어지고 있다. 따라서 '다음 정보를 알아 두세요'와 같은 의미가 되어야 알맞으므로 '~에 유의하다, 주목하다' 등을 뜻하는 (D) note가 정답이다.

2 (A) faulty   (B) overpriced

   (C) unavailable   (D) delayed

빈칸이 속한 문장은 '매장 내의 제품이 ~한 것으로 여겨질 경우, 정책에 따라 조치하겠다'와 같은 의미를 나타낸다. 여기서 말하는 정책(the policy)은 앞 문장에 제품 가격과 관련된 정책으로 언급된 가격 대응 정책(price matching policy)을 가리킨다. 따라서 가격 수준과 관련된 의미를 지닌 형용사가 빈칸에 쓰여야 알맞으므로 '가격이 너무 비싼'을 뜻하는 (B) overpriced가 정답이다.

해석

저희 Diamond Appliances 사는 가격을 합리적이고 경쟁력 있게 유지하는 데 전념하고 있습니다. 어떤 제품에 관심이 있으시지만 그것이 다른 소매업체에서 더 저렴한 가격에 구매하실 수 있다는 사실을 알게 되신다면, 다음 정보에 유의하시기 바랍니다. 저희 가격 대응 정책은 오직 동일 제품에 한해 적용되며, 그 대응 정책은 고객 1인당 하루에 하나의 제품으로 한정됩니다. 저희 매장에서 해당 제품이 너무 비싸게 가격이 책정된 것으로 여겨질 경우, 정책에 따라 적절한 조치를 취하겠습니다. 저희 Diamond Appliances 사는 모든 요청 사항 및 조정 사항과 관련해 최종 결정을 내립니다.

 정답 및 해설 p.248

● 다음 문제를 스스로 풀어본 후, 해설을 확인하여 풀이 요령을 완전히 익히세요.

Questions 1-4 refer to the following e-mail.

Dear Valued Customer,

We are sending you this e-mail because you ------- to change your Horizon Books account password. Your
1
password has now been reset. Please click the link below if you wish to change your password again.

The link will ------- in 24 hours. -------, you should click the link as soon as possible if you do wish to make
2   3
another change.

Horizon Books always values its customers' account security. -------.
4

Best wishes,

Horizon Books Team

---

1 (A) request   (B) requested
       (C) requesting   (D) requests

2 (A) submit   (B) expire
       (C) amend   (D) execute

3 (A) Meanwhile   (B) Although
       (C) For example   (D) Therefore

4 (A) We offer a wide selection of new and used books for all age
           groups.
       (B) Since you are new to our book club, we will waive the
           membership fee.
       (C) Visit our Web site for more information about discounts and
           other offers.
       (D) If you did not initiate the change, please contact us
           immediately.

문법 문제

접속사 because 뒤에는 『주어 + 동사』가 필요하므로
주어 you 뒤에 위치한 빈칸은 동사 자리입니다. 또한,
다음 문장에 현재완료 시제(has now been reset)로
이미 재설정된 상태임을 알리는 것으로 볼 때 과거 시점
에 그 일을 요청했음을 알 수 있습니다.

어휘 문제

주어(The link)는 앞 문장에서 비밀번호를 다시 변경할
때 클릭하라고 언급한 링크를 가리킵니다. 따라서 이
링크와 관련해 24시간 이내에 발생 가능한 일을 나타낼
수 있는 동사가 필요합니다.

연결어 문제

연결어 문제는 빈칸 앞뒤 문장의 흐름을 먼저 파악해야
합니다. 빈칸 앞 문장은 '링크가 곧 만료된다'라는 의미이
고, 빈칸 다음 문장은 '빨리 클릭하라'는 뜻이므로 원인과
결과의 관계임을 알 수 있습니다.

문장 삽입 문제

문장 삽입 문제는 앞뒤 문장들의 의미를 파악해 그 흐름
에 어울리는 문장을 찾아야 합니다. 지문 전체적으로 고
객이 요청한 비밀번호 변경 작업이 완료되었음을 알리는
내용이며, 빈칸 바로 앞에서는 고객 계정 보안을 소중히
여긴다는 것을 강조하고 있습니다. 따라서 빈칸에는 계정
보안과 관련된 내용을 담은 문장이 쓰여야 알맞습니다.

Questions 5-8 refer to the following article.

June 3 - California Almonds Inc., the West Coast's biggest producer of almonds, is anticipating a significant increase in its number of exported shipments over the next few months. This ------- is based on the shortage of almond products around the world and the recent almond bacteria outbreak that has affected many overseas growers. California Almonds' president, Al Joy, stated that the export increase may amount to 500 tons a month. -------. California Almonds Inc. buys the raw almonds from almond farmers in San Jose and performs a shelling process ------- packaging the final product in bags for customers. Mr. Joy is excited about the expected rise in export volume, saying, "This surge in exports of California almonds will come as welcome news to almond farmers ------- in the San Jose region."

5 (A) cost
(C) merger
(B) delay
(D) forecast

어휘 문제

빈칸에 쓰일 명사는 바로 앞에 위치한 This와 함께 앞 문장에서 언급된 특정한 것을 가리켜야 합니다. 앞 문장에 수출 물량의 상당한 증가를 예상한다는 말이 쓰여 있으므로 이를 대신할 수 있는 명사가 빈칸에 쓰이는 것이 적절합니다.

6 (A) Such a figure is unprecedented in the company's history.
(B) Accordingly, Mr. Joy plans to close his main factory.
(C) Almonds are often recommended as part of a balanced diet.
(D) California Almonds is known for its generous employee wages and benefits.

문장 삽입 문제

문장 삽입 문제는 앞뒤 문장들의 의미를 파악해 그 흐름에 어울리는 문장을 찾아야 합니다. 빈칸 앞 문장에 수출 증가 물량을 나타내는 수치가 언급되어 있으므로 이 수치와 관련된 의미를 지니는 문장이 있는지 찾아봅니다.

7 (A) toward
(C) prior
(B) before
(D) during

문법 문제

선택지가 전치사, 접속사, 형용사 등 다양하므로 문장 구조를 확인해 빈칸의 역할을 파악해야 합니다. 빈칸 앞에는 절이 있고, 빈칸 뒤에 동명사가 나오므로 빈칸은 동명사를 목적어로 취할 전치사가 들어갈 자리인데, 선택지에 전치사가 여럿 있으므로 문장을 해석해야 합니다.

8 (A) located
(C) are located
(B) location
(D) locating

문법 문제

빈칸 앞에 이미 문장의 동사 will come이 있으므로 빈칸에 또 다른 동사 locate가 쓰일 수 없으며, 명사 location도 바로 앞의 명사구 almond farmers와 어울리지 않습니다. 따라서 빈칸에 준동사인 분사가 들어가 almond farmers를 뒤에서 수식하는 구조가 되는 것이 가장 적절한데, 빈칸 뒤에 목적어가 없다는 점에 유의해 알맞은 분사를 고릅니다.

정답 및 해설 p.248

Part 7

UNIT 18 기사 / 공지

토익에서 가장 어려운 지문에 속하는 기사! 이유는 바로 딱딱한 서술 스타일 때문이죠. 한글로 읽어도 신문 기사는 꽤 어렵게 느껴지지만, 글의 성격상 무엇/언제/왜/어떻게 등의 정보가 명확히 드러나기 때문에 조금만 익숙해지면 어렵지 않아요. 마찬가지로, 공지도 객관적인 사실을 전달하기 위해 쓰여진 글이기 때문에 글의 목적과 육하원칙에 따른 세부 내용이 분명히 드러난답니다.

전략 포인트 1 기사(Article) 지문 유형

✓ 기사에 제목이 있는 경우 꼭 제목을 확인하세요. 제목에 기사의 주제가 압축되어 있는 경우가 많기 때문에 제목을 읽으면 방향을 잡기가 훨씬 더 수월합니다.

✓ 기사는 주장-근거-예시 등이 순서대로 나열되므로 단락마다 핵심 내용을 요약해보는 습관을 들이는 것이 좋습니다.

✓ 지문 중간에 인터뷰 내용이 들어가는 경우가 많은데, 이 인터뷰들이 앞서 언급한 주장에 대한 예시에 해당됩니다.

Example Questions 1-3 refer to the following article.

❶ **Your Participation is Needed!**

Chicago, January 2 - ❷ Many local Chicago residents and businesses have expressed concerns to local officials about the limited parking in the downtown area. Many are calling for a sixth parking structure to be built downtown. The city is going to hold a council meeting at the end of the month in order to address the issue, and all residents are welcome to express their concerns then. —[1]—. ❸ The city has asked residents to fill out a survey online to express what is most needed. —[2]—. After the completion of the survey, the city will provide an updated list of available parking areas. —[3]—.

❹ "Many local people say that the demand for parking has increased ever since the opening of the MICE business complex two years ago," said Ed Green, a local resident. ❺ "I wonder why an additional parking lot was not constructed two years ago. For me, it takes 30 minutes to find a parking space every morning. Don't you think something is wrong?" Mr. Green complained. —[4]—. "We really need the sixth lot", said Angela Bazzia. "I think most people would say the parking lot construction should be the city's highest priority."

❶ 제목을 꼭 읽도록 한다. 기사의 주제를 담고 있다.

❷ 어떤 이슈가 있는지 알 수 있다.
expressed concerns(우려를 표하다)는 기사에 자주 등장하는 표현으로, 문제점을 제기할 때 쓰이므로 이 표현이 나오면 바로 뒤의 내용에 주목하여 문제점이 무엇인지 반드시 파악하도록 한다.

❸ 기사 제목인 Your Participation is Needed와 연관성이 있으므로 중요한 정보임을 짐작할 수 있다.

❹ 앞 단락에서 추가 주차 공간이 필요하다고 주장한 내용을 뒷받침하기 위해 제시된 시민의 인터뷰이다.

❺ 추가 주차 공간이 필요하다고 주장한 것을 뒷받침하기 위해 제시된 두 번째 인터뷰 내용이다.

1 How many parking garages are currently in downtown Chicago?

   (A) 3

   (B) 4

   (C) 5

   (D) 6

현재 이용되는 주차장 수가 명확히 제시되어 있지는 않지만, 첫 단락의 'Many are calling for a sixth parking structure to be built downtown'에서 6번째 주차장이 필요하다고 언급한 것을 통해 현재 몇 개의 주차장이 있는지 알 수 있습니다.

2 What is suggested about Chicago?

   (A) Its council listens to the needs of residents.

   (B) Its parking facilities are in poor condition.

   (C) Its council is based in the downtown area.

   (D) Its efforts to alleviate traffic congestion were successful.

지문에 제시된 특정 정보를 바탕으로 유추하는 문제입니다. 첫 단락 중반부의 'The city is going to hold a council meeting, all residents are welcome to express their concerns'에 의회 회의에서 주민들이 우려 사항을 말할 수 있다고 쓰여 있으므로, 시에서 주민들의 의견을 어떻게 생각하는지 유추할 수 있습니다.

3 In which of the positions marked [1], [2], [3], and [4] does the following sentence best belong?

"The survey will be accessible at www.chicagocouncil.com/parkingsurvey by March 28."

   (A) [1]

   (B) [2]

   (C) [3]

   (D) [4]

문장 삽입 문제가 나오면 먼저 주어진 문장을 해석해 의미를 파악한 다음, 지문 내에서 흐름상 가장 적절하다고 판단되는 부분을 찾아야 합니다. 주어진 문장은 온라인으로 설문 조사(The survey)에 참여하는 방법을 알리고 있으므로 설문지를 작성하는 일과 관련된 정보를 담은 문장과 연결되어야 합니다.

CHAPTER 03

해석

여러분의 참여가 필요합니다!

시카고, 1월 2일 – 많은 시카고 지역 주민들과 업체들이 시내 지역의 제한적인 주차 공간에 관해 지역 당국자들에게 우려를 표명해 왔습니다. 많은 사람들은 시내에 여섯 번째 주차 건물이 지어져야 한다고 요청하고 있습니다. 시에서는 이 문제를 처리하기 위해 이달 말에 의회 회의를 개최할 예정이며, 모든 주민들은 그때 우려되는 점들을 얼마든지 표현할 수 있습니다. –[1]– 시에서는 주민들에게 무엇이 가장 필요한지를 표현하기 위해 온라인으로 설문지를 작성하도록 요청했습니다. –[2]– 설문 조사 완료 후, 시에서 이용 가능한 주차 구역들을 담아 업데이트한 목록을 제공할 것입니다. –[3]–

"많은 지역 주민들은 2년 전에 MICE 비즈니스 복합 단지의 개장 이후로 줄곧 주차 공간에 대한 수요가 증가했다고 말합니다"라고 지역 주민인 Fd Green 씨는 밝혔습니다. "저는 왜 7년 전에 추가 주차장이 지어지지 않았는지 궁금합니다. 저의 경우, 매일 아침에 주차 공간을 찾는 데 30분이나 걸립니다. 뭔가 잘못되었다고 생각하지 않으세요?"라고 Green 씨는 불만을 나타냈습니다. –[4]– "우리는 정말로 6번째 주차장이 필요합니다"라고 Angela Bazzia 씨가 말했습니다. "대부분의 사람들이 주차장 공사가 시의 최우선 사항이 되어야 한다고 말할 것이라고 생각합니다."

 정답 및 해설 p.250

공지(Announcement) 지문 유형

✓ 공지는 다수의 사람들에게 전달해야 할 정보를 안내하는 역할을 합니다.

✓ 공지 지문에서는 대상자가 누구인지 묻는 문제는 잘 나오지 않으며, 공지의 목적이나 이유, 또는 특정 세부 사항이나 권장 사항 등과 관련된 문제가 주로 출제됩니다.

Example **Questions 1-3** refer to the following press release.

For immediate release

Contact: David Jenson, Office of Public Relations

Telephone: (02) 555-5606

E-mail: davjen@nygallery.org

❶ Season's Special Exhibit

New York Gallery

New York (May 24) – ❷ **The latest artwork of Sam Park**, an artist who focuses on the use of natural light in his art, **will have a seasonal exhibition at the New York Gallery.** The gallery will be displaying 28 of Sam Park's most famous art pieces, which reflect natural colors by utilizing natural light. Sam Park is regarded as one of the most important contemporary artists in America thanks to his endless creativity and innovation.

❸ The exhibition will run from June 1 to August 31, and the entry fee will be $15 per adult and $5 per child. **The Sam Park exhibition, unlike other exhibitions in the gallery, will only be accessible between 10:00 a.m. and 3:30 p.m.,** when there is a sufficient amount of natural light, at the request of the artist.

On July 1, Sam Park will be **present** at the exhibition to personally meet and greet the gallery patrons and explain some of his artwork.

❶ 제목에 공시 내용의 핵심이 압축되어 있다.

❷ 전시회가 개최된다는 사실과 함께 해당 작가와 그 작가의 특징을 설명하고 있다.

❸ 전시회 관련 세부 정보, 즉 기간, 입장료, 운영 시간이 언급되어 있다.
이러한 내용은 사실 관계를 묻는 문제 (NOT mentioned)로 잘 나온다.

1 What is the purpose of the press release?

(A) To announce a schedule change

(B) To share opinions about a project

(C) To explain a procedure

(D) To advertise an event

보도 자료(press release), 공지(announcement), 기사(article) 이 세 가지는 모두 특정 정보를 알리기 위한 것이므로 '제목' 부분에 그 목적이 압축되어 나타납니다. 특별 전시회 (Special Exhibit)가 제목으로 제시되어 있고 그와 관련된 세부 정보를 전달하는 흐름을 통해 목적을 파악할 수 있습니다.

2 What is mentioned about the exhibit?

(A) It is open to the public only during specific hours.

(B) Admission is free for children under five.

(C) It has been hosted in several galleries.

(D) It will run at the gallery for a total of two months.

사실 관계는 키워드가 언급된 곳 근처에 정답 단서가 있을 가능성이 높습니다. exhibit(전시회) 관련 세부 사항이 언급된 두 번째 단락에 오전 10시에서 오후 3시 30분 사이에 운영된다고 (~ will only be accessible between 10:00 a.m. and 3:30 p.m.) 알린 점에 주목해야 합니다.

3 The word "present" in paragraph 3, line 1, is closest in meaning to

(A) complimentary

(B) immediate

(C) available

(D) prompt

동의어 문제는 지문 흐름상 가장 유사한 의미로 된 단어를 찾는 것이 핵심입니다. 마지막 단락에서 present는 Sam Park이 전시회에 참석하는 것을 나타내기 위해 사용되었으므로 이와 유사한 뜻을 지닌 단어를 찾아야 합니다.

해석

즉시 보도용
연락 담당자: David Jenson, 홍보부
전화번호: (02) 555-5606
이메일: davjen@nygallery.org

시즌 특별 전시회

New York Gallery

뉴욕 (5월 24일) – 작품에 자연광을 활용하는 데 중점을 두는 미술가 Sam Park 씨의 최신 미술 작품이 New York Gallery에서 시즌 한정 전시회를 갖습니다. 이 미술관에서 Sam Park 씨의 가장 유명한 미술품 28점을 전시할 예정이며, 이는 자연광을 활용하는 방법으로 자연 색상을 반영하는 작품들입니다. Sam Park 씨는 끝없는 창의성과 혁신성으로 인해 미국에서 가장 중요한 현대 미술가들 중의 한 명으로 여겨지고 있습니다.

이 전시회는 6월 1일부터 8월 31일까지 진행되며, 입장료는 성인 1인당 15달러, 아동 1인당 5달러입니다. 이 미술관에서 열리는 다른 전시회들과는 달리, Sam Park 전시회는 오직 오전 10시에서 오후 3시 30분 사이에만 입장 가능한데, 이때가 자연광의 양이 충분한 시간대로서, 이 미술가의 요청에 따른 것입니다.

7월 1일에, Sam Park 씨가 개인적으로 미술관 관람객들을 만나고 맞이하며 자신의 몇몇 미술품을 설명하기 위해 전시회에 참석할 예정입니다.

정답 및 해설 p.251

점수 UP! 포인트

기사 / 공지 빈출 표현

기사와 공지에 자주 나오는 어휘와 표현을 알아 둡시다. 특히, 기사문에서는 다소 생소한 경제 관련 용어가 등장하는 경우가 많아 당황하기 쉬우므로, 아래의 어휘들을 기본적으로 외워 두는 것이 좋습니다.

- ☐ **express concerns** 우려를 나타내다
- ☐ **hold a meeting** 회의를 개최하다
- ☐ **take place** (일, 행사 등이) 일어나다, 개최되다
- ☐ **fill out** ~을 작성하다
- ☐ **demand** 수요
- ☐ **complain** 불만을 제기하다
- ☐ **under construction** 공사 중인
- ☐ **focus on** ~에 집중하다, 초점을 맞추다
- ☐ **entry fee** 입장료 (= admission)
- ☐ **keynote speaker** 기조 연설자
- ☐ **expand** ~을 확장하다, 확대하다
- ☐ **deal with** ~을 다루다, 처리하다
- ☐ **acquisition** 인수, 매입
- ☐ **merger** 합병
- ☐ **increasing costs** 증가하는 비용
- ☐ **shareholder** 주주
- ☐ **close the deal** 거래를 매듭 짓다
- ☐ **transaction** 거래
- ☐ **be likely to do** ~할 것 같다
- ☐ **negotiate** 협상하다
- ☐ **asset** 자산
- ☐ **hold** (행사 등) ~을 개최하다, 열다
- ☐ **resign** v. 사임하다 cf. resignation 사임, 사퇴
- ☐ **take over** ~을 인수하다, 인계 받다
- ☐ **appoint** ~을 지명하다, 임명하다
- ☐ **look forward to** ~을 고대하다
- ☐ **prior to** ~에 앞서, ~ 전에
- ☐ **given (that절)** ~라는 점을 고려하면
- ☐ **in terms of** ~의 측면에서, ~에 관해서
- ☐ **replace** ~를 교체하다, 대신하다
- ☐ **announce a plan to retire** 은퇴할 계획을 발표하다
- ☐ **step down from the CEO position**
  대표이사 직책에서 물러나다
- ☐ **adjacent to** ~와 인접한
- ☐ **allocate** ~을 할당하다, 배정하다
- ☐ **close at the end of the month** 월말에 문을 닫다

- ☐ **The factory has been sold to** 공장이 ~에게 매각되었다.
- ☐ **open to the public** 일반 대중에게 개방된
- ☐ **be (best) known for** ~로 (가장) 잘 알려져 있다
- ☐ **The headquarters is located in** 본사가 ~에 위치해 있다.
- ☐ **receive the award for** ~로 상을 받다
- ☐ **be named the winner of the award** 수상자로 지명되다
- ☐ **offset the decrease in sales** 매출 감소를 상쇄하다
- ☐ **local business community** 지역 비지니스 업계
- ☐ **in business for 10 years** 10년 동안 사업을 하고 있는
- ☐ **vacation time period** 휴가 기간
- ☐ **health benefits** 의료 보험, 건강 혜택
- ☐ **launch a new line of products**
  새로운 라인의 제품을 출시하다
- ☐ **be located on[in, at]** ~에 위치해 있다
- ☐ **establishment** (학교, 병원 등의) 시설, 설립물
- ☐ **introduced by** ~가 소개하는, 선보이는
- ☐ **be limited to** ~로 제한되다, 한정되다
- ☐ **demonstration** 시연(회)
- ☐ **feature** ~을 특징으로 하다
- ☐ **temporarily** 임시로, 일시적으로
- ☐ **relocate** ~의 위치를 이전하다
- ☐ **accessible** 접근 가능한, 이용 가능한
- ☐ **be expected to do** ~할 것으로 예상되다
- ☐ **spokesperson** 대변인
- ☐ **industry** 업계
- ☐ **be dedicated to -ing** ~하는 데 전념하다
- ☐ **be responsible for** ~에 대한 책임이 있다
- ☐ **investment** 투자(금)
- ☐ **finance** ~에 자금을 대다
- ☐ **figure out** ~을 알아내다, 찾아내다
- ☐ **in an effort to do** ~하기 위한 노력의 일환으로
- ☐ **release** ~을 출시하다, 공개하다
- ☐ **resume** ~을 재개하다

● 다음 문제를 스스로 풀어본 후, 해설을 확인하여 풀이 요령을 완전히 익히세요.

Questions 1-4 refer to the following article.

Security Expert Coming to Seoul

SEOUL (September 9) — Denny Borg, a world famous security expert, will be visiting Seoul next week. He will be the keynote speaker at the annual Seoul Security Forum. The forum will be held at the Seoul Convention Center from September 15 to September 21. —[1]—. Around 5,000 visitors are expected to attend the forum. Mr. Borg will be highlighting many points made in his recent bestselling book *White Hacker*. Mr. Borg wrote in his book, "You might think your personal information is safe. However, many business owners don't think they should handle their customers' information safely." —[2]—. Mr. Borg is a successful online security expert living in New York. He currently owns a security consulting firm which has 10 branches worldwide. —[3]—. He is originally from Ukraine, and he wishes to help his home country to thrive. —[4]—. He will try to provide his basic security guidelines to as many people as he can. You can learn about them in detail by visiting the forum. Tickets cost $30 and can be purchased online at seoulsecurityforum.com.

---

1 What is the article mainly about?

(A) A guest speaker

(B) A book review

(C) A business merger

(D) A schedule change

> 기사의 주제를 묻는 문제이므로 제목을 특히 자세하게 확인해 본 다음, 초반부에 제시되는 정보를 위주로 단서를 파악하세요.

2 What is NOT mentioned about Mr. Borg?

(A) He previously lived in Ukraine.

(B) He recently published a book on online security.

(C) He owns an international consulting firm.

(D) He regularly visits Seoul for the security forum.

> Mr. Borg에 관해 언급된 것이 아닌 것을 찾는 문제는 각 선택지의 내용을 지문상의 정보와 하나씩 비교해 가면서 오답을 소거하는 것이 올바른 풀이 방법입니다.

3 Why would readers visit seoulsecurityforum.com?

(A) To post a job advertisement

(B) To purchase tickets

(C) To report an error

(D) To sign up for a seminar

> 특정 웹 사이트를 방문하는 이유를 찾는 문제의 정답 단서는 해당 웹 사이트 주소가 제시된 부분 근처에서 찾아볼 수 있습니다.

4 In which of the positions marked [1], [2], [3], and [4] does the following sentence best belong?

"The newest one just opened in downtown Chicago and employs over 100 staff."

(A) [1]

(B) [2]

(C) [3]

(D) [4]

> 문장 삽입 문제가 나오면 먼저 주어진 문장을 해석해 의미를 파악한 다음, 지문 내에서 흐름상 가장 적절하다고 판단되는 부분을 찾아야 합니다. 이때, 접속부사나 지시어, 대명사 등을 단서로 활용하면 좋습니다.

정답 및 해설 p.252

Chapter

4

UNIT 19

[사람+사물] 복합 사진 | 요청/제안, 선택, Which 의문문

사람이 중심이 되는 사진이나 사물만 있는 사진 유형은 정답을 어느 정도 예상하면서 들을 수 있습니다. 하지만 [사람+사물] 복합 사진 유형에서는 정답을 예상하면서 듣기 어렵기 때문에 Part 1에서 가장 어려운 유형에 속합니다. 따라서 어떻게 이 유형의 문제에 접근해야 하는지 알아보겠습니다.

Part 1 [사람+사물] 복합 사진 문제 접근법

✓ [사람+사물] 복합 사진이 등장하면, 사람들의 동작, 사람과 사물 사이의 관계, 사물과 사물 사이의 위치 관계, 배경 등을 전체적으로 파악한 다음, 선택지를 들으면서 하나씩 소거합니다.

✓ 선택지에서 사람을 언급하면 사람의 모습을, 사물을 언급하면 사물의 위치와 상태를 빠르게 확인합니다.

✓ 미리 정답을 예상하고 그것이 나오기를 기다리는 것은 위험합니다.

Example ◁)) Unit 19_1 mp3

(A) The man is moving a box of carrots.
(B) Some vegetables are arranged on the table.
(C) A woman is wearing an apron.
(D) One of the men is making a purchase with his credit card.

(A) 남자가 당근 한 상자를 옮기고 있다.
(B) 몇몇 채소가 탁자 위에 정리되어 있다.
(C) 한 여자가 앞치마를 착용한 상태이다.
(D) 남자들 중 한 명이 신용카드로 구매를 하고 있다.

해설
(A) 남자가 뭔가를 옮기는 동작을 하는 것이 아니므로 오답.
(B) 채소가 놓여 있는 위치가 탁자가 아니므로 오답.
(C) 한 여자가 앞치마를 착용한 상태에 초점을 맞춰 묘사한 정답.
(D) 신용카드를 사용하는 모습을 찾아볼 수 없으므로 오답.

Possible Answers

· The man is holding a paper bag.   남자가 종이 봉투를 들고 있다.
· Some vegetables are on display.   몇몇 채소가 진열되어 있다.
· Some vegetables are in the boxes.   몇몇 채소가 상자에 담겨 있다.

Kelly's Tip

▸ 각 선택지를 들을 때 문장의 주어가 사람인지 사물인지에 따라 빠르게 대처할 수 있어야 해요.

▸ is wearing은 이미 착용하고 있는 '상태'를 나타내고, is putting on은 착용 중인 '동작'을 나타낸다는 것을 기억해 두세요.

▸ Part 1에서 가장 잘 쓰이는 동사 시제는 현재진행 시제(be V-ing)와 현재완료 시제(have p.p.)입니다. 특히 사물 주어일 경우에 현재진행 수동태(be being p.p.)와 현재완료 수동태(have been p.p.)가 잘 쓰입니다. 현재진행 수동태 (be being p.p.)는 '~되는 중이다'라는 의미로 사람에 의해 진행 중인 동작을 나타내며, 현재완료 수동태(have been p.p.)는 '~되어져 있다'라는 의미로 어떤 일이 완료되어 그대로 유지되고 있는 상태를 나타냅니다.

점수UP! 포인트

◁)) Unit 19_2 mp3

야외에서 소풍을 즐기거나 자전거를 타는 사진, 공연을 관람하는 사진 등 다양한 여가 활동과 관련된 모습을 담은 사진, 주택의 거실, 부엌, 테라스, 정원 등에서 할 수 있는 활동 및 그 공간에서 찾아볼 수 있는 사물과 관련된 사진, 주방에서 요리사들이 요리를 하거나 그릇을 치우는 모습, 식자재를 다듬는 모습 등을 담은 사진이 출제됩니다.

[사람+사물] 복합 사진 빈출 표현

1순위 야외 공간

□ walking on a path	길에서 걷고 있다
□ bushes near the path	길 근처에 있는 덤불
□ walking with their bags	가방을 메고 걷고 있다
□ strolling on the path	길에서 산책하고 있다
□ greeting each other	서로 인사하고 있다
□ The path leads to ~	길이 ~로 이어지다
□ Trees are lining	나무들이 줄지어 있다
□ performing outdoors	야외에서 연주하고 있다
□ watching a performance	공연을 지켜보다
□ playing musical instruments	악기를 연주하고 있다
□ bordering the water	물가의 경계를 이루고 있다
□ side by side	나란히
□ sitting on the patio	테라스에 앉아 있다
□ lying in the shade	그늘에 누워 있다
□ lying on the beach	해변에 누워 있다
□ relaxing in the park	공원에서 쉬고 있다
□ resting on a bench	벤치에서 쉬고 있다
□ riding a bicycle	자전거를 타고 있다
□ go on a picnic	소풍 가다
□ changing a bicycle tire	자전거 타이어를 교체하고 있다
□ climbing some stairs	계단을 오르고 있다
□ leaning against a fence	울타리에 기대고 있다
□ facing each other	서로 마주보고 있다

CHAPTER 04

2순위 주택 내외 공간

□ hanging on the wall	벽에 걸려 있다
□ be suspended above the table	탁자 위쪽에 매달려 있다
□ be arranged on a sofa	소파 위에 정리되어 있다
□ A flower arrangement has been set on ~	~ 위에 꽃장식이 놓여 있다
□ painting a wall	벽에 페인트 칠을 하고 있다
□ raking leaves off the grass	잔디 위의 나뭇잎을 갈퀴로 긁어 모으고 있다
□ be left by some bushes	덤불 옆에 놓여 있다
□ watering a garden	정원에 물을 주고 있다
□ taking care of plants	식물을 돌보고 있다
□ planting flowers next to an alley	골목길 옆에 꽃을 심고 있다
□ be propped against the wall	벽에 기대어져 있다
□ be placed on the floor	바닥에 놓여 있다
□ descending some stairs	계단을 내려오고 있다
□ Reading material is arranged on ~	~ 위에 읽을거리가 정리되어 있다

3순위 식당

□ preparing a meal	식사를 준비하고 있다
□ doing the dishes	설거지를 하고 있다
□ be placed on the counter	카운터에 놓여 있다
□ boiling the water	물을 끓이고 있다
□ stirring the pot	냄비를 휘젓고 있다
□ studying[looking at] the menu	메뉴를 살펴보고 있다
□ taking an order	주문을 받고 있다
□ be being piled up	차곡차곡 쌓이고 있다

● 음원을 듣고 정답을 고른 후, 빈칸에 들어갈 말을 받아써 보세요.   ◁))Unit 19_3 mp3

1

(A) A man _____ sunglasses.
(B) A man _____ his musical instrument.
(C) A bag _____ to the truck.
(D) There are _____.

2

(A) _____ is being built.
(B) A man is _____.
(C) Flowers have been _____.
(D) A man _____ gloves.

3

(A) Some women are _____.
(B) Skyscrapers _____.
(C) Some artists _____ near the harbor.
(D) A bridge _____.

📋 정답 및 해설 p.253

✓ 요청/제안 의문문에 대해서는 '수락' 또는 '거절'을 표현하는 응답이 주로 정답이 됩니다. 이때 Yes/No와 함께 직접적으로 수락이나 거절을 나타내는 경우도 있지만, 돌려서 말하는 경우도 많으므로 여러 답변 유형에 대처할 수 있어야 합니다.

✓ 선택 의문문에서 선택 사항이 [단어/구 or 단어/구]로 제시되면 Yes/No로 답할 수 없습니다.

✓ Which 의문문에 대해 대명사 one이 포함된 답변이 정답일 가능성이 큽니다.

l 요청/제안 의문문

Example   ◁)) Unit 19_4 mp3

Q Can you move the computer to the conference room?	컴퓨터를 회의실로 옮겨 주시겠어요?
(A) A moving company.	(A) 이사 전문 회사요.
(B) I will ask Jason to do it.	(B) Jason에게 그렇게 하도록 요청할 거예요.
(C) The meeting will be held in conference room C.	(C) 그 회의는 회의실 C에서 열릴 거예요.

해설

Yes/No와 함께 수락 또는 거절의 답변을 할 수 있지만, Yes/No를 생략하는 경우도 있으므로 유의한다.

(A) move와 발음이 유사한 moving을 활용한 답변으로 요청에 대한 수락/거절과 관련 없는 오답.

(B) 컴퓨터를 옮기는 일을 do it으로 지칭해 다른 사람에게 대신하도록 요청하겠다는 말로 거절을 나타낸 정답.

(C) conference room이 반복된 답변으로 요청에 대한 수락/거절과 관련 없는 오답.

Possible Answers

· Yes, no problem.	네, 문제 없습니다. ▸ 수락 답변
· Sure, just one minute.	그럼요, 1분만 시간을 주세요. ▸ 수락 답변
· Tom already did.	Tom이 이미 했어요. ▸ 우회적 답변
· Do you mean the one over there?	저기 저쪽에 있는 것을 말씀하시는 건가요? ▸ 되묻기 유형
· Why don't we do it tomorrow?	내일 하는 게 어때요? ▸ 의견 제안

PRACTICE ◁)) Unit 19_5 mp3   🗒 정답 및 해설 p.254

4 Would you like _____
   _____ on your new TV?

   (A) Sure, that'll be great.

   (B) We _____ delivery by noon.

   (C) _____ .

5 Can you please _____ this luggage
   _____ ?

   (A) _____ .

   (B) Do you want to _____ ?

   (C) _____ is at 10.

2 요청/제안 질문 및 응답 유형

요청/제안 질문

- Why don't you[we] ~? ~하는 게 어때요?
- What about[How about] -ing? ~하는 게 어때요?
- Why don't I ~? 제가 ~할까요?
- Would you please ~? ~해 주시겠어요?
- Could[Can] you ~? ~해 주시겠어요?
- Would you like to 동사? ~하시겠어요?
- Would you like 명사? ~가 좋으신가요?
- Would you mind -ing? ~해 주시겠어요?
- Would you mind if 주어 + 동사?
  ~해도 괜찮겠습니까?

- Let's 동사. ~합시다.
- Be sure to 동사. (= Don't forget to 동사.)
  꼭 ~하세요, 잊지 말고 ~하세요.
- I'd[We'd] like you to 동사. ~하시기 바랍니다.
- I think we[you] should 동사. ~해야 할 것 같습니다.
- Please 동사. ~해 주세요.
- We[You]'d better 동사. ~하는 게 낫겠어요.
- I would 동사 if I were you. 제가 당신이라면 ~하겠어요.
- Should[Shouldn't] we ~? ~해야 할까요?

수락 응답

- That sounds great[nice, lovely]. 좋은 것 같습니다.
- That sounds like a good[great] idea. 좋은 생각인 것 같아요.
- I'd be glad[happy, honored] to. 기꺼이 그렇게 하겠습니다.
- Sure, no problem.(= That shouldn't be a problem.) 그럼요, 문제 없습니다.
- Okay, I'll do that. 좋아요, 제가 하겠습니다.
- Yes, I'd appreciate that. 네, 그렇게 해주시면 감사하겠습니다.
- Of course.(= Sure, Certainly.) 물론이죠.

거절 응답

- Sorry, I'm not interested in ~. 죄송하지만 ~에 관심이 없습니다.
- No thanks, I don't really feel like -ing. 괜찮습니다, ~하고 싶은 생각이 정말로 없습니다.
- No, we can't afford it. 아뇨, 그럴 만한 여유가 없어요.
- I'm afraid I won't[can't] ~. ~할 수 없을 것 같네요.
- I don't think I can ~. ~할 수 있을 것 같지 않아요.
- I'm not sure ~. ~에 대해 확실하지 않아요.
- I can do it myself.(= I can manage it.) 저 혼자 할 수 있습니다.
- Probably not. I'm very busy. 아마 안 될 겁니다. 제가 매우 바빠서요.

3 선택 의문문

Example · Unit 19_6 mp3

Q Would you like the chicken or fish?

(A) Chicken, please.

(B) Yes, please do.

(C) No, she will cook.

닭고기가 좋으신가요, 아니면 생선이 좋으신가요?

(A) 닭고기로 부탁합니다.

(B) 네, 그렇게 해 주세요.

(C) 아뇨, 그녀가 요리할 겁니다.

해설

『A or B』 구조의 선택 의문문이다. 기본적으로 두 가지 선택 대상 중 하나를 골라야 하므로, 질문에 나온 단어를 그대로 반복한 것이 정답이 되는 경우가 많다.

(A) 두 가지 선택 대상 중 하나인 닭고기를 선택한 정답.

(B) 『단어 or 단어』로 제시되는 선택 의문문에 맞지 않는 Yes로 답변하는 오답.

(C) 『단어 or 단어』로 제시되는 선택 의문문에 맞지 않는 No 및 대상을 알 수 없는 she로 답변하는 오답.

Possible Answers

- Fish, please.   생선으로 부탁합니다. ▸ 둘 중 하나 선택
- Is the chicken spicy?   치킨이 맵나요? ▸ 되묻기 유형
- Either is fine.   둘 중 아무거나 좋아요. ▸ 둘 다 좋음
- Neither.   둘 다 싫어요. ▸ 둘 다 거절
- Do you have anything else?   다른 것도 있나요? ▸ 둘 다 거절

Kelly's Tip

▸ 대부분의 선택 의문문에 대해 Yes/No로 대답하는 것이 불가능하지만, 『문장 or 문장』 구조의 선택 의문문에 대해서는 가능합니다.

Q. Would you like the chicken or fish? 닭고기가 좋으신가요, 아니면 생선이 좋으신가요?

A. No, I don't like chicken. (X) 아뇨, 저는 닭고기를 좋아하지 않아요.

Q. Are you working on the budget report, or are you free for coffee?
예산 보고서 작업을 하고 계신가요, 아니면 커피 한 잔 할 시간이 있으신가요?

A. No, I am done with the report. (O) 아뇨, 그 보고서 작업은 완료했어요. ▶ 첫 번째 질문에 대한 부정 답변

PRACTICE Unit 19_7 mp3   정답 및 해설 p.254

6 Should we _____
for a suite room or standard room?

(A) The reservation's under Mario.

(B) I guess in August.

(C) _____.

7 Should we _____
or do we have enough?

(A) Katrina _____.

(B) Yes, you're right.

(C) _____.

4 Which 의문문

◁)) Unit 19_8 mp3

Example

Q Which computer do you like most?
   (A) It's a new model.
   (B) I like the one with the blue tag.
   (C) The IT Department.

어느 컴퓨터가 가장 마음에 드세요?
   (A) 그건 새로운 모델입니다.
   (B) 파란색 딱지가 붙어 있는 것이 마음에 드네요.
   (C) IT 부서요.

해설
Which 의문문은 일정 대상 중에서 '어느 것'인지를 묻는 것이기 때문에 '이것', '저것', '파란 것', '큰 것' 등과 같이 우리말의 '것'에 해당되는 대명사 one 이 들어간 답변이 정답일 가능성이 크다.
(A) It이 지칭하는 특정 대상이 무엇인지 알 수 없으므로 오답.
(B) 질문의 computer를 대신하는 대명사 one과 함께 마음에 드는 것의 특징을 언급하는 정답.
(C) computer와 관련 있게 들리는 IT 부서를 언급한 오답.

Possible Answers

· I like that one.	저것이 마음에 들어요. ▸ one이 들어간 표현
· The one in the corner.	구석에 있는 것이요. ▸ one이 들어간 표현
· I will let you know later.	나중에 알려 드릴게요. ▸ '모른다' 유형의 답변
· Either is fine.	둘 다 괜찮아요. ▸ 둘 다 좋음
· None of them.	전부 아니에요. ▸ 전부 거절

Kelly's Tip

▸ Which 의문문에 대해서 Yes/No로 답변할 수 없습니다.
  Q. Which computer do you like most? 어느 컴퓨터가 가장 마음에 드세요?
  A. No, I don't like the computer. (X) 아뇨, 저는 그 컴퓨터를 좋아하지 않아요.

 ◁)) Unit 19_9 mp3

📋 정답 및 해설 p.255

8 _____ of our restaurant's dishes has been the _____ this year?
  (A) _____.
  (B) I think the price is a little bit higher.
  (C) Let me _____.

9 _____ would you like to use?
  (A) The one _____.
  (B) You should _____.
  (C) How about the red car on the corner?

UNIT 20 의도 파악 문제

특정 문장이 대화 속에서 지니는 의미를 묻는 문제로, Part 3에서 2~3문항 정도 출제됩니다. 주어진 문장의 기본적인 의미 뿐만 아니라 대화 흐름에 어울리는 의미를 파악하는 것이 중요합니다. 따라서 대화의 전반적인 흐름을 알지 못한다면 쉽게 정답을 찾아낼 수 없어요.

Part 3 의도 파악 문제 접근법

✓ 질문에 제시되는 특정 문장을 미리 확인한 후, 그 문장이 대화 속에 제시될 때를 놓치지 않고 앞뒤 문장의 의미를 함께 파악해야 합니다.

✓ 대화 흐름상의 의미를 묻는 문제이므로 긍정/부정, 찬성/반대, 요청/답변 등 어떤 내용이 오가는지를 생각하면서 들어야 합니다.

질문 유형

1 **What does the man mean** when he says, **"I like it"?** 남자가 "I like it"이라고 말하는 의도는 무엇인가?
2 **Why** does the **man say, "I like it"?** 남자는 왜 "I like it"이라고 말하는가?

Example

◁)) Unit 20_1 mp3

Q What does one of the men mean when he says, "There will be more than fifty people attending"?
(A) A larger room will be needed.
(B) The meeting is very important.
(C) An attendance list has not been updated.
(D) The man feels unprepared.

질문에 제시된 문장을 먼저 읽고 의미를 파악해 둔 다음, 대화 중에 해당 문장이 언급될 때 앞뒤에 제시되는 말과의 의미 관계를 통해 의도를 파악합니다.

W: Welcome to Great Reef Resort. How can I assist you today?

M1: My name is Charles Waterloo from Dareville Corporation. I wanted to check on the status of our meeting room reservations for this afternoon.

W: All right, I need to see a form of identification.

M1: Here's my driver's license.

W: Thanks. We have the Pelican Room reserved for you at 2:00 P.M.

M2: The Pelican Room? There will be more than fifty people attending.

M1: Oh, that's right. Are any other rooms available?

W: There's one that might suit you better. I'll move your sign and projector over to it.

Pelican Room인지 다시 확인하는 말과 다른 방이 있는지 묻는 말 사이에 해당 문장이 제시되고 있으므로 Pelican Room의 크기 등에 대한 의구심을 나타내기 위해 사용된 말임을 알 수 있습니다.

해석

여: Great Reef Resort에 오신 것을 환영합니다. 오늘 무엇을 도와 드릴까요?
남1: 저는 Dareville Corporation의 Charles Waterloo입니다. 오늘 오후에 사용할 회의실 예약 상태를 확인하고 싶습니다.
여: 좋습니다, 신분증을 보여 주시기 바랍니다.
남1: 여기 제 운전 면허증입니다.
여: 감사합니다. 오후 2시에 Pelican Room으로 예약되어 있으십니다.
남2: Pelican Room이요? 50명이 넘는 사람들이 참석할 건데요.
남1: 아, 맞아요. 이용 가능한 다른 방이 있나요?
여: 더 적합할 수도 있는 곳이 하나 있습니다. 표지판과 프로젝터를 그곳으로 옮겨 드리겠습니다.

의도 파악 문제가 포함된 문제 세트 공략법

Step 1 질문을 먼저 읽고 무엇을 들어야 할지 듣기 전략을 세웁니다.

<audio> Unit 20_2 mp3

1 **Where** does the woman probably **work**?
   (A) At a hotel
   (B) At a travel agency
   (C) At a cleaning company
   (D) At a furniture store

여자가 근무하는 곳을 묻는 문제이므로 업체명이나 특정 업무, 서비스 종류 등이 언급되는 부분을 놓치지 말고 들어야 합니다.

2 What does **one of the men mean** when he says, "**There will be more than fifty people attending**"?
   (A) A larger room will be needed.
   (B) The meeting is very important.
   (C) An attendance list has not been updated.
   (D) The man feels unprepared.

남자 한 명이 Pelican Room에 대해 "50명이 넘는 사람들이 참석할 건데요"라고 말하자, 다른 남자가 이용 가능한 다른 방이 있는지 묻는 상황입니다. 이로부터 참석 인원에 비해 Pelican Room이 작다는 것을 알 수 있습니다.

3 What does the **woman** say she **will do**?
   (A) Distribute name tags
   (B) Move some equipment
   (C) Cancel a reservation
   (D) Reschedule a meeting

여자가 할 일을 묻고 있으므로 대화 마지막 부분에 I will ~, I am planning to ~, Let me ~ 등과 같이 미래 시점이나 계획, 의지 등을 나타내는 표현이 나오는 부분에 집중해 듣습니다.

Step 2 각 질문에서 확인한 키워드를 바탕으로 대화 중 관련 내용이 나오는 부분을 중심으로 듣습니다.

W: **1** Welcome to Great Reef Resort. How can I assist you today?
M1: My name is Charles Waterloo from Dareville Corporation. I wanted to check on the status of our meeting room reservations for this afternoon.
W: All right, I need to see a form of identification.
M1: Here's my driver's license.
W: Thanks. We have the Pelican Room reserved for you at 2:00 P.M.
M2: **2** The Pelican Room? There will be more than fifty people attending.
M1: **2** Oh, that's right. Are any other rooms available?
W: There's one that might suit you better. **3** I'll move your sign and projector over to it.

1 여자가 대화를 시작하면서 Welcome to Great Reef Resort라는 말로 근무 장소를 언급했으므로 이 장소를 나타내는 다른 말이 제시된 선택지를 찾습니다.

2 "50명이 넘는 사람들이 참석할 거예요"라고 말하자, 다른 남자가 이용 가능한 다른 방이 있는지 묻는 상황이므로 Pelican Room은 50명 미만의 인원을 수용한다는 점과 남자들이 더 큰 방을 필요로 한다는 것을 알 수 있습니다.

3 대화 마지막 부분에 여자가 I will로 시작하는 표현과 함께 자신이 곧 하려는 일을 언급하고 있습니다.

정답 및 해설 p.255

점수UP! 포인트

부동산, 은행/금융, 식당이나 호텔 이용 등과 관련된 기타 일상 생활 관련 빈출 표현들을 알아
봅시다. 이 표현들은 일상 회화에서도 유용하게 쓰이므로 익혀 두는 것이 좋습니다.

기타 일상 생활 관련 빈출 표현

부동산

- □ real estate 부동산(= property)
- □ real estate agency 부동산 중개업체
  cf. real estate agent 부동산 중개업자
- □ rent v. 임대하다 n. 방세, 집세
- □ lease v. 임대하다 n. 임대 계약(서)
- □ lease contract[agreement] 임대 계약(서)
- □ renew 갱신하다
- □ vacant 비어 있는
- □ furnished apartment 가구가 갖춰진 아파트
- □ shared parking lot 공용 주차장
- □ shared office space 공용 사무실 공간
- □ utility bill 공과금 고지서 cf.(전기·수도 등) 공공 설비
- □ deposit 보증금
- □ landlord 집주인
- □ tenant 세입자
- □ unit (아파트 등의) 한 가구
- □ close to ~와 가까운
- □ for sale 팔려고 내놓은
- □ be located 위치해 있다
- □ in a good location 좋은 위치에 있는
- □ move in 이사해 들어가다
- □ garage 차고
- □ paperwork 서류 작업
- □ expire 만료되다
- □ A lease is up. 임대가 만료되다.
- □ property manager 건물 관리인
- □ apartment complex 아파트 단지
- □ within walking distance 걸어갈 수 있는 거리에 있는

은행/금융

- □ open an account 계좌를 개설하다
- □ fill out a form 양식을 작성하다
- □ balance 잔고, 잔액
- □ transfer 계좌 이체하다
- □ withdraw 출금하다
- □ deposit 예금하다
- □ savings account 예금 계좌
- □ transaction 거래
- □ bank teller 은행 창구 직원

- □ apply for a loan 대출을 신청하다
- □ get a loan 대출을 받다
- □ pay for a loan 대출을 갚다
- □ approve a loan 대출을 승인하다
- □ interest 이자 cf. interest rate 이자율, 금리
- □ make a deposit 예금하다

식당

- □ server 종업원
- □ patio 테라스
- □ party / company 일행
- □ take place 개최되다
- □ vegetarian 채식주의자
- □ dish 요리, 접시
- □ bill 계산서
- □ cater 출장 요리를 제공하다 cf. caterer 출장 요리 제공업체
- □ ingredient (음식) 재료
- □ eat out 외식하다
- □ serve food 음식을 제공하다
- □ reserve a table 자리를 예약하다
- □ pay for a meal 식사 값을 지불하다
- □ specialize in ~을 전문으로 하다
- □ book ~을 예약하다
- □ take an order 주문을 받다

호텔 이용

- □ How can I assist you? 어떻게 도와드릴까요?
- □ reservation under Kim 이름이 Kim으로 된 예약
- □ check on the status 상태를 확인하다
- □ personal identification 개인 신분증
- □ check in 체크인하다, 투숙 절차를 밟다
- □ check out 체크아웃하다
- □ take a city tour 시내 관광을 하다
- □ change the sheets 침대 시트를 교체하다
- □ extend the trip 여행을 연장하다
- □ adjust the itinerary 여행 일정을 조정하다
- □ booked up 예약이 꽉 찬
- □ sightseeing 관광
- □ travel agency 여행사
- □ for a short stay 짧은 숙박을 위해

● 음원을 듣고 정답을 고른 후, 빈칸에 들어갈 말을 받아써 보세요.　　　　　◁)) Unit 20_4 mp3

1 Where does the woman probably work?
(A) At a bank
(B) At a real estate firm
(C) At a moving company
(D) At a clothing store

2 Why does the man say, "We would have a lot of foot traffic"?
(A) He thinks the location is too busy.
(B) He is concerned about a lack of parking.
(C) He is interested in a business location.
(D) He is launching a new promotion.

3 What is offered at no cost?
(A) A swimming pool
(B) Shared facilities
(C) Wireless Internet
(D) Regular maintenance services

W: I am glad to hear that you are interested in _____ _____.
I think you will like it.

M: I hope I do. We are very interested. Many of our clients are in that area. Which spaces are available?

W: Okay, let's start with the one on the first floor. It has _____ and is easy to find.

M: Hmm… We would have a lot of foot traffic.

W: Indeed. And in your lease, it also states that you _____ the shared kitchen and break room.

4 According to the man, what is the problem?
(A) A schedule was wrong.
(B) An appliance has malfunctioned.
(C) An order is late.
(D) Some staff are absent.

5 What does the man mean when he says, "that won't be an issue"?
(A) He and the woman will use different uniforms.
(B) He will allow the woman not to wear a uniform.
(C) He does not like the uniform.
(D) He will give the woman another uniform.

6 What is mentioned about Sky Cooperation's function?
(A) It is held once a year.
(B) More than 50 employees are invited.
(C) It changes venues every year.
(D) Only invited guests can attend.

M: Oh, Tanaka, I'm so glad you _____ out here so quickly. As it turns out, two of the other servers _____ _____ today.

W: No worries. However, I hurried here _____ and forgot my uniform shirt.

M: I _____ in my car, so that won't be an issue.

W: Good. So, what's going on today?

M: The Sky Cooperation's _____ _____. It's the first time our restaurant has hosted it. It's always been held at Olivia's Kitchen, but if it goes well, maybe they'll have it here again next year.

정답 및 해설 p.256

CHAPTER 04

UNIT 21 사내 공지 / 공공장소 공지

공지는 Part 4에서 전화 메시지 다음으로 자주 나오는 담화입니다. 크게 사내 공지와 공공장소 공지로 나뉩니다. 공지 사항은 일정한 전개 패턴을 지니기 때문에 이를 파악해 두면 듣기가 훨씬 쉽습니다.

Part 4 사내 공지(Announcement) 접근법

✓ 회사에서 직원들에게 새로운 시스템, 시설 점검, 건물 공사, 신규 정책, 직원 행사, 업무 진행 등과 관련된 전달 사항을 공지하는 내용으로 담화가 구성되며, 출제 빈도가 높은 유형입니다.

✓ 초반에 공지의 목적 또는 주제가 드러나므로 초반부에 집중해야 합니다.

✓ 청자들에게 무엇을 하도록 전달하는지를 묻는 문제가 마지막 문제로 자주 나오므로, 담화의 마지막 부분에 제시되는 지시 사항을 잘 듣고 기억해 두세요.

Example
(◁)) Unit 21_1 mp3

❶ This is the office manager with an announcement for all employees in our building. ❷ The building's maintenance department has just informed me that they will be doing maintenance work on the building's elevators for three days starting on Wednesday. ❸ Because of this, the main elevators in the building will not be operational. These elevators will start operating again on Friday afternoon. ❹ Until then, all employees in the building will have to use the elevator on the west side of the building or the stairway near the rear entrance. If the work lasts longer than expected, we will make sure to notify all employees in advance.

해석

사무실 관리자로서, 건물 내 전 직원에게 공지 사항을 알려 드리겠습니다. 우리 건물의 시설 관리부에서 수요일부터 3일 동안 건물 엘리베이터 유지 관리 작업을 할 예정이라고 방금 저에게 알려 주었습니다. 이로 인해, 건물 내 주요 엘리베이터들이 운행되지 않을 것입니다. 이 엘리베이터들은 금요일 오후에 다시 가동되기 시작할 것입니다. 그때까지 건물 내 모든 직원들은 건물 서쪽에 있는 엘리베이터나 뒤쪽 출입구 근처에 있는 계단을 이용해야 할 것입니다. 해당 작업이 예상보다 길어질 경우, 반드시 모든 직원들에게 미리 알려드리도록 하겠습니다.

사내 공지 내용 구성

❶ **인사말과 공지 대상 언급**
공지를 듣는 대상을 간략히 언급한다.

❷ **공지 목적 및 주제 제시**
공지의 목적이나 주제를 먼저 제시한다.

❸ **공지 사항을 구체적으로 설명**
앞서 제시한 목적 또는 주제와 관련된 정책이나 변동 사항, 특정 일정, 유의 사항 등을 구체적으로 설명한다.

❹ **지시 사항 제시**
직원들이 해야 할 일을 지시한다.

▷ **사내 공지 문제 세트 공략법**

Step 1 질문을 먼저 읽고 무엇을 들어야 할지 듣기 전략을 세웁니다.

◁)) Unit 21_2 mp3

1 What is the main **purpose** of the announcement?
   (A) To announce shortened work hours
   (B) To let employees know about a schedule change
   (C) To notify staff of building maintenance
   (D) To prepare staff for a work assignment

공지의 목적은 담화 초반부에서 주로 언급되므로 목적 문제에서는 담화가 시작될 때 특히 집중해야 합니다.

2 **When** does the speaker expect **conditions** to **return to normal**?
   (A) On Wednesday
   (B) On Thursday
   (C) On Friday
   (D) On Saturday

When, conditions, return to normal이 질문의 키워드입니다. 따라서 질문을 읽고 키워드를 파악하면서 어떤 상태가 정상화되는 시점을 알리는 부분이 있다는 것을 예상하고 들어야 합니다.

3 According to the speaker, **what should the employees do**?
   (A) Come to work earlier
   (B) Use a different entrance
   (C) Take the subway to work
   (D) Use the stairs instead

직원들이 해야 하는 일을 묻는 문제이므로 have to, need to, be required to 등과 같이 의무/필요를 나타내는 표현이나 should, be advised to 등과 같이 권고를 나타내는 표현을 바탕으로 단서를 찾아야 합니다.

CHAPTER 04

Step 2 각 질문에서 확인한 키워드를 바탕으로 담화 중 관련 내용이 나오는 부분을 중심으로 듣습니다.

This is the office manager with an announcement for all employees in our building. The building's maintenance department has just informed me that **1** they will be doing maintenance work on the building's elevators for three days starting on Wednesday. Because of this, the main elevators in the building will not be operational. **2** These elevators will start operating again on Friday afternoon. Until then, **3** all employees in the building will have to use the elevator on the west side of the building or the stairway near the rear entrance. If the work lasts longer than expected, we will make sure to notify all employees in advance.

1 담화 초반부에 화자는 자신을 소개한 후에 they will be doing maintenance work ~라는 말로 목적을 알리고 있습니다.

2 키워드인 return to normal에 해당되는 표현이 operating again으로 제시되어 있습니다. 그리고 중반부의 These elevators will start operating again on Friday afternoon 부분에 그 시점이 언급되고 있습니다.

3 use the elevator on the west side of the building or the stairway near the rear entrance라는 말로 두 가지 대체 이동 방법을 알려주고 있습니다.

 정답 및 해설 p.258

✓ 기내/공항/쇼핑몰 등 사람이 많은 곳에서 다수의 사람들에게 전달하는 안내 정보입니다.

✓ 공지가 나오는 장소와 관련된 모든 힌트는 담화 초반부에 주어집니다.

✓ 공공장소 공지 중에서는 항공편 이용 안내와 관련된 안내 방송이 가장 많이 출제됩니다. 공항에서 알리는 비행 일정 변경, 특정 항공편 이용 관련 안내, 기장이나 승무원의 기내 안내 방송 등이 해당됩니다.

✓ 쇼핑몰 공지의 경우, 할인이나 영업 시간 변경에 관한 내용이 자주 출제됩니다.

✓ 기차역 공지에서도 연착이나 운행 취소 등 일정 변경이나 주의 사항을 주로 전달합니다.

Example　　　　　　　　　　　　　　　　　　　　　　　　🔊 Unit 21_3 mp3

❶ Ladies and gentlemen, welcome on board Flight 33B2 with service from London to San Francisco. We are expected to take off in approximately ten minutes. ❷ We ask that you please fasten your seatbelts and secure all baggage underneath your seat. We do, unfortunately, have a shortage of overhead space, so if your carry-on bags do not fit under your seat, please let the cabin crew know. ❸ Also, we ask that you review your in-flight meal options listed in the magazine stored in the seat pocket. A flight attendant will ask for your order shortly after take-off.

해석

신사 숙녀 여러분, 런던에서 출발해 샌프란시스코까지 운항 서비스를 제공하는 33B2 항공편에 탑승하신 것을 환영합니다. 우리는 약 10분 후에 이륙할 예정입니다. 여러분의 안전 벨트를 착용하시고 모든 수하물을 좌석 밑에 안전하게 고정시켜 두시도록 요청 드립니다. 우리 비행기는 안타깝게도 머리 위쪽 공간이 부족하기 때문에, 기내 휴대용 가방이 좌석 밑의 공간에 들어맞지 않을 경우, 객실 승무원에게 알려 주시기 바랍니다. 또한, 좌석 주머니에 보관되어 있는 잡지에 기재된 기내식 선택권을 살펴 보시도록 요청 드립니다. 승무원이 이륙 직후에 식사 주문을 요청할 것입니다.

공공장소 공지 내용 구성

❶ **공지 대상 및 목적 언급**

공지를 듣는 대상과 목적을 간략히 언급한다.

❷ **유의 사항 / 당부 사항 알림**

청자들이 알아 두어야 하는 점들을 설명한다.

❸ **추가 당부 사항**

▷ 공공장소 공지 문제 세트 공략법

Step 1 질문을 먼저 읽고 무엇을 들어야 할지 듣기 전략을 세웁니다.

◁») Unit 21_4 mp3

1 **Where** is the **announcement** being made?
(A) On a bus
(B) On a train
(C) On an airplane
(D) On a boat

> 공지 사항이 나오는 장소나 화자의 근무지 등을 묻는 문제가 첫 번째 문제로 잘 나옵니다. 대부분 공지 초반부의 1~2문장 내에서 단서를 찾을 수 있습니다.

2 What **problem** does the speaker mention?
(A) Insufficient storage space
(B) Missing baggage
(C) Seat shortages
(D) Schedule delays

> 두 번째 문제로 세부 사항을 파악하는 문제가 주로 출제됩니다. 특히, 문제점이나 변동 사항에 관해 묻는 문제가 흔히 출제됩니다. 이 질문을 보는 즉시 problem에 표시해 둔 다음, 담화 중에 부정적인 정보가 제시된다는 것을 예상하고 들어야 합니다.

3 What are the **listeners asked to do**?
(A) Open some luggage
(B) Check a magazine
(C) Use a seat pocket
(D) Order a meal

> 청자에게 요청하는 일을 묻는 문제는 공지의 세 번째 문제로 자주 나옵니다. 요청이나 제안은 담화 마지막 부분에 자주 제시되는데, 단서 표현인 Please ~, You should ~, We ask that ~ 등이 나오는 부분을 잘 들어야 합니다.

Step 2 각 질문에서 확인한 키워드를 바탕으로 담화 중 관련 내용이 나오는 부분을 중심으로 듣습니다.

Ladies and gentlemen, **1** welcome on board Flight 33B2 with service from London to San Francisco. We are expected to take off in approximately ten minutes. We ask that you please fasten your seatbelts and secure all baggage underneath your seat. **2** We do, unfortunately, have a shortage of overhead space, so if your carry-on bags do not fit under your seat, please let the cabin crew know. Also, **3** we ask that you review your in-flight meal options listed in the magazine stored in the seat pocket . A flight attendant will ask for your order shortly after take-off.

> **1** welcome은 장소를 유추할 수 있는 대표적인 표현입니다. Thank you for visiting 등의 표현도 장소와 관련된 특징을 말해줍니다.

> **2** unfortunately(안타깝게도)와 같은 표현이 나오는 부분에 문제가 언급되는 경우가 많습니다. a shortage of overhead space가 문제점으로 언급되고 있는데, 머리 위쪽 짐칸에 공간이 부족하다는 뜻입니다. 이를 다른 말로 표현한 것을 골라야 하며, 부주의하게 shortage만 듣고 (C)를 고르지 말아야 합니다.

> **3** we ask that과 함께 청자들에게 요청하는 것이 제시되고 있으며, 잡지에서 식사 옵션을 확인해 보도록 요청하고 있습니다. 공지는 대부분 요청 사항이나 당부 사항을 알리는 것으로 마무리됩니다.

 정답 및 해설 p. 259

점수 UP! 포인트

Unit 21_5 mp3

다수의 사람들을 대상으로 하는 공지 담화는 공지 상황과 관련된 장소, 화자/청자의 신분, 문제점, 변동 사항, 요청/제안 등 많은 정보를 담고 있으므로 다양한 표현을 두루 알고 있으면 더욱 유리하게 문제를 풀 수 있습니다.

공지 사항 빈출 표현

문제점 알림

- □ We have a problem[an issue, an error] with ~와 관련된 문제가 있습니다.
- □ miss 놓치다, 빼먹다
- □ interrupt 방해하다, 중단시키다
- □ run out of ~을 다 써버리다, ~이 바닥나다
- □ unfortunately 안타깝게도, 아쉽게도

제안

- □ I have a suggestion about ~에 관해 제안이 있습니다.
- □ I have an idea. 의견이 있습니다.
- □ You are advised to ~ ~하도록 권고됩니다.

요청

- □ Please ~ ~해주세요.
- □ You should ~ ~해야 합니다.
- □ I'd like you to ~ ~해 주시기를 바랍니다.
- □ You are required to ~ ~해야 합니다.
- □ If you ~, 만일 ~라면 (…하십시오)
- □ Don't forget to ~ 잊지 말고 ~하십시오.

장소를 나타내는 표현

- □ Attention, passengers. 승객 여러분께 알립니다.
- □ Attention, shoppers. 쇼핑객 여러분께 알립니다.
- □ Welcome to 장소. ~에 오신 것을 환영합니다.
- □ Thank you for visiting 장소. ~을 방문해 주셔서 감사합니다.

회사 공지

- □ Please be aware that ~임에 유의하십시오.
- □ mechanical failure 기계 고장, 기술적 결함
- □ install new software 새로운 소프트웨어를 설치하다
- □ be scheduled to ~ ~할 예정이다
- □ implement a new policy 새로운 정책을 시행하다
- □ A as well as B B뿐만 아니라 A 도
- □ on short notice 급한 공지에도 (불구하고)

- □ acquire ~을 인수하다
- □ run the numbers 계산하다
- □ wrap up a meeting 회의를 마무리 짓다
- □ sales figures 매출 수치
- □ anticipated costs 예상 비용
- □ market share 시장 점유율
- □ award-winning 수상 경력이 있는

상점/쇼핑몰 공지

- □ advise 조언하다
- □ take advantage of ~을 이용하다, 활용하다
- □ drop by / stop by ~에 잠깐 들르다
- □ Please be aware that ~임에 유의하십시오.
- □ We would like to remind you that 여러분께 ~임을 상기시켜 드리고자 합니다.
- □ be proud to announce ~ ~을 알리게 되어 자랑스럽다
- □ a wide range of 아주 다양한
- □ enter a raffle[prize drawing] 경품 추첨 행사에 참가하다
- □ bargain 싸게 사는 물건, 특가 제품

기내/공항/기차역 공지

- □ board 탑승하다
- □ due to inclement weather 악천후로 인해
- □ delay 지연, 지체
- □ boarding pass 탑승권
- □ in case that ~할 경우에 (대비해)
- □ Please note that ~라는 점에 유의하세요.
- □ For those who transfer 환승하시는 분들을 위해
- □ connecting flight 연결 항공편
- □ instead of ~을 대신하여
- □ refrain from changing seats 좌석 변경을 삼가다

● 음원을 듣고 정답을 고른 후, 빈칸에 들어갈 말을 받아써 보세요.

◁)) Unit 21_6 mp3

1 What is the **purpose** of the announcement?
(A) To welcome new employees
(B) To inform the listeners of a procedure
(C) To postpone a client meeting
(D) To encourage the listeners to donate

2 What is **required** to **receive a press pass**?
(A) An application
(B) A receipt
(C) A work permit
(D) A personal identification form

3 What are the **listeners asked to do**?
(A) Contact a colleague
(B) Call some guests
(C) Set up a table
(D) Arrange some paperwork

[Announcement]

Good morning. I have an announcement for everyone. We will have a press conference tomorrow morning. So, I'd like to _____ for it. We are going to set up two check-in tables at the entrance. We will hand out press passes there. As you know, press passes _____ working members of the press only. This includes reporters, producers, camera crews, photographers and industry analysts. Before handing out press passes, you should ask the guests _____. Please call Helena Jameria at 555-1938 for a copy of the guest list.

4 **Who** most likely is the **speaker**?
(A) A travel agent
(B) A radio show host
(C) A weather reporter
(D) A flight attendant

5 **What** does the speaker **mention**?
(A) Ticket prices
(B) Flight connections
(C) Menu changes
(D) Weather conditions

6 What will probably **happen next**?
(A) The customers will go on a shopping trip.
(B) Entertainment will be provided for the audience.
(C) The passengers will receive beverages.
(D) The travelers will pay for their tickets.

[Announcement]

Good morning all. _____
World Airlines Flight 888. Our destination is Fukuoka, Japan, and we should be there in about four hours. Although we _____ to be clear and sunny, there is light rain in Japan. Fortunately, the skies are expected to _____ later today, so there will not be any delay to our flight. In the seat back in front of you, we have magazines for duty free shopping. Just circle what you would like to order and press the attendant call button to summon a flight attendant when you are ready. Now, a variety of _____

_____. Thank you for choosing World Airlines and I hope you enjoy your flight.

📋 정답 및 해설 p.260

Part 5

UNIT 22 전치사와 접속사

전치사와 접속사는 학생들이 항상 어려워하는 문법 영역인 것 같아요. [전치사 vs 접속사] 구별 문제는 단순히 해석만으로 해결되는 것도 아니고, 둘 사이의 역할을 명확히 구분해야 하기 때문에 더욱 어렵게 느껴지죠. 하지만, 그 차이점만 정확하게 알고 있으면 전혀 어렵지 않을 거예요. 그럼 토익에 자주 출제되는 전치사와 접속사를 알아봅시다.

전략 포인트 1 전치사의 목적어

전치사는 목적어가 필요하며, 시간, 장소, 방향, 이유 등 전치사의 목적어 자리에 쓰일 수 있는 것은 매우 다양합니다. 또한, 몇몇 전치사는 목적어에 따라 의미가 달라지기도 하므로 조심해야 합니다.

❶ 전치사의 목적어

전치사의 목적어 자리에 쓰일 수 있는 것은 명사, 대명사, 동명사 세 가지입니다.

(1) 목적어 자리의 명사

· Mr. Son asked **for** all [**revisions** /revised] to be submitted by Friday.
  Son 씨는 금요일까지 모든 수정본이 제출되도록 요청했다.

(2) 목적어 자리의 목적격 대명사

· Mr. Son asked Ms. Javiera to send the package **to** [**him** / his].
  Son 씨는 Javiera 씨에게 그 소포를 자신에게 보내도록 요청했다.

(3) 목적어 자리의 동명사

· Mr. Son is responsible **for** [**collecting** / collection] all data.
  Son 씨는 모든 데이터를 수집하는 일을 책임지고 있다.

☑ 주요 전치사

구분		
시간	at (시각) ~에 in (계절, 월, 연도) ~에 until (지속) ~까지 after ~ 후에 during + 명사: ~ 동안 in + 기간: ~ 후에	on (요일, 날짜) ~에 as of / beginning / starting ~부터 by (기한) ~까지 before ~ 전에 for + 숫자 표현: ~ 동안 over / throughout ~ 동안에 걸쳐
장소	at (지점) ~에 in (넓은 공간) ~에, ~ 안에 in front of ~ 앞에 between (둘) ~ 사이에 to (방향, 도착지 등) ~로 across from ~의 건너편에	on (표면) ~ 위에 beside / next to / by ~ 옆에 behind ~ 뒤쪽에 among (셋 이상) ~사이에 from (출발점) ~로부터 along (길, 해변 등) ~을 따라

기타 빈출	without ~ 없이, ~하지 않고

기타 빈출	without ~ 없이, ~하지 않고	except ~을 제외하고
	through ~을 통해	including ~을 포함해
	such as ~와 같은	in addition to ~에 더해, ~뿐만 아니라
	by (방법) ~에 의해, ~함으로써 (차이) ~만큼	throughout ~동안 내내, ~전역에 걸쳐
	in spite of / despite / notwithstanding ~에도 불구하고	
	because of / due to / owing to / thanks to ~ 때문에, ~로 인해	
	on / over / about / regarding / concerning / with regard to / in regard to / pertaining to ~에 관하여	

전략 포인트 2 등위 접속사와 상관 접속사

❶ 빈출 등위 접속사

등위 접속사는 동일한 성격을 지닌 단어, 구, 절 등을 연결합니다.

· The CEO of Alpha Furniture will announce his plans and goals.

Alpha Furniture의 대표이사가 자신의 계획과 목표를 발표할 것이다.

◎ plans와 goals라는 두 개의 복수 명사를 연결하는 등위 접속사 and

· If you want to contact us, send us an e-mail or call at 392-4829.

저희에게 연락하고 싶으시면, 이메일을 보내시거나 392-4829 로 전화하세요.

◎ send us an e-mail과 call at 392-4829라는 두 개의 절을 연결하는 등위 접속사 or

☑ 토익 빈출 등위 접속사

> and 그리고   but 그러나   or 또는, 그렇지 않으면   so 그래서, ~할 수 있도록

❷ 빈출 상관 접속사

대등한 단어, 구, 절 등을 연결하는 상관 접속사는 기억해 두기만 하면 바로 정답을 찾을 수 있습니다.

· The IT manager is looking for a **not only** enthusiastic **but also** qualified staff member.

IT 부장은 열정적일 뿐만 아니라 자격도 갖춘 직원을 찾고 있다.

◎ 두 형용사 enthusiastic과 qualified를 연결하는 상관 접속사 not only A but also B

☑ 토익 빈출 상관 접속사

both A and B: A와 B 둘 모두	either A or B: A 또는 B 둘 중 하나
neither A nor B: A도 아니고 B도 아닌	A as well as B: B 뿐만 아니라 A도
not A but B: A가 아니라 B인	not only A but also B: A 뿐만 아니라 B도

전략 포인트 3 **부사절 접속사**

❶ 부사절 접속사의 특징

부사절 접속사는 하나의 절(주어 + 동사)을 이끌어 부사절 전체가 마치 하나의 부사처럼 주절을 수식하도록 만들어 줍니다. 부사절은 주절 앞 또는 뒤에 위치할 수 있습니다.

· **Before** you send the package, please contact Stephen.
  소포를 보내시기 전에, Stephen 씨에게 연락하세요.
  ◐ **부사절 접속사 Before가 절(주어 + 동사)을 이끌어 부사와 같은 역할을 하도록 만들어 준다.**

· Please contact Stephen <u>before you send the package</u>.
  ◐ **부사절은 주절 뒤에 위치할 수도 있다.**

❷ 부사절 접속사의 의미 구별

하나의 절(주어 + 동사)을 이끄는 부사절 접속사를 고를 때 선택지에 부사절 접속사가 두 개 이상일 경우에는 의미를 파악해 알맞은 것을 골라야 합니다. 따라서 각 부사절 접속사의 의미를 명확히 기억해 둬야 합니다

· Employees can't go on vacation [**unless** / ~~once~~] they have their manager's approval.
  직원들은 소속 부서장의 승인을 받지 않는다면 휴가를 갈 수 없다.
  ◐ **unless와 once 모두 부사절 접속사이지만, 문맥상 어울리는 것은 unless(~하지 않는다면)이다.**

☑ 토익 빈출 부사절 접속사

시간	when ~할 때 after ~한 후에 until ~할 때까지	before ~하기 전에 since ~한 이후로 once ~하자마자	as ~할 때 while ~하는 동안 as soon as ~하자마자
조건	once 일단 ~하면 as long as ~하는 한 in the event that ~하는 경우에	unless ~하지 않는다면 providing[provided] that ~라면 in case that ~하는 경우에 (대비해)	if 만약 ~한다면
양보	although / though / even if / even though 비록 ~이지만, ~일지라도 whereas / while ~한 반면에		
기타	because / since / as ~하기 때문에 so that 그래서, ~할 수 있도록	now that (이제) ~이므로 in order that ~하기 위해서	

전략 포인트 4 **부사절 접속사와 전치사의 구분**

❶ 접속사와 전치사의 차이

부사절 접속사와 전치사를 구분하는 문제가 자주 출제됩니다. 우리말로 같은 의미를 나타내더라도 전치사 뒤에는 목적어(명사/대명사/동명사구)가, 접속사 뒤에는 절(주어 + 동사)이 위치한다는 점을 기억해야 해요. 선택지에 접속사와 전치사가 섞여 있을 경우, 빈칸 뒤의 구조를 명확히 파악하세요.

· Please arrive at the venue at least one hour [before / ~~when~~] the scheduled time.

예정된 시간보다 최소 1시간 전에 행사장에 도착해주시기 바랍니다.

◐ 빈칸 뒤에 명사구가 있으므로 전치사 before를 고른다. before는 전치사와 접속사로 모두 쓰인다.

· [Although / ~~Despite~~] we had low sales last quarter, the situation will get better within a few months.

지난 분기에는 매출이 저조했지만, 상황이 몇 달 내에 더 나아질 것이다.

◐ 빈칸 뒤에 절이 있으므로 접속사 Although를 고른다.

❷ 부사절 접속사와 전치사의 구분

☑ 토익 빈출 부사절 접속사와 전치사

	접속사		전치사	
시간	before ~하기 전에 since ~한 이후로 until ~할 때까지	after ~한 후에 while ~하는 동안	during ~ 동안 after ~ 후에 until (지속) ~까지	before ~ 전에 since ~ 이후로
이유	because / since / as ~하기 때문에		due to / because of / owing to / on account of / thanks to ~ 때문에, ~로 인해	
조건	once 일단 ~하면 if 만약 ~한다면 providing[provided] that ~라면 in the event that ~하는 경우에 in case that ~하는 경우에 (대비해)	unless ~하지 않는다면 as long as ~하는 한	in case of ~의 경우에 in the event of ~인 경우에	
양보	although / though / even though / even if 비록 ~이지만, ~일지라도 whereas / while ~한 반면에		despite ~에도 불구하고 in spite of ~에도 불구하고	

❸ 접속사와 전치사로 모두 쓰이는 것들

절을 이끄는 접속사와 목적어를 취하는 전치사로 모두 쓰이는 것들이 있으므로 함께 기억해 두면 좋습니다.

before (접) ~하기 전에 (전) ~ 전에 **until** (접) ~할 때까지 (전) ~까지 **as** (접) ~할 때, ~하면서, ~이므로 (전) ~로서	**after** (접) ~한 후에 (전) ~ 후에 **since** (접) ~한 이후로, ~이므로 (전) ~ 이후로

1 명사절 접속사의 특징

명사절 접속사는 하나의 절(주어 + 동사)을 이끌어 명사의 역할을 하도록 만들어 줍니다. 주어나 목적어, 또는 보어와 같이 명사가 들어가는 자리에 명사절이 쓰이는 것입니다. 명사절 접속사의 경우, 문장 내에서 명사절 접속사의 자리를 파악해 알 맞은 것을 찾도록 묻는 문제로 주로 출제되므로 적절한 명사절 접속사를 고르기 위해서는 문장 전체를 보는 눈이 필요합니다.

· **What** we discussed earlier was all written in these minutes.

우리가 앞서 논의한 것이 이 회의록에 모두 적혀 있습니다.

◐ 명사절 접속사 What이 절(주어 + 동사)을 이끌어 문장 전체의 주어 역할을 하고 있다.

we discussed earlier

◐ 명사절만 분리해서 보면, 이 절은 타동사 discussed의 목적어가 빠진 불완전한 절이다. 이렇게 명사절 접속사 what은 불완전한 절을 이끈다.

· Please let me know **whether** you will attend this year's seminar.

올해의 세미나에 참석하실 것인지 저에게 알려주세요.

◐ 동사 know의 목적어로 whether가 이끄는 명사절이 쓰였다. 명사절 접속사 whether는 완전한 절과 함께 사용한다.

☑ 빈출 명사절 접속사

불완전한 절과 함께 사용	완전한 절과 함께 사용	
what 무엇이 ~하는지, ~하는 것 who 누가 ~하는지	that ~하는 것 where 어디서 ~하는지 why 왜 ~하는지 whether ~인지 (아닌지)	when 언제 ~하는지 how 어떻게 ~하는지 if ~인지

Kelly's Tip

▸ 명사절 접속사 what과 that은 모두 '~하는 것'이라고 해석되는 명사절 접속사입니다. 하지만, 구조적으로 명확히 구분되는 차이점이 있는데, what은 주어 또는 동사의 목적어 등이 빠진 불완전한 절을 이끌고, that은 완전한 절을 이끈다는 점입니다.

● 다음 문제를 스스로 풀어본 후, 해설을 확인하여 풀이 요령을 완전히 익히세요.

1 One of our customer service representatives received the files ------- the customer this morning.

(A) to
(B) nearby
(C) from
(D) yet

Kelly's Tip
빈칸 뒤에 위치한 명사구를 목적어로 취할 수 있으면서 의미가 적절한 것을 찾아야 합니다.

2 Please visit our Web site ------- receive a 50% discount coupon for your next purchase.

(A) and
(B) although
(C) now that
(D) also

Kelly's Tip
빈칸 앞뒤에 각각 동사 visit과 receive가 이끄는 두 개의 명령문이 나열되어 있으므로 이 둘을 연결할 수 있는 것을 찾아보세요.

CHAPTER 04

3 Some facilities will be closed to all employees ------- the new programs are being updated.

(A) before
(B) during
(C) while
(D) unless

Kelly's Tip
선택지에 접속사와 전치사가 섞여 있는 경우, 빈칸 뒤 부분의 구조를 확인해 빈칸의 역할부터 파악해야 합니다.

4 ------- the company is able to release more new products depends on this year's sales.

(A) Despite
(B) Whether
(C) What
(D) Since

Kelly's Tip
빈칸 뒤에 「주어 + 동사」로 이루어진 절이 이어지므로 빈칸은 접속사가 들어가야 할 자리임을 알 수 있습니다. 또한 빈칸을 포함한 절이 문장의 동사 depends의 주어가 되어야 하므로 빈칸에는 명사절 접속사가 와야 합니다. 더불어 빈칸 다음의 절이 완전한 절이라는 것을 파악하면 정답을 고를 수 있습니다.

정답 및 해설 p. 262

UNIT 23 어휘 문제 II

Part 6에서 가장 많이 출제되면서 어려운 것이 바로 어휘 문제입니다. 앞선 Chapter에서 살펴본 바와 같이, 단순히 빈칸이 속한 문장만 보는 것이 아니라 앞뒤 문장들의 의미 관계를 파악해 그 흐름에 맞는 어휘를 찾아야 합니다. 다양한 지문 논리 구조에 익숙해져 있으면 주장과 예시, 원인과 결과 등의 흐름을 더욱 쉽게 파악할 수 있으므로 추가 학습을 통해 그 흐름을 읽는 연습을 한 번 더 해 보겠습니다.

전략 포인트 1 빈칸 앞뒤 의미 관계로 어휘 찾기

Part 6 어휘 문제 중 자주 나오는 빈칸 앞뒤에서 단서를 찾아야 하는 유형입니다.

Example 1

Dear Mr. Fabien,

I am writing to provide feedback on behalf of Mayfield.com. Since we implemented Barclay Company's Training Assistance System, employees have been very ------- with the training. Because
1
Barclay Company's Training Assistance System allows employees to take online training courses, all employees are able to complete the course at their preferred time. Also, employees mention that it takes ------- time than traditional training. We look forward to continuing our partnership in the
2
future.

Chen
Founder and CEO, Mayfield.com

---

1 (A) disappointed   (B) satisfied
   (C) confused   (D) doubtful

각 선택지가 사람의 의견이나 감정 등을 나타내는 형용사들인데, 빈칸이 문장의 주어 employees에 대한 보어 자리이므로 직원들의 의견이나 감정과 관련된 것을 찾아야 한다. 바로 다음 문장에 직원들이 온라인으로 원하는 시간에 수업을 이수할 수 있다는 장점이 쓰여 있는데, 이는 직원 만족이라는 긍정적인 반응으로 이어질 수 있는 요소이므로 '만족한'을 뜻하는 (B) satisfied가 정답이다.

2 (A) more   (B) less
   (C) frequent   (D) relevant

동사 takes의 목적어인 time을 수식해 소요 시간을 나타낼 형용사가 빈칸에 필요하다. 기존 교육(traditional training)과의 비교를 나타내는 의미가 되어야 하는데, 온라인 수강이라는 방법을 통해 선호하는 시간대에 수업을 이수할 수 있다는 장점과 연계되어야 자연스러우므로 '시간이 덜 소요된다'는 의미가 되어야 알맞다. 따라서 '더 적은, 덜한' 등을 뜻하는 (B) less가 정답이다.

Example 2

Attention patrons: we have finalized our plans to enlarge Wolfcreek Pizza by renting the ------- 1 commercial space next door to our Newberry Street location. By doing so, we will greatly increase the dining area available to our customers. The ------- 2 will also allow us to add an arcade, which will include a pool table and various video games. With our improved restaurant, we can continue providing our customers with high-quality service and food.

1 (A) hectic   (B) constant
  (C) thick   (D) vacant

동명사 renting의 목적어로서 임대 대상이 되는 상업용 공간을 의미하는 commercial space를 수식해 그 특성을 나타낼 형용사가 필요하므로 '비어 있는'을 뜻하는 (D) vacant가 정답이다.

2 (A) rejection   (B) expansion
  (C) supervision   (D) suspension

빈칸 앞에 위치한 정관사 The는 앞서 언급된 특정한 것을 가리킬 때 사용한다. 앞선 문장에 확장(enlarge) 계획이 확정된 사실과 식사 공간이 늘어나게 된다는 점을 언급하고 있다. 이러한 일을 정관사 The와 함께 하나로 지칭할 수 있는 명사가 필요하므로 '확대, 확장'을 뜻하는 (B) expansion이 정답이다.

CHAPTER 04

해석

Example 1

Fabien 씨께,

저는 Mayfield.com을 대표해 의견을 드리고자 편지를 씁니다. 저희가 Barclay Company의 교육 지원 시스템을 시행한 이후로, 직원들이 교육에 매우 만족해 왔습니다. Barclay Company의 교육 지원 시스템은 직원들이 온라인 교육 강좌들을 수강할 수 있게 해 주기 때문에, 모든 직원들이 각자 선호하는 시간대에 강좌를 이수할 수 있습니다. 또한, 직원들은 기존의 교육보다 시간이 덜 소요된다고 말합니다. 저희는 앞으로도 제휴 관계를 지속할 수 있기를 고대합니다.

Chen
창업주 겸 대표이사, Mayfield.com

Example 2

고객 여러분께 알립니다. 저희 Newberry Street 지점 옆에 위치한 빈 상업용 공간을 임대하는 것으로 저희 Wolfcreek Pizza를 확장하는 계획을 최종 확정했습니다. 이렇게 함으로써, 고객들께서 이용하실 수 있는 식사 공간을 크게 늘리게 될 것입니다. 이 확장으로 인해 저희가 게임 공간도 추가할 수 있게 될 것이며, 여기에는 당구대와 다양한 비디오 게임이 포함될 것입니다. 개선된 저희 레스토랑과 함께, 고객 여러분께 고품질의 서비스와 음식을 계속 제공해 드릴 수 있습니다.

 정답 및 해설 p.263

● 다음 문제를 스스로 풀어본 후, 해설을 확인하여 풀이 요령을 완전히 익히세요.

Questions 1-4 refer to the following information.

Seoul Airlines Frequently Asked Questions (FAQs)

How can I confirm that my flight was booked correctly?

Your flight details will be sent to the e-mail address you provided. However, if the confirmation e-mail has not been received, for whatever reason, please ------- your credit card billing statement. If there are no
1
charges under Seoul Airlines, it is likely that your booking was not -------.
2

-------. We will make sure to follow up on your request. Calls to this number are toll-free from any landline.
3
However, please note that charges may be ------- to calls made from mobile phones.
4

---

1 (A) take off   (B) refer to
   (C) turn down   (D) comply with

2 (A) limited   (B) validated
   (C) anticipated   (D) expressed

3 (A) Consequently, the reservation confirmation number was written on the invoice.
   (B) Then, click the next button to confirm your seat selection.
   (C) If so, please submit the renewal application form with your credit card number.
   (D) In this case, try to call our customer service at 707-1123.

4 (A) application   (B) apply
   (C) applying   (D) applicable

어휘 문제

반드시 빈칸 앞뒤 부분의 내용을 파악해 적절한 의미 관계를 나타낼 수 있는 동사 표현을 찾아야 합니다. 빈칸 앞에 위치한 if절에 이메일 확인서를 받지 못한 경우가 언급되어 있으므로 그와 관련해 신용카드 청구 내역서를 대상으로 할 수 있는 일을 나타낼 동사 표현을 찾아야 합니다.

어휘 문제

not과 함께 예약과 관련된 일을 나타낼 과거분사를 찾아야 하는데, 앞에 위치한 If절에 청구 금액이 없는 경우가 쓰여 있으므로 그로 인해 예약에 미치는 영향과 관련된 어휘를 찾아야 합니다.

문장 삽입 문제

문장 삽입 문제는 앞뒤 문장들의 의미를 파악해 그 흐름에 어울리는 문장을 찾아야 합니다. 특히 각 선택지의 문장들이 연결어로 시작되고 있으므로 앞 문장과의 의미 관계를 파악하는 데 집중해야 합니다.

문법 문제

be동사 뒤에 빈칸이 있으므로 be동사와 어울릴 수 있는 것을 찾아야 하는데, 이때 주어와의 의미 관계도 함께 고려해야 합니다.

Questions 5-8 refer to the following article.

School Uniform Grant Approved

(Brighton – May 11) Parents looking for help in paying for new school uniforms ------- being urged to apply for a new grant that government officials recently voted to approve. The ------- of the vote was that

₅

₆

parents of students should be provided with assistance when purchasing school uniforms. Students who currently receive free school meals are among those ------- for a $120 grant for new clothing and sports

₇

equipment.

"We want all students to have access to the same things, regardless of their family's financial circumstances," said Brighton's mayor, Sam Kaniki. -------.

₈

---

5 (A) is (B) have
   (C) are (D) was

6 (A) decision (B) procedure
   (C) purchase (D) exception

7 (A) responsible (B) dedicated
   (C) advisable (D) eligible

8 (A) The council has come under scrutiny for the worsening condition of school buildings.
   (B) Many schools in Brighton have reported a decline in graduation rates.
   (C) The new initiative has been praised by local community groups.
   (D) Students who wish to enroll in the course should apply online.

문법 문제

빈칸 뒤에 위치한 being urged와 어울려야 하므로 be 동사가 필요한데, 주어와의 수 일치 및 시제를 고려해 알맞은 것을 찾아야 합니다.

어휘 문제

빈칸 뒤에 위치한 전치사구 of the vote의 수식을 받을 수 있는 명사가 필요하므로 이 전치사구와 의미가 어울리는 것을 찾아야 합니다.

어휘 문제

각 선택지가 모두 형용사인데, 빈칸 뒤에 위치한 전치사 for와 어울릴 수 있으면서 문장의 의미에 맞는 것을 골라야 합니다.

문장 삽입 문제

문장 삽입 문제는 앞뒤 문장들의 의미를 파악해 그 흐름에 이울리는 문장을 찾아야 합니다. 지문 맨 마지막에 빈칸이 위치해 있으므로 지문 전체의 핵심 내용과 관련해 마무리하는 문장으로 적절한 것을 골라야 합니다.

정답 및 해설 p. 263

Part 7

UNIT 24 이중지문

토익 Part 7에서 대부분의 학생들이 엄청나게 많은 시간을 소비하는 이중지문! 총 2세트(10문제)가 출제되는 이중지문은 두 개로 구성된 한 세트의 지문을 읽고 5개의 문제를 풀게 되어 있습니다. Part 7은 보통 문제당 1분의 소요 시간이 예상되는데, 5분 안에 지문 2개를 읽고, 5개 문제의 정답을 찾아낸다는 게 정말 쉬운 일은 아니죠. 하지만, 이 난해한 이중지문에도 일종의 출제 패턴이라는 것이 존재합니다!

전략 포인트 1 | 이중지문 유형 접근법

1 이중지문의 대표적 지문 조합

지난 10년간 토익 Part 7 이중지문의 지문 유형 구성을 분석한 결과, 가장 출제 빈도가 높은 지문 조합은 다음과 같습니다. 특이한 점은 첫 번째 지문과 연계되는 두 번째 지문으로 이메일이 압도적으로 많이 나오는데, 이는 현대 비즈니스 통신 수단 중에 이메일이 가장 중요한 역할을 하고 있기 때문입니다.

① 이메일(e-mail) & 이메일(e-mail)
② 광고(advertisement) & 이메일(e-mail)
③ 기사(article) & 이메일(e-mail)
④ 편지(letter) & 이메일(e-mail)

2 이중지문과 문제 배분

첫 번째 문제와 두 번째 문제	지문1에서만 출제되는 문제들. 지문1만 읽고 이 두 문제를 풀 수 있다.
세 번째 문제나 네 번째 문제	세 번째와 네 번째 문제 중 최소 한 문제 정도는 연계 문제로 출제된다. 정답 힌트가 두 지문에 각각 주어져 있다.
네 번째 문제와 다섯 번째 문제	지문2에서만 출제되는 문제들. 지문2만 읽어도 이 두 문제를 풀 수 있다.

3 이중지문 문제 풀이 전략

토익 독해는 시간과의 싸움이기 때문에 가급적 쉬운 문제, 시간이 많이 걸리지 않는 문제부터 처리한 뒤에 남은 문제들을 푸는 것이 유리합니다. 따라서 읽어야 할 양이 특히 많은 이중지문의 경우, 문제 풀이의 우선 순위를 정해 놓고 풀어나가는 방식을 몸에 익혀 두는 것이 좋습니다.

① 질문에 언급되는 고유 명사 또는 the first e-mail 등과 같은 키워드를 통해 어느 지문을 먼저 읽어야 할지 결정해야 낭비되는 시간을 줄일 수 있습니다.

② 주제/목적, 세부 사항, 동의어 문제부터 푸는 것이 좋습니다.

· What's the purpose ~?, Why did/does ~?, What ~?, When ~?, Who ~? 등의 질문 유형은 단서를 찾기가 상대적으로 수월하므로 먼저 풀어봅니다.

③ 단순한 정보를 요구하는 문제는 소거법을 적용해 푸는 것이 유리합니다.

· 선택지가 같은 종류의 명사 또는 숫자, 날짜, 고유 명사 등 단순 정보로 구성되는 문제는 지문상의 단서와 선택지를 하나씩 대조해 오답부터 소거하는 방식으로 푸는 것이 좋습니다.

❹ 많은 정보를 필요로 하면서 심하게 Paraphrasing(다른 말로 바꿔 표현하는 것)되는 사실 확인 문제와 유추 문제는 나중에 푸는 것이 좋습니다.

- 질문에 mentioned, indicated, stated, required, expected 등이 포함될 경우, 주로 세부 사항을 묻는 문제이지만, 복잡하게 Paraphrasing되어 있거나, 유추 과정을 거쳐야 할 가능성이 높으므로 나중에 푸는 것이 좋습니다.

- 질문에 true/NOT true가 있다면 지문에서 여러 단서를 찾아 대조해야 하는 사실 확인 유형인데, 시간이 많이 소요되므로 나중으로 미룹니다. 특히 NOT 유형은 고득점자들도 어려워하는 유형이므로 가급적 나중에 푸는 것이 좋습니다.

- 질문에 suggested[suggest], implied[imply], inferred[infer] 등이 포함되는 경우, 지문의 단서를 기반으로 특정 결론에 도달해야 하는 유추[추론] 유형일 가능성이 높습니다. 이런 유형도 시간이 많이 소요될 수 있으므로 나중에 푸는 것이 좋습니다.

❺ 이중지문의 연계 문제 또한 많은 정보를 확인해야 하므로 나중에 처리합니다. 이중지문 유형에서 연계 문제를 미리 추려내는 요령은 다음과 같습니다.

- 질문에 suggested[suggest], implied[imply], inferred[infer], most likely 등이 들어가는 유추 유형은 두 지문 연계 문제일 가능성이 높습니다.

- 질문의 키워드를 지문에서 바로 찾을 수 없다면 다른 지문까지 읽어야 하는 연계 문제일 가능성이 높으므로 다른 문제부터 풉니다.

- 선택지가 같은 종류의 명사, 숫자, 날짜, 고유 명사 등으로 구성되면 두 지문을 모두 참조해야 하는 연계 문제일 가능성이 높습니다.

Example　**Questions 1-5** refer to the following memo and e-mail.

❶ To: Department Staff

From: Larry Gambon, Department Supervisor

Date: January 21

Re: Painting work

Hi colleagues,

❷ As you know, our department will be painted on Wednesday, January 27, from 1 P.M. to 4 P.M. This work will be fairly disruptive to our entire team. When the Sales, Marketing, and Customer Service Departments were painted last week, a lot of employees complained about the noise as well as the fumes from the paint.

❸ Therefore, I have obtained permission from head office for all of us to take the afternoon off during the painting work. Please make sure that you finish any urgent tasks by noon on that day and then vacate our department so that the painters can enter and get prepared. You can return to work as normal the following morning. I know many of you are working on our company's budget for next year. Make sure that you do not leave any information lying around. It should be locked securely in a file cabinet. If you have any questions and I'm not around, please send me a brief e-mail.

Thanks,

Larry Gambon

❶ 발신자와 수신자의 관계, 날짜, 제목을 꼭 확인해 둔다.

❷ 주제에 해당되는 내용이다. 뒤이어 해당 페인트 작업과 관련된 부가 정보가 제시되는 흐름이다.

❸ 페인트 작업을 진행하는 데 있어 알아 두어야 하는 주의 사항들을 설명하고 있다.

❹ To: lgambon@baracaeng.com

From: loxley@baracaeng.com

Subject: Staff payroll

Date: January 22

Dear Mr. Gambon,

❺ I received the memo you circulated around the department yesterday, and it just occurred to me that the plan you suggested may cause a problem. As you know, the day of the painting is the day that I should be processing the employee payroll. Normally,

❹ 시점, 인물 관계, 특정 상황 등 첫 지문에 제시된 것과의 관련성을 확인한다.

❺ 문제점을 언급하고 있으므로 무엇이 문제인지 파악해야 한다. 페인트 작업을 언급하고 있으므로 첫 지문에 제시된 정보와의 관련성을 반드시 확인해야 한다.

I receive all of the information I need in the afternoon, and then calculate staff pay between 2 and 5 P.M. You suggested that I do it a day late, ⑥ **but I'm sure a lot of our workers will be disappointed, so would it be okay to do it a day earlier instead?** If so, I'll need you to ask the other department managers to send me the necessary data early as well. Also, I just wanted to remind you that ⑦ **I'll also be away from the office tomorrow afternoon as I'll be attending my nephew's wedding reception.**

Thanks,
Lucy Oxley

⑥ 문제점 해결 방안을 제안하고 있으므로 중요한 정보임을 알 수 있다.

⑦ 일정 등과 관련된 사항도 눈여겨 봐둬야 한다.

1 What is the **purpose** of the memo?
(A) To seek ideas for the decorating of a workspace
(B) To request that employees make less noise
(C) To instruct staff to take some time off
(D) To inform employees about an upcoming expansion

회람인 첫 번째 지문의 목적을 묻고 있으므로 첫 지문에만 집중해 그것을 보내는 목적을 찾아야 합니다.

2 In **what department** does **Mr. Gambon** most likely **work**?
(A) Customer Service
(B) Sales
(C) Marketing
(D) Accounting

Gambon 씨의 이름이 어느 지문에 등장하는지 먼저 확인한 다음, 특정 업무나 서비스, 제품의 특징과 관련된 정보를 통해 근무 부서를 유추해야 합니다.

3 What date does **Ms. Oxley** wish to **reschedule her task** for?
(A) January 26
(B) January 27
(C) January 28
(D) January 29

키워드를 통해 단서의 위치를 파악하는 것이 관건입니다. Oxley 씨의 이름이 등장하는 지문에서 업무 일정 재조정 관련 정보가 제시될 것임을 염두에 두고 지문을 읽어야 합니다.

4 Why does **Ms. Oxley** want to **reschedule a task**?
(A) She does not want to upset employees.
(B) She has a particularly heavy workload.
(C) She does not have access to some information.
(D) She has another appointment in her schedule.

마찬가지로, 키워드를 통해 Oxley 씨가 업무 일정을 재조정하는 이유가 제시된다는 것을 미리 알고 지문을 읽어야 합니다.

5 What is **Ms. Oxley** planning to **do on January 23**?
(A) Assign tasks to staff
(B) Attend a family event
(C) Calculate staff wages
(D) Meet with Mr. Gambon

특정 날짜가 키워드로 제시되어 있으므로 해당 시점을 찾는 데 우선 집중해야 합니다. 하지만 종종 작성 날짜와의 관계를 통해 그 시점을 알 수 있는 경우도 있으므로 주의해야 합니다.

정답 및 해설 p. 265

● 다음 문제를 스스로 풀어본 후, 해설을 확인하여 풀이 요령을 완전히 익히세요.

Questions 1-5 refer to the following e-mails.

To: staff@tamastech.com
From: pchieu@tamastech.com
Subject: Software updates
Date: March 19

Dear colleagues,

I would like to inform you that a new computer software update will be installed on all company computers next week. Any and all computers linked with the main network will be subject to the software update. There is a slight possibility of the installation having an adverse effect on existing programs used by the Accounting, Human Resources, and IT Departments.

As such, you should make sure to back up your important computer files. In addition, all computers that receive the software update must be restarted when the installation is complete. Please be aware that this update may cause loss of data on the programs that require all computers on our system to run continuously. Each of our four branches will receive the update on different days next week. The Renfrew branch will be the first, receiving it on Monday, March 26. Winslow will get it on Tuesday, with Anneville and Leyton getting it on Wednesday and Thursday, respectively. Please put the appropriate date in your diary, everyone.

Peter Chieu
President
Tamastech Inc.

To: patrickpaul@tamastech.com
From: kremes@tamastech.com
Subject: Vendors' payments
Date: March 20

Hi Mr. Paul,

I need to let you know that there might be a problem with issuing the payments to our vendors next week. Normally, I arrange this process to take place every Wednesday. However, according to Mr. Chieu's e-mail sent yesterday, I might have some problems as our branch is receiving some major

---

computer updates on that day. Unfortunately, I'm not in the office on Tuesday next week, so I won't be able to send the payments a day early. This is a concern as the contract we have vendors sign explicitly guarantees that they will be paid every Wednesday, with no exceptions. Would you mind getting in touch with each of them to check whether they would be willing to accept next week's payment one day late? Please also assure them that it will not happen again in the future.

Kay Remes

1 What is the purpose of the first e-mail?

(A) To apologize for a computer error
(B) To recommend some software
(C) To give advice on a production process
(D) To announce an installation

첫 번째 이메일의 목적을 묻는 문제이므로 첫 번째 지문의 초반부에만 집중해 단서를 찾습니다.

2 What does Mr. Chieu advise employees to do?

(A) Turn off equipment after use
(B) Attend a company-wide meeting
(C) Save important data
(D) Replace faulty computers

Chieu 씨가 직원들에게 권하는 일을 묻는 문제이므로 Chieu 씨가 발신인으로 표기된 첫 지문에서 권고 사항이나 당부 사항을 언급하는 부분을 찾습니다.

3 Which branch does Ms. Remes most likely work at?

(A) Renfrew
(B) Winslow
(C) Anneville
(D) Leyton

Remes 씨의 근무지를 묻는 문제입니다. Remes 씨는 두 번째 지문의 발신인으로 표기되어 있는데, 각 선택지의 지명은 첫 지문 두 번째 단락에 나타나 있습니다. 따라서 두 지문에서 해당 지역들과 관련해 공통적으로 제시되는 정보가 무엇인지 찾아야 합니다.

4 What is Ms. Remes concerned about?

(A) Losing computer data
(B) Finishing a project on time
(C) Purchasing some equipment
(D) Breaking contract terms

Remes 씨가 우려하는 일을 묻는 문제이므로 Remes 씨가 발신인인 두 번째 지문에서 concerned와 유사한 표현이 제시되는 부분을 찾도록 합니다.

5 What does Ms. Remes ask Mr. Paul to do?

(A) Contact some vendors
(B) Speak with Mr. Chieu
(C) Authorize a payment
(D) Postpone computer maintenance

Remes 씨가 요청하는 일을 묻는 문제이므로 Remes 씨가 발신인인 두 번째 지문에서 요청 표현과 함께 제시되는 정보를 확인합니다.

정답 및 해설 p. 266

Chapter

5

UNIT 25 상황별 사진 | 평서문

이번 챕터에서는 Part 1에서 가장 자주 출제되는 사진들을 상황별로 살펴보면서 그동안 배운 전략들을 복습해 봅시다. 자주 나오는 사진들을 알아 두고 풀이 방식을 연습해 두면 정답을 예측하는 감이 좋아집니다. 그리고 Part 2에서 가장 난이도가 높은 평서문 문제도 함께 연습해 보겠습니다.

Part 1 실내 사진

✓ 실내 사진별로 다음과 같은 상황이 가장 자주 출제됩니다.

	등장 인물 O	등장 인물 X
사무실	컴퓨터나 복사기 등을 사용하는 사람, 회의/발표하는 사람 책상 앞에 앉아서 작업/통화하는 사람, 서류나 신문 읽는 사람	사무실 내부 배치 사무용품
상점	제품을 고르는 사람, 카트를 이용해 쇼핑하는 사람, 계산대에서 구매하는 사람	제품 진열 상태
식당	손님에게 자리 안내하는 종업원, 주문하는 손님, 주문 받는 종업원, 식사하는 손님, 테이블을 치우는 종업원	식당 내부 사물 배치

Example   ◁)) Unit 25_1 mp3

(A) A woman is filing some documents.
(B) A machine is being used.
(C) A woman is holding a pen.
(D) A woman is reviewing a report.

(A) 한 여자가 서류를 철하여 정리하고 있다.
(B) 한 기계가 사용되는 중이다.
(C) 한 여자가 펜을 들고 있다.
(D) 한 여자가 보고서를 검토하고 있다.

해설
(A) 서류를 정리하는 모습이 아니므로 오답.
(B) 여자에 의해 기계가 사용되는 모습에 초점을 맞춰 묘사한 정답.
(C) 손에 펜을 들고 있지 않으므로 오답.
(D) 문서가 보고서인지 알 수 없으며, 검토하는 모습도 아니므로 오답.

Possible Answers

◦ A woman is making a copy.   한 여자가 복사하는 중이다.
◦ A woman is pressing a button.   한 여자가 버튼을 누르고 있다.
◦ A woman is standing by the copy machine. 한 여자가 복사기 옆에 서 있다.

 Kelly's Tip

▸ 현재진행 수동태(is/are + being + p.p.)는 단번에 알아듣기가 힘들기 때문에 듣기 연습을 많이 해서 귀에 충분히 익혀 두어야 합니다.
▸ 실내 사진에서 자주 나오는 장소와 상황에 맞는 다양한 표현을 정리해 두는 것이 좋습니다.

✓ 실외 사진별로 다음과 같은 상황이 가장 자주 출제됩니다.

	등장 인물 O	등장 인물 X
교통편	공항에서 대기하는 여행객 버스에 탑승하려는 사람 기차역 대합실의 사람들	비행기 활주로 배가 정박되어 있는 항구 기차역 전경
풍경	길을 걷는 사람들 거리에서 공연하는 사람들	분수대가 있는 공원 해변이나 강가 호수, 언덕, 다리, 도로

Example　　　　　　　　　　　　　　　　　　　◁)) Unit 25_2 mp3

(A) Passengers are boarding the plane.
(B) Stairs have been rolled up to the plane.
(C) Some airplanes are on the ground.
(D) Some people are sitting in a waiting area.

(A) 승객들이 비행기에 탑승하고 있다.
(B) 탑승 계단이 비행기로 접혀 들어가 있다.
(C) 몇몇 비행기들이 지상에 있다.
(D) 몇몇 사람들이 대기실에 앉아 있다.

해설
(A) 사진 속에 나타나 있지 않은 승객들을 언급하고 있으므로 오답.
(B) 탑승 계단의 상태를 확인할 수 없으므로 오답.
(C) 지상에 멈춰서 있는 비행기들의 상태에 초점을 맞춰 묘사한 정답.
(D) 사진 속에 나타나 있지 않은 대기실을 언급하고 있으므로 오답.

Possible Answers

- The buildings overlook a runway.　　　　건물들이 활주로를 내려다보고 있다.
- Some airplanes are parked near the gates.　몇몇 비행기들이 탑승구 근처에 세워져 있다.
- One of the planes has taken off.　　　　비행기들 중 한 대가 이륙했다.

Kelly's Tip

▸ 사람이 없는 배경 사진은 난이도가 높습니다. 어렵거나 생소한 어휘들이 주로 이 유형의 문제에서 출제됩니다.
▸ 사람과 배경을 동시에 보며 풀어야 하는 문제의 경우 사람의 동작보다 주변 사물 묘사가 정답이 되는 확률이 높습니다.

CHAPTER 05

점수UP! 포인트

다음은 실내 사진/실외 사진에서 가장 자주 나오는 장면을 출제 빈도순으로 분류해 정리한 표현들입니다. 여러 차례 소리 내어 읽으며 완벽하게 암기하도록 하세요.

실내 사진/실외 사진 최빈출 표현

◁)) Unit 25_3 mp3

사무실 사진

- □ working at a computer 컴퓨터에서 작업하고 있다
- □ using a photocopier 복사기를 사용하고 있다
- □ typing on a keyboard 키보드로 타자를 치고 있다
- □ making a phone call 전화하고 있다
- □ taking some notes 필기하고 있다
- □ facing some computer monitors
  컴퓨터 모니터를 향해 있다
- □ looking at the monitor 모니터를 응시하고 있다
- □ giving a presentation 발표하고 있다
- □ reviewing a document 서류를 검토하고 있다
- □ be arranged in a row 일렬로 정렬되어 있다
- □ be left open 열려 있다
- □ be scattered on a desk 책상 위에 흩어져 있다
- □ be set up next to each other 서로 나란히 설치되어 있다
- □ be filled with folders 폴더들로 가득 차 있다

매장 사진

- □ examining some clothing 일부 의류를 살펴보고 있다
- □ reaching for an item 물건을 향해 손을 뻗고 있다
- □ pushing a cart 카트를 밀고 있다
- □ trying on a hat 모자를 써 보고 있다
- □ handing a credit card 신용카드를 건네고 있다
- □ paying at a cash register 계산대에서 지불하고 있다
- □ looking into a glass case[display case]
  진열대 안을 들여다보고 있다
- □ waiting in a line 한 줄로 서서 대기 중이다
- □ making a purchase 구매하고 있다
- □ sweeping a floor 바닥을 쓸고 있다
- □ be arranged on shelves 선반에 진열되어 있다
- □ be on display 진열되어 있다(= be displayed)
- □ hanging on racks 옷걸이에 걸려 있다
- □ be stacked on top of each other 차곡차곡 쌓여 있다

교통 관련 사진

- □ boarding a train 기차에 탑승하고 있다
- □ crossing a street 길을 건너고 있다
- □ exiting a vehicle 차량에서 내리고 있다
- □ lining up to board a bus
  버스에 탑승하기 위해 줄을 서 있다
- □ be stopped at the station 역에 멈춰 서 있다
- □ be docked in a harbor 항구에 정박되어 있다
- □ be being repaired 수리되고 있다
- □ be being loaded onto a truck 트럭에 실리고 있다
- □ be parked near a curb 연석 근처에 주차되어 있다

야외 사진

- □ playing outdoors 야외에서 공연하고 있다
- □ surrounding a monument 기념비를 둘러싸고 있다
- □ lining a walkway 보도에 줄지어 있다
- □ be located near the river 강 근처에 위치해 있다
- □ along the street 길을 따라서
- □ lead to the fountain 분수대로 이어져 있다
- □ both sides of a street 길 양쪽에
- □ be arranged on a beach 해변에 정렬되어 있다
- □ cross over a waterway 물 위를 가로지르다

● 음원을 듣고 정답을 고른 후, 빈칸에 들어갈 말을 받아써 보세요.　　　◁》)Unit 25_4 mp3

1

(A) One of the men is _____ on a wall.
(B) The cars are parked _____.
(C) There are bicycles _____.
(D) One of the men is _____.

2

(A) Some _____ is on the desk.
(B) A lab assistant _____ some liquid.
(C) One of the drawers _____.
(D) A _____ is being used.

3

(A) Some bread _____ for sale.
(B) The items are being placed _____.
(C) Some customers _____ to make a purchase.
(D) One of the baskets is _____.

📋 정답 및 해설 p. 268

✓ Part 2에서 가장 난이도가 높은 유형입니다.

✓ 평서문은 궁금한 것을 물으며 답변을 구하는 의문문과 달리 반응을 예측하기 쉽지 않고, 매우 다양한 상황이 언급되며 그에 대한 답변 또한 다양하므로 오답을 소거하는 방식으로 정답을 찾도록 합니다.

✓ 하지만 평서문 문제에도 빈출 유형이 있는데, [문제점 언급 → 해결책 제시], [바람/의견/감정 표현 → 격려/공감 표시], [일정/사실 전달 → 의견 제시], [부탁/제안 → 수락/거절] 등으로 평서문과 답변이 구성되는 것입니다.

1 문제점 언급 → 해결책 제시

Example

Q The copy machine is out of order again.

(A) Cream and sugar, please.

(B) There's another one on the second floor.

(C) David is still out of town.

복사기가 또 고장 났어요.

(A) 크림과 설탕으로 부탁합니다.

(B) 2층에 한 대 더 있어요.

(C) David 씨는 여전히 다른 지역에 있어요.

해설

기계의 문제점(out of order)을 알리고 있으므로 해결책을 제시하는 답변이 정답일 가능성이 높다.

(A) copy와 발음이 비슷한 coffee와 관련된 단어들을 배치한 함정이므로 오답.

(B) copy machine을 대명사 one으로 지칭해 다른 곳에 있는 복사기를 사용하면 된다는 말로 해결책을 알리는 정답.

(C) out of가 반복 사용된 답변으로, 복사기의 상태와 관련 없는 오답.

Possible Answers

· Call Technical Support.

· Do you mean the one in the left corner?

· I'll take a look right away.

기술지원부서에 연락해 보세요. ▶ 해결책 제시 답변

왼쪽 구석에 있는 것 말씀이신가요? ▶ 되묻기 답변

지금 바로 한 번 살펴볼게요. ▶ 조치 방법 제시 답변

Kelly's Tip

▸ 동일 발음이나 비슷한 발음을 이용한 함정에 유의한다.

Q. The copy machine is out of order again.

A. I ordered more paper. (X)

PRACTICE ◁)) Unit 25_6 mp3 📋 정답 및 해설 p.269

4 I can't seem to _____

_____ .

(A) _____ ?

(B) We are scheduled to attend the seminar.

(C) Sorry, _____ .

5 I didn't _____

for this book.

(A) I will _____ .

(B) She is _____ .

(C) You need a receipt when you return.

2 바람/의견/감정 표현 → 격려/공감 표시

Example

🔊 Unit 25_7 mp3

Q I think Mr. Kim's presentation was very informative.
(A) In Conference Room B.
(B) Yes, it was very good.
(C) We should give a presentation.

Kim 씨의 발표가 매우 유익했던 것 같아요.
(A) B 회의실요.
(B) 네, 아주 좋았어요.
(C) 우리가 발표해야 해요.

해설
Kim 씨의 발표가 매우 유익했다는 의견을 제시하는 평서문이므로 그 의견에 공감하는 답변이 정답일 가능성이 높다.
(A) 의견을 제시하는 평서문에 대해 장소를 알리고 있으므로 어울리지 않는 오답.
(B) 발표가 유익했다는 의견에 대해 공감을 뜻하는 Yes와 함께 유사한 의견을 제시하는 정답.
(C) presentation을 반복한 답변으로, 상대방의 의견에 대한 반응으로 맞지 않는 오답.

Possible Answers

· Yes, I learned a lot from him.
· Well, he's an expert in his field.
· Was this your first time to attend his presentation?

네, 저도 그분에게서 많이 배웠어요. ▸ 공감하는 답변
음, 그분은 자신의 분야에서 전문가이십니다. ▸ 공감하는 답변
이번이 그분 발표에 처음 참석하신 건가요? ▸ 되묻기 답변

Kelly's Tip

▸ 동일 발음이나 비슷한 발음을 이용한 함정에 유의한다.
Q. I think Mr. Kim's presentation was very informative.
A. The most important information. (X)

CHAPTER 05

PRACTICE 🔊 Unit 25_8 mp3

📋 정답 및 해설 p.270

6 We have to _____
until June 30.
(A) OK, _____
for that date.
(B) I know _____.
(C) For three hours.

7 I was very _____
_____ yesterday.
(A) Through express mail.
(B) Yes, _____.
(C) You need to _____.

3 일정/사실 전달 → 의견 제시

Q The company relocation is scheduled for next Friday.

(A) The next destination is Chicago.

(B) I can't wait to work at the new office.

(C) The relocation plan.

회사 위치 이전이 다음주 금요일로 예정되어 있습니다.

(A) 다음 목적지는 시카고입니다.

(B) 빨리 새 사무실에서 근무하고 싶네요.

(C) 위치 이전 계획이요.

해설

회사의 위치 이전 일정을 알리는 평서문이므로 위치 이전과 관련된 의견을 제시하는 답변이 정답일 가능성이 높다.

(A) relocation과 일부 발음이 유사한 destination을 활용한 답변으로, 이동 또는 여행 중에 할 수 있는 말이므로 오답.

(B) 위치 이전 후의 새 사무실에서 근무하는 것에 대한 기대감을 표현한 정답.

(C) relocation을 반복한 답변으로, 위치 이전 일정을 들은 사람이 할 수 있는 말로 맞지 않으므로 오답.

Possible Answers

· I read the notice on the bulletin board.

· I heard we are moving to Santa Maria.

· I was not aware of that.

· We should back up important files before then, right?

· Wasn't it next month?

게시판에서 공지를 읽었어요. ▸ 사실을 의미 알고 있음을 말하는 답변

우리가 산타마리아로 이전한다고 들었어요. ▸ 추가 정보를 언급하는 답변

그런 줄은 몰랐어요. ▸ 처음 듣는 소식임을 알리는 답변

그 전에 중요 파일들을 백업해야 하는 것이 맞죠?

     ▸ 위치 이전 관련하여 할 일을 확인하는 답변

그게 다음달 아니었나요? ▸ 일정 확인을 위해 되묻는 답변

Kelly's Tip

▸ 비슷한 발음이 포함된 답변이나 Yes/No 다음에 문맥상 틀린 답변을 오답으로 소거한다.

The relocation plan. 위치 이전 계획이요.

▸ 논리적으로 맞지 않는 답변은 소거한다.

The next destination is Chicago. 다음 목적지는 시카고입니다.

     ◁)) Unit 25_10 mp3   📋 정답 및 해설 p.270

8 The _____ is on next Tuesday.

(A) Yes, please.

(B) We are _____.

(C) _____.

9 We should _____
on the company Web site.

(A) _____.

(B) _____ is over there.

(C) Tuesday and Wednesday.

4 부탁/제안 → 수락/거절

Q Let's ask Mr. Simpson to revise the design.
(A) The updated design program.
(B) It usually takes a few hours.
(C) I don't think he is available.

Simpson 씨에게 디자인을 수정하도록 요청합시다.
(A) 업데이트된 디자인 프로그램이요.
(B) 보통 몇 시간 걸립니다.
(C) 그분은 시간이 나지 않는 것 같아요.

해설
Simpson 씨에게 특정한 일을 하도록 제안하는 평서문이므로 수락 또는 거절하는 답변이 정답이 될 수 있다.
(A) design을 반복한 답변으로, 상대방의 제안에 대한 수락 또는 거절과 관련 없는 오답.
(B) 상대방의 제안과 관련 없는 소요 시간을 말하는 오답.
(C) Mr. Simpson을 he로 지칭해 시간이 없다는 말로 제안대로 할 수 없음을 나타낸 정답.

Possible Answers

· OK, I'll call him now.　　　　　　　　　네, 제가 지금 그분께 전화할게요. ▸ 수락하는 답변
· Sure, that sounds like a good idea.　　그래요, 좋은 생각인 것 같아요. ▸ 수락하는 답변
· How about Ms. Kim?　　　　　　　　　Kim 씨는 어때요? ▸ 다른 의견을 제시하는 답변
· I think we should ask the manager first.　부장님께 먼저 여쭤봐야 할 것 같아요. ▸ 업무 배정을 승인 받기 위한 조건을 말하는 답변

Kelly's Tip

▸ Please ~, Let's ~, We should ~, I'd like you to ~ 등으로 문장이 시작되는 경우, 부탁/제안을 나타내는 말이므로 기본적으로 수락이나 거절을 의미하는 답변을 찾는다.

▸ 종종 수락이나 거절 중의 하나를 선택하기 위해 조건을 먼저 되묻는 답변이 나올 수도 있으므로 유의한다.

PRACTICE ◁)) Unit 25_12 mp3 　　　　　　　　　📋 정답 및 해설 p.270

10 Please _____ on my desk.
(A) We went to buy it yesterday.
(B) _____.
(C) They will leave tomorrow.

11 _____ you're done with the proposal.
(A) No, they didn't propose it.
(B) Yes, _____.
(C) For a new building project.

UNIT 26 시각 정보 연계 문제

Part 3에서 가장 부담스러운 문제! 바로 그래프나 지도 등의 시각 정보가 등장하는 문제입니다. 듣는 것만으로도 벅찬데, 시각 정보와 대화상의 단서까지 확인해야 하기 때문이죠. 시각 정보 연계 문제는 Part 3, 4의 마지막에 등장합니다.

Part 3 시각 정보 연계 문제 접근법

✓ 3문제 중 1문제만 주로 직접적으로 시각 정보와 관련되어 있고, 나머지 2문제는 시각 정보와 전혀 관련이 없습니다.

✓ 미리 시각 정보를 확인해 초점을 맞춰야 하는 부분을 파악하고 대화를 들어야 합니다.

✓ 대화를 듣는 내내 시각 정보를 보는 것이 아니라, 문제를 풀다가 시각 정보와 관련된 내용이 제시될 때만 시각 정보에 집중하면 됩니다.

질문 유형

1 Look at the graphic. **What model** will the **man request?** 시각 정보를 보시오. 남자는 무슨 모델을 요청할 것인가?
2 Look at the graphic. **Which brand** do the speakers **work at?** 시각 정보를 보시오. 화자들은 어느 브랜드에서 근무하는가?
3 Look at the graphic. **Which street** will be **closed?** 시각 정보를 보시오. 어느 거리가 폐쇄될 것인가?

시각 정보 연계 문제 필수 표현

<지도 설명>
- in the middle of ~의 중앙에
- next to ~ 옆에
- behind ~ 뒤쪽에
- office layout 사무실 배치도
- hallway 통로, 복도
- exit 출구
- You are here 현 위치
- restricted 제한된

- closest to ~와 가장 가까운
- across from ~의 건너편에
- in[on] the corner 모퉁이에
- stairs 계단(= steps, staircase)
- entrance 입구
- at the end of ~의 끝부분에
- follow 따라가다
- floor plan 평면도

<그래프 설명>
- The chart shows that 차트는 ~임을 보여준다
- the second largest number 두 번째로 큰 숫자
- One third 3분의 1
- significantly decrease 상당히 하락하다
- earnings 수익
- the most profitable 가장 수익성이 좋은
- average price 평균 가격
- the majority of 대다수의
- rapid growth 빠른 성장

- the largest number 가장 큰 숫자
- A is as big as B. A는 B만큼 크다.
- dramatically increase 급격하게 증가하다
- remain the same 동일하게 유지되다
- market share 시장 점유율
- output 생산량, 산출량
- per year 해마다
- meet the quotas 할당량을 맞추다
- the lowest rating 가장 낮은 등급, 가장 낮은 평가

Ted's Schedule

Monday	Tuesday	Wednesday	Thursday
Employee Training	IT Conference	Time Management Workshop	Farewell Party

Q Look at the graphic. **Why** can the man **not attend** the woman's presentation?

(A) Due to employee training

(B) Due to an IT conference

(C) Due to a time management workshop

(D) Due to a farewell party

M: Hello, Vera, it's Ted. EK Industries was very impressed with your proposal and would like to schedule a presentation. If it goes well, we will be their sole supplier of printer paper.

W: That's great. You know, Angela Lee from Advertising helped me a lot.

M: She does an outstanding job writing our company newsletter as well. Anyway, will next Monday work?

W: Hmm… If someone helps me make the presentation slides, I can do it next Tuesday.

M: Samuel from the Design Department can help you, and I'll let EK Industries know about the date. I have an event I need to attend that day, so I won't be at your presentation.

W: That's OK.

질문 내용과 시각 정보 사이의 연계성을 파악합니다. 이때 선택지로 제시되는 정보(스케줄 내용)와 그렇지 않은 정보(요일)를 확인해 둡니다. 선택지로 제시되지 않는 정보가 대화 중에 단서로 언급되므로 그 정보에 초점을 맞춰 듣는 데 집중해야 합니다.

여자가 다음주 화요일에 할 수 있다고 언급하자, 남자는 그 요일을 that day로 지칭하며, 그날 다른 일정이 있어서 참석할 수 없다고 밝히고 있습니다.

CHAPTER 05

해석

남: 안녕하세요, Vera, 저는 Ted입니다. EK Industries에서 당신의 제안서에 매우 깊은 인상을 받아서 발표 일정을 잡고 싶어 해요. 그게 잘 진행되면, 우리가 그곳의 유일한 프린터 용지 공급 업체가 될 거예요.

여: 잘됐네요. 저기, 광고부의 Angela Lee 씨가 저를 많이 도와 주셨어요.

남: 그분은 우리 회사의 사보 내용을 작성하는 일도 뛰어나게 해 주고 계시잖아요. 어쨌든, 다음 주 월요일 괜찮으세요?

여: 흠… 제가 발표 슬라이드를 만드는 데 누군가가 도움을 준다면, 다음 주 화요일에 할 수 있어요.

남: 디자인부의 Samuel 씨가 도와 드릴 수 있으니 제가 EK Industries 사에 그 날짜를 알릴게요. 제가 그날 참석해야 하는 행사가 있어서, 당신 발표에는 가지 못할 거예요.

여: 괜찮습니다.

Ted 씨 일정

월요일	화요일	수요일	목요일
직원 교육	IT 컨퍼런스	시간 관리 워크숍	송별회

Step 1 질문을 먼저 읽고 무엇을 들어야 할지 파악하면서 듣기 전략을 세웁니다. 특히 Look at the graphic.으로 시작되는 시각 정보 연계 문제의 경우, 질문과 시각 정보 사이의 연계성을 미리 파악해 둡니다.

Ted's Schedule

Monday	Tuesday	Wednesday	Thursday
Employee Training	IT Conference	Time Management Workshop	Farewell Party

1 What kind of business do the speakers work in?

(A) An electronics store

(B) A furniture manufacturer

(C) A paper supplier

(D) An advertising agency

화자들이 근무하는 회사의 종류를 찾는 문제이므로 회사가 속한 분야, 제공 서비스 또는 제품 종류 등의 정보가 제시되는 부분에서 단서를 찾아야 합니다.

2 What is mentioned about Ms. Lee?

(A) She started at EK Industries last year.

(B) She works in the accounting department.

(C) She is transferring to another office.

(D) She creates the company newsletters.

Ms. Lee가 키워드이므로 Ms. Lee가 언급되는 부분에서 단서를 찾아야 하는데, 이때 Ms. Lee를 대신하는 she/her 등의 대명사에 유의해 들어야 합니다.

3 Look at the graphic. Why can the man not attend the woman's presentation?

(A) Due to employee training

(B) Due to an IT conference

(C) Due to a time management workshop

(D) Due to a farewell party

요일별로 해야 하는 일이 선택지에 제시되어 있으므로 선택지로 제시되지 않은 정보, 즉 요일 이름이 대화에 단서로 나타날 것임을 예상하고 들어야 합니다.

Step 2 각 질문에서 확인한 키워드를 바탕으로 대화 중 관련 내용이 나오는 부분을 중심으로 듣습니다.

M: Hello, Vera, it's Ted. EK Industries was very impressed with your proposal and would like to schedule a presentation. If it goes well, **1** we will be their sole supplier of printer paper.

W: That's great. You know, **2** Angela Lee from Advertising helped me a lot.

M: **2** She does an outstanding job writing our company newsletter as well. Anyway, will next Monday work?

W: Hmm… If someone helps me make the presentation slides, **3** I can do it next Tuesday.

M: Samuel from the Design Department can help you, and I'll let EK Industries know about the date. **3** I have an event I need to attend that day, so I won't be at your presentation.

W: That's OK.

1 대화 초반부에 남자가 ~ we will be their sole supplier of printer paper라고 말하는 부분에서 회사의 종류를 알 수 있습니다.

2 Ms. Lee의 이름을 Angela Lee로 언급하고 있으며, 뒤이어 She라는 대명사로 지칭하고 있습니다. 여자가 Angela Lee를 언급하자 남자가 She does an outstanding job writing our company newsletter ~라고 말하는 부분에서 Ms. Lee 가 회사 소식지 작업을 하는 사람임을 알 수 있습니다.

3 여자가 다음주 화요일에 발표 할 수 있다고(I can do it next Tuesday) 언급하자, 남자가 그 날 참석해야 하는 행사가 있다고 (I have an event I need to attend that day ~) 말하면서 여자의 발표에 갈 수 없다고 알리고 있습니다. 따라서 시각 정보에서 화 요일로 일정이 잡혀 있는 것을 확인 하면 됩니다.

Step 3 제시된 시각 정보를 보고, [시각 정보 연계 질문]-[대화 내용]과 매칭되는 부분을 찾습니다.

Ted's Schedule

Monday	**3** Tuesday	Wednesday	Thursday
Employee Training	IT Conference	Time Management Workshop	Farewell Party

CHAPTER 05

정답 및 해설 p. 271

● 음원을 듣고 정답을 고른 후, 빈칸에 들어갈 말을 받아써 보세요.

🔊)) Unit 26_3 mp3

Construction Site	Community Building

Lab	Lot B	Lot A

Lot C	Lot D

---

1 What are the speakers discussing?
(A) A reservation
(B) A parking fee policy
(C) A construction project
(D) An office relocation

2 Look at the graphic. Where should the employees park?
(A) Lot A
(B) Lot B
(C) Lot C
(D) Lot D

3 What is offered for the employees?
(A) Free breakfast service
(B) Discount coupons
(C) Valet parking
(D) Shuttle bus service

M: Seong, _____
will be closed for construction next week. Can you
_____?

W: Sure. _____
until the construction is finished?

M: We have been _____ to
park in the parking lot located at the _____
_____ until the
construction is finished.

W: That's a _____ . If
the weather gets bad, we are going to have difficulty
getting to our lab.

M: Don't worry, the company is going to _____
_____ for us until the construction is
finished.

Code list	
Legal Research	ZU019
Consultation	HR321
E-mail Filing	GT625
Process Serving	UB992

4 What problem is the man experiencing?
(A) He is looking for the client's current address.
(B) He is using an outdated billing code.
(C) He needs to install a software update.
(D) He needs to repair his computer.

5 Look at the graphic. What code is the man looking for?
(A) ZU019
(B) HR321
(C) GT625
(D) UB992

6 What does the woman tell the man to do?
(A) Inquire about a fee
(B) Issue a receipt
(C) Update a software program
(D) Contact a colleague

M: Sue, I'm in the middle of _____ for Attorney Gridlock's clients and I'm continuously getting _____ for the billing code.

W: Oh, the billing codes _____. You must be using the old code list.

M: Do you have the _____?

W: I do. _____ do you need?

M: I need the code for legal research.

W: Here you go, use this one.

M: Great. Can you _____?

W: I can, but I think they are adding it to the billing system shortly. You won't need to manually input the codes anymore. _____ ask Sarah about it?

정답 및 해설 p.272

UNIT 27 행사 연설 / 견학 및 관광 안내

행사 연설 담화는 워크숍이나 컨퍼런스 및 기타 행사가 시작되기 전 행사의 특징과 일정 등을 소개하는 담화입니다. 견학 및 관광 안내 담화에서는 공장, 유적지, 관광지에서 방문객에게 관람 및 견학 일정, 관람 시 주의 사항 등을 설명합니다. 두 유형 모두 일정과 유의 사항 안내가 가장 중요한 포인트입니다.

Part 4 행사 연설(Talk) 접근법

✓ 행사 연설 담화에서는 행사 시작 전에 행사의 종류, 주제/목적, 일정, 변경 사항 등을 전달하는 내용이 주를 이룹니다.
   가장 많이 출제되는 주제는 신입 사원 오리엔테이션 및 직원 교육에 관한 것입니다.
✓ 담화 초반부에 행사의 종류와 목적이 드러나는데, 이를 꼭 들어야 합니다.
✓ 중간 부분에 일정 소개와 변경 사항 등이 나오는 부분을 주의 깊게 듣습니다.
✓ 청자들에게 무엇을 하도록 전달하는지를 묻는 문제가 마지막 문제로 자주 나오므로, 담화의 마지막 부분에 제시되는 유의 사항을 잘 듣고 기억해야 합니다.

Example
🔊)) Unit 27_1 mp3

❶ On behalf of the Human Resources Department, I would like to personally thank you all, our top flight attendants, for attending this very important workshop. Today, you will learn how to deal with medical emergencies that can occur during a flight. ❷ First, you will watch an instructional video, and after that, we will practice various simple but life-saving techniques. Then we will have a short break for lunch. It will take approximately 45 minutes to watch the whole video, and we should get started since the whole training will take about five hours. ❸ But first, if you haven't changed into your uniform yet, please use the changing room in the back.

해석
인사부를 대표해, 저는 우리의 최고 승무원인 여러분 모두에게 매우 중요한 이번 워크숍에 참석해 주신 것에 대해 개인적으로 감사드리고 싶습니다. 오늘, 여러분은 비행 중에 발생할 수 있는 긴급 의료 상황에 대처하는 방법을 배우게 됩니다. 우선, 교육용 동영상을 보시게 될 것이며, 그 후에 간단하지만 생명을 구할 수 있는 다양한 기술을 실습해 볼 것입니다. 그런 다음, 점심 식사를 위해 잠시 쉴 예정입니다. 동영상 전체를 시청하는 데 약 45분의 시간이 걸릴 것이며, 전체 교육에 약 5시간이 소요될 것이기 때문에 이제 시작해야 합니다. 하지만 먼저, 아직 유니폼으로 갈아 입지 않으셨다면, 뒤쪽에 있는 탈의실을 이용해 주시기 바랍니다.

행사 연설 구성

❶ 환영 인사 / 행사 주제
   행사 이름과 청자들의 신분, 행사의 주제나 목적을 밝힌다.

❷ 세부 정보(일정)
   행사 진행 일정과 관련해 알아 두어야 하는 사항들을 설명한다.

❸ 요청 사항
   청자들이 유의해야 하는 일을 알린다.

▷ 행사 연설 문제 세트 공략법

Step 1 질문을 먼저 읽고 무엇을 들어야 할지 파악하면서 듣기 전략을 세웁니다.   🔊 Unit 27_2 mp3

1 What department does the woman most likely work in?
   (A) Advertising
   (B) Customer Services
   (C) Human Resources
   (D) Security

여자가 일하는 부서를 묻는 문제입니다. 직접적으로 부서명이 제시되기도 하고, 특정 업무나 활동과 관련된 표현이 언급되기도 하므로 해당 정보를 찾는 데 집중해야 합니다.

2 What does the woman mention about the instructional video?
   (A) It is available online.
   (B) It will explain various flight procedures.
   (C) It runs for about 45 minutes.
   (D) It was made by the airline.

instructional video가 키워드로 제시되어 있으므로 이 키워드가 제시되는 부분에서 관련 정보가 언급될 것임을 예상하면서 들어야 합니다.

3 What will happen next?
   (A) Participants will put on their uniforms.
   (B) An instructional video will be played.
   (C) The speaker will introduce the captain.
   (D) A flight will be boarded.

곧이어 발생될 일을 묻는 문제의 정답 단서는 대부분 담화 마지막에 언급됩니다. 따라서 담화 마지막 부분에 미래 표현이나 계획, 요청 사항 등이 언급되는 부분에 집중해야 합니다.

Step 2 각 질문에서 확인한 키워드를 바탕으로 담화 중 관련 내용이 나오는 부분을 중심으로 듣습니다.

1 On behalf of the Human Resources Department, I would like to personally thank you all, our top flight attendants, for attending this very important workshop. Today, you will learn how to deal with medical emergencies that can occur during a flight. First, **2** you will watch an instructional video, and after that, we will practice various simple but life-saving techniques. Then we will have a short break for lunch. **2** It will take approximately 45 minutes to watch the whole video, and we should get started since the whole training will take about five hours. **3** But first, if you haven't changed into your uniform yet, please use the changing room in the back.

1 담화 시작 부분에 화자가 인사부를 대신해 감사의 뜻을 전하는 인사를 하고 있으므로 이 부분을 통해 화자의 소속 부서를 확인할 수 있습니다.

2 동영상이 언급되는 부분에서 시청하는 데 약 45분의 시간이 걸린다는 정보를 언급하고 있습니다.

3 담화 맨 마지막에, 청자들이 가장 먼저 해야 하는 일을 언급하기 위해 first라는 말과 함께 유니폼으로 갈아 입도록 요청하고 있습니다.

📋 정답 및 해설 p.274

- ✓ 견학 및 관광 안내는 주로 가이드가 견학 및 관광을 시작하기에 앞서 자기 소개, 방문 장소의 특징, 일정 및 기념 촬영을 안내하는 내용으로 이루어집니다.
- ✓ 늘 비슷한 내용이 제시되기 때문에 담화 내용 구성을 숙지하고 있으면 매우 쉽게 풀 수 있습니다. 어떤 장소인지, 어떤 특징이 있는 곳인지, 당부 사항이 무엇인지만 파악하면 쉽게 풀립니다.
- ✓ 공장에서는 주로 공장의 역사와 특징, 견학 후 일정이 언급되며, 특히 시식이나 시음, 회사 관련 동영상 시청 등의 일정을 알립니다.
- ✓ 박물관에서는 가이드 소개와 투어 일정 안내, 유의 사항(변동 사항 또는 기념품 구매) 등에 관해 이야기합니다.

Example

◁)) Unit 27_3 mp3

❶ Welcome to the City Donut's factory in Chicago. We will be looking around the main production floor today and seeing how our donuts are made. ❷ We will start in the packaging room and move on to the donut baking room. After that, Sophia Chen, the production manager, will join us. She will tell us about daily operations and then lead us to the tasting room where we will taste six different flavors of donuts, including the caramel-salt flavor, which Ms. Chen suggested. ❸ After the tasting, we will go to the auditorium and watch a short video clip about the company's history. ❹ And please remember: while on tour, please do not touch anything.

해석

City Donut의 시카고 공장에 오신 것을 환영합니다. 우리는 오늘 주요 생산 작업장을 둘러보면서 저희 도넛 제품이 어떻게 만들어지는지 살펴볼 것입니다. 제품 포장실에서 시작해 도넛 굽는 공간으로 이동하겠습니다. 그 후에, 저희 생산 책임자이신 Sophia Chen 씨께서 함께 하시겠습니다. 그분께서 공장 일일 운영 상황에 관해 말씀해 주신 다음, 우리를 이끌고 Chen 씨께서 추천하신 카라멜 솔트 맛을 포함한 여섯 가지 다른 맛의 도넛을 맛보게 될 시식 공간으로 가실 것입니다. 시식 후에는, 강당으로 가서 회사 연혁에 관한 짧은 동영상을 시청하겠습니다. 그리고 기억하셔야 하는 것이 있는데, 견학 중에는, 어느 것도 손대지 마시기 바랍니다.

견학 및 관광 안내 구성

❶ 인사말 및 견학 목적 설명

❷ 이동 경로 및 장소별 특징 설명

❸ 추가 정보(후속 일정 및 활동)

❹ 유의 사항

▷ 견학 및 관광 안내 문제 세트 공략법

Step 1 질문을 먼저 읽고 무엇을 들어야 할지 파악하면서 듣기 전략을 세웁니다.

◁)) Unit 27_4 mp3

1 Where most likely are the listeners?
(A) At a restaurant
(B) At a conference center
(C) At a department store
(D) At a factory

> 청자들이 있는 장소를 묻는 문제입니다. Where is the talk taking place?처럼 담화가 이뤄지는 곳이 어딘지를 묻기도 합니다. 이러한 문제에 대한 힌트는 방문지의 특징이 제시되는 초반부에 있으므로 초반부를 잘 듣도록 합니다.

2 Who is Sophia Chen?
(A) A production manager
(B) A market analyst
(C) A baker
(D) A store owner

> Sophia Chen이 키워드이므로 이 이름이 언급되는 부분에서 함께 제시되는 신분 관련 정보를 찾는 데 집중해야 합니다.

3 What will the listeners do after the tasting?
(A) Attend a lecture
(B) Visit a gift shop
(C) Fill out a survey
(D) Watch a short film

> after the tasting(시식 후에)이 키워드이므로 담화 후반부에서 이 내용이 언급되는 곳을 주의 깊게 듣도록 합니다.

Step 2 각 질문에서 확인한 키워드를 바탕으로 담화 중 관련 내용이 나오는 부분을 중심으로 듣습니다.

1 Welcome to the City Donut's factory in Chicago. We will be looking around the main production floor today and seeing how our donuts are made. We will start in the packaging room and move on to the donut baking room. After that, **2** Sophia Chen, the production manager, will join us. She will tell us about daily operations and then lead us to the tasting room where we will taste six different flavors of donuts, including the caramel-salt flavor, which Ms. Chen suggested. **3** After the tasting, we will go to the auditorium and watch a short video clip about the company's history. And please remember: while on tour, please do not touch anything.

> **1** Welcome to라는 표현은 장소를 파악할 수 있는 단서 표현입니다. 담화를 시작하면서 City Donut의 시카고 공장에 온 것을 환영한다고 인사하는 것을 통해 현재 도넛 공장에 와 있음을 알 수 있습니다.

> **2** 담화 중반부에 Sophia Chen이라는 이름과 함께 production manager라는 직책을 언급하고 있습니다.

> **3** 담화 마지막 부분에서 After the tasting이라고 언급하면서 시식 이후의 일정을 안내하고 있습니다. 이 내용을 잘 들었다가 각 선택지들과 비교하여 정답을 고릅니다. 이때, 정답이 paraphrase되는 것에 주의해야 합니다.

📋 정답 및 해설 p.275

● 음원을 듣고 정답을 고른 후, 빈칸에 들어갈 말을 받아써 보세요.   🔊 Unit 27_5 mp3

Showing Schedule		
Film	**Where**	**When**
The Sculptures of the Middle East	Le Blanc Hall	10:20/14:20
Jack Timothy's Life	Orgini Gallery	13:40/17:40
Drawings and Women	MET Main Hall	10:00/15:00
Art and Artists	Hall 198	11:10/15:10

1 Who most likely are the listeners?
(A) University students
(B) Art critics
(C) Tour members
(D) New employees

2 What is suggested about the renovations?
(A) They have been delayed.
(B) They will be finished in June.
(C) They are paid for by donations.
(D) They will take more time.

3 Look at the graphic. Where does the speaker encourage the listeners to go for the documentary?
(A) Le Blanc Hall
(B) Orgini Gallery
(C) MET Main Hall
(D) Hall 198

On behalf of the Metropolitan Museum, I would like to thank you for _____ today. I apologize for any inconvenience _____ _____, but the 19th Century Jewelry exhibit will reopen in June with a larger collection. _____, we will spend more time in Andy Hall, where the Jack Timothy Sculpture exhibit is going on. Also, I would like to encourage you to _____ of *Jack Timothy's Life*, which is a documentary about the artist. It will start in 10 minutes. It's narrated by Fulton University professor Roberto Martinez and I highly recommend it _____ _____.

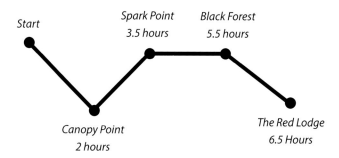

Dark Creek Forest Trails
Estimated times from starting point

Start

Spark Point
3.5 hours

Black Forest
5.5 hours

Canopy Point
2 hours

The Red Lodge
6.5 Hours

4 What does the speaker mention about herself?
(A) She is an experienced guide.
(B) She was raised in a nearby city.
(C) She used to be a forest researcher.
(D) She took hiking safety classes last month.

5 Look at the graphic. How long does it take to reach the hiking group's final destination?
(A) 2 hours
(B) 3.5 hours
(C) 5.5 hours
(D) 6.5 hours

6 What are the listeners expected to wear?
(A) Long pants
(B) Hats
(C) Jacket
(D) Proper shoes

Good morning, everyone. My name is Erica, and I will be your tour guide today. I _____ _____ for five years, so I am quite _____ _____ Dark Creek Forest. The trail we will be hiking today starts easy but becomes steeper once we reach Canopy Point. It usually takes two hours to get there, and from there we'll _____ Spark Point, which will be the furthest we'll go. I will take some group photos at our final destination, and you can see and purchase the photos after we return. Oh, and I hope you all remembered to _____. We'll start in ten minutes.

다음은 견학 및 관광 안내 담화에서 자주 나오는 표현들을 모은 것입니다. 늘 비슷한 내용이 제시되기 때문에 다음에 정리한 표현들만 잘 외워 두어도 담화가 훨씬 더 잘 들릴 것입니다.　**견학 및 관광 안내 빈출 표현**

□ guided tour 가이드 동반 투어

□ manufacturing factory[plant] 제조 공장

□ the tour of the facility 시설 견학

□ finished product 완제품

□ protective gear 보호 장비

□ cutting-edge 최첨단의

□ move on to ~로 이동하다

□ exhibit 전시회(= exhibition)

□ souvenir 기념품

□ self-guided tour (안내서 등을 이용한) 셀프 가이드 투어

□ proceed to ~로 가다

□ stop by ~에 들르다(= drop by)

□ walk around 둘러보다

□ packing room 포장실

□ explore ~을 탐방하다

□ historic 역사적인

□ Watch your step. 발 밑을 조심하세요.

□ at the end of the tour 견학이 끝날 때

□ a large selection of 아주 다양한(= a wide variety of)

□ be not allowed 허용되지 않다

□ be highly recommended 매우 추천되다

□ arena 경기장

□ trail 오솔길, 산길

□ flea market 벼룩 시장

□ spectacular view 멋진 전망, 장관

□ botanical garden 식물원

□ reach the next stop 다음 장소에 도착하다

□ look out 내다보다

□ in the preserve 보호 구역에

□ wildlife 야생 생물

□ natural habitat 자연 서식지

□ last for about an hour 약 1시간 동안 지속되다

□ cycling route 자전거 도로

□ preview event 시사회, 사전 공개 행사

□ be eligible for a discount 할인 자격이 있다

□ get seats 자리를 구하다

□ on the other side of ~의 반대편에

□ buy the tickets in advance 미리 표를 사다

□ gather 모이다

□ start by showing ~을 보여주는 것으로 시작하다

□ as I mentioned earlier 아까 언급했듯이

□ look out the window 창 밖을 보다

□ grab one's jacket 재킷을 가져오다

□ get off the bus 버스에서 내리다

□ pass out booklets 소책자를 배부하다

□ spot 장소

□ local cuisine 지역 요리

□ port town 항구 도시

□ stop for lunch 점심을 먹기 위해 멈추다

□ center of trade 무역의 중심지

□ Please note that ~임에 유념하세요

□ The climb will get steeper.
오르막길 경사가 더 심해질 것이다.

□ stop frequently along the way 가는 길에 자주 멈추다

□ speaking of which 얘기한 김에

□ can't afford to be late 여유 시간이 없다

□ Please direct your questions to me.
질문은 제게 해주세요.

□ depend on visitors' contributions to operate
방문객들의 기부금으로 운영되다

□ end the tour 견학[관람]을 마치다

□ Welcome aboard. (배 등에 타서) 어서 오세요.

□ return trip 돌아오는 여행

□ get going 떠나다, 가다

□ sign up for a tour 견학을 신청하다

□ Please keep your voices down. 목소리를 낮추세요.

□ forest hike 숲 산책

□ next phase 다음 단계

□ hike through ~를 가로질러 산책하다

□ stop occasionally to take photos
사진 찍기 위해 종종 멈추다

□ It features work by a different artist every two months.
2개월에 한 번씩 다른 예술가의 작품을 다루다.

Part 5

UNIT 28 관계사

관계사, 용어만 들어도 벌써 머리가 아픈 느낌이 드는 건 기분 탓일까요? 사실 관계사는 출제되더라도 난이도가 그렇게 높지 않기 때문에 딱 한 번만 정확하게 공부해 둔다면 절대 틀릴 일이 없어요! 관계사에서는 다음 두 가지를 꼭 기억하세요.

- 관계사는 앞에 위치한 명사(선행사)를 뒤에서 꾸며주는 절을 이끄는 역할을 합니다.
- 관계사에는 관계대명사와 관계부사가 있는데, 관계대명사는 선행사와 격에 따라 알맞은 것을 사용해야 하고, 관계부사는 선행사만 잘 따져봐도 쉽게 선택할 수 있습니다.

전략 포인트 1 주격 관계대명사 + 주어가 없는 불완전한 절

1 주격 관계대명사의 특징

주격 관계대명사를 고르는 문제가 가장 자주 출제됩니다. 주격 관계대명사는 주어가 없는 불완전한 절을 이끕니다. 바로 뒤에 동사가 위치하므로 주격 관계대명사 자리를 쉽게 알아볼 수 있습니다.

선행사	주격	소유격	목적격
사물	which (= that)	whose	which (= that)
사람	who (= that)	whose	whom (= that)

· Mr. Kim is planning to attend <u>the company picnic</u> which[that] <u>will be held</u> at South Park.

  Kim 씨는 South Park에서 개최될 회사 야유회에 참석할 계획이다.

  ◉ 파란색으로 표시된 부분이 바로 앞의 선행사 the company picnic을 꾸며주는 역할을 하는 관계대명사이다. the company picnic이 사물이므로 관계대명사 which가 사용되었으며, 주격 관계대명사로 쓰인 which 바로 뒤에 동사 will be held가 위치한 구조이다.

· Mr. Kim is planning to meet <u>the architect</u> who <u>is</u> in charge of the Blue Arch project.

  Kim 씨는 Blue Arch 프로젝트를 담당하고 있는 건축가를 만날 계획이다.

  ◉ 선행사가 사람(the architect)이므로 이를 수식하는 절을 이끄는 관계대명사로 who가 사용되었다. 주격 관계대명사 who 뒤에 동사 is가 바로 위치해 있다.

2 주격 관계대명사와 동사의 수 일치

주격 관계대명사 뒤의 동사는 항상 선행사와 수 일치가 되어야 합니다. 선행사가 단수이면 동사도 단수형으로, 선행사가 복수이면 동사도 복수형으로 사용합니다.

· Mr. Kim is planning to meet **the architect** who [is / ~~are~~] in charge of the Blue Arch project.

· Mr. Kim is planning to meet **the architects** who [~~is~~ / are] in charge of the Blue Arch project.

목적격 관계대명사 + 목적어가 없는 불완전한 절

1 **목적격 관계대명사의 특징**

목적격 관계대명사는 목적어가 없는 불완전한 절을 이끕니다. 주의할 것은 목적격 관계대명사는 선행사가 사람인지, 또는 사물인지를 구분해서 사용해야 한다는 것입니다.

선행사	주격	소유격	목적격
사물	which (= that)	whose	which (= that)
사람	who (= that)	whose	whom (= that)

· Mr. Kim is planning to attend the IT conference which he attended last year.

Kim 씨는 자신이 작년에 참석했던 IT 컨퍼런스에 참석할 예정이다.

◉ 파란색으로 표시된 부분이 바로 앞의 선행사 the IT conference를 꾸며주는 역할을 하는 관계대명사이다. 또한 목적격 관계대명사 which 뒤에 위치한 he attended last year는 동사 attended의 목적어가 없는 불완전한 구조이다.

· Mr. Kim is planning to meet the architect whom he met at the IT conference last year.

Kim 씨는 작년에 IT 컨퍼런스에서 만났던 건축가와 만날 예정이다.

◉ 파란색으로 표시된 부분이 바로 앞의 선행사 the architect를 꾸며주는 역할을 하는 관계대명사이다. 선행사 the architect가 사람이므로 whom 이 쓰였으며, 목적격 관계대명사 뒤에 위치한 he met at the IT conference last year는 동사 met의 목적어가 없는 불완전한 구조이다.

소유격 관계대명사 + 완전한 절

1 **소유격 관계대명사의 특징**

소유격 관계대명사 뒤에는 완전한 절이 위치하며, 선행사가 사물인 경우와 사람인 경우의 형태가 같습니다.

선행사	주격	소유격	목적격
사물	which (= that)	whose	which (= that)
사람	who (= that)	whose	whom (= that)

· Mr. Kim is planning to meet the architect whose name is on the OPQ List.

Kim 씨는 OPQ 명단에 이름이 올라가 있는 건축가를 만날 계획이다.

◉ 주어가 없는 불완전한 절과 함께 사용하는 주격 관계대명사나 목적어가 없는 불완전한 절과 함께 사용하는 목적격 관계대명사와 달리, 소유격 관계 대명시 뒤에는 안전한 절이 위치하다 위 예문에서도, whose 뒤에 위치한 name is on the OPQ List는 완전한 절이다.

전략 포인트 4 관계부사 + 완전한 절

1 관계부사의 특징

관계부사도 관계대명사처럼 선행사를 수식하는 역할을 합니다. 단, 관계부사 뒤에는 항상 완전한 절이 위치하며, 선행사에 따라 그에 맞는 것을 사용합니다.

선행사	관계부사
장소	where
시간	when
방법	how
이유	why

· Mr. Kim is planning to visit <u>the university</u> **where** <u>he studied engineering</u> 10 years ago.

　Kim 씨는 (자신이 10년 전에 공학을 공부했던) 대학을 방문할 계획이다.

　◎ 선행사가 장소(the university)이므로 관계부사 where가 쓰였으며, 그 뒤에 『주어 + 동사』 형태의 완전한 절이 이어지고 있다.

2 관계부사 vs 관계대명사

관계부사와 (주격·목적격) 관계대명사를 구분하는 가장 쉬운 방법은 빈칸 뒤에 완전한 절이 위치하는가 아니면 불완전한 절이 위치하는가를 확인하는 것입니다.

· He has decided to move to <u>the city</u> [~~which~~ / where] <u>he started his career</u> as a journalist.

　그는 (기자로서의 경력을 시작했던) 도시로 이사하기로 결정했다.

　◎ which는 관계대명사이기 때문에 뒤에 불완전한 절이 와야 하는데, 뒤에 완전한 절이 이어지고 있으므로 관계부사 where를 써야 한다.

● 다음 문제를 스스로 풀어본 후, 해설을 확인하여 풀이 요령을 완전히 익히세요.

1 We need staff members ------- are willing to record inventory over the weekend.

(A) whom
(B) who
(C) which
(D) whose

Kelly's Tip
선행사가 사람인지 사물인지를 먼저 확인한 다음, 빈칸 뒤에 이어지는 절의 구조를 파악해 알맞은 관계사를 선택합니다.

2 The sales manager ------- I met at the leadership workshop completed the mandatory training course and transferred to the London office.

(A) who
(B) whose
(C) whom
(D) which

Kelly's Tip
선행사가 사람인지 사물인지를 먼저 확인한 다음, 빈칸 뒤에 이어지는 절의 구조를 파악해 알맞은 관계사를 선택합니다.

3 Any applicant ------- application form is not received by this Friday will not be considered.

(A) which
(B) that
(C) whose
(D) who

Kelly's Tip
선행사가 사람인지 사물인지를 먼저 확인한 다음, 빈칸 뒤에 이어지는 절의 구조를 파악해 알맞은 관계사를 선택합니다.

4 Mr. Cooper plans to visit the event venue ------- his employees are decorating the interior.

(A) who
(B) what
(C) which
(D) where

Kelly's Tip
선행사가 사람인지 사물인지를 먼저 확인한 다음, 빈칸 뒤에 이어지는 절의 구조를 파악해 알맞은 관계사를 선택합니다.

📋 정답 및 해설 p.279

UNIT 29 문장 삽입 문제

문장 삽입 문제는 Part 6에서 지문 하나에 속한 4문제 중 1개로 반드시 출제되는 문제입니다. Part 6의 문장 삽입 문제를 풀 때는 반드시 지문 전체의 흐름을 고려해야 합니다.

전략 포인트 1 접속부사는 훌륭한 힌트!

적절한 문장을 삽입하는 문제이므로 앞 문장과의 연결 고리를 찾는 데 집중해야 하는데, 바로 그 연결 고리의 역할을 하는 것 중 하나가 접속부사입니다. 앞 문장과의 의미 관계를 따지는 데 있어 접속부사만큼 훌륭한 힌트가 없기 때문에 접속부사를 적극 활용해서 빈칸에 알맞은 문장을 찾아야 합니다.

☑ Part 6 기출 접속부사 정리

인과 관계 (원인 + 결과)	Therefore 따라서, 그러므로 As a result 결과적으로	Thus 따라서 Consequently 결과적으로
역접 관계 (상반되는 내용)	However 하지만, 그러나 Nevertheless 그럼에도 불구하고	In contrast 대조적으로, 그에 반해 Nonetheless 그럼에도 불구하고
정보 추가 (추가되는 내용)	In addition 추가로, 게다가 Plus 더하여, 게다가 Moreover 게다가, 더욱이	Additionally 추가로 Furthermore 게다가, 더욱이 Also 또한
기타 빈출 접속부사	In fact 사실상 Afterward 그 후에	Then 그런 다음 Meanwhile 한편, 그동안에

Example

Are you looking for a hotel? We recommend booking your stay in advance because the number of rooms we have is limited. You can save up to 25% when you make a reservation 15 days in advance. -------. So, don't miss out on this opportunity. It is non-cancellable and non-refundable. Please contact Sam Cornell at (412) 381-4818 for more information.
    1

1

(A) Therefore, you should send the application form by the end of this month.
(B) Then, the customer service representative will contact you directly.
(C) In addition, you can enjoy our daily buffet breakfast for two people.
(D) However, you should be over 45 to be eligible for this senior promotion.

> 각 선택지의 문장이 접속부사로 시작되고 있으므로 앞 문장과의 의미 관계를 파악할 때 이 접속부사들을 이용해야 한다. 앞 문장에 호텔 객실 사전 예약과 관련된 비용 할인 혜택이 언급되어 있다. 따라서 추가 정보를 제시할 때 사용하는 In addition과 함께 객실 사전 예약에 따른 추가 혜택을 언급하는 내용에 해당하는 (C)가 정답이다.

 정답 및 해설 p.279

가장 대표적인 지시어는 정관사 the입니다. 정관사 the는 앞서 언급된 명사를 다시 지칭할 때 사용합니다. 사람을 가리키는 인칭 대명사 you/he/she/they 외에 those who(~하는 사람들), anyone who(~하는 누구든), everybody(모든 사람)와 같은 대명사, 사물을 가리키는 it/these/this 등의 대명사를 힌트로 활용해 빈칸에 알맞은 문장을 찾도록 합니다.

Example

> The Atlanta Tennis Association is glad to announce the summer neighborhood tournament to be held at Ocee Park on March 2 from noon to 10 P.M. We would like to invite you and your family to participate in the tournament and enjoy the barbeque. -------. The profits from the tournament will be donated to the Hands On Atlanta Foundation to assist underprivileged children. A small portion of the proceeds from the tournament will also be used for purchasing tennis equipment for the association.

1

(A) The barbeque fee will be $8 per adult and $4 per children.
(B) Therefore, this event is available for new employees only.
(C) You should register by February 16.
(D) A recent study shows that people who play tennis have more energy at work.

빈칸 바로 앞 문장에 참가를 요청하는 말과 함께 바비큐가 언급되고 있다. 따라서 이 바비큐 행사 참가비를 정관사 the와 함께 'The barbeque fee'로 지칭해 그 요금 정보를 알려주는 (A)가 정답이다.

해석

전략 포인트 1

호텔을 찾고 계신가요? 저희가 보유하고 있는 객실 수가 제한되어 있기 때문에 미리 숙박을 예약하도록 권해 드립니다. 15일 전에 미리 예약하실 경우에 최대 25퍼센트까지 비용을 절약하실 수 있습니다. 게다가, 2인용 일일 뷔페 아침 식사도 즐기실 수 있습니다. 그러니, 이 기회를 놓치지 마십시오. 이는 취소 및 환불 불가 서비스입니다. 더 많은 정보를 원하시는 분은 (412) 381-4818번으로 Sam Cornell 씨에게 연락하시기 바랍니다.

전략 포인트 2

저희 Atlanta Tennis Association은 Ocee Park에서 3월 2일 정오부터 오후 10시까지 개최되는 여름 지역 토너먼트를 알려 드리게 되어 기쁩니다. 저희는 귀하께서 이번 토너먼트에 참가하시고 바비큐도 즐기실 것을 권해드리고자 합니다. 이 바비큐 행사 요금은 성인 1인당 8달러, 아동 1인당 4달러입니다. 이번 토너먼트를 통해 얻은 수익은 불우한 아이들을 돕는 Hands On Atlanta Foundation에 기부될 것입니다. 토너먼트 행사를 통해 얻은 수익금의 일부 작은 금액은 협회를 위해 테니스 장비를 구입하는 데 사용될 것입니다.

정답 및 해설 p.280

● 다음 문제를 스스로 풀어본 후, 해설을 확인하여 풀이 요령을 완전히 익히세요.

Questions 1-4 refer to the following e-mail.

To: All employees of Emerald Chemical Corporation

Date: March 15

From: Nana Emerald

Subject: Study results

At the meeting yesterday, there was the ------- of a new policy that will reduce company costs in addition to improving its corporate image.

1

Our market research team revealed the results of their recent study to the participants of the meeting. Their conclusion was to use office supplies that will marginalize our environmental impact and reduce our operating costs.

The results showed that customers are more ------- to value corporations that prioritize environmental protection. -------. In addition, the Purchasing Department will begin buying non-toxic cleaning supplies and packaging products made from recycled resources.

2 3

An advertising campaign will make customers aware of these changes. ------- the changes are implemented and progress is made, these measures will have a positive effect on the company and the environment.

4

---

1 (A) possession
(B) introduction
(C) benefit
(D) profitability

2 (A) order
(B) about
(C) likely
(D) customary

3 (A) Furthermore, our efforts to protect the environment will be recognized at an upcoming business awards ceremony.
(B) However, environmental sustainability is an issue that can be tackled at home as well as in the workplace.
(C) For this reason, we will be forced to make necessary job cuts at three of our manufacturing plants.
(D) As a result, we have formulated a plan to replace outdated electronics with energy-efficient devices.

4 (A) As
(B) Therefore
(C) Due to
(D) Although

어휘 문제

반드시 빈칸 앞뒤 부분의 내용을 파악해 의미 흐름상 어울리는 명사 어휘를 찾아야 합니다. 빈칸 앞뒤의 내용으로 보아, 회의 중에 새로운 정책과 관련된 일을 나타낼 명사가 필요하다는 것을 알 수 있습니다.

어휘 문제

be동사 뒤에 위치한 빈칸은 that절의 주어 customers를 설명하는 보어 자리이므로 사람 명사인 customers와 어울릴 수 있으면서 그 뒤에 위치한 to 부정사와 함께 쓰일 수 있는 것을 찾아야 합니다.

문장 삽입 문제

문장 삽입 문제는 앞뒤 문장들의 의미를 파악해 그 흐름에 어울리는 문장을 찾아야 합니다. 특히 각 선택지의 문장들이 접속부사로 시작되고 있으므로 앞 문장과의 의미 관계를 파악하는 데 집중해야 합니다.

문법 문제

각 선택지가 접속사와 부사, 그리고 전치사들로 구성되어 있으므로 빈칸 앞뒤 문장 구조를 먼저 파악하여 빈칸에 알맞은 것을 골라야 합니다.

Questions 5-8 refer to the following letter.

Mr. Timothy Gopal

Kaya Insurance Group

338 Sunshine Blvd.

Tuscon, AZ 85756

Dear Mr. Gopal,

Thank you for your order of ten packs of 1,000-count bundles of premium paper. Your order confirmation number is ZQ1836.

As a token of -------, we offer free shipping on orders over $200. Furthermore, if you ------- to join the Amigo Paper mailing list now, you will receive a coupon code good for $5 off your next purchase. You will then ------- receive our monthly newsletter by e-mail and be able to hear about our special offers in advance. It only takes two minutes to do that.

Amigo Paper is pleased to serve you. -------.

Sincerely,

Stephen Lee, Lead Customer Service Representative

---

5 (A) appreciate
(C) appreciative
(B) appreciation
(D) appreciatively

6 (A) sign up
(C) go through
(B) set up
(D) turn down

7 (A) automatically
(C) recently
(B) purposefully
(D) strategically

8 (A) We hope you continue to choose us in the future.
(B) We plan to present you with the Best Paper Company Award on October 7.
(C) The price is on our Web site, and it is subject to change.
(D) You can also give us a call if you wish to respond directly.

문법 문제

각 선택지의 단어들이 다양한 품사로 되어 있으므로 문장 구조 및 빈칸의 역할부터 파악해야 합니다.

어휘 문제

반드시 빈칸 앞뒤 부분의 내용을 파악해 적절한 의미 관계를 나타낼 수 있는 동사 표현을 찾아야 합니다.

어휘 문제

반드시 빈칸 앞뒤 부분의 내용을 파악해 적절한 의미 관계를 나타낼 수 있는 부사를 찾아야 합니다. 빈칸이 수동태 동사 사이에 위치해 있으므로 이 동사를 수식하기에 알맞은 것을 고르면 됩니다.

문장 삽입 문제

문장 삽입 문제는 앞뒤 문장들의 의미를 파악해 그 흐름에 어울리는 문장을 찾아야 합니다. 특히 대명사나 지시어 등을 바탕으로 앞 문장과의 의미 관계가 자연스럽게 이어지는 것을 찾아야 합니다.

 정답 및 해설 p.280

Part 7

UNIT 30 삼중지문

이중지문도 쉽지 않았는데, 삼중지문이라니! 3개의 지문을 읽고 5개의 문제를 풀어야 하는 삼중지문 세트! 시간이 모자라면 아예 풀어 볼 생각조차 하지 못할 수도 있지만 전략적으로 접근하면 생각보다 쉬울 수 있습니다. 5문제 중에 2~3문제 정도는 각 지문의 정보를 취합해 풀이하는 연계 문제인데, 연계 문제에 자신 있다면 이중지문과 삼중지문이 더 쉬울 수도 있어요!

전략 포인트 1 삼중지문 유형 접근법

❶ 삼중지문의 문제 배분

세 개의 지문이 한 세트로 구성되며 세트당 5문항씩 출제됩니다. 일반적으로 삼중지문의 첫 번째 지문은 이메일이며, 최근 들어 웹 페이지 지문이 증가하는 추세입니다. 단서가 두 지문에 걸쳐 제시되는 연계 문제가 2~3문제 정도 출제됩니다.

첫 번째 문제	지문1만 대상으로 출제되는 문제일 가능성이 높다. 주로 지문1이 쓰여진 목적을 묻는다.
두 번째 문제	지문1과 지문2의 정보를 취합해야 풀 수 있는 연계 문제로 거의 출제된다.
세 번째 문제	지문2만 대상으로 출제되는 문제일 가능성이 높다. 주로 지문2의 세부 사항을 묻는다.
네 번째 문제	지문2와 지문3의 정보를 취합해야 풀 수 있는 연계 문제로 주로 출제된다.
다섯 번째 문제	지문3만 대상으로 출제되는 문제일 가능성이 높다.

❷ 삼중지문 문제 풀이 전략

삼중지문이 이중지문보다 읽어야 할 분량이 많고 연계 문제 관련 정보를 찾는 방식이 조금 더 복잡할 수 있다는 것 외에는 이중지문과 크게 다르지 않습니다. 그러므로 학습 방법과 문제 풀이 전략 역시 이중지문의 경우와 비슷합니다.

❶ 주제/목적 문제, 세부 사항 문제, 동의어 문제부터 풀이합니다.

· What's the purpose ~?, Why did/does ~?, What ~, When ~, Who ~ 등의 질문 유형은 단서를 찾기가 상대적으로 수월 하므로 먼저 풀어봅니다.

❷ 단순한 정보를 요구하는 문제는 소거법을 적용해 풀이합니다.

· 선택지가 같은 종류의 명사 또는 숫자, 날짜, 고유명사 등 단순 정보로 구성되는 문제는 지문상의 단서와 선택지를 하나씩 대조 해 오답부터 소거하는 방식으로 푸는 것이 좋습니다.

❸ 많은 정보를 필요로 하면서 심하게 Paraphrasing되는 사실 확인 문제와 유추 문제는 나중에 풀이합니다.

· 질문에 mentioned, indicated, stated, required, expected 등이 포함될 경우, 주로 세부 사항을 묻는 문제이지만, 복잡하 게 Paraphrasing되어 있거나, 유추 과정을 거쳐야 할 가능성이 높으므로 나중에 풀이하는 것이 좋습니다.

· 질문에 suggested[suggest], implied[imply], inferred[infer] 등이 포함되는 경우, 지문의 단서를 기반으로 특정 결론에 도달 해야 하는 유추[추론] 유형일 가능성이 높습니다. 이런 유형도 시간이 많이 소요될 수 있으므로 나중에 풀이하는 것이 좋습니다.

· 질문에 true/NOT true가 있다면 지문에서 여러 단서를 찾아 대조해야 하는 사실 확인 유형으로, 시간이 많이 소요되므로 나중 으로 미룹니다. 특히 NOT이 포함된 질문은 입문자들에게는 가장 어려운 유형이므로 가장 마지막에 풀이하는 것이 좋습니다.

④ 삼중 지문 유형에서 연계 문제 파악하는 요령

· 삼중지문에서 첫째와 둘째 지문, 또는 둘째와 셋째 지문을 연계해 푸는 문제들이 나오는데, 두 지문 사이에서 연계되는 방식은 이중지문과 다를 바 없으며, 다만 둘째와 셋째 지문을 연계하는 문제가 더 나올 수 있습니다.

· 질문에 suggested[suggest], implied[imply], inferred[infer], most likely 등이 들어가는 유추 문제는 두 지문 연계 문제일 가능성이 높습니다.

· 질문의 키워드가 지문에서 바로 보이지 않으면 다른 지문까지 읽어야 하는 연계 문제일 가능성이 높으므로 다른 문제부터 풉니다.

· 선택지가 날짜, 사람 이름, 지명, 프로그램 이름 등 숫자 또는 단순한 명칭들로 구성되는 경우는 두 지문을 교차로 확인해야 하는 연계 문제일 가능성이 높으므로 다른 문제부터 푸는 것이 좋습니다.

전략 포인트 2 **삼중지문 유형 공략법**

Example **Questions 1-5** refer to the following billing statement and e-mails.

Wooden Nickle Outlet

2243 Jones Bridge Road

Atlanta, GA 30301

404-535-0158

❶ Ordered By: Daytona Corporation

David Jones

387 Brighton Avenue

San Diego, CA 22434

❷ Order Date: September 1

Item #	Item Name	Quantity	Price Each	Amount
S1233	2-person sofa, cream	1	$450.00	$ 450.00
L1755	Recliner, pale blue	1	$450.00	$ 450.00
T1867	End table, white	2	$60.00	$ 120.00
A2123	Lamps, amber	2	$20.00	$ 40.00
			Subtotal	$1,060.00
			Tax	$100.00
			Express Shipping	$200.00
			(VIP Membership Special)	(- $200.00)
			Total	$1,160.00

Payment is due upon delivery.

❶ 제품을 주문한 사람과 관련된 정보를 확인할 수 있다.

❷ 특정 시점을 알려 주는 정보는 꼭 확인해 둬야 한다.

To: Steve Wooden <swooden@woodennickle.com>
From: David Jones <djones@daytona.com>
Subject: September order
Date: September 7

Mr. Steve Wooden,

I'm writing you today to let you know that there seems to be a mistake with my purchase order for September. I have received only one lamp instead of the two which I paid $40 for ($20 each). Furthermore, ❸ the lamp I received has a tiny chip on the bottom as if someone has dropped it. Do you have any idea what happened?

You know that I have been ordering furniture from your outlet since I started my company. In the past, I have never received a damaged product from Wooden Nickle Outlet and I'm surprised by this order mistake and the damaged goods. I spoke with my neighbor Selma Blake, who has recently ordered several pieces from Wooden Nickle Outlet, and she also received damaged products.

❹ Please send two lamps in good condition to my office address as soon as possible.

David Jones

❸ 문제점을 알리는 부분에서는 문제점의 종류와 원인 등이 제시되므로 이를 확인해 둬야 한다.

❹ 요청 사항에 해당되므로 중요한 정보임을 알 수 있다.

To: David Jones <djones@daytona.com>
From: Steve Wooden <swooden@woodennickle.com>
Subject: Re: September order
❺ Date: September 8

Dear David,

After receiving your e-mail, I was surprised to learn that there was a mistake on your September purchase order.

I've looked into what happened and I figured it out. We just hired new employees who weren't familiar with our New York warehouse logistics, and they sent one of your lamps to a different David Jones in Chicago. In terms of the damaged lamp, I believe it was chipped somewhere along the delivery route.

❺ 이메일 작성 날짜를 확인할 때 다른 지문에 제시된 날짜와의 시점 관계를 생각해야 한다.

I would like to apologize for the mistake and ⑥ I will make sure that those lamps arrive at your address within four days.

Feel free to contact me if you have any questions.

Best regards,
Steve Wooden

⑥ 앞선 지문에 언급된 문제점을 해결하는 방법이므로 그 관련성을 생각하면서 읽어야 한다.

---

1 What is indicated in the billing statement?
(A) Daytona Corporation is located in Atlanta.
(B) Wooden Nickle Outlet waived the shipping fee for Daytona Corporation.
(C) Full payment is due on September 1.
(D) Daytona Corporation has made a payment with a credit card.

첫 번째 지문에 나타나 있는 바를 찾아내는 문제이므로 첫 번째 지문에 집중해 풀어야 합니다. 각 선택지와 지문상의 정보를 비교하면서 오답을 소거합니다.

2 Which item was damaged?
(A) S1233
(B) L1755
(C) T1867
(D) A2123

파손된 제품을 묻고 있으므로 파손 상태가 언급되는 지문을 찾은 후, 제품 코드와 연계되는 정보를 파악하세요.

3 What does David Jones ask Steve Wooden to do?
(A) Make a delivery of his purchase
(B) Call him as soon as possible
(C) Give him a full refund
(D) Offer discount coupons

David Jones 씨가 요청하는 것을 묻고 있으므로 David Jones 씨가 발신자로 언급되는 지문에서 요청 관련 표현을 활용한 부분을 찾습니다.

4 According to the second e-mail, when will the lamps most likely arrive?
(A) September 7
(B) September 8
(C) September 11
(D) September 14

According to the second e-mail을 통해 두 번째 이메일인 마지막 지문에만 집중해 푸는 문제임을 알 수 있습니다. 전등이 도착하는 시점과 이메일 작성 날짜를 함께 확인해야 합니다.

5 Where will Mr. Wooden send the lamps to?
(A) Atlanta
(B) Chicago
(C) New York
(D) San Diego

Wooden 씨의 이름이 제시되는 지문에서 제품 발송과 관련된 정보가 언급되는 부분을 찾아야 합니다.

정답 및 해설 p. 282

● 다음 문제를 스스로 풀어본 후, 해설을 확인하여 풀이 요령을 완전히 익히세요.

Questions 1-5 refer to following estimate, notice, and e-mail.

Paramount Creations

112 Luxemberg Drive

New York City, New York 42223

Date: April 10

Cost Estimate No.: 53321

Prepared for: Jennifer Gardens
Prepared by: Gavin Pierre

Description	Amount	Cost
Cement Blocks ($3 / block)	100	$300.00
Red Fence Posts ($2 / post)	1,000	$2,000.00
Onsite labor charge ($25 / hour)	20	$500.00
New Customer Discount Coupon (Code ZT3928)	1	$-100.00
		ESTIMATE TOTAL $2,700.00

Provided estimates are valid for five business days.

New York City Building Permit

Any resident in the state of New York shall obtain a building permit ($250 for residential buildings; $350 for commercial buildings) from City Hall prior to building a fence as of April 1. You can apply for the fence permit in person at City Hall or visit our Web site for online registration.

To: Gavin Pierre

From: Jennifer Gardens

Date: Friday, April 10, 11:22 A.M.

Subject: Obtaining a Fence Permit

Hi Gavin,

Previously, we discussed building a 1.5 meter fence to border my office building, and I would like to hire you for the job, which will commence on April 12. I was very impressed with your prices and am pleased that your firm is based just a few blocks from my workplace. Thank you for the estimate proposal you sent to me so promptly. However, I was wondering if you can clarify a question I have regarding the estimate. Specifically, I was wondering if the estimate for labor hours includes the work involved in obtaining the fence building permit from City Hall.

Please clarify this for me before the fence building work begins. By the way, I was really impressed with the fence-building work you carried out at my neighbor Jinny's home.

Please let me know as soon as you can.

Sincerely,

Jennifer

1 What is indicated from the estimate?

(A) Some of the items are currently out of stock.

(B) Paramount Creations offers discounts for new customers.

(C) The work project will take five days to complete.

(D) Customers can make a payment by credit card.

첫 번째 지문인 estimate에서 유추할 수 있는 것을 묻고 있으므로 첫 번째 지문에만 집중해 풀어야 합니다.

2 According to the notice, how can a permit be obtained?

(A) By registering online

(B) By contacting a construction firm

(C) By mailing an application

(D) By calling City Hall

질문에 According to the notice라는 말이 있으므로 두 번째 지문인 notice에만 집중해 풀어야 합니다.

3 What is suggested about Ms. Gardens?

(A) She has recently launched a new business.

(B) She currently works in New York City.

(C) She has hired Paramount Creations for previous projects.

(D) She is unhappy with the provided cost estimate.

Ms. Gardens가 키워드로 주어져 있으므로 이 이름이 제시되는 부분부터 찾아야 합니다. 해당 부분 근처에 단서가 있을 수도 있고, 연계 문제일 수도 있으므로 관련 정보를 찾는 데 집중해야 합니다.

4 How much will Ms. Gardens most likely pay for a building permit?

(A) $100

(B) $150

(C) $250

(D) $350

각 선택지에 금액이 제시되어 있으므로 질문에 포함된 키워드 및 금액 관련 정보가 제시되는 부분을 찾아 연관성을 파악하면서 풀어야 합니다.

5 In the e-mail, the phrase "carried out" in paragraph 2, line 2, is closest in meaning to

(A) transported

(B) performed

(C) lifted

(D) proposed

유사 어휘를 찾는 문제를 풀 때는 단순히 해당 단어의 사전적 의미보다 지문에서 어떤 의미를 나타내는지 파악하는 데 중점을 두어야 합니다.

정답 및 해설 p.283

정답
&
해설

CHAPTER 1

UNIT 01

Part 1 1인 사진　**Part 2** 의문사 의문문

PRACTICE

1.

(A) A woman is staring at the monitor.
(B) A woman is putting on a jacket.
(C) A woman is talking on the phone.
(D) A woman is typing on a keyboard.

(A) 한 여자가 모니터를 응시하고 있다.
(B) 한 여자가 재킷을 입는 중이다.
(C) 한 여자가 전화 통화를 하고 있다.
(D) 한 여자가 키보드로 타자를 치고 있다.

정답　(C)

해설　1인 사진이므로 등장 인물의 동작이나 자세, 관련 사물에 초점을
맞춰 들어야 한다.

(A) 여자의 시선이 모니터 쪽으로 향해 있지 않으므로 오답.
(B) 여자가 재킷을 입는 동작을 하고 있지 않으므로 오답.
(C) 수화기를 들고 통화하는 모습을 묘사하고 있으므로 정답.
(D) 키보드로 타자를 치는 동작을 하고 있지 않으므로 오답.

어휘　stare at ~을 응시하다　put on (동작) ~을 입다　type on a
keyboard 키보드로 타자를 치다

2.

(A) A woman is looking in a display case.
(B) A woman is holding jewelry.
(C) A woman is opening a bag.
(D) A woman is paying for a purchase.

(A) 한 여자가 진열장 안을 들여다보고 있다.
(B) 한 여자가 보석 제품을 들고 있다.
(C) 한 여자가 가방을 열고 있다.
(D) 한 여자가 구매 제품에 대한 비용을 지불하고 있다.

정답　(A)

해설　등장 인물의 동작이나 자세, 관련 사물에 초점을 맞춰 들어야 하는
1인 사진 유형이다.

(A) 제품 진열장 안을 들여다보는 모습을 묘사한 정답.
(B) 여자가 손에 아무 것도 들고 있지 않으므로 오답.
(C) 여자가 가방을 여는 동작을 하고 있지 않으므로 오답.
(D) 돈을 지불하는 동작을 하고 있지 않으므로 오답.

어휘　look in ~ 안을 들여다보다　display 진열(품), 전시(품)　hold ~을 들고
있다, 붙잡고 있다　jewelry 보석 제품, 장신구　pay for ~에 대한 값을
지불하다　purchase 구매(품)

3.

(A) Luggage is being unloaded from a cart.
(B) Some bags are arranged in rows.
(C) A man is putting merchandise into a bag.
(D) A man is wearing a backpack.

(A) 수하물이 카트에서 내려지고 있다.
(B) 일부 가방들이 여러 줄로 정렬되어 있다.
(C) 한 남자가 가방 안에 상품을 넣고 있다.
(D) 한 남자가 배낭을 착용하고 있는 상태이다.

정답　(D)

해설　1인 사진이므로 사진에 등장한 남자의 동작이나 자세, 관련 사물
에 초점을 맞춰 들어야 한다.

(A) 사진 속에 카트가 나타나 있지 않으므로 오답.
(B) 가방들이 여러 개의 줄로 정렬되어 있는 상태가 아니므로 오
답.
(C) 남자가 가방에 물건을 넣는 동작을 하고 있지 않으므로 오답.
(D) 남자가 배낭을 하나 메고 있는 상태를 묘사한 정답.

어휘　luggage 수하물　unload A from B: (짐, 물품 등) A를 B에서 내리
다　arrange ~을 정렬하다　in rows 줄 맞춰, 줄지어, 여러 줄로　put A

into B: A를 B 안에 넣다 merchandise 상품 wear (상태) ~을 착용하다, 입다

4.
Who's picking up Mr. Kona from the airport?
(A) He's flying back to New York.
(B) It's listed on the schedule.
(C) At 3:30.

누가 공항에서 Kona 씨를 차로 모시고 오는 건가요?
(A) 그분은 뉴욕에 비행기를 타고 다시 돌아갈 거예요.
(B) 일정표에 기재되어 있습니다.
(C) 3시 30분에요.

정답 (B)

해설 공항에서 Kona 씨를 차로 모시고 올 사람을 묻는 Who 의문문이다.
(A) 사람에 대해 묻고 있는데, How 의문문에 어울리는 교통 수단으로 답변하고 있으므로 오답.
(B) 일정표에 나와 있다는 말로 관련 정보를 확인할 방법을 알려주는 정답.
(C) who 의문문에 맞는 응답이 나와야 한다. When 의문문에 어울리는 시간 표현이므로 오답.

어휘 pick up ~을 차로 데려 오다, 차로 태우러 가다 fly 비행기를 타고 가다 be listed on ~에 기재되어 있다

5.
Where can I keep this chart until the presentation?
(A) Yes, I need to keep it.
(B) In the drawer over there.
(C) He will give a speech.

발표 때까지 이 차트를 어디에 보관할 수 있나요?
(A) 네, 저는 그것을 갖고 있어야 합니다.
(B) 저기 저쪽에 있는 서랍이에요.
(C) 그가 연설을 할 거예요.

정답 (B)

해설 차트 보관 장소를 묻는 Where 의문문이다.
(A) 의문사 의문문에 어울리지 않는 Yes로 답변하는 오답.
(B) 특정 위치에 놓인 서랍을 언급한 정답.
(C) Where can I ~로 시작하는 의문문인데 He로 답변하는 오답.

어휘 keep ~을 보관하다, 갖고 있다 until (지속) ~까지 presentation 발표(회) drawer 서랍 over there 저기 저쪽에 give a speech 연설하다

6.
Where should we place this photo?
(A) A well-known photographer.
(B) There's no space in this room.
(C) No, I need two nails.

우리가 이 사진을 어디에 두어야 하나요?
(A) 유명 사진사요.
(B) 이 방에는 공간이 없어요.
(C) 아뇨, 저는 못이 두 개 필요합니다.

정답 (B)

해설 사진을 보관할 장소를 묻는 Where 의문문이다.
(A) Who 의문문에 어울리는 사람으로 답변하고 있으므로 오답.
(B) 현재 방에 공간이 없다는 말로 다른 곳에 둬야 함을 의미하는 정답.
(C) 의문사 의문문에 어울리지 않는 No로 답변하는 오답.

어휘 place v. ~을 두다, 놓다 well-known 유명한, 잘 알려진 photographer 사진사 nail 못

7.
When was the last time you checked the patient?
(A) Absolutely.
(B) Two hours ago.
(C) For three hours.

그 환자를 마지막으로 확인하신 게 언제였나요?
(A) 물론이죠.
(B) 2시간 전에요.
(C) 3시간 동안이요.

정답 (B)

해설 특정 환자를 확인한 과거 시점을 묻는 When 의문문이다.
(A) 의문사 의문문에 어울리지 않는 Absolutely(Yes와 동일)로 답변하는 오답.
(B) 특정 과거 시점을 언급하고 있으므로 정답.
(C) 과거 시점이 아닌 지속 시간을 언급하고 있으므로 오답.

어휘 When was the last time + 주어 + 동사?: 마지막으로 ~한 게 언제였나요? patient 환자 Absolutely (강한 긍정) 물론이죠, 당연하죠

8.
When does the musical start?
(A) Take a look at your ticket.
(B) In Theater 3.
(C) Piano and violin.

뮤지컬이 언제 시작하나요?
(A) 티켓을 한 번 확인해 보세요.
(B) 3관에서요.
(C) 피아노와 바이올린이요.

정답 (A)

해설 뮤지컬이 시작하는 때를 묻는 When 의문문이다.
(A) 티켓을 보라는 말로 관련 정보 확인 방법을 알려 주는 정답.
(B) Where 의문문에 어울리는 장소 표현으로 답변하고 있으므로 오답.

(C) 질문에서 언급된 musical에서 연상 가능한 악기 종류로 답변하는 오답.

어휘 take a look at ~을 한 번 보다

9. Why did ABC Cleaning cancel our appointment?
(A) Yes, it was very clean.
(B) That's a good point.
(C) There was a conflict in their schedule.

ABC Cleaning 사에서 왜 우리 약속을 취소한 건가요?
(A) 네, 아주 깨끗했습니다.
(B) 좋은 지적입니다.
(C) 그쪽 사람들 일정에 충돌이 있었어요.

정답 (C)
해설 ABC Cleaning 사에서 약속을 취소한 이유를 묻는 Why 의문문이다.
(A) 의문사 의문문에 어울리지 않는 Yes로 답변하는 오답.
(B) 질문에서 언급된 appointment와 일부 발음이 유사한 단어인 point를 활용한 오답.
(C) 약속 취소와 관련해 일정 충돌 문제가 있었음을 언급한 정답.
어휘 appointment 약속, 예약 That's a good point. 좋은 지적입니다. conflict (의견, 일정 등의) 충돌, 상충

10. Why don't you sign up for the trade seminar with me?
(A) On the second floor.
(B) I am not sure if I can go.
(C) The sign says "No smoking".

저와 함께 무역 세미나에 등록하시는 게 어때요?
(A) 2층에요.
(B) 제가 갈 수 있을지 확실치 않습니다.
(C) 표지판에 "흡연 금지"라고 쓰여 있어요.

정답 (B)
해설 무역 세미나에 함께 등록하도록 권하는 Why don't you 의문문이다.
(A) Where 의문문에 어울리는 위치 표현이므로 오답.
(B) 참석 여부가 불명확함을 알리는 것으로 거절의 뜻을 나타낸 정답.
(C) sign의 다른 의미(표지판)를 활용해 혼동을 유발하는 오답.
어휘 Why don't you ~? ~하는 게 어때요? sign up for ~에 등록하다, ~을 신청하다 sign 표지(판) say (문서 등에) ~라고 쓰여 있다

11. What's the price of this jacket?
(A) It's a good product.
(B) There may be a discount.

(C) Mostly pants and socks.

이 재킷의 가격은 얼마인가요?
(A) 그건 좋은 제품입니다.
(B) 할인이 있을 수 있습니다.
(C) 대체로 바지와 양말들이요.

정답 (B)
해설 재킷 가격을 묻는 What 의문문이 쓰였다.
(A) 가격이 아닌 제품의 질과 관련된 답변이므로 오답.
(B) 할인 가능성을 언급해 가격이 낮아질 수 있음을 알리는 정답.
(C) 재킷에서 연상 가능한 다른 의류 관련 단어를 언급한 답변이므로 오답.
어휘 What's the price of A?: A의 가격이 얼마인가요? mostly 대체로, 대부분

12. What kind of bicycle do you have?
(A) Are you considering buying one?
(B) Near a bicycle shop.
(C) I have some concerns.

무슨 종류의 자전거가 있나요?
(A) 한 대 구입하는 것을 고려 중이신가요?
(B) 자전거 매장 근처에요.
(C) 저는 우려되는 것들이 좀 있어요.

정답 (A)
해설 소유하고 있는 자전거의 종류를 묻는 What 의문문이다.
(A) bicycle을 대명사 one으로 받아, 구입을 고려 중인 상황인지 확인하고 있으므로 정답.
(B) Where 의문문에 어울리는 위치 표현으로 답변하고 있으므로 오답.
(C) 질문에서 언급된 have가 반복 사용된 답변으로 질문과 관련 없는 오답.
어휘 consider -ing ~하는 것을 고려하다 near ~ 근처에 concern 우려, 걱정

13. How will the interns be chosen?
(A) The interviewees were well-dressed.
(B) She has an impressive résumé.
(C) They were already selected.

인턴들이 어떻게 선정되나요?
(A) 면접 대상자들이 잘 갖춰 입었습니다.
(B) 그녀는 인상적인 이력서를 갖고 있습니다.
(C) 그들은 이미 선정되었어요.

정답 (C)
해설 인턴들이 선정되는 방식을 묻는 How 의문문이다.

(A) 질문과 관계없는 면접 대상자들의 복장에 대해 답변하는 오답.

(B) interns와 어울리지 않으며, 대상을 알 수 없는 She로 답변하는 오답.

(C) 이미 선정되었다는 말로 채용 과정이 종료되었음을 알리는 정답.

어휘   interviewee 면접 대상자   well-dressed 잘 갖춰 입은, 잘 차려 입은 impressive 인상적인   résumé 이력서   select ~을 선정하다

---

14.   How did our clients like the proposal?
(A) They will discuss it tomorrow.
(B) It's due on Monday.
(C) I'd like to.

우리 고객들이 제안서를 마음에 들어 하셨나요?
(A) 그분들이 내일 그것을 논의할 겁니다.
(B) 월요일이 마감일입니다.
(C) 저도 그러고 싶어요.

정답   (A)

해설   제안서에 대한 고객들의 생각을 묻는 How 의문문이다.

(A) clients를 They로 지칭하며, 내일 논의한다는 말로 아직 알 수 없음을 나타낸 정답.

(B) When 의문문에 어울리는 마감 기한을 말하고 있으므로 오답.

(C) 질문과 관련없는 주어(I)로 시작되며, 제안에 대한 수락을 나타낼 때 사용하는 말이므로 오답.

어휘   proposal 제안(서)   discuss ~을 논의하다   due + 시점: ~가 마감일인, 기한인   I'd like to 저도 그러고 싶어요, 저도 그렇게 하고 싶어요

UNIT 02
Part 3 주제/목적을 묻는 문제

EXAMPLE

Questions 1-3 refer to the following conversation.

M: **1** Congratulations, Ms. Rodriguez, on your recent promotion. I heard you are going to be responsible for two store locations in L.A. Will you be relocating?

W: Yes, I am going to move next month. **2** Mr. Son, who was in charge of the two downtown stores, resigned last week, so I was assigned to take his place.

M: It sounds like an amazing opportunity for you. It must have better pay, and it gives you a reason to move. Are they going to have a farewell party for you?

W: Absolutely, **3** they are going to have a reception next Tuesday for all the members being transferred. I hope to see you there!

남: 최근의 승진을 축하합니다, Rodriguez 씨. L.A.에 있는 매장의 두 지점을 맡게 되신다고 들었어요. 이사하실 예정이신가요?

여: 네, 다음 달에 이사합니다. 시내에 있는 그 두 곳의 매장을 맡았던 Son 씨가 지난 주에 사직하셔서, 저에게 그분을 대신하는 일이 배정되었어요.

남: 당신에게 대단히 좋은 기회인 것 같아요. 분명 급여가 더 나을 테니, 이사하실 만한 이유가 되겠죠. 사람들이 당신을 위해 송별 파티를 열어 주나요?

여: 물론이죠, 전근가게 되는 모든 직원들을 위해 다음 주 화요일에 축하 파티를 열 예정이에요. 그곳에서 뵐 수 있기를 바라요!

어휘   Congratulations on A: A를 축하 드립니다   recent 최근의 promotion 승진   be responsible for ~을 책임지다   location 지점, 위치   relocate 이사하다, 이전하다   in charge of ~을 맡고 있는, 책임지고 있는   resign 사직하다, 사임하다   be assigned to do ~하도록 배정되다, 할당되다   take one's place ~의 자리를 대신하다   It sounds like ~인 것 같다   amazing 대단히 좋은, 놀라운 opportunity 기회   must 분명 ~하다   pay 급여   farewell party 송별 파티   Absolutely (강한 긍정) 물론이죠, 당연하죠   reception 축하 연회, 기념 파티   transfer ~을 전근시키다

---

1.   What is the topic of the conversation?
(A) The woman's new job
(B) The woman's hometown
(C) The woman's promotion
(D) The woman's housewarming party

대화의 주제는 무엇인가?
(A) 여자의 새로운 직장
(B) 여자의 고향
(C) 여자의 승진
(D) 여자의 집들이

정답   (C)

해설   대화 시작 부분에 남자가 여자에게 승진 축하 인사를 전한 (Congratulations, Ms. Rodriguez, on your recent promotion) 뒤로 승진과 관련해 있을 일을 얘기하고 있으므로 (C)가 정답이다.

어휘   housewarming party 집들이

---

2.   What is mentioned about Mr. Son?
(A) He has recently quit his job.
(B) He has been praised for his work.
(C) He will be moving to L.A.
(D) He collaborated on a project with the woman.

Son 씨에 관해 언급된 것은 무엇인가?

(A) 그는 최근에 일을 그만두었다.

(B) 그는 업무에 대해 칭찬 받았다.

(C) 그는 L.A.로 이사할 것이다.

(D) 그는 한 프로젝트에 대해 여자와 협업했다.

정답 (A)

해설 Son 씨가 언급되는 중반부에 지난 주에 Son 씨가 사직한 사실을(Mr. Son, who was in charge of the two downtown stores, resigned last week ~) 여자가 언급하고 있으므로 (A) 가 정답이다.

어휘 recently 최근에 quit ~을 그만두다 be praised for ~에 대해 칭찬받다 collaborate on A with B: A에 대해 B와 협업하다

Paraphrase resigned last week → recently quit

3. According to the woman, what will happen next Tuesday?

(A) A training session

(B) A party

(C) A store opening

(D) An interview

여자의 말에 따르면, 다음 주 화요일에 무슨 일이 있을 것인가?

(A) 연수 과정

(B) 파티

(C) 매장 개점

(D) 면접

정답 (B)

해설 next Tuesday가 키워드이다. 여자의 대사 중 이 말이 언급되는 부분을 잘 들어보면 전근을 가게 되는 모든 직원들을 위한 송별회가 열릴 것이라고 하므로(they are going to have a reception next Tuesday ~) (B)가 정답이다. reception = party임을 알고 있어야 한다.

PRACTICE

Questions 1-3 refer to the following conversation.

M: Hello, Karen, this is Marcus. **1** Can you give me a ride to the office on your way in?

W: Oh, I came in early to prepare for our meeting. Will you be able to make it here on time?

M: I don't know. My car won't start, and the subway is closed for repairs. I'm supposed to give the presentation today, so what should I do?

W: Oh, no. Our clients will be here soon, so I can't leave the office to get you. **2** Why don't you call a cab? **3** I will text you Yellow Cab's phone number.

M: Okay, thanks.

남: 안녕하세요, Karen 씨, Marcus입니다. 출근하시는 길에 저를 사무실까지 태워주실 수 있으세요?

여: 아, 저는 회의 준비를 하기 위해 일찍 출근했어요. 이곳에 제때 도착하실 수 있으신가요?

남: 잘 모르겠어요. 제 차는 시동이 걸리지 않고, 지하철은 수리 문제 때문에 운행 중단 상태예요. 제가 오늘 발표를 할 예정인데, 어떻게 해야 하죠?

여: 아, 이런. 고객들이 곧 여기로 올 것이기 때문에, 당신을 데려오려고 사무실에서 나갈 수는 없어요. 택시를 부르는 게 어때요? 제가 Yellow Cab 사의 전화번호를 문자로 보내 드릴게요.

남: 좋아요, 감사합니다.

어휘 give A a ride: (차로) A를 태워주다 on one's way in 출근하는 길에 prepare for ~을 준비하다 be able to do ~할 수 있다 make it 도착하다, 가다 on time 제때 start (자동차 등) 시동이 걸리다 repair 수리 be supposed to do ~할 예정이다, ~하기로 되어 있다 give a presentation 발표하다 leave ~에서 나가다, 떠나다 get ~을 데려오다 Why don't you ~? ~하는 게 어때요? cab 택시 text A B: A에게 B를 문자로 보내다

1. Why is the man calling?

(A) To rearrange a meeting

(B) To speak with a client

(C) To ask for a ride to work

(D) To check a meeting location

남자는 왜 전화를 거는가?

(A) 회의 일정을 재조정하기 위해

(B) 고객과 이야기하기 위해

(C) 직장까지 태워 달라고 요청하기 위해

(D) 회의 장소를 확인하기 위해

정답 (C)

해설 대화 초반에 남자가 출근하는 길에 사무실까지 태워줄 수 있는지(Can you give me a ride to the office on your way in?) 묻고 있으므로 (C)가 정답이다.

어휘 rearrange ~을 재조정하다 ask for ~을 요청하다 ride (자동차 등을) 타고 가기 location 장소, 위치

2. What does the woman suggest the man do?

(A) Contact his colleague

(B) Reserve a taxi

(C) Text his address

(D) Schedule some repairs

여자는 남자에게 무엇을 하도록 제안하는가?

(A) 동료 직원에게 연락하는 일

(B) 택시를 예약하는 일

(C) 그의 주소를 문자로 보내는 일
(D) 일부 수리 작업 일정을 잡는 일

정답 (B)

해설 여자의 제안 사항이 언급되는 후반부에 택시를 부르는 게 어떤지 (Why don't you call a cab?) 제안하고 있으므로 (B)가 정답이다.

어휘 suggest (that) ~하도록 제안하다, 권하다 contact ~에게 연락하다 colleague 동료 (직원) reserve ~을 예약하다 repair 수리

Paraphrase call a cab → Reserve a taxi

3. What will the woman send to the man?
(A) A meeting schedule
(B) A company's address
(C) A price list
(D) A business's phone number

여자는 남자에게 무엇을 보낼 것인가?
(A) 회의 일정표
(B) 한 회사의 주소
(C) 가격표
(D) 한 업체의 전화번호

정답 (D)

해설 대화 후반부에 여자가 Yellow Cab 사의 전화번호를 문자로 보내 주겠다고(I will text you Yellow Cab's phone number) 알리고 있으므로 (D)가 정답이다.

Questions 4-6 refer to the following conversation.

M: Hello, Ying, are you enjoying your first day of work here? **4** Were you able to get your company ID badge? You need to complete the form online for that first.
W: I know, but **4** when I tried to fill out the form, I couldn't click the "Submit" button. I have no idea why it's happening.
M: I see. I think some security programs need to be installed. **5** I will ask our IT technician, Hyu-so, to install them for you.
W: Thank you.
M: By the way, **6** a few of us are having dinner together after work. Would you like to join us? It would be a good way for you to get to know your coworkers better.

남: 안녕하세요, Ying 씨, 이곳에서의 근무 첫 날을 즐겁게 보내고 계신 가요? 회사 사원증을 받으실 수 있었나요? 그 부분에 대해 먼저 온라인으로 양식을 작성하셔야 해요.

여: 저도 알고 있기는 하지만, 제가 양식을 작성하려고 했을 때, "제출하기" 버튼을 클릭할 수 없었어요. 왜 그런 일이 생기는지 모르겠어요.
남: 알겠어요. 몇몇 보안 프로그램이 설치되어야 하는 것 같아요. 제가 IT 기술자인 Hyu-so 씨에게 당신을 위해 설치하도록 요청 드릴게요.
여: 감사합니다.
남: 그건 그렇고, 저희 몇 명이 퇴근 후에 함께 저녁 식사를 할 거예요. 함께 가시겠어요? 동료 직원들을 더 잘 아시게 될 수 있는 좋은 방법일 거예요.

어휘 be able to do ~할 수 있다 complete ~을 완료하다 form 양식, 서식 try to do ~하려 하다 fill out ~을 작성하다 submit 제출하다 have no idea why 왜 ~인지 알지 못하다 security 보안 install ~을 설치하다 ask A to do: A에게 ~하도록 요청하다 by the way (화제 전환 시) 그건 그렇고 join ~와 함께 하다, ~에 합류하다 way for A to do: A가 ~하는 방법 get to do ~하게 되다 coworker 동료 (직원)

4. What is the woman doing?
(A) Repairing a computer
(B) Applying for an ID badge
(C) Preparing a presentation
(D) Interviewing for a job

여자는 무엇을 하고 있는가?
(A) 컴퓨터 수리
(B) 사원증 신청
(C) 발표 준비
(D) 취업 면접

정답 (B)

해설 남자가 사원증을 신청하려면 온라인 서식을 작성해야 한다고(You need to complete the form~) 알려주자 여자가 작성하려 했는데 제출 버튼이 눌러지지 않았다고(when I tried to fill out the form, I couldn't click~) 말한다. 이를 통해 여자는 사원증을 신청하고 있음을 알 수 있다.

어휘 apply for ~을 신청하다

5. What does the man say he will do?
(A) Install some software
(B) Conduct a survey
(C) Drive to work
(D) Contact a coworker

남자는 무엇을 할 것이라고 말하는가?
(A) 일부 소프트웨어를 설치하는 일
(B) 설문 조사를 실시하는 일
(C) 운전해서 직장에 가는 일
(D) 동료 직원에게 연락하는 일

정답 (D)

해설 　대화 중반부에 남자가 IT 기술자인 Hyu-so 씨에게 설치 작업을 하도록 대신 요청하겠다고(I will ask our IT technician, Hyu-so, to install them for you) 말하는데, 이는 동료 직원에게 연락하는 일을 뜻하므로 (D)가 정답이다.

어휘 　conduct ~을 실시하다, 수행하다 survey 설문 조사(지) drive to ~로 운전해서 가다 contact ~에게 연락하다

Paraphrase ask our IT technician → Contact a coworker

6. What does the man suggest the woman do?
(A) Call a travel agent
(B) Estimate a cost
(C) Attend a meal
(D) Give a speech

남자는 여자에게 무엇을 하도록 제안하는가?
(A) 여행사 직원에게 전화하는 일
(B) 비용 견적을 내는 일
(C) 식사 자리에 참석하는 일
(D) 연설하는 일

정답 　(C)

해설 　남자의 제안 사항이 언급되는 후반부에 함께 저녁 식사하는 자리에 갈 수 있는지(~ a few of us are having dinner together after work. Would you like to join us?) 묻고 있으므로 (C)가 정답이다.

어휘 　suggest (that) ~하도록 제안하다, 권하다 travel agent 여행사 직원 estimate ~의 견적을 내다, ~을 추산하다 attend ~에 참석하다 give a speech 연설하다

Paraphrase dinner / join → Attend a meal

UNIT 03
Part 4 전화 메시지 / 자동 응답 메시지

EXAMPLE 전화 메시지

Questions 1-3 refer to the following telephone message.

Hello, this is Abel Ross from the clothing manufacturer Stylish Imports. **1** **2** I am calling because I need some more information regarding the safety inspection that you did yesterday. The majority of your report is quite detailed, but there is no explanation on the comments section as to why we failed the inspection. **3** We recently got a very large order that needs to be filled as soon as possible, but are unable to do so because we cannot improve our machinery if we don't know why it failed the inspection. Please call me back as soon as possible.

안녕하세요, 저는 의류 제조사 Stylish Imports의 Abel Ross입니다. 제가 전화 드리는 이유는 귀하께서 어제 실시하셨던 안전 점검에 대한 정보가 좀 더 필요하기 때문입니다. 당신의 보고서 내용 대부분은 꽤 상세하지만, 의견 항목에 저희가 왜 점검에서 불합격했는지에 관한 설명이 나와 있지 않습니다. 저희는 최근에 가능한 한 빨리 이행되어야 하는 아주 큰 주문을 받았지만, 그렇게 할 수 없는 상태인데, 저희 기계가 왜 점검에서 불합격했는지를 알지 못하면 그 기계를 개선할 수 없기 때문입니다. 가능한 한 빨리 저에게 다시 전화 주시기 바랍니다.

어휘 　clothing 의류 manufacturer 제조사 inspection 점검, 조사 the majority of 대부분의 quite 상당히, 꽤 detailed 상세한 explanation 설명 comment 의견, 말 as to ~에 관해 fail ~에서 탈락하다, ~을 실패하다 recently 최근에 order 주문(품) fill ~을 이행하다, 충족하다 as soon as possible 가능한 한 빨리 be unable to do ~할 수 없다 improve ·을 개선하다 machinery 기계 call A back: A에게 다시 전화하다

1. Why is the man calling?
(A) To request additional information
(B) To confirm his order
(C) To file a complaint
(D) To order more equipment

남자는 왜 전화를 거는가?
(A) 추가 정보를 요청하기 위해
(B) 자신의 주문 사항을 확인하기 위해
(C) 불만을 제기하기 위해
(D) 추가 장비를 주문하기 위해

정답 　(A)

해설 　전화를 건 이유를 언급하는 초반부에 안전 점검에 대한 정보가 더 필요하다고(I need some more information) 알리고 있으므로 (A)가 정답이다.

어휘 　request ~을 요청하다 additional 추가의 confirm ~을 확인하다 file a complaint 불만을 제기하다 equipment 장비

Paraphrase more information → additional information

2. What happened yesterday?
(A) A product demonstration
(B) An inspection
(C) A fashion show
(D) A training session

어제 무슨 일이 있었는가?
(A) 제품 시연회
(B) 점검
(C) 패션쇼
(D) 연수 과정

정답 (B)

해설 '어제(yesterday)'라는 시점이 제시되는 초반부에 안전 점검이 어제 실시된 사실을(the safety inspection that you did yesterday) 언급하고 있으므로 (B)가 정답이다.

어휘 demonstration 시연(회) training 교육 session (특정 활동을 위한) 시간, 기간

3. What does the speaker say he is worried about?
(A) Submitting more documents
(B) Meeting a deadline
(C) Changing some materials
(D) Working extra hours

화자는 무엇이 걱정된다고 말하는가?
(A) 추가 문서를 제출하는 일
(B) 마감 시한을 맞추는 일
(C) 일부 물품을 변경하는 일
(D) 추가 근무를 하는 일

정답 (B)

해설 담화 후반부에 최근에 가능한 한 빨리 이행되어야 하는 아주 큰 주문을 받았지만 그렇게 할 수 없다는(We recently got a very large order that needs to be filled as soon as possible, but are unable to do so ~) 문제점을 밝히고 있다. 이는 마감 시한을 맞추는 일을 의미하므로 (B)가 정답이다.

어휘 be worried about ~을 걱정하다 submit ~을 제출하다 meet ~을 충족하다 deadline 마감시한 material 물품, 재료, 자료 work extra hours 추가 근무를 하다, 초과 근무를 하다

EXAMPLE 자동 응답 메시지

Questions 1-3 refer to the following recorded message.

You have reached the Contemporary Art Society.
1 We've displayed contemporary art, not only on canvas, but statues, to the public for over 10 years. Our hours of operation are Monday through Friday from 9 a.m. to 7 p.m., and Saturdays from 10 a.m. until 5 p.m. Please be aware, **2** guided tours are held only three times a day. **3** If you would like to make a reservation, please do so online on our Web site. A calendar with available times can be found by clicking the "Reservations" tab. Thank you for calling.

현대 미술 협회입니다. 저희는 10년이 넘도록 회화 뿐만 아니라 조각상에 이르는 현대 미술을 일반 대중들에게 전시해 왔습니다. 저희 운영시간은 월요일부터 금요일까지는 오전 9시부터 저녁 7시까지이고, 토요일은 오전 10시부터 오후 5시까지입니다. 가이드 동반 투어는 하루에

세 번만 열린다는 것을 알고 계시기 바랍니다. 예약을 하고자 하시면 온라인으로 저희 웹사이트에서 하시기 바랍니다. "예약" 탭을 클릭하시면 예약 가능한 시간이 나오는 일정표를 보실 수 있습니다. 전화 주셔서 감사합니다.

어휘 reach (전화 등으로) 연락이 닿다 display ~을 전시하다 statue 조각상 the public 대중, 일반 사람들 operation 운영, 가동 be aware ~임을 알다 guided tour 가이드 동반 투어 be held 열리다 make a reservation 예약을 하다 available 이용 가능한

1. What type of organization is the Contemporary Art Society?
(A) A travel agency
(B) A cinema
(C) A museum
(D) An art school

Contemporary Art Society는 무슨 종류의 단체인가?
(A) 여행사
(B) 극장
(C) 박물관
(D) 예술학교

정답 (C)

해설 초반부에 화자가 미술품을 전시한다고(We've displayed contemporary art, not only on canvas, but statues, to the public for over 10 years.) 말하는 부분에서 (C)가 정답임을 알 수 있다.

2. What is the maximum number of tours that can be given in a day?
(A) One
(B) Three
(C) Five
(D) Ten

하루에 제공될 수 있는 최대 투어 횟수는 몇 번인가?
(A) 한 번
(B) 세 번
(C) 다섯 번
(D) 열 번

정답 (B)

해설 담화 중반부에 가이드 동반 투어가 하루에 세 번 열린다고 (guided tours are held only three times a day) 하므로 (B)가 정답이다.

3. How can a listener make a reservation?
(A) By leaving a message

(B) By visiting a Web site
(C) By sending an e-mail
(D) By submitting a form

청자는 어떻게 예약할 수 있는가?
(A) 메시지를 남김으로써
(B) 웹 사이트를 방문함으로써
(C) 이메일을 보냄으로써
(D) 서식을 제출함으로써

정답 (B)

해설 예약을 할 때 필요한 사항을 언급하는 부분에서 웹 사이트에서 하
라고(please do so online on our Web site) 하였다. 따라서
(B)가 정답이다.

어휘 leave ~을 남기다 submit ~을 제출하다 form 서식, 양식

PRACTICE

Questions 1-3 refer to the following telephone message.

Hello, Aaron, this is Tina. **1** I will be unable to attend
our meeting this afternoon. I missed my flight
from Bangkok to Seoul, so I won't be in the office
today. However, **2** I read through your proposal
suggesting a decrease in company spending. I see
that you mentioned improving our energy efficiency,
which would increase our costs initially, but allow
for savings in the future. However, **3** do you have
any suggestions on how to improve our immediate
financial issue? Let's talk about this more when
I return.

안녕하세요, Aaron 씨, 저는 Tina입니다. 제가 오늘 오후에 열리는 우
리 회의에 참석할 수 없을 거예요. 제가 방콕에서 출발해 서울로 가는
비행기를 놓쳤기 때문에, 오늘 사무실로 갈 수 없습니다. 하지만, 회사
의 지출 비용 감소를 제안한 당신의 제안서를 꼼꼼히 읽었습니다. 우리
의 에너지 효율을 개선하는 일을 언급해 주셨는데, 이는 초기에는 비용
을 증가시킬 수 있지만, 나중에 비용 절약을 가능하게 하는 일인 것으로
보입니다. 하지만, 당장의 재정 문제를 개선하는 방법에 관한 어떤 의견
이든 갖고 계신 게 있나요? 제가 돌아가면 이 부분에 관해 더 이야기하
도록 해요.

어휘 be unable to do ~할 수 없다 attend ~에 참석하다 miss ~을 놓
치다, 지나치다 however 하지만 read through ~을 꼼꼼히 읽다
proposal 제안(서) suggest ~을 제안하다, 권하다 decrease in
~의 감소 spending 지출 (비용) mention ~을 언급하다 improve
~을 개선하다 efficiency 효율(성) increase ~을 증가시키다
initially 초기에, 처음에 allow for ~을 가능하게 하다, 허용하다
saving (비용) 절약 suggestion 의견, 제안 how to do ~하는 법
immediate 당장의, 즉각적인 financial 재정의, 재무의 issue 문제,
사안

1. Why is the speaker unable to attend the meeting?
(A) She has an emergency in Seoul.
(B) She needs to meet her clients in Bangkok.
(C) She made a mistake on her schedule.
(D) She did not catch her flight.

화자는 왜 회의에 참석할 수 없는가?
(A) 그녀는 서울에서 긴급한 일이 있다.
(B) 그녀는 방콕에서 그녀의 고객들을 만나야 한다.
(C) 그녀는 자신의 일정에 있어 실수를 저질렀다.
(D) 그녀는 비행기를 타지 못했다.

정답 (D)

해설 담화 시작 부분에 여자는 회의 참석이 불가능하다는 사실과 함
께 비행기를 놓쳤다는 사실을(I will be unable to attend
our meeting this afternoon. I missed my flight from
Bangkok to Seoul, ~) 이유로 언급하고 있으므로 (D)가 정답
이다.

어휘 emergency 긴급한 일, 비상 상황 make a mistake 실수하다
catch (교통편) ~을 타다

Paraphrase missed → did not catch

2. What did Aaron suggest doing?
(A) Cutting expenses
(B) Hiring more staff
(C) Updating some information
(D) Remodeling an office

Aaron은 무엇을 할 것을 제안했는가?
(A) 비용 줄이기
(B) 추가 직원 고용하기
(C) 일부 정보 업데이트하기
(D) 사무실 리모델링하기

정답 (A)

해설 Aaron은 이 메시지를 듣는 사람이다. 화자는 Aaron의 제안
서를 읽었다고 말하며 그 제안서의 내용으로 a decrease in
company spending을 언급하고 있다. 이로부터 Aaron이 비
용을 줄일 것을 제안했음을 알 수 있으므로 정답은 (A)이다.

어휘 cut ~을 줄이다, 삭감하다

Paraphrase a decrease in ~ spending → Cutting expenses

3. What does the woman mean when she says, "Let's
talk about this more when I return"?
(A) She will meet the listener at the Bangkok office.
(B) She needs to clarify some issues with the
listener.
(C) She wants to schedule an extra meeting.

(D) She supports the listener's proposal.

여자가 "제가 돌아가면 이 부분에 관해 더 이야기하도록 해요" 라고 말한 의도는 무엇인가?
(A) 그녀는 방콕 지사에서 청자를 만날 것이다.
(B) 그녀는 청자와 함께 일부 사안을 분명히 하고자 한다.
(C) 그녀는 추가 회의 일정을 잡고 싶어 한다.
(D) 그녀는 청자의 제안을 지지하고 있다.

정답   **(B)**

해설   당장의 재정 문제를 개선할 방법과 관련된 의견이 있는지(do you have any suggestions on how to improve our immediate financial issue?) 물은 후, 그 부분에 관해 더 얘기하자고 언급하고 있다. 이는 해당 사안을 논의해 확실히 해 두고 싶다는 뜻에 해당되므로 (B)가 정답이다.

어휘   clarify ~을 분명히 하다 schedule ~의 일정을 잡다 extra 추가의, 별도의 support ~을 지지하다 proposal 제안

Questions 4-6 refer to the following recorded message.

Thank you for calling the Rochester Medical Clinic, located on Tonawanda Boulevard. **4** If you're calling to schedule an appointment with a doctor, please leave a message or call again when our office is open. **5** Our regular office hours are from 9 a.m. to 7 p.m. Monday through Friday, and 10 a.m. to 3:30 p.m. on Saturdays. However, **5** **6** our office will be closed on Thursday, September 25, because our doctors will be leaving at 9 a.m. to attend a conference in Chicago. Therefore, no appointments can be made for that day. Please leave a message after the tone and we will return your call when we are available.

Tonawanda Boulevard에 위치한 저희 Rochester Medical Clinic에 전화 주셔서 감사합니다. 진료 예약을 하시려면, 메시지를 남겨주시거나 진료 시간 중에 다시 전화하시기 바랍니다. 저희 정규 업무 시간은 월요일에서 금요일까지는 오전 9시부터 오후 7시까지, 토요일에는 오전 10시부터 오후 3시 30분까지입니다. 하지만 9월 25일 목요일에는 저희 의사 선생님들이 시카고에서 열리는 학회 참석을 위해 오전 9시에 떠나기 때문에 문을 닫을 것입니다. 그래서 그 날은 예약을 잡으실 수 없습니다. 삐 소리가 난 후, 메시지를 남겨 주시면 시간이 되는 대로 연락 드리겠습니다.

어휘   located on ~에 위치해 있는 boulevard 큰 길, 대로 schedule an appointment 약속시간을 정하다, 예약 날짜를 잡다(=make an appointment) regular office hours 정규 업무 시간 attend 참석하다 therefore 따라서, 그러므로 tone 신호음 available 시간이 있는

4. Who is the message probably for?
(A) Medical patients

(B) Specialized doctors
(C) Insurance agents
(D) Conference attendees

메시지는 누구를 위한 것이겠는가?
(A) 의료 환자
(B) 전문의
(C) 보험 설계사
(D) 학회 참가자

정답   **(A)**

해설   글의 초반부에 진료 예약을 할 수 있는 사람(schedule an appointment with a doctor)이 대상자에 해당되므로 환자를 뜻하는 (A)가 정답이다.

어휘   specialized 전문화된 insurance 보험 attendee 참가자

5. What is the message mainly about?
(A) Conference schedules
(B) Hours of operation
(C) Canceled appointments
(D) A new phone system

메시지의 주요 내용은 무엇인가?
(A) 학회 일정
(B) 업무 시간
(C) 취소된 예약들
(D) 새로운 전화 시스템

정답   **(B)**

해설   이 메시지는 크게 두 가지 내용으로 나눌 수 있는데, 평일 및 주말 업무 시간 안내와 특별한 사정으로 인한 휴무 안내이다. 이 두 가지는 모두 업무 시간과 관련된 내용이므로 (B)가 정답이다.

어휘   operation 운영

6. According to the message, what will happen on September 25?
(A) Renovations will be made.
(B) An operation will take place.
(C) The phone system will be upgraded.
(D) Doctors will travel out of town.

메시지에 따르면, 9월 25일에는 어떤 일이 있을 것인가?
(A) 보수공사가 있을 것이다.
(B) 수술이 있을 것이다.
(C) 전화 시스템이 업그레이드 될 것이다.
(D) 의사들이 외부 지역으로 나갈 것이다.

정답   **(D)**

해설   키워드인 September 25가 언급되는 부분에 다른 도시에서 열

리는 행사에 참가하기 위해 의사들이 떠난다는(doctors will be leaving) 말이 있으므로 이에 해당되는 (D)가 정답이다.

어휘   operation 수술 take place (일, 행사 등이) 발생되다, 일어나다 out of town 다른 지역으로

UNIT 04
Part 5 빈칸에 맞는 품사 선택

PRACTICE

1.
정답   (C)

해석   더 높아진 수요에 대응하여, 우리는 이번 여름에 추가로 직원들을 채용할 것이다.

해설   전치사 In 다음에 빈칸이 있고, 그 뒤에 또 다른 전치사 to가 이어지므로 빈칸은 명사 자리이다. 보기 중에서 명사는 (C) response 뿐이다. 참고로, in response to는 '~에 응하여'라는 뜻의 숙어로 함께 외워 두는 것이 좋다.

어휘   demand 수요 hire ~을 채용하다 additional 추가의, 부가의 representative 직원 respond 대답하다, 반응하다 response 대응, 대답, 반응 responsive 대응하는, 반응하는

2.
정답   (B)

해석   General Automobile 사의 연구부 직원들은 현재의 자동차 시스템에 관한 폭넓은 지식을 지니고 있다.

해설   형용사 extensive와 전치사 of 사이에 위치한 빈칸은 형용사와 전치사구의 수식을 동시에 받는 명사 자리이므로 명사인 (B) knowledge가 정답이다.

어휘   research 연구, 조사 department 부서 extensive 폭넓은, 광범위한 current 현재의 automotive 자동차의 knowledge 지식 knowledgeable 아는 것이 많은, 박식한

3.
정답   (B)

해석   저희 Dinal Corporation 사는 여러분 모두의 노고와 헌신에 대해 감사의 뜻을 전하고자 합니다.

해설   빈칸은 소유격 대명사 our의 수식을 받음과 동시에 to부정사로 쓰인 동사 show의 목적어 역할을 할 명사 자리이므로 명사인 (B) appreciation이 정답이다.

어휘   would like to do ~하고자 하다 dedication 헌신, 전념 appreciate ~에 대해 감사하다 appreciation 감사(의 마음) appreciative 감사하는

4.
정답   (D)

해석   Smith 씨는 자원 봉사자들에게 새 시장 조사에 대한 도움을 요청했다.

해설   전치사 from과 명사 사이에 위치한 빈칸은 명사를 수식할 단어가 필요한 자리이므로 명사 수식이 가능한 소유격 대명사 (D) her가 정답이다.

어휘   request A from B: B에게 A를 요청하다 assistance with ~에 대한 도움 research 조사, 연구 volunteer 자원 봉사자

5.
정답   (D)

해석   그 환경 과학자는 토지 보호의 중요성을 강조하며, 몇몇 효과적인 전략들을 간략히 설명했다.

해설   빈칸 뒤에 위치한 and를 기준으로 앞뒤에 동사 emphasized와 outlined 두 개가 이미 쓰여 있으므로 빈칸은 동사 자리가 아니다. 따라서 land와 결합해 '토지 보호'라는 의미로 복합 명사를 구성할 또 다른 명사인 (D) preservation이 정답이다.

어휘   environmental 환경의 emphasize ~을 강조하다 importance 중요성 outline ~을 간략히 설명하다, ~의 개요를 말하다 effective 효과적인 strategy 전략 preserve ~을 보호하다 preservation 보호

6.
정답   (C)

해석   그 부서장은 사무실 직원들에게 재무 소프트웨어를 설치하는 방법을 명확하게 설명해주었다.

해설   주어(The manager)와 동사(explained) 사이에 위치한 빈칸은 동사를 수식할 부사 자리이므로 부사인 (C) clearly가 정답이다.

어휘   explain to A B: A에게 B를 설명하다 how to do ~하는 법 install ~을 설치하다 financial 재무의, 재정의 clear a. 명확한, 분명한, 깨끗한 v. ~을 치우다, 깨끗하게 하다, 제거하다 clearly 명확하게

UNIT 05
Part 6 시제와 태 문제

전략 포인트 ❶ 동사의 시제 문제

EXAMPLE

우리의 새 장비가 성공적으로 설치되었음을 알려 드리게 되어 기쁩니다. 이 새로운 기계들은 우리 제품의 품질과 수량을 향상시켜 줄 것입니다. 우리가 새 장비를 보유하고 있으므로, 전 직원은 반드시 월말까지 그것에 관한 교육을 받아야 합니다. 교육 시간 일정을 잡을 예정입니다. 이 시간들은 휴게실에 게시될 것입니다.

어휘   announce that ~임을 알리다, 공지하다 equipment 장비 successfully 성공적으로 install ~을 설치하다 quality 품질 quantity 수량 personnel 직원들, 인사(부) session (특정 활동을 위한) 시간 improve ~을 향상시키다 post ~을 게시하다

전략 포인트 ❷   동사의 태 문제

EXAMPLE

해석

> 수신: 기자들
> 발신: lanalee@risemedia.com
> 날짜: 8월 21일
> 제목: 비용 지급 변경
>
> 지난주에 공지된 바와 같이, 프리랜서 기자들에게 비용을 지급하는 방식을 변경했습니다. 제가 여러분 모두에게 해당 문서를 저에게 다시 보내도록 요청 드렸지만, 오직 6명의 기자들만 문서를 보내 주셨습니다. 다음 지급일은 8월 31일입니다. 비용은 오직 해당 문서를 제출해 주신 분들에게만 지급될 것입니다. 아직 제출하지 않으셨다면, 8월 23일까지 그렇게 해 주시기 바랍니다. 여러분의 협조에 감사드립니다.
>
> Lana Lee, 인사부장
> Rise Media

어휘   payment 지급(액) revision 변경, 수정 as announced 공지된 바와 같이 the way 주어 + 동사: ~가 …하는 방식 ask A to do: A에게 ~하도록 요청하다 those who ~하는 사람들 submit ~을 제출하다 by (기한) ~까지 cooperation 협조

PRACTICE

1~4 다음 기사를 참조하시오.

> 지난 10년 동안, 에지우드 지역에 거주하는 사람들의 수는 상당히 증가해 왔습니다. 최근의 인구 통계 자료에 따르면, 해당 인구가 35퍼센트 상승했으며, 이는 인근 지역들의 성장률의 거의 두 배에 해당합니다. 하지만, 늘어나는 인구에 따른 수요를 충족할 수 있을 정도로 이용 가능한 주택은 충분하지 않습니다. **그 결과, 네 개의 새로운 아파트 단지를 건축하는 계획이 만들어졌습니다.** 시의회는 이미 그 새로운 건물들이 지어질 곳을 결정했습니다. 현재로서는, 레이크우드 지역에 오직 두 곳의 아파트 단지인 Arbor Court와 Spring Gardens만 있습니다. 새 단지들은 증가하는 인구를 위해 추가로 만들어지는 750가구의 새 집을 그 지역에 제공해 줄 것입니다.

어휘   decade 10년 reside in ~에 거주하다 significantly 상당히, 많이 recent 최근의 census 인구 통계, 인구 조사 population 인구 climb 상승하다, 오르다 nearly 거의 double A: A의 두 배인 surrounding 인근의, 주변의 community 지역 사회 however 하지만 available 이용 가능한 housing 주택(공급) meet ~을 충족하다 demand 수요, 요구 growing 증가하는 decide ~을 결

정하다 as of now 현재로서는 complex (건물) 단지, 복합 건물 additional 추가의

1.

정답   (C)

해설   빈칸 앞에 문장의 주어로 주민들의 수(the number)가 쓰여 있으므로 수치상의 변화를 나타낼 동사가 필요하다. 그런데 바로 다음 문장에서 언급된 35퍼센트가 상승했다는(climbed 35 percent) 말과 어울려야 하므로 '증가하다'라는 의미로 쓰이는 (C) increased가 정답이다.

어휘   drop 하락하다, 떨어지다 proceed 계속하다, 나아가다 increase 증가하다 notice ~을 알아차리다

2.

정답   (C)

해설   빈칸 앞뒤에 위치한 not, available과 어울려 이용 가능한 주택의 존재 또는 그 수량과 관련된 형용사가 필요하다. 그런데 바로 다음 문장에 새 건물(new buildings) 건축이 결정된 사실이 쓰여 있는 것으로 볼 때, 현재 주택이 부족한 상태임을 알 수 있다. 따라서 not과 함께 '충분하지 않은'이라는 뜻을 구성할 수 있는 (C) sufficient가 정답이다.

어휘   numerical 숫자의, 숫자와 관련된 attentive 주의를 기울이는, 신경을 쓰는 sufficient 충분한 competent (사람) 유능한, (수준 등이) 만족할 만한, 충분한

3.

(A) 그 결과, 네 개의 새로운 아파트 단지를 건축하는 계획이 만들어졌습니다.
(B) 게다가, 주택의 수가 빠르게 증가하고 있습니다.
(C) 추가로, 확대 계획이 여전히 승인되어야 합니다.
(D) 결국, 그 위원회는 추가 건축 허가서를 요청할 것입니다.

정답   (A)

해설   바로 다음 문장에 새로운 건물을 지을 곳이 결정된 사실이 쓰여 있으므로 이 결정과 어울리는 내용을 담은 문장이 쓰여야 흐름상 자연스럽다. 따라서 새 아파트 단지 건축 계획이 언급된 (A)가 정답이다.

어휘   as a result 그 결과, 결과적으로 furthermore 게다가, 더욱이 the number of ~의 수, 숫자 residence 주택, 거주지 rapidly 빠르게 in addition 추가로 expansion 확대, 확장 approve ~을 승인하다 in the end 결국 committee 위원회 request ~을 요청하다 permit 허가서

4.

정답   (A)

해설   빈칸 앞뒤로 명사구들만 있으므로 빈칸이 문장의 동사 자리임을 알 수 있다. 준동사의 형태인 (B) providing을 제외한 나머지 보기의 동사들은 모두 시제가 다르므로 시제와 관련된 단서를 찾아야 한다. 새 단지(The new complexes)가 집을 제공하는 시점

은 앞선 문장에 제시된 will be constructed와 마찬가지로 미래가 되어야 하므로 미래 시제인 (A) will provide가 정답이다.

어휘 **provide A with B:** A에게 B를 제공하다

5-8 다음 공지를 참조하시오.

> Super Electronics의 정규직 직원이시라면, 건강상의 이유로 6일의 추가 휴무일에 대한 자격을 얻을 것입니다. 추가 휴무일을 보장 받기 위해서는, 회사에 증거를 제공해 주셔야 합니다. 주 정부 기관이나 국가 협회, 공공 병원, 그리고 공인 단체로부터 발급 받은 서류가 수용 가능한 증명서로 간주됩니다. 우리는 여러분의 건강 관련 정보에 대한 사적인 사항에 유의하고 있습니다. 그에 따라, 여러분이 제출하는 어떠한 건강 관련 기록도 순수 업무 목적으로 권한을 지닌 인원에 한해 이용될 것입니다.

어휘 **permanent staff member** 정규직 직원 **be entitled to** ~에 대한 자격이 있다 **additional** 추가적인 **time-off** 휴무일 **in order to do** ~하기 위해 **be required to do** ~해야 한다 **provide A with B:** A에게 B를 제공하다 **evidence** 증거(물) **issue** ~을 발급하다 **agency** 기관 **institute** 협회, 기관 **certified** 공인된 **institution** 단체, 협회 **be considered as** ~로 여겨지다 **acceptable** 수용 가능한, 받아들일 수 있는 **as such** 그에 따라, 그러한 이유로 **related** (결합어로 쓰여) ~와 관련된 **authorized** 인증된 **genuine** 순수한, 진정한

5.
정답 (B)

해설 빈칸 앞에 위치한 In order는 to부정사와 결합해 '~하기 위해'라는 의미를 나타내므로 (B) to ensure가 정답이다.

어휘 **ensure** ~을 보장하다

6.
정답 (B)

해설 빈칸 앞에 위치한 동사구 are considered as는 '~로 여겨지다'라는 의미로 쓰이며, 주어와 as의 목적어가 동격인 상태를 나타낸다. 따라서 as의 목적어 자리인 빈칸에 문장의 주어 Documents와 동격인 명사가 필요한데, 이 Documents는 앞서 언급된 증거(evidence)에 해당되는 것이므로 evidence와 동일한 의미를 지닌 (B) proof가 적절하다.

어휘 **application** 지원(서), 신청(서) **proof** 증명(서) **outcome** 결과(물)

7.
(A) 우리는 여러분의 건강 정보에 대한 사적인 사항에 유의하고 있습니다.
(B) 병가는 다음 연도로 이월될 수 없습니다.
(C) 휴무일이 필요할 경우에 최소 24시간 전에 우리에게 통보해 주십시오.
(D) 이 문제와 관련해 여러분의 협조에 감사 드립니다.

정답 (A)

해설 빈칸 바로 다음 문장에 '제출되는 모든 건강 관련 기록이 오직 업무 목적으로 권한을 지닌 사람에 의해서만 이용된다'는 말이 쓰여 있다. 이는 건강 정보의 사적인 부분에 유의한다는 의미와 상통하므로 (A)가 정답이다.

어휘 **care about** ~에 유의하다, 신경 쓰다 **privacy** 사적인 것, 사생활 **sick leave** 병가 **be carried over into** ~로 미뤄지다, 이월되다 **subsequent** 후속의, 이후의 **at least** 최소한, 적어도 **warning** 통보, 예고 **day off** 휴무(일) **cooperation** 협조 **matter** 문제, 일, 사안

8.
정답 (D)

해설 빈칸 앞뒤에 각각 위치한 be동사 및 행위 주체를 나타내는 by 전치사구와 어울리는 수동태 동사가 들어가야 알맞으므로 과거분사인 (D) accessed가 정답이다.

어휘 **access** ~을 이용하다, ~에 접근하다

UNIT 06
Part 7 편지 / 이메일

전략 포인트 ❶ 편지(Letter) 지문 유형

EXAMPLE

1-2 다음 편지를 참조하시오.

> 7월 1일
>
> Robertson 씨께,
>
> 축하합니다! 귀하께서는 TVG Cinema Club의 보상 프로그램을 통해 두 장의 무료 영화 티켓을 받으실 수 있을 정도로 충분한 포인트를 얻으셨으며, 동봉해 드린 이 티켓을 확인해 보시기 바랍니다. 8월 31일까지 유효한 이 두 장의 무료 영화 티켓을 모두 이용하실 수 있도록, 🔟 현재 상영 중인 영화 시간표도 함께 동봉해 드렸습니다.
>
> 소중한 저희 TVG Cinema Club 회원들께서는 2,500점의 포인트가 누적될 때마다 두 장의 무료 티켓을 받고 계십니다. 포인트는 이 프로그램에 참여하는 TVG 극장 지점에서 구매하시는 모든 정가 티켓에 대해 누적됩니다. ② www.TVGCLUB.co.uk에서 귀하께서 받으신 포인트를 온라인으로 확인하실 수 있습니다.
>
> 안녕히 계십시오.
>
> TVG Cinema Club

어휘 **earn** ~을 얻다, 받다 **through** ~을 통해 **reward** 보상 **free** 무료의 **find A enclosed:** 동봉된 A를 확인해 보다 **so that** (목적) ~할 수 있

도록 take advantage of ~을 이용하다 valid 유효한 current 현재의 valued 소중한, 귀중한 accumulate ~을 누적시키다, 축적하다 regular priced 정가의 purchase ~을 구매하다 location 지점, 위치 keep track of ~을 파악하다, 추적하다

1. 편지에 무엇이 동봉되어 있는가?
(A) 무료 잡지
(B) 회원 가입 신청서
(C) 영화 시간표
(D) 행사 초대장

정답 (C)

해설 동봉된 것이 언급된 첫 단락에 무료 영화 티켓과 함께 현재 상영 중인 영화 시간표도 동봉했다고(~ we have also enclosed our current movie showtimes) 알리고 있으므로 (C)가 정답이다.

어휘 application 신청(서), 지원(서) invitation 초대(장)
Paraphrase movie showtimes → movie schedule

2. Robertson 씨는 왜 웹 사이트를 방문해야 하는가?
(A) 포인트를 보기 위해
(B) 영화 티켓을 구매하기 위해
(C) 회원 자격을 갱신하기 위해
(D) 예약을 취소하기 위해

정답 (A)

해설 웹 사이트가 언급된 마지막 문장에 온라인으로 포인트를 확인해 볼 수 있다고(You can keep track of the points you have earned online at www.TVGCLUB.co.uk.) 쓰여 있으므로 (A)가 정답이다.

어휘 renew ~을 갱신하다 reservation 예약
Paraphrase keep track of the points → see / points

전략 포인트 ❷ 이메일(E-mail) 지문 유형

EXAMPLE

1-2 다음 이메일을 참조하시오.

발신: Karl Castro <karlcastro@socksandyou.uk>
수신: Aaron Stanler <aaronstanler@mpgr.com>
회신: 주문 번호 07073009
날짜: 7월 11일

Stanler 씨께,

1 귀하께서 7월 7일에 저희 온라인 매장에서 주문하신 20켤레의 주문 사항을 이행할 수 있을 정도로 충분한 청색 모 양말이 현재 재고로 남아 있지 않다는 점을 알려 드리게 되어 유감스럽게 생각합니다. 저

희가 언제 이 주문 사항을 이행해 배송을 준비할 수 있을지에 관해 날짜를 말씀 드릴 수가 없습니다. 하지만, 저희는 노란색과 녹색 모 양말을 확실히 보유하고 있습니다. 귀하의 주문 사항을 변경하고자 하실 경우, 555-3346번으로 저희 고객 서비스부에 연락 주시기 바랍니다. **2** 주문 사항 변경을 원하지 않으실 경우, 저희가 해당 주문을 취소하고 처음에 지불하셨던 금액을 귀하의 계좌로 입금해 드릴 것입니다. 이 문제로 귀하께 초래될 수 있는 어떠한 불편에 대해 사과 드립니다. 저희가 도와 드릴 수 있는 다른 어떤 일이든 있으시다면 저희 고객 서비스부로 연락 주십시오.

Karl Castro
고객 서비스부
555-3346

어휘 regret to do ~해서 유감이다 inform A that: A에게 ~라고 알리다 currently 현재 have A in stock: A를 재고로 갖고 있다 fulfill ~을 이행하다, 충족하다 place an order 주문하다 be able to do ~할 수 있다 as to ~에 관해 prepare ~을 준비하다 shipping 배송 however 하지만 contact ~에게 연락하다 credit ~에 입금하다 account 계좌 amount 금액, 액수 originally 처음에 apologize for ~에 대해 사과하다 inconvenience 불편 cause A B: A에게 B를 초래하다 help A with B: B에 대해 A를 돕다

1. 이메일의 목적은 무엇인가?
(A) 배송 날짜를 조정하는 것
(B) 신청서를 제출하는 것
(C) 계약 조건을 수정하는 것
(D) 주문 사항의 문제점을 알리는 것

정답 (D)

해설 첫 문장에 상대방이 주문한 특정 제품의 재고가 충분하지 않다고 (We regret to inform you that we do not currently have enough blue wool socks in stock ~) 알린 후, 그와 관련된 조치 방법을 설명하는 지문이다. 따라서 주문 사항의 문제점을 알리는 것이 목적임을 알 수 있으므로 (D)가 정답이다.

어휘 arrange ~을 조정하다, 조치하다 delivery 배달, 배송 submit ~을 제출하다 application 신청(서), 지원(서) revise ~을 수정하다, 개정하다 term (계약 등의) 조건, 조항 contract 계약(서)

2. Stanler 씨가 주문 사항을 변경하지 않으면 무슨 일이 발생할까?
(A) 배송 요금이 면제될 것이다.
(B) 상품권이 발송될 것이다.
(C) 일주일 내에 배송이 이뤄질 것이다.
(D) 환불이 제공될 것이다.

정답 (D)

해설 지문 후반부에 주문 사항을 변경하지 않으면 주문을 취소하고 지불한 금액을 계좌로 입금하겠다고(If you do not want to change the order, ~ credit your account for the amount you originally paid) 쓰여 있다. 이는 비용 환불을

의미하는 것이므로 (D)가 정답이다.

어휘 fee 요금, 수수료 waive ~을 철회하다, 포기하다 gift certificate 상품권 make a delivery 배송하다 within ~ 이내에 refund 환불

Paraphrase credit your account for the amount you originally paid → refund will be provided

PRACTICE

1-3 다음 이메일을 참조하시오.

수신: Palm Springs Shop 계산대 직원들
3 발신: James Brown
날짜: 6월 8일
제목: 진행 상황 업데이트

1 2 3 7월 1일부터, Palm Springs Shop은 원본 영수증 없이 반품되는 닳거나 손상된 의류 제품의 반품이나 교환을 수용하지 않을 것입니다. 이 공지는 다음 주까지 모든 계산대에 게시될 것입니다. 이 신규 정책에 관해 알리기 위해 이메일 공지도 기존 고객들에게 발송될 것입니다. 하지만, 고객이 영수증을 동반하지 않고 반품하기를 원할 경우, 근무 중인 책임자에게 전화해 추가 도움을 받으셔야 합니다.

여러분의 협조에 감사 드립니다.

James Brown
운영부장

어휘 progress 진행 상황, 진척 accept ~을 수용하다, 받아들이다 return n. 반품, 반납 v. 반품하다, 반납하다 exchange 교환 worn 닳은, 해진 damaged 손상된 receipt 영수증 notification 공지, 통보 display ~을 게시하다, 진열하다 existing 기존의 inform A about B: A에게 B에 관해 알리다 policy 정책, 방침 however 하지만 make a return 반품하다, 반납하다 be accompanied by A: A를 동반하다 on duty 근무 중인 further 추가적인 assistance 도움 appreciate ~에 대해 감사하다 cooperation 협조

1. 이메일의 목적은 무엇인가?
(A) 정책 변화를 알리는 것
(B) 흔한 고객 불만 사항을 이야기하는 것
(C) 매장의 폐쇄를 설명하는 것
(D) 직원들에게 신제품에 관해 알리는 것

정답 (A)

해설 첫 문장에 7월 1일부터 원본 영수증 없이 반품되는 제품의 반품이나 교환을 수용하지 않을 것이라고(Starting on July 1, Palm Springs Shop will not accept returns or exchanges ~) 알린 후, 관련 정보를 간략히 설명하고 있다. 이는 앞으로 변경되는 정책을 공지하는 것에 해당되므로 (A)가 정답이다.

어휘 announce ~을 알리다 discuss ~을 이야기하다 common 흔한, 일반적인 complaint 불만 explain ~을 설명하다 closing 폐쇄, 닫음

2. 이메일에 따르면, 반품하는 데 무엇이 필요할 것인가?
(A) 신용카드
(B) 회원카드
(C) 영수증
(D) 현금

정답 (C)

해설 첫 문장에 원본 영수증 없이 반품되는 제품의 반품이나 교환을 수용하지 않을 것이라고(Starting on July 1, Palm Springs Shop will not accept returns or exchanges ~ without an original receipt) 알리고 있는데, 이는 반드시 영수증이 필요하다는 말이므로 (C)가 정답이다.

어휘 require ~을 필요로 하다

3. Brown 씨는 어디에서 근무하고 있을 것 같은가?
(A) 문구점
(B) 전자제품 매장
(C) 의류 매장
(D) 자동차 매장

정답 (C)

해설 Brown 씨의 이름은 상단의 발신인 정보에서 찾을 수 있으며, 소속 회사의 정책이 설명된 첫 문장에서 회사가 판매하는 제품이 의류(~ worn or damaged clothing ~)임을 알 수 있으므로 (C)가 정답이다.

어휘 stationery 문구(류) electronics 전자제품

CHAPTER 2

UNIT 07
Part 1 다인 사진 **Part 2** 일반 의문문

PRACTICE

1.

(A) The man and woman are <u>unloading a cart</u>.
(B) The man and woman are <u>inspecting a product</u>.
(C) The man and woman are <u>paying for groceries</u>.
(D) The man and woman are <u>standing face to face</u>.

(A) 남자와 여자가 카트에서 짐을 내리고 있다.
(B) 남자와 여자가 제품을 살펴보고 있다.
(C) 남자와 여자가 식료품 값을 지불하고 있다.
(D) 남자와 여자가 서로 마주보고 서 있다.

정답 **(B)**

해설 2인 사진이므로 두 사람의 공통된 동작이나 자세, 또는 주변 사물에 초점을 맞춰 들어야 한다.

(A) 카트에서 짐을 내리는 동작을 하고 있지 않으므로 오답.
(B) 두 사람이 함께 제품 하나를 살펴보는 모습을 묘사한 정답.
(C) 식료품 비용을 지불하는 동작을 하고 있지 않으므로 오답.
(D) 남자와 여자가 서로 마주보고 서 있는 자세가 아니므로 오답.

어휘 unload ~에서 짐을 내리다 inspect ~을 살펴보다, 점검하다 pay for ~의 값을 지불하다 groceries 식료품 face to face 서로 마주보고

2.

(A) They are <u>pulling their suitcases</u>.
(B) One of the women is <u>holding a boarding pass</u>.
(C) One of the men is <u>putting on a hat</u>.
(D) They are <u>walking along the street</u>.

(A) 사람들이 각자의 여행 가방을 끌고 있다.
(B) 여자들 중의 한 명이 탑승권을 들고 있다.
(C) 남자들 중의 한 명이 모자를 착용하는 중이다.
(D) 사람들이 길을 따라 걷고 있다.

정답 **(A)**

해설 다인 사진이므로 사진에 등장한 사람들의 동작이나 자세, 주변 사물의 모습에 초점을 맞춰 들어야 한다.

(A) 사람들이 여행 가방을 끌고 가고 있으므로 정답.
(B) 탑승권을 들고 있는 모습이 보이지 않으므로 오답.
(C) 모자를 착용하는 동작을 하는 것이 아니라 이미 착용한 상태이므로 오답.
(D) 사람들이 걷고 있는 모습이지만 길이 아니므로 오답.

어휘 suitcase 여행 가방 hold ~을 들고 있다, 손에 쥐고 있다 boarding pass 탑승권 put on (동작) ~을 착용하다 along (길 등) ~을 따라

3.

(A) Some people are <u>enjoying a performance</u>.
(B) Some people are <u>taking a walk</u>.
(C) A woman is <u>resting under a tree</u>.
(D) A man is <u>posing for a picture</u>.

정답 **(B)**

해설 다인 사진이므로 사람들의 동작이나 자세, 주변 사물에 초점을 맞춰 들어야 한다.

(A) 공연을 하고 있는 사람들의 모습은 보이지 않으므로 오답.
(B) 몇몇 사람들이 걷고 있으므로 정답.
(C) 나무 아래 쉬고 있는 여자는 보이지 않으므로 오답.

(D) 사진을 위해 포즈를 취하는 사람은 보이지 않으므로 오답.

어휘   performance 공연 take a walk 산책하다 rest 쉬다 pose 포즈를 취하다

4.   Excuse me, is this your car key?
(A) No, I lost my credit card.
(B) Long time no see.
(C) Oh, thanks. That's mine.

실례합니다만, 이것이 당신 열쇠인가요?
(A) 아뇨, 저는 신용카드를 분실했어요.
(B) 오랜만에 뵙습니다.
(C) 아, 감사합니다. 제 것입니다.

정답   (C)

해설   상대방의 열쇠인지 확인하는 의문문이다.

(A) 부정을 뜻하는 No 뒤의 내용이 열쇠에 대한 내용인 질문과 관련 없는 오답.
(B) 누군가를 오랜만에 만났을 때 할 수 있는 인사이므로 오답.
(C) 감사의 인사와 함께 car key를 mine으로 지칭해 자신의 것임을 알리는 정답.

어휘   lose ~을 분실하다, 잃어버리다 Long time no see. 오랜만입니다.

5.   Did you hear that the new exhibit will open next Wednesday?
(A) A flyer.
(B) Yes, and I'm planning to go.
(C) The art museum is far away.

새 전시회가 다음 주 수요일에 열린다는 얘기 들으셨어요?
(A) 전단이요.
(B) 네, 그리고 저는 가볼 계획이에요.
(C) 그 미술관은 멀리 떨어져 있어요.

정답   (B)

해설   새 전시회가 다음 주 수요일에 열린다는 사실을 들었는지 확인하는 의문문이다.

(A) 특정 사실 확인 여부가 아닌 정보 출처에 해당되는 오답.
(B) 긍정을 뜻하는 Yes와 함께 행사에 참여할 계획을 밝히는 정답.
(C) exhibit과 관련 있는 art museum을 활용한 오답.

어휘   hear that ~라는 얘기를 듣다, 말을 듣다 exhibit 전시(회) flyer (광고, 안내용) 전단 plan to do ~할 계획이다 far away 멀리 떨어져 있는

6.   Should I put these reports in the drawer?
(A) Did you draw the line?
(B) A budget report.
(C) Of course. That will be helpful.

이 보고서들을 서랍에 넣어 두어야 하나요?
(A) 그 선을 그리셨나요?
(B) 예산 보고서요.
(C) 물론이죠. 그럼 도움이 될 거예요.

정답   (C)

해설   보고서들을 서랍에 넣어 두어야 하는지 확인하는 의문문이다.

(A) drawer와 발음이 유사한 단어인 draw를 활용한 오답.
(B) reports의 단수 형태인 report가 반복된 것으로 질문과 관련 없는 오답.
(C) 긍정을 뜻하는 Of course와 함께 그렇게 하는 것에 대한 긍정의 의미를 나타낸 정답.

어휘   put A in B: A를 B에 넣다, 놓다 drawer 서랍 draw ~을 그리다 budget 예산 helpful 도움이 되는

7.   Can we hire additional assistants?
(A) A résumé and cover letter.
(B) No, we can't afford it.
(C) I think the new ad is very appealing.

우리가 추가 보조 직원을 고용할 수 있나요?
(A) 이력서와 자기소개서요.
(B) 아뇨, 우리는 그럴 여유가 없습니다.
(C) 새 광고가 매우 매력적인 것 같아요.

정답   (B)

해설   추가 보조 직원을 고용할 수 있는지를 확인하는 의문문이다.

(A) 추가 직원 고용 가능성이 아닌 지원 서류를 언급한 오답.
(B) 부정을 뜻하는 No와 함께 그럴 여유가 없다는 말로 불가능함을 밝히는 정답.
(C) additional과 일부 발음이 유사한 ad를 활용한 답변으로 질문과 관련 없는 오답.

어휘   hire ~을 고용하다 additional 추가적인 assistant 보조, 조수 résumé 이력서 cover letter 자기소개서 afford ~할 여유가 있다 ad 광고 appealing 매력적인

8.   Have you repaired the elevator?
(A) Three technicians.
(B) Only four hours.
(C) No, not yet.

엘리베이터를 수리하셨나요?
(A) 세 명의 기술자들이요.
(B) 오직 4시간이요.
(C) 아뇨, 아직이요.

정답   (C)

해설   엘리베이터를 수리했는지 묻는 의문문이다.

(A) 답변자 자신의 작업 완료 여부가 아닌 기술자의 수를 말한

오답.

(B) How long 의문문에 어울리는 시간으로 답변한 오답.

(C) 부정을 뜻하는 No와 함께 아직 수리하지 않았음을 밝히는 정답.

어휘   repair ~을 수리하다 technician 기술자, 기사 not yet (앞서 언급된 일에 대해) 아직 아니다

9.   Has your boss <u>approved your business trip yet</u>?
(A) I'm taking a taxi to the airport.
(B) I just made a request.
(C) My business trip to New York.

당신 상사가 혹시 당신 출장을 승인했나요?
(A) 저는 공항까지 택시를 타고 갑니다.
(B) 막 요청 드렸어요.
(C) 뉴욕으로 가는 제 출장이요.

정답   (B)

해설   상대방의 상사가 출장을 승인했는지 확인하는 의문문이다.
(A) 출장 승인 여부가 아닌 이동 수단을 말하는 오답.
(B) 막 요청했다는 말로 아직 승인 여부를 알 수 없음을 나타낸 정답.
(C) business trip이 반복된 답변으로 출장 승인 여부와 관련 없는 오답.

어휘   approve ~을 승인하다 business trip 출장 yet (의문문에서) 혹시, 벌써 take (교통편) ~을 타다, 이용하다 make a request 요청하다

UNIT 08
Part 3 세부 사항을 묻는 문제

EXAMPLE

Questions 1-3 refer to the following conversation.

M: Hi. My name is Robert, and I'm from Dalton Corporation. **1** I'm calling today to confirm the delivery date for the new computer you ordered. **2** Could you confirm that this Wednesday is still good for the delivery?

W: Oh, good thing that you called! As it turns out, **2** I have an important meeting that morning. Can we reschedule it to next Monday?

M: Let me check the availability. Yes, Monday at 10:30 A.M. is indeed available. Would you like us to schedule the delivery for that time?

W: Yes, please. Also, **3** could you give me a call 30 minutes before you arrive? That would be helpful.

남: 안녕하세요. 제 이름은 Robert이며, Dalton Corporation에 근무하고 있습니다. 귀하께서 주문하신 새 컴퓨터의 배송 날짜를 확인하기 위해 오늘 전화 드렸습니다. 이번 주 수요일이 배송 받기에 여전히 괜찮으신지 확인해 주시겠습니까?

여: 아, 전화 주셔서 정말 잘됐네요! 알고 보니, 제가 그날 아침에 중요한 회의가 있어요. 다음 월요일로 일정을 재조정할 수 있나요?

남: 가능 여부를 확인해 보겠습니다. 네, 월요일 오전 10시 30분에 확실히 가능합니다. 저희가 그 시간에 배송 일정을 잡아 드릴까요?

여: 네, 그렇게 해 주세요. 그리고, 도착하시기 30분 전에 저에게 전화 좀 주시겠어요? 그렇게 해 주시면 도움이 될 거예요.

어휘   confirm ~을 확인하다, 확실하게 하다 delivery 배송(품) order ~을 주문하다 As it turns out (나중에) 알고 보니 reschedule ~의 일정을 재조정하다 availability 이용 가능 여부, 가용성 indeed 확실히, 정말 available (사람이) 시간이 있는, (사물 등) 이용 가능한 Would you like us to ~? 저희가 ~해 드릴까요? give A a call: A에게 전화하다 helpful 도움이 되는

1.   Why is the man calling?
(A) To apologize for a delay
(B) To ask for help
(C) To check the delivery date
(D) To discuss a problem

남자는 왜 전화를 거는가?
(A) 지연 문제에 대해 사과하기 위해
(B) 도움을 요청하기 위해
(C) 배송일을 확인하기 위해
(D) 문제점을 논의하기 위해

정답   (C)

해설   대화 초반부에 남자가 상대방이 주문한 새 컴퓨터의 배송 날짜를 확인하기 위해 전화했다고(I'm calling today to confirm the delivery date ~) 알리고 있으므로 (C)가 정답이다.

어휘   apologize for ~에 대해 사과하다 delay 지연, 지체 ask for ~을 요청하다 discuss ~을 논의하다

2.   Why will the woman be unavailable Wednesday morning?
(A) She will be moving offices.
(B) She will be remodeling her house.
(C) She will be in a meeting.
(D) She will be setting up a computer.

여자는 왜 수요일 아침에 시간을 낼 수 없는가?
(A) 그녀는 사무실을 옮길 예정이다.
(B) 그녀는 자신의 집을 리모델링할 예정이다.

(C) 그녀는 회의에 가 있을 예정이다.
(D) 그녀는 컴퓨터를 설치할 예정이다.

정답 (C)

해설 수요일이 제품을 배송 받기에 괜찮은지 묻는(Could you confirm that this Wednesday is still good ~) 남자에게 여자가 그날 아침에 회의가 있다고(I have an important meeting that morning) 밝히고 있으므로 (C)가 정답이다.

어휘 unavailable (사람이) 시간이 나지 않는 remodel ~을 개조하다 set up ~을 설치하다, 마련하다

---

3. What does the woman ask the man to do?
(A) Arrive early
(B) Install some equipment
(C) Provide a discount
(D) Give her advance notice

여자는 남자에게 무엇을 하도록 요청하는가?
(A) 일찍 도착하는 일
(B) 일부 장비를 설치하는 일
(C) 할인을 제공하는 일
(D) 사전 통보를 하는 일

정답 (D)

해설 여자가 요청 사항을 언급하는 마지막 부분에 도착하기 30분 전에 전화해 달라고(could you give me a call 30 minutes before you arrive?) 요청하고 있는데, 이는 사전 통보를 하는 것을 의미하므로 (D)가 정답이다.

어휘 ask A to do: A에게 ~하도록 요청하다 install ~을 설치하다 equipment 장비 provide ~을 제공하다 advance 사전의, 미리 하는 notice 통보, 공지

Paraphrase give me a call 30 minutes before you arrive → Give her advance notice

---

PRACTICE

Questions 1-3 refer to the following conversation.

M: Susan, I have never been on a business trip for work. **1** I don't even know how to make the flight reservation. Can you help me out with it?
W: First, **2** go ahead and check with your supervisor for the travel budget because there should be a reimbursement limit. Once you've done that, I will gladly help you book the flight.
M: All right. How about reimbursements? Do I need to file all the receipts?

W: **3** As long as it is relevant to your work, the company will reimburse everything. And, of course, you'll need to file all your receipts.

....

남: Susan, 제가 출장을 가 본 적이 한 번도 없어요. 심지어 항공편을 예약하는 방법조차 몰라요. 저 좀 도와 주시겠어요?
여: 우선, 가셔서 당신 상사분께 출장 예산을 확인 받으셔야 하는데, 비용 환급 제한이 있을 것이기 때문이에요. 그 일을 하고 나시면, 제가 기꺼이 항공편 예약을 도와 드리겠습니다.
남: 알겠습니다. 비용 환급은 어때요? 모든 영수증을 정리해서 보관해야 하나요?
여: 업무와 관련되어 있기만 하면, 회사에서 모든 비용을 환급해 줄 거예요. 그리고, 당연히, 모든 영수증을 정리해서 보관해 두셔야 해요.

어휘 be on a business trip 출장 가다 even 심지어 (~조차) how to do ~하는 법 make a reservation 예약하다 help A out: A를 돕다 go ahead and do 가서 ~하다, 어서 ~하다 check with A for B: A에게 B를 확인 받다 supervisor 상사, 책임자 budget 예산 reimbursement 비용 환급 limit 제한, 한정 once (일단) ~하고 나면, ~하는 대로 help A do: A가 ~하는 것을 돕다 book ~을 예약하다 How about ~? ~는 어때요? file (문서 등) ~을 정리해 보관하다 receipt 영수증 as long as ~하기만 하면, ~하는 한 relevant to ~와 관련된, 연관된 reimburse ~에 대한 비용을 환급해 주다

---

1. What does the man ask for help with?
(A) Contacting clients
(B) Completing a budget report
(C) Booking a flight
(D) Filing a complaint

남자는 무엇에 대해 도움을 요청하는가?
(A) 고객에게 연락하는 일
(B) 예산 보고서를 완료하는 일
(C) 항공편을 예약하는 일
(D) 불만을 제기하는 일

정답 (C)

해설 대화 시작 부분에 남자가 항공편을 예약하는 방법조차 모른다는 말과 함께 도와 달라고(I don't even know how to make the flight reservation. Can you help me out with it?) 요청하고 있으므로 (C)가 정답이다.

어휘 ask for ~을 요청하다 help with ~에 대한 도움 contact ~에게 연락하다 complete ~을 완료하다 file a complaint 불만을 제기하다

---

2. What does the woman suggest the man do?
(A) Check his flight number
(B) Talk to a manager
(C) Open a bank account
(D) Delay a trip

여자는 남자에게 무엇을 하도록 권하는가?
(A) 비행기 번호를 확인하는 일
(B) 책임자와 이야기하는 일
(C) 은행 계좌를 개설하는 일
(D) 여행을 미루는 일

정답 (B)

해설 대화 중반부에 여자는 남자의 부서장에게 출장 예산을 확인 받으라고(~ go ahead and check with your supervisor for the travel budget ~) 알리고 있다. 이는 책임자와 이야기하는 일을 의미하므로 (B)가 정답이다.

어휘 suggest (that) ~하도록 권하다, 제안하다 policy 정책, 방침 account 계좌, 계정 delay ~을 미루다, 지연시키다

Paraphrase check with your supervisor → Talk to a manager

3. According to the woman, what is needed for reimbursement?

(A) Bank information
(B) Budget reports
(C) Signatures
(D) Receipts

여자의 말에 따르면, 비용 환급에 필요한 것은 무엇인가?
(A) 은행 정보
(B) 예산 보고서
(C) 서명
(D) 영수증

정답 (D)

해설 후반부에 여자는 비용 환급에 필요한 일로 영수증을 정리해서 보관하도록 하고(~ the company will reimburse everything. And, of course, you'll need to file all your receipts) 말하고 있으므로 (D)가 정답이다.

어휘 signature 서명

Questions 4-6 refer to the following conversation.

W: Daniel, **4** I heard that you have started your own language school. Is your business venture going well?

M: Yes, and the number of members is growing. **5** I'm looking forward to next week's issue of *Town Life* magazine because we are being featured in it.

W: Wow, being featured in a magazine should bring in a lot of new students.

M: Right, and the article will emphasize the classes we offer such as business Spanish, business French, and more.

W: Business French? You know, I will go on a business trip to France soon.

M: **6** Then come to the class tomorrow night. We offer trial lessons.

W: That sounds great.

여: Daniel 씨, 제가 듣기로는 개인 어학원을 시작하셨다고 하던데요. 사업은 잘 되어 가고 있으신가요?

남: 네, 그리고 수강생 숫자가 늘어나고 있어요. 제가 *Town Life* 잡지 다음 주 호를 고대하고 있는데, 저희가 그 잡지에 특집으로 실리기 때문이에요.

여: 와, 잡지에 특집으로 실리면 많은 수의 새로운 학생들을 끌어 들이게 될 거예요.

남: 맞아요, 그리고 그 기사는 비즈니스 스페인어와 비즈니스 프랑스어를 비롯한 더 많은 것들과 같은 저희가 제공하는 강의들을 강조해 줄 거예요.

여: 비즈니스 프랑스어요? 저기, 제가 곧 프랑스로 출장 갈 예정이거든요.

남: 그럼 내일 밤, 그 수업에 오세요. 저희가 체험 강의를 제공하고 있어요.

여: 그럼 아주 좋을 것 같아요.

어휘 hear that ~라는 말을 듣다, 얘기를 듣다 business venture (모험적) 사업 go well 잘 되어 가다 the number of ~의 수, 숫자 grow 늘어나다, 증가하다 look forward to ~을 고대하다 issue (잡지 등의) 호 feature ~을 특집으로 싣다 bring in ~을 끌어 들이다, 불러 들이다 article (잡지 등의) 기사 emphasize ~을 강조하다 offer ~을 제공하다 such as ~와 같은 go on a business trip 출장 가다 then 그럼, 그렇다면 trial 체험 서비스, 시험(적인 것) sound + 형용사: ~하게 들리다, ~한 것 같다

4. What did the man recently do?
(A) Graduate from school
(B) Visit another country
(C) Participate in a business class
(D) Start a business

남자는 최근에 무엇을 했는가?
(A) 학교를 졸업하는 일
(B) 다른 국가를 방문하는 일
(C) 비즈니스 강좌에 참가하는 일
(D) 사업을 시작하는 일

정답 (D)

해설 대화를 시작하면서 여자가 남자에게 어학원을 시작한 사실을(~ you have started your own language school) 언급하고 있는데, 이는 새로운 사업을 시작한 것과 같으므로 (D)가 정답이다.

어휘 recently 최근에 graduate from ~을 졸업하다 participate in ~에 참가하다

Paraphrase started your own language school → Start a business

5. What is the man excited about?
(A) A business trip
(B) A language lesson
(C) A book publication
(D) A magazine article

남자는 무엇에 대해 들떠 있는가?
(A) 출장
(B) 어학 수업
(C) 도서 출판
(D) 잡지 기사

정답   (D)

해설   남자가 들뜬 감정을 나타내는 말과 관련해, 다음 주에 나오는 잡지에 특집으로 실리는 일을 고대하고 있음을(I'm looking forward to next week's issue of *Town Life* magazine because we are being featured in it.) 말하고 있으므로 (D)가 정답이다.

어휘   be excited about ~에 대해 들뜨다, 흥분하다 publication 출판, 발간

6. What does the man suggest the woman do?
(A) Attend a free class
(B) Travel abroad
(C) Invest in a business
(D) Lead a seminar

남자는 여자에게 무엇을 하도록 권하는가?
(A) 무료 수업에 참석하는 일
(B) 해외로 여행 가는 일
(C) 한 회사에 투자하는 일
(D) 세미나를 진행하는 일

정답   (A)

해설   대화 마지막에 남자가 내일 수업에 오라고 권하면서 체험 강의를 제공한다고(Then come to the class tomorrow night. We offer trial lessons.) 알리고 있는데, 이는 무료 수업을 듣는 일을 뜻하므로 (A)가 정답이다.

어휘   suggest (that) ~하도록 권하다, 제안하다 attend ~에 참석하다 free 무료의 abroad 해외로, 해외에 invest in ~에 투자하다 lead ~을 진행하다, 이끌다

Paraphrase trial lessons → free class

UNIT 09
Part 4 인물 소개 / 회의 발췌

EXAMPLE 인물 소개

Questions 1-3 refer to the following talk.

1 Welcome to Marketing Manager Anton Quan's promotion party! Anton has dedicated himself to the highest standard of success during his time here. As you know, **2** ever since he joined our Canada region, our company has experienced tremendous growth. Once he took over, our number of locations in Canada more than tripled. Of course, he didn't do it by himself, but we cannot deny that he contributed so much. And now, after being promoted to Marketing Director, he will be joining our latest expansion efforts in South America. **3** Anton, I would like to invite you to the stage now to present you with a gift that shows our appreciation of your services over the years.

Anton Quan 마케팅 부장님의 승진 기념 파티에 오신 것을 환영합니다! Anton 부장님께서는 이곳에서 근무하신 동안 가장 높은 수준의 성공에 이르기까지 헌신해 오셨습니다. 아시다시피, Anton 부장님께서 우리 캐나다 지역에 오신 이후로 우리 회사는 엄청난 성장을 경험해 왔습니다. 부장님께서 직책을 맡으시자마자, 캐나다 내 우리 지점의 수는 세 배를 넘겼습니다. 당연히, 부장님 혼자 하신 일은 아니지만, 부장님께서 아주 크게 기여하셨다는 점을 부인할 수 없습니다. 그리고 이제, 마케팅 이사로 승진하신 후에, 남미 지역에서의 최근 사업 확장 활동에 합류하실 예정입니다. Anton 부장님, 수년 간에 걸친 부장님의 노고에 감사의 뜻을 표하는 선물을 증정해 드리기 위해 지금 무대로 오시도록 요청 드리고자 합니다.

어휘   promotion 승진, 진급 dedicate oneself to ~에 헌신하다, 공헌하다 highest standard of 가장 높은 수준의 success 성공 ever since ~한 이후로 줄곧 join ~에 합류하다, ~와 함께 하다 region 지역 tremendous 엄청난, 막대한 growth 성장 once ~하자마자, (일단) ~하는 대로 take over (자리 등) ~을 떠맡다, 이어 받다 location 지점, 위치 more than ~가 넘는 triple 세 배가 되다 by oneself 혼자, 스스로 deny that ~임을 부인하다 contribute 기여하다, 공헌하다 promote ~을 승진시키다 latest 최신의 expansion (사업) 확장, 확대 effort (조직적) 활동, 노력 invite A to do: A에게 ~하도록 요청하다 present A with B: A에게 B를 제공하다 appreciation 감사 service 노고, 근무, 재직 over the years 수년 간에 걸쳐

1. What event is being held?
(A) A retirement party
(B) An awards dinner
(C) An opening ceremony
(D) A promotion celebration

무슨 행사가 개최되고 있는가?
(A) 은퇴 기념 파티
(B) 시상식 만찬
(C) 개막식
(D) 승진 축하 행사

정답 (D)

해설 담화를 시작하면서 화자가 Anton Quan 마케팅 부장의 승진 파티에 온 것을 환영한다고(Welcome to Marketing Manager Anton Quan's promotion party!) 하므로 (D)가 정답이다.

어휘 retirement 은퇴, 퇴직 ceremony 식, 의식 celebration 축하 행사

Paraphrase promotion party → promotion celebration

2. What is mentioned about Mr. Quan?
(A) He studied marketing in university.
(B) He expanded the business in Canada.
(C) He will be promoted to CEO.
(D) He will have a vacation in South America.

Quan 씨에 관해 언급된 것은 무엇인가?
(A) 대학에서 마케팅을 공부했다.
(B) 캐나다에서 사업을 확장했다.
(C) CEO로 승진될 것이다.
(D) 남아메리카에서 휴가를 보낼 것이다

정답 (B)

해설 담화 초반부에서 Anton Quan을 소개한 후 그가 캐나다 지역에 오게 되면서 회사가 엄청난 성장을 이루었는데(ever since he joined our Canada region ~ tremendous growth), 특히 그가 맡고 나서 캐나다의 지점 수가 세 배가 넘게 늘었다고(Once he took over, ~ more than tripled) 말하고 있다. 이로부터 Quan 씨가 캐나다에서 사업을 크게 확장했음을 알 수 있으므로 (B)가 정답이다.

어휘 expand ~을 확장하다 be promoted to ~로 승진되다

3. What will happen next?
(A) A gift will be awarded.
(B) A speech will be given.
(C) Invitation letters will be sent.
(D) Meals will be distributed.

곧이어 무슨 일이 있을 것인가?
(A) 선물이 증정될 것이다.
(B) 연설이 진행될 것이다.
(C) 초대장이 발송될 것이다.
(D) 식사가 제공될 것이다.

정답 (A)

해설 담화 마지막에 선물을 증정하기 위해 무대로 오르도록(Anton, I would like to invite you to the stage now to present you with a gift ~) Anton 씨에게 요청하고 있으므로 (A)가 정답이다.

어휘 award v. ~을 주다, 수여하다 give a speech 연설하다 invitation 초대(장) distribute ~을 나눠 주다, 배부하다

EXAMPLE 회의 발췌

Questions 1-3 refer to the following excerpt from a meeting.

As senior managers of this branch of Burger Time, **1** it is our duty at today's meeting to pick one junior manager whose performance and dedication make him or her deserving of a senior position. The first candidate I'd like to discuss is Colton Waddell. Colton started working for the restaurant around six years ago, and **2** for the past two years he has been responsible for running our monthly skills workshops for new recruits. He has also played a key role in creating the successful Smiley Meal promotional campaign. Before discussing our next candidate, Kristina Moss, **3** let's take a moment to look over Colton's company file and his past achievements at Burger Time.

우리 Burger Time 지점의 선임 매니저로서, 오늘 회의에서 우리가 할 일은 업무 수행 능력과 헌신으로 인해 선임 직책으로 승진될 만한 부매니저 한 명을 고르는 것입니다. 제가 논의하고 싶은 첫 번째 후보는 Colton Waddell 씨입니다. Colton 씨는 약 6년 전에 우리 레스토랑에서 근무하기 시작했으며, 지난 2년 동안 신입 사원들을 위한 월간 업무 능력 개발 워크숍을 진행하는 일을 맡아 오셨습니다. 또한 성공적인 Smiley Meal 홍보 캠페인을 만드는 데 있어 핵심적인 역할도 한 바 있습니다. 다음 후보자인 Kristina Moss 씨에 대해 논의하기 전에, 잠시 Colton 씨의 회사 파일과 우리 Burger Time에서의 과거 업적을 살펴보는 시간을 갖도록 합시다.

어휘 senior manager 선임 매니저 cf. junior manager 부매니저 branch 지점 duty 임무 pick ~을 선발하다 performance 업무 수행 dedication 헌신 deserve of + 명사: ~의 값어치가 있다 candidate 후보자 be responsible for -ing ~하는 것을 책임지다 run ~을 진행하다 recruit n.신입사원 play a key role in -ing ~하는 데 주요한 역할을 하다 promotional campaign 홍보 캠페인 take a moment to do 잠시 시간 내어 ~하다 look over ~을 살펴보다 achievement 업적, 성취

1. What is the purpose of the meeting?
(A) To choose a new senior manager

(B) To interview prospective employees
(C) To discuss general staff efficiency
(D) To announce a promotional campaign

회의의 목적은 무엇인가?
(A) 새로운 선임 매니저를 선정하기 위해
(B) 잠재 직원을 면접하기 위해
(C) 전반적인 직원 효율성을 논의하기 위해
(D) 홍보 캠페인을 알리기 위해

정답 (A)

해설 담화 초반부에 선임 매니저가 될 만한 부매니저를 선정해야 한다고(it is our duty at today's meeting to pick one junior manager ~) 말하고 있으므로 (A)가 정답이다.

어휘 prospective 장래의 general 일반적인, 보편적인

2. What does Colton Waddell do?
(A) He runs regular safety workshops.
(B) He designs product packaging.
(C) He coordinates employee training.
(D) He supervises all junior managers.

Colton Waddell은 무엇을 하는가?
(A) 그는 정기적인 안전 워크숍을 진행한다.
(B) 그는 제품 포장지를 디자인한다.
(C) 그는 직원 교육을 진행한다.
(D) 그는 모든 부매니저들을 감독한다.

정답 (C)

해설 Colton Waddell 씨가 언급되는 중반부에, 신입 사원들을 위한 업무 능력 개발 워크숍을 진행하는 일을 맡고 있다고(he has been responsible for running our monthly skills workshops for new recruits) 언급하는데, 이는 직원 교육을 의미하므로 (C)가 정답이다. run과 workshop이 들렸다고 무작정 (A)를 고르면 안 된다.

어휘 packaging 포장(지) coordinate ~을 편성하다, 조직하다 supervise ~을 감독하다

3. What will the listeners most likely do next?
(A) Evaluate samples of a new product
(B) Interview a job applicant
(C) Register for monthly training sessions
(D) Review a worker's accomplishments

청자들은 다음에 무엇을 할 것 같은가?
(A) 신제품 샘플을 평가한다.
(B) 취업 지원자를 면접한다.
(C) 월례 교육 과정에 등록한다.
(D) 한 직원의 성취를 검토한다.

정답 (D)

해설 다음에 할 일은 항상 맨 마지막에 언급된다. 다음 후보인 Kristina에 대해 얘기하기 전에 Colton 씨의 파일과 업적을 살펴보자고 (let's take a moment to look over Colton's company file and his past achievements) 제안하고 있으므로 (D)가 정답이다.

어휘 evaluate ~을 평가하다 job applicant 구직자 résumé 이력서 register for ~에 등록하다 review ~을 검토하다 accomplishment 성취

PRACTICE

Questions 1-3 refer to the following introduction.

On today's show, we're happy to be joined by Paul Bourdain. As some of you may know, **1** Mr. Bourdain is the owner and head chef of Paul's Kitchen on Main Street. Paul's Kitchen has been one of the most popular restaurants in the region for the last ten years. We've asked Mr. Bourdain to come to our station today to talk about **2** his newly released cookbook, which has been on the bestseller list of most major newspapers for more than four weeks. His book, Bon Appétit with Paul Bourdain, includes recipes and cooking tips for healthy homemade meals. **3** After the interview, Mr. Bourdain will be taking questions from our listeners. If you have something you want to ask Mr. Bourdain, call us at 555-3429.

오늘 우리 쇼에 Paul Bourdain 씨를 모시게 되어 매우 기쁩니다. 몇몇 분들도 아시다시피, Bourdain 씨는 Main Street에 있는 Paul's Kitchen의 소유주이자 주방장이십니다. Paul's Kitchen은 지난 10년간 이 지역에서 가장 인기 있는 레스토랑 중 하나로 꼽히고 있습니다. 저희는 Bourdain 씨께 오늘 방송국에 오셔서 새로 발간하신 요리책에 대해 이야기하시도록 요청 드렸으며, 이 책은 현재 대부분의 주요 신문이 선정하는 베스트셀러 리스트에 4주 넘게 올라 있습니다. 그의 책, Bon Appétit with Paul Bourdain에는 집에서 만드는 건강식 조리법 및 요리팁들이 들어 있습니다. 인터뷰 후에는, Bourdain 씨께서 청취자 여러분의 질문을 받을 예정입니다. Bourdain 씨께 궁금한 점이 있으신 분들은 555-3429번으로 전화 주시기 바랍니다.

어휘 join ~와 함께 하다 owner 소유주 head chef 주방장 popular 인기 있는 region 지역 ask A to do: A에게 ~하도록 요청하다 station 방송국 newly released 새로 출시된 include ~을 포함하다 recipe 요리법 tip 조언, 비법 homemade 집에서 만든

1. Who is Mr. Bourdain?
(A) A food critic
(B) A radio show host
(C) A restaurant chef

(D) A magazine editor

Bourdain 씨는 누구인가?
(A) 음식 평론가
(B) 라디오 쇼 진행자
(C) 레스토랑 주방장
(D) 잡지 편집자

정답 (C)

해설 Bourdain 씨의 신분을 알 수 있는 직책명이나 특정 업무 등의 정보를 찾아야 한다. 화자는 초반부에 그에 대해 Mr. Bourdain is the owner and head chef of Paul's Kitchen이라는 직책으로 소개하고 있으므로 (C)가 정답이다.

어휘 critic 평론가, 비평가 show host 프로그램 진행자

2. What did Mr. Bourdain recently do?
(A) He opened a new restaurant.
(B) He published a book.
(C) He hosted a television show.
(D) He won a cooking award.

Bourdain 씨가 최근에 한 일은 무엇인가?
(A) 그는 새 레스토랑을 열었다.
(B) 그는 책을 출간했다.
(C) 그는 TV 프로그램을 진행했다.
(D) 그는 요리상을 탔다.

정답 (B)

해설 '최근(recently)'이라는 시점과 관련이 있는 정보를 찾아야 한다. 화자는 his newly released cookbook이라는 말로 새로 발간된 책과 이 책의 판매 현황에 대해 언급하고 있으므로 (B)가 정답이다.

어휘 win an award 상을 받다

3. What will probably happen next?
(A) A guest will be interviewed.
(B) A recipe will be introduced.
(C) A commercial will be aired.
(D) A speech will be given.

곧이어 무슨 일이 있을 것 같은가?
(A) 게스트와의 인터뷰가 있을 것이다.
(B) 요리법이 소개될 것이다.
(C) 광고가 방송될 것이다.
(D) 연설이 있을 것이다.

정답 (A)

해설 '~ happen next 문제이므로 마지막 부분에서 힌트를 찾아야 한다. 담화 후반부에, 인터뷰가 진행되고 나서 Bourdain 씨가 질

문을 받는다고 했으므로(After the interview, Mr. Bourdain will be taking questions from our listeners) 인터뷰를 언급한 (A)가 정답이다.

어휘 commercial n. 광고 방송 air v. ~을 방송하다

Questions 4-6 refer to the following excerpt from a meeting.

■4 It is my pleasure to announce that we have finalized the building renovation details and construction will begin shortly. I have the blueprints of the floor plans, so if you are interested in seeing them, please let me know. I would be happy to share them. ■5 You might also be curious about how our parking situation will improve. Well, the plans also include a parking tower! Now, ■6 I'll be happy to answer any questions regarding the upcoming renovations.

우리가 건물 개조 공사 세부 사항을 최종 확정했으며, 공사가 곧 시작된다는 점을 알려 드리게 되어 기쁘게 생각합니다. 저에게 평면도를 담은 설계도가 있으므로 그것들을 확인해 보시는 데 관심이 있으실 경우, 저에게 알려 주십시오. 기꺼이 공유해 드리겠습니다. 여러분은 주차 상황이 어떻게 개선될 것인지에 대해서도 궁금해 하실지도 모릅니다. 음, 이 도면에는 주차 타워도 포함되어 있습니다! 이제, 곧 있을 이 개조 공사와 관련된 어떤 질문이라도 기꺼이 답변해 드리도록 하겠습니다.

어휘 finalize ~을 최종 확정하다 renovation 개조, 보수 details 세부 사항, 상세 정보 shortly 곧, 머지 않아 blueprint 설계도, 청사진 floor plan 평면도 be interested in ~에 관심이 있다 let A know: A에게 알리다 share ~을 공유하다 be curious about ~에 대해 궁금해 하다 parking 주차 situation 상황 improve 개선되다 include ~을 포함하다 regarding ~와 관련해 upcoming 곧 있을, 다가오는

4. What is the main purpose of the talk?
(A) To notify employees of construction details
(B) To announce some policy changes
(C) To inform employees of a merger
(D) To discuss the costs of a proposal

담화의 주요 목적은 무엇인가?
(A) 직원들에게 공사 세부 사항을 알리는 것
(B) 일부 정책 변경 사항을 알리는 것
(C) 직원들에게 합병을 알리는 것
(D) 제안 사항의 비용을 논의하는 것

정답 (A)

해설 담화를 시작하면서 건물 개조 공사 확정 사실과 함께 그 공사가 곧 시작된다고(It is my pleasure to announce that we have finalized the building renovation details and construction will begin shortly) 알리면서 관련 정보를 제공하고 있으므로 (A)가 정답이다.

어휘 notify A of B: A에게 B를 알리다(= inform A of B) policy 정책
merger 합병 discuss ~을 이야기하다 proposal 제안(서)

5. What does the speaker mean when he says, "the plans also include a parking tower!"?

(A) Construction expenses will increase.
(B) The construction will take longer than expected.
(C) More employees will be hired.
(D) Limited parking will no longer be a concern.

화자가 "이 도면에는 주차 타워도 포함되어 있습니다"라고 말한 의도는 무엇인가?
(A) 공사 비용이 증가될 것이다.
(B) 공사가 예상보다 더 오래 걸릴 것이다.
(C) 더 많은 직원들이 고용될 것이다.
(D) 제한된 주차 공간이 더 이상 우려 사항이 되지 않을 것이다.

정답 (D)

해석 담화 중반부에 청자들이 주차 상황이 어떻게 개선될 것인지에 대해서도 궁금해 할 수 있다고 (You might also be curious about how our parking situation will improve.) 언급한 뒤 '주차 타워도 포함되어 있다'고 알리고 있다. 이는 더 이상 주차 문제를 겪지 않아도 된다는 말에 해당되므로 이와 같은 의미로 쓰인 (D)가 정답이다.

어휘 expense (지출) 비용 increase 증가되다 take longer 더 오래 걸리다 than expected 예상보다 limited 제한된 no longer 더 이상 ~ 아니다 concern 우려, 걱정

6. What are the listeners asked to do?

(A) Inquire about the project
(B) Work from home temporarily
(C) Extend a project deadline
(D) Request assigned parking spaces

청자들은 무엇을 하도록 요청 받는가?
(A) 프로젝트에 관해 묻는 일
(B) 일시적으로 재택 근무를 하는 일
(C) 프로젝트 마감 시한을 연장하는 일
(D) 주차 공간 배정을 요청하는 일

정답 (A)

해석 담화 마지막 부분에서 화자가 개조 공사와 관련된 모든 질문에 기꺼이 답변해 주겠다고(I'll be happy to answer any questions regarding the upcoming renovations.) 말하고 있는데, 이는 해당 프로젝트에 관해 물어 보도록 요청하는 것이므로 (A)가 정답이다.

어휘 inquire about ~에 관해 묻다, 문의하다 work from home 재택 근무하다 temporarily 일시적으로 extend ~을 연장하다 deadline 마감 시한 request ~을 요청하다 assigned 배정된

UNIT 10

Part 5 동사의 종류 / 수 일치 / 태 / 시제

PRACTICE

1.

정답 (A)

해석 시 경계선을 확장하기로 한 의회의 결정은 지역 주민들 사이에서 일부 우려를 만들어 냈다.

해설 빈칸 앞에는 주어와 to부정사구가, 빈칸 뒤에는 명사와 전치사구가 각각 위치해 있으므로 빈칸이 문장의 동사 자리임을 알 수 있다. 따라서 빈칸 뒤에 쓰인 명사를 목적어로 취할 수 있는 능동태이면서, 단수 주어인 decision과 수 일치가 되는 형태인 (A) has generated가 정답이다.

어휘 council 의회 decision to do ~하려는 결정 expand ~을 확장하다 city limit 시의 경계 concern 우려, 걱정 among ~ 사이에서 local 지역의 resident 주민 generate ~을 만들어내다, 발생시키다

2.

정답 (D)

해석 내부 회계 감사관은 모든 사업 관행이 정책에 따라 실시되고 있는지를 확인한다.

해설 빈칸이 동사 ensures의 목적어 역할을 하는 that절에 속해 있으며, 빈칸 앞뒤로 that절의 주어와 전치사구만 있으므로 빈칸에는 that절의 동사가 쓰여야 한다. 동사의 형태인 (A) would have performed와 (D) are being performed 중에서, 전치사구가 이어지는 것으로 보아, 수동태가 필요하므로 (D) are being performed가 정답이다.

어휘 internal 내부의 auditor 회계 감사관 ensure that ~인지 확인하다, ~임을 확실히 해두다 practice 관행, 관례 in accordance with ~에 따라, ~에 부합되게 policy 정책 would have p.p. ~했을 수도 있다 perform ~을 실시하다, 수행하다

3.

정답 (C)

해석 Hudson 씨가 현재 회의 중이므로, 오후 4시 이후에는 시간이 날 겁니다.

해설 주절에 현재 회의 중이라고 나와 있으므로 시간이 나는 시점으로 제시된 after 4 P.M.은 미래 시점이 되어야 알맞다. 따라서 미래 시제인 (C)가 정답이다.

어휘 currently 현재 available (사람) 시간이 나는, (사물) 이용가능한

4.

정답 (D)

해석 비용을 지불하시기 전에, 배터리가 이 구매품에 포함되어 있지 않다는 점에 유의하십시오.

해설 빈칸 앞에 위치한 be동사(are)와 어울려야 하므로 현재분사 (A) including과 과거분사 (D) included 중에서 골라야 하는데, 바로 뒤에 전치사구가 이어지려면 수동태가 되어야 하므로 (D) included가 정답이다.

어휘 make a payment 비용을 지불하다 note that ~임에 유의하다, 주목하다 purchase 구매(품) including ~을 포함해 include ~을 포함하다

UNIT 11
Part 6 연결어 문제

전략 포인트 ❶ 역접 연결어와 결과 연결어

EXAMPLE

> ECA 사가 RDA Solutions 사를 인수했다고 금요일에 발표했습니다. 이 거래의 재정적인 세부 사항은 공개되지 않았습니다. 하지만 시장 분석 전문가들은 최소 2천 4백만 달러의 가치를 지닌 거래일 것으로 예상하고 있습니다. ECA 사의 대변인인 James Han 씨는 RDA 사를 인수함으로써 수익을 세 배로 늘리고, 그곳에서 최근 개발된 솔루션들을 활용할 것이라고 월요일에 밝혔습니다. 따라서, 그들의 경쟁업체들은 우려하고 있습니다. 그 업체들은 이번 인수로 인해 ECA 사가 최고의 반도체 제조업체가 될 수 있을 것으로 생각하고 있습니다.

어휘 acquire ~을 인수하다, 매입하다 financial 재정적인, 재무의 details 세부 사항, 상세 정보 deal 거래, 계약 disclose ~을 공개하다, 드러내다 analyst 분석 전문가 worth + 가치: ~의 가치가 있는 at least 최소한, 적어도 spokesperson 대변인 triple v. ~을 세 배로 만들다 profit 수익 make use of ~을 활용하다 recently 최근에 develop ~을 개발하다 competitor 경쟁업체 acquisition 인수, 매입 manufacturer 제조사 semiconductor 반도체 for example 예를 들어(= for instance) in case (that절 또는 of와 함께) ~할 경우에 then 그렇다면, 그런 다음, 그때 still 그래도

전략 포인트 ❷ 세부 내용 연결어

EXAMPLE

> 사무실 임대
>
> 해변 경관이 보이는 훌륭한 사무실이 전부 여러분의 것이 될 수 있습니다! 건물 내의 모든 사무실들이 지역의 아주 멋진 경관을 특징으로 하고 있으며, 하나의 창고를 포함하고 있습니다. 게다가, 임대료가 최근에 10퍼센트 인하되었습니다! 모든 사무실은 네 개의 주차 공간을 포함합니다.

어휘 lease 임대 계약(서) view 경관, 조망 feature ~을 특징으로 하다 spectacular 아주 멋진, 장관인 include ~을 포함하다 storage 보

관, 저장 rent 임대료, 방세 recently 최근에 decrease ~을 인하하다, 감소시키다 by (차이) ~만큼, ~ 정도 otherwise 그렇지 않으면, 그 외에는

PRACTICE

1~4 다음 기사를 참조하시오.

> Tom Jones 씨와 Quincy Steven 씨가 진행하는 Hot 95 Atlanta Report는, 시청자들에게 최신 일기 예보 및 지역 날씨와 관련된 뉴스와 프로그램을 전해드리는 데 초점을 맞추고 있는 지역 케이블 TV 프로그램입니다. Hot 95 Atlanta Report는 6년 전에 홀로 참여한 Tom Jones 씨와 함께 시작되어 지역 일기 예보를 전했습니다. 하지만, 몇 년 후에 수상 경력이 있는 저널리스트 Quincy Steven 씨가 Tom Jones 씨와 함께 하면서, 애틀랜타 지역에서 최고 수준의 프로그램으로 확실히 급부상하기 시작했습니다. 당시에, 해당 프로그램의 고위 경영진은 정규 프로그램 구성 방식의 일환으로 날씨와 관련된 다큐멘터리를 포함시키기로 결정했습니다. 이는 시청자들에게 대단히 큰 인기를 얻은 것으로 드러났습니다, 시청자 수요에 대한 반응으로, 해당 프로그램은 현재 정규 보도와 예보에 더해 매주 두 세 개의 짧은 다큐멘터리를 선보이고 있습니다.

어휘 local 지역의, 현지의 focused on ~에 초점을 맞춘, 중점을 둔 bring A B: A에게 B를 소개하다 up-to-date 최신의 forecast 예보 related (결합어로 쓰여) ~와 관련된 deliver ~을 전달하다 rise as ~로 떠오르다 top-rated 최고 수준의, 최고 등급의 award-winning 수상 경력이 있는 join ~와 함께 하다, ~에 합류하다 at that time 당시에 upper 고위의, 상부의 management 경영(진) include ~을 포함하다 as part of ~의 일환으로 regular 정규의, 일반적인 format 구성 방식 in response to ~에 대한 반응으로, ~에 대응해 demand 수요 feature ~을 특별히 선보이다 per ~마다 in addition to ~에 더해, ~뿐만 아니라

1.

정답 (B)

해설 빈칸 앞에 과거분사로 쓰인 focused는 전치사 on과 함께 '~에 초점을 맞춘'이라는 의미로 쓰이므로 (B) on이 정답이다.

2.

정답 (C)

해설 빈칸 앞에는 오직 Tom Jones 씨만 있었던 상황을, 빈칸 뒤에는 Quincy Steven 씨가 합류하면서 달라진 상황을 나타내는 내용이 언급되어 있다. 이 둘은 서로 대조되는 상황에 해당되므로 '하지만'이라는 의미로 대조 또는 반대를 나타낼 때 사용하는 (C) However가 정답이다.

어휘 therefore 따라서, 그러므로 namely 즉, 다시 말해 however 하지만 meanwhile 그러는 동안, 한편

3.

정답   (A)

해설   빈칸 앞뒤로 주어와 to부정사만 있으므로 빈칸은 문장의 동사 자리이다. 동사 형태인 (A) decided와 (B) will decide 중에서, 빈칸이 속한 문장에 '당시에'라는 의미로 특정 시점을 지칭하는 At that time이 쓰여 있는데, 이는 앞 문장에서 동사 started와 joined에서 알 수 있듯이 과거 시점을 가리킨다. 따라서 동일한 과거 시제인 (A) decided가 정답이다.

어휘   **decide (to do)** (~하기로) 결정하다

4.   (A) 대부분의 시청자들은 인터넷으로 다큐멘터리를 시청하는 것을 선호합니다.
        (B) 지역 내 날씨가 빠르게 변화될 수 있기 있으므로, 정확한 예보가 필수입니다.
        (C) Tom Jones 씨는 다음 해에 일기 예보 저널리즘 상을 받았습니다.
        (D) 이는 시청자들에게 대단히 큰 인기를 얻은 것으로 드러났습니다.

정답   (D)

해설   빈칸 앞을 보면 정규 방송에 날씨와 관련된 다큐멘터리를 포함하기로 했다는 내용이 나오고, 빈칸 뒤에는 시청자 수요에 부응하여 이제는 일주일에 2~3개씩의 다큐멘터리를 특집으로 내보낸다는 말이 있는 것으로 보아, 빈칸에는 초기에 시도했던 다큐멘터리가 인기를 끌었다는 내용이 오는 것이 자연스럽다. 따라서 (D)가 정답이다.

어휘   **prefer to do** ~하는 것을 선호하다 **region** 지역 **accurate** 정확한 **necessary** 필수인, 필요한 **go on to do** 이어서 ~하게 되다 **win** (상 등) ~을 받다, 타다 **journalism** 방송, 보도 **following** 다음의, 뒤따르는 **prove to be A**: A한 것으로 드러나다, 판명되다 **extremely** 대단히, 매우 **popular with** ~에게 인기있는

5-8 다음 광고를 참조하시오.

여러분의 제품 또는 업체를 마케팅하는 것에 좌절감을 느끼거나 어렵다고 생각한 적이 있나요? 그러시다면 저희 Yamada Marketing에 연락주시면, 저희가 대신 모든 일을 처리해 드리겠습니다! 심지어 요즘도, 신문과 잡지 같은 전통적인 마케팅 수단들이 여전히 매우 효과적인 광고 플랫폼입니다. 게다가, 소셜 미디어 플랫폼들은 마케팅 담당자들에게 필수적인 도구가 되었습니다. 그리고 모바일 기기의 애플리케이션에 쓰이는 광고도 있는데, 이는 사용자의 검색 기록과 선호도를 통해 얻은 데이터를 활용합니다. 저희는 모든 옵션들을 고려해 여러분을 위한 최고의 멀티 플랫폼 전략을 개발해 드릴 것입니다. 마케팅과 관련된 존재감을 최대한 활용할 수 있는 누군가를 찾고 있으시다면, 지금 바로 저희에게 연락주십시오!

어휘   **ever** (부정문, 의문문) 한번이라도 **market** v. ~을 마케팅하다 **frustrating** 좌절감을 주는, 불만스러운 **then** 그럼, 그렇다면, 그리고 **contact** ~에게 연락하다 **handle** ~을 처리하다, 다루다 **on one's behalf** ~을 대신해 **even** 심지어 (~도) **traditional** 전통적인 **tool** 방식, 도구 **highly** 매우, 대단히 **effective** 효과적인 **platform** (사

용 기반이 되는) 플랫폼, 발판 **advertising** 광고 (활동) **essential** 필수적인 **in-app** 애플리케이션 내의 **device** 기기, 장치 **browsing history** 검색 기록 **preference** 선호(하는 것) **look for** ~을 찾다 **optimize** ~을 최적화하다, 최대한 활용하다 **presence** 존재(감)

5.

정답   (B)

해설   빈칸 뒤에 쓰인 newspapers and magazines는 그 앞에 언급된 전통적인 마케팅 수단들(traditional marketing tools)의 예시에 해당된다. 따라서 '~와 같은'이라는 의미로 예시 앞에 사용하는 (B) such as가 정답이다.

어휘   **in case (of 또는 that절과 함께)** (~할) 경우에 **such as** ~와 같은 **between (A and B)**: (A와 B) 사이에 **within** ~ 이내에

6.

정답   (D)

해설   빈칸 앞에는 전통적인 마케팅 방식이 여전히 효과적이라는 사실이, 빈칸 뒤에는 미디어 플랫폼이 마케팅에 있어 필수적이라고 언급되어 있다. 따라서 전통적인 방식에 이어 현대적인 방식이 추가적으로 언급되는 흐름임을 알 수 있으므로 '게다가, 추가로' 등을 뜻하는 (D) In addition이 정답이다.

어휘   **otherwise** 그렇지 않으면 **as a result** 결과적으로 **therefore** 따라서, 그러므로 **in addition** 게다가, 추가로

7.

정답   (A)

해설   빈칸은 선행사 mobile devices를 부연 설명하는 which 관계대명사절에 속해 있으며, 빈칸 뒤에 목적어로 data가 쓰여 있으므로 mobile devices와 data 사이의 의미 관계를 나타낼 동사가 필요하다. '모바일 기기가 데이터를 활용하다'라는 의미가 되어야 가장 자연스러우므로 '~을 활용하다'를 뜻하는 (A) utilize가 정답이다.

어휘   **utilize** ~을 활용하다 **serve** (음식 등) ~을 제공하다, 내오다 **confirm** ~을 확인해 주다

8.   (A) 저희는 모든 옵션들을 고려해 여러분을 위한 최고의 멀티 플랫폼 전략을 개발해 드릴 것입니다.
        (B) 보도 자료는 마케팅에 있어 가장 중요한 것들 중 하나입니다.
        (C) 연례 마케팅 보고서는 늘 소중한 데이터 원천입니다.
        (D) 요즘 대부분의 제품 구매가 인터넷을 통해 이뤄지고 있습니다.

정답   (A)

해설   빈칸에 앞서 전통적인 마케팅 방식과 소셜 미디어 플랫폼을 활용한 방식, 그리고 모바일 기기에서 가능한 방식 등 여러 가지 마케팅 방식이 언급되어 있다. 따라서 이와 같은 선택권의 다양함을 all options로 언급해 그것을 바탕으로 최고의 전략을 개발해 준다는 목표를 언급한 (A)가 정답이다.

어휘 | consider ~을 고려하다 develop ~을 개발하다 strategy 전략 press release 보도 자료 annual 연례적인, 해마다의 valuable 소중한, 귀중한 source 원천, 근원, 출처 the vast majority of 대부분의 make a purchase 구매하다 through ~을 통해

UNIT 12
Part 7 온라인 채팅 / 문자 메시지

전략 포인트 ❶ 온라인 채팅(Online chat discussion) 지문 유형

EXAMPLE

1-3 다음 온라인 채팅을 참조하시오.

Rhea Lee: [오후 1:51] 안녕하세요, Joshua 씨. **1** **2** 제가 우리 웹 사이트에서 온라인 교육 시스템을 처음 사용해보는데요. 이메일을 열어서 링크를 클릭해 시작하기만 하면 되는 게 맞죠?

Joshua Park: [오후 1:52] 네, 그리고 그 다음에 사용자 이름을 선택해 이메일에 있는 코드를 사용하셔야 해요.

Rhea Lee: [오후 1:54] 그렇게 했는데, **2** 계속 오류 메시지가 떠요. 나중에 다시 시도해보라고 나와요.

Joshua Park: [오후 1:55] 흠... 이상하네요. **3** 제가 그 이메일을 다시 보내드릴게요.

Rhea Lee: [오후 1:55] 초대와 관련된 문제가 있는 건가요?

Joshua Park: [오후 1:56] 그것이 만료되었을 수도 있어요. **3** 여기요. 다시 보내드렸어요.

Rhea Lee: [오후 1:57] 감사합니다, 이제 잘 되는 것 같아요.

어휘 | training 교육 get started 시작하다 then 그런 다음, 그 후에 choose ~을 선택하다 keep -ing 계속 ~하다 say (문서 등에) ~라고 나오다 try 시도하다 issue 문제, 사안 invitation 초대(장) might have p.p. ~했을 수도 있다 expire 만료되다 it seems to be[do] ~인[하는] 것 같다 work (기계 등이) 작동되다 fine ad. 잘, 괜찮게

1. Lee는 왜 Park에게 연락했는가?
(A) 그의 조언에 대해 감사의 말을 하기 위해
(B) 그에게 도움을 요청하기 위해
(C) 그에게 새로운 시스템에 관해 알리기 위해
(D) 그가 이메일을 받았는지 확인하기 위해

정답 | (B)

해설 | Lee가 첫 메시지에서 교육 시스템을 처음 사용한다는 말과 함께 이메일을 열어서 링크를 클릭해 시작하면 되는지 묻고 있는데, 이는 도움이 필요하다는 말과 같으므로 (B)가 정답이다.

어휘 | contact ~에게 연락하다 request ~을 요청하다 assistance 도움 notify A about B: A에게 B에 관해 알리다 receive ~을 받다

2. Lee는 어떤 무슨 문제점을 언급하는가?
(A) 첨부된 파일을 열 수 없다.
(B) 온라인 시스템을 이용할 수 없다.
(C) 일부 소프트웨어를 설치할 수 없다.
(D) 교육 워크숍에 참석할 수 없다.

정답 | (B)

해설 | 1시 54분 메시지에서 Lee는 계속 오류 메시지가 뜬다는 문제점을 언급하고 있는데, 이는 앞서 언급한 웹 사이트 교육 시스템 (training system on our Web site) 이용과 관련된 오류이다. 따라서 해당 시스템을 이용하지 못하는 문제점을 겪고 있음을 알 수 있으므로 (B)가 정답이다.

어휘 | attached 첨부된 access ~을 이용하다, ~에 접근하다 install ~을 설치하다 attend ~에 참석하다

3. 오후 1시 57분에, Lee 씨가 "이제 잘 되는 것 같아요"라고 쓴 것은 무엇을 의미하는가?
(A) 남자의 도움으로 시스템에 접속할 수 있다.
(B) 회의록을 복사했다.
(C) 남자의 발표가 무척 마음에 들었다.
(D) 교육 일정을 재조정할 수 있다.

정답 | (A)

해설 | Lee가 교육 시스템에 접속하려는데 자꾸 오류 메시지가 뜨자 Park은 코드가 들어 있는 이메일을 다시 보냈고, 마지막에 여자가 이제 잘 되는 것 같다고 한다. 즉, 남자가 보내준 이메일의 코드를 사용하여 시스템에 접속할 수 있게 되었다는 뜻이다. 따라서 (A)가 정답이다.

어휘 | make a copy of ~을 복사하다 meeting minutes 회의록 reschedule ~의 일정을 재조정하다

전략 포인트 ❷ 문자 메시지(Text message) 지문 유형

EXAMPLE

1-2 다음 문자 메시지를 참조하시오.

안녕하세요, Brad 씨, 주문 확인 이메일에 따르면 제가 오늘 Clavins Tool Pack을 받기로 되어 있는데, 아직 도착하지 않았습니다. 수문번호는 ZZ010103입니다. **1** Clavins 사에 전화해서 언제 제 사무실에 도착하는지 확인해 주시겠어요? 그리고, 제가 부서장들과 갖는 4시 회의 때문에 옐로우테일 지사로 운전해 가는 중인데, **2** 약 20분 정도 늦을 것 같아요. 근처에 분주하게 진행되는 음악 축제가 있어서, **2** 현재 길게 늘어선 차량들 뒤쪽에서 기다리는 중입니다. 제가 전화번호를 갖고 있지 않기 때문에, **1** 옐로우테일 지사에 전화해서 제가 20분 늦을 거라고 알려 주시겠어요? 감사합니다.

Richard

어휘   **be supposed to do** ~할 예정이다, ~하기로 되어 있다 **receive** ~을 받다 **according to** ~에 따르면 **confirmation** 확인(서) **arrive** 도착하다 **drive to** ~로 운전해서 가다 **branch** 지사, 지점 **supervisor** 부서장, 책임자, 상사 **it seems like** ~하는 것 같다 **by** (차이) ~ 정도 **around** 약, 대략 **nearby** 근처에 **currently** 현재 **behind** ~ 뒤쪽에 **let A know (that):** A에게 ~라고 알리다

1.   Brad 씨는 누구일 것 같은가?
     (A) Richard 씨의 고객
     (B) Clavins 사의 직원
     (C) Richard 씨의 동료
     (D) 옐로우테일 지사장

정답   **(C)**

해설   지문 전체적으로 업무와 관련된 몇 가지 일을 대신 처리하도록 부탁하는 것이(Can you please call Clavins ~ ?, can you call the Yellowtail branch ~?) 주를 이루고 있으므로 이와 같은 부탁을 할 수 있는 사람으로 '동료'를 의미하는 (C)가 정답이다.

어휘   **colleague** 동료 (직원)

2.   Richard 씨는 왜 회의에 늦을 것인가?
     (A) 교통 체증에 갇혀 있다.
     (B) 그의 자동차가 고장 났다.
     (C) 일정상의 충돌 문제가 있다.
     (D) 엉뚱한 곳으로 갔다.

정답   **(A)**

해설   지문 중반부에 회의에 약 20분 정도 늦을 것 같다고(~ late by around 20 minutes) 알린 후에, 길게 늘어선 차량들 뒤쪽에서 기다리고 있다고(~ waiting behind a long line of cars) 이유를 밝히고 있다. 이는 교통 정체에 갇혀 있음을 의미하는 말이므로 (A)가 정답이다.

어휘   **be stuck in traffic** 교통 체증에 갇히다 **break down** 고장 나다 **schedule conflict** 일정 충돌 **wrong** 엉뚱한, 잘못된

PRACTICE

1-3 다음 온라인 채팅을 참조하시오.

> June Kim [오전 11:16]
> 여러분, 아시다시피, 우리 매출이 하락해왔기 때문에 새로운 방향으로 나아가는 것을 고려하고 있습니다. 저는 우리 팀이 금요일에 가졌던 팀 회의에 관해 생각하기시작하셨으면 합니다.
>
> May Chen [오전 11:17]
> 우리가 뭔가 준비했어야 했나요?
>
> June Kim [오전 11:26]

■1 사무용품 수요가 하락세에 있는 것으로 보이기 때문에, 우리가 McDougal 카탈로그에 더 많은 제품을 포함시키는 것이 현명할 것입니다.

Samuel Patison [오전 11:27]
일일 청소용품이 사업체마다 항상 필요해요.

Ruby Shayer [오전 11:28]
좋습니다. 휴게실에서 사용되는 용지 제품과 용품들을 더 조사합시다.

May Chen [오전 11:30]
동의합니다. 전자레인지나 커피 메이커 같은 가전 기기들도 판매될 수 있어요.

June Kim [우전 11:32]
여러분의 아이디어가 모두 마음에 듭니다. ■2 다른 공급업체 및 비용에 관한 조사 내용과 함께 회의에서 그것들을 제시할 준비를 해 주세요. 제가 경영진과 초기 예산 편성 작업을 하는 데 있어 여러분의 제안서와 함께 여러분의 조사 내용 및 가격 책정 정보가 필요할 거예요.

Ruby Shayer [오전 11:33]
그렇게 하겠습니다.

June Kim [오전 11:34]
■3 어떤 질문이나 우려사항이 있으실 경우, 저에게 알려주세요. 그렇지 않으면, 금요일로 회의실을 예약하겠습니다.

어휘   **sales** 매출, 판매(량), 영업 **down** 하락한 **consider -ing** ~하는 것을 고려하다 **move in a new direction** 새로운 방향으로 나아가다 **would like A to do:** A가 ~하기를 원하다 **should have p.p.** ~했어야 했다 **prepare** ~을 준비하다 **It appears that** ~인 것 같다 **office supplies** 사무용품 **demand** 수요 **on the decrease** 하락세인 **include** ~을 포함하다 **day-to-day** 일일의, 일상의 **in need for** ~에게 필요한 **look into** ~을 조사하다, 살펴보다 **as well** ~도, 또한 **present** ~을 발표하다, 제시하다 **research** 조사, 연구 **supplier** 공급업체 **pricing** 가격 책정 **alongside** ~와 함께 **proposal** 제안(서) **preliminary** 초기의, 예비의 **budgeting** 예산 편성 **concern** 우려, 걱정 **otherwise** 그렇지 않으면 **reserve** ~을 예약하다

1.   Kim 씨는 어디에서 근무하고 있을 것 같은가?
     (A) 관광 안내 센터에서
     (B) 출장 요리 전문 업체에서
     (C) 사무용품 매장에서
     (D) 청소 전문 업체에서

정답   **(C)**

해설   11시 26분 메시지에서 Kim 씨는 사무용품 수요가 하락세에 있어서 카탈로그에 더 많은 제품을 포함시켜야 한다고(It appears that office supplies demand is on the decrease ~) 제안하는 것으로 보아 사무용품 판매점에서 근무하고 있음을 알 수 있으므로 (C)가 정답이다.

어휘   catering 출장 요리 제공(업)

2.   오전 11시 33분에, Shayer 씨가 "그렇게 하겠습니다"라고 쓴 의
     도는 무엇인가?

     (A) 전자레인지와 커피 메이커를 구입할 것이다.
     (B) Kim 씨에게 설문지를 보낼 것이다.
     (C) 회의실을 예약할 것이다.
     (D) Kim 씨의 요청사항에 대한 작업을 할 것이다.

정답   (D)

해설   'Will do'는 주어와 목적어를 생략한 구조로 '하겠다'라는 의미로
      수락이나 동의를 나타내는 구어적 표현이다. 이는 바로 앞선 메시
      지에서 Kim씨가 다른 공급업체 및 비용에 관한 조사 내용과 함께
      회의에서 아이디어들을 제시할 준비를 하도록 요청한 것에 대한
      수락을 나타내는 말이므로 (D)가 정답이다.

어휘   questionnaire 설문지 work on ~에 대한 작업을 하다

3.   Kim 씨는 곧이어 무엇을 할 것인가?
     (A) 매출 보고서와 함께 이메일을 보낼 것이다.
     (B) 고객과의 회의 일정을 잡을 것이다.
     (C) 이사진과의 회의를 준비할 것이다.
     (D) 예약을 할 것이다.

정답   (D)

해설   마지막 메시지에서 Kim 씨는 질문이나 우려사항이 있으면 알려
      달라는 말과 함께 그렇지 않으면 금요일로 회의실을 예약하겠다고
      (Otherwise, I will reserve a conference room for Friday)
      언급하고 있다. 따라서 곧 회의실을 예약한다는 것을 알 수 있으므
      로 (D)가 정답이다.

어휘   schedule ~의 일정을 잡다 board of directors 이사진, 이사회
      make a reservation 예약하다

CHAPTER 3

UNIT 13
Part 1 사물 사진   **Part 2** 부정/부가 의문문

PRACTICE

1.

(A) Some pots are on the table.
(B) Some cups have been stacked next to the table.
(C) A teakettle is placed on the table.
(D) Some pastries are being displayed in a display
    case.

(A) 몇몇 냄비들이 탁자 위에 있다.
(B) 몇몇 컵들이 탁자 옆에 쌓여 있다.
(C) 찻주전자가 탁자 위에 놓여 있다.
(D) 몇몇 페스트리가 진열장에 진열되고 있다.

정답   (C)

해설   사물 사진이므로 각 사물의 명칭과 각각의 위치에 초점을 맞춰 들
      어야 한다.

     (A) 냄비들이 사진에 나타나 있지 않으므로 오답.
     (B) 컵들이 쌓여 있는 상태가 아니므로 오답.
     (C) 찻주전자가 탁자에 놓여 있는 상태이므로 정답.
     (D) 진열장에 진열되는 동작이 나타나 있지 않으므로 오답.

어휘   pot (넓고 깊은) 냄비, 단지 stack (쌓개어) ~을 쌓다 next to ~ 옆에
      teakettle 찻주전자 place A on B: A를 B에 놓다 display v. ~을
      진열하다, 전시하다 n. 진열(품), 전시(품)

2.

(A) Some books are being put on the shelves.
(B) Some shelves are being assembled.
(C) Some cushions have been placed on the sofa.
(D) A sofa is being moved to the corner.

(A) 몇몇 책들이 책장에 놓이고 있다.
(B) 몇몇 선반들이 조립되고 있다.
(C) 몇몇 쿠션들이 소파에 놓여 있다.
(D) 소파가 구석으로 옮겨지고 있다.

정답 (C)

해설 사물 사진이므로 각 사물의 명칭과 위치 관계에 초점을 맞춰 들어야 한다.

(A) 책들이 책장에 놓이는 모습이 나타나 있지 않으므로 오답.
(B) 선반들이 조립되는 동작이 나타나 있지 않으므로 오답.
(C) 소파 한 쪽에 쿠션들이 놓여 있는 상태를 묘사한 정답.
(D) 소파가 옮겨지는 동작이 나타나 있지 않으므로 오답.

어휘 put A on B: A를 B에 놓다, 두다(= place A on B) assemble ~을 조립하다 move A to B: A를 B로 옮기다

3.

(A) A bicycle is leaning against the wall.
(B) Some chairs and tables have been arranged in rows.
(C) Some cars are parked along the alley.
(D) Some chairs are occupied.

(A) 자전거 한 대가 벽에 기대어져 있다.
(B) 몇몇 의자와 탁자들이 여러 줄로 정렬되어 있다.
(C) 몇몇 자동차들이 골목길을 따라 주차되어 있다.
(D) 몇몇 의자에 사람들이 앉아 있다.

정답 (B)

해설 사물 사진이므로 각 사물의 명칭과 위치에 초점을 맞춰 들어야 한다.

(A) 사진 속에서 자전거를 찾아볼 수 없으므로 오답.
(B) 여러 탁자와 의자들이 줄 맞춰 놓여 있는 상태를 묘사한 정답.
(C) 사진 속에서 자동차를 찾아볼 수 없으므로 오답.
(D) 의자에 앉아 있는 사람들을 찾아볼 수 없으므로 오답.

어휘 lean against ~에 기대고 있다 arrange ~을 정리하다, 정렬하다 in rows 여러 줄로 park ~을 주차하다 alley 골목길 occupied (사람이) 사용 중인, 점유하고 있는

4. Wasn't this sales report due last Friday?
(A) No, you don't have to report to Ms. Yamamoto.
(B) Mark it on page 13.
(C) The deadline has been moved back a week.

이 매출 보고서는 지난주 금요일이 기한이지 않았나요?
(A) 아뇨, Yamamoto 씨에게 보고하실 필요가 없습니다.
(B) 13페이지에 그것을 표기하세요.
(C) 마감 시한이 일주일 뒤로 미뤄졌습니다.

정답 (C)

해설 매출 보고서가 지난주 금요일이 기한이지 않았는지 확인하는 부정 의문문이다.

(A) 제출 기한과 관련 없는 보고 대상자를 언급한 오답.
(B) 제출 기한과 관련 없는 특정 페이지를 언급한 오답.
(C) 마감 시한이 뒤로 미뤄졌다는 말로 질문과 관련된 새로운 정보를 제공하는 정답.

어휘 sales 매출, 판매(량), 영업 due + 시점: ~가 기한인 don't have to do ~할 필요가 없다 mark ~을 표기하다 deadline 마감 시한 be moved back a week 일주일 뒤로 미뤄지다

5. Wasn't she promoted last year?
(A) Our promotion team.
(B) Yes, and she is a sales manager now.
(C) Their new album.

그녀는 작년에 승진되지 않았나요?
(A) 저희 홍보팀이요.
(B) 네, 그리고 지금 영업부장이십니다.
(C) 그들의 새 앨범이요.

정답 (B)

해설 she라는 사람이 작년에 승진되지 않았는지 확인하는 부정 의문문이다.

(A) promoted와 발음이 유사한 promotion을 활용한 오답.
(B) 긍정을 뜻하는 Yes와 함께 승진된 이후의 직책을 말하는 정답.
(C) 대상을 알 수 없는 Their를 언급한 오답.

어휘 promote ~을 승진시키다 promotion 홍보, 판촉, 승진, 진급 sales

영업, 매출, 판매(량)

6. Didn't we submit our budget proposal last month?
(A) June or July.
(B) We decided to revise it.
(C) Sign at the bottom.

우리가 예산 제안서를 지난 달에 제출하지 않았나요?
(A) 6월 또는 7월이요.
(B) 우리가 그것을 수정하기로 했어요.
(C) 하단에 서명하세요.

정답 (B)

해설 예산 제안서를 지난 달에 제출하지 않았는지 확인하는 부정 의문문이다.

(A) 제안서 제출 여부가 아닌 특정 시점을 언급하는 오답.
(B) 제안서를 수정하기로 했다는 말로 제출하지 않았음을 밝히는 정답.
(C) 제안서 제출 여부와 관련 없는 서명 위치를 말하는 오답.

어휘 submit ~을 제출하다 budget 예산 proposal 제안(서)
decide to do ~하기로 결정하다 revise ~을 수정하다 sign 서명하다 at the bottom 하단에

7. Didn't Alex move to Chicago?
(A) A deeply moving experience.
(B) Let me look for the report.
(C) Yes, he transferred to the Chicago branch.

Alex 씨가 시카고로 이사가지 않았나요?
(A) 깊은 감동이 있는 경험이에요.
(B) 제가 보고서를 찾아보겠습니다.
(C) 네, 시카고 지사로 전근하셨어요.

정답 (C)

해설 Alex 씨가 시카고로 이사가지 않았는지 확인하는 부정 의문문이다.

(A) move와 발음이 유사한 moving을 활용한 답변으로 질문과 관련 없는 오답.
(B) Alex 씨가 시카고로 자리를 옮긴 일과 관련 없는 오답.
(C) 긍정을 뜻하는 Yes와 함께 시카고 지사로 전근한 사실을 확인해주는 정답.

어휘 move to ~로 옮기다, 이사하다 deeply 깊게, 크게 moving 감동을 주는, 가슴 뭉클하게 하는 Let me do 제가 ~하겠습니다 look for ~을 찾다 transfer to ~로 전근하다 branch 지사, 지점

8. Hasn't the training been postponed?
(A) Glory Hotel, Grand Ballroom.
(B) Take the next train to Oxford.
(C) It is scheduled for next Tuesday.

교육이 연기되지 않았나요?
(A) Glory Hotel의 대연회장이요.
(B) 옥스포드로 가는 다음 열차를 타세요.
(C) 다음주 화요일로 예정되어 있습니다.

정답 (C)

해설 교육이 연기되지 않았는지 확인하는 부정 의문문이다.

(A) 행사 연기 여부가 아닌 특정 장소로 답변하는 오답.
(B) How 의문문에 어울리는 이동 방법을 말하는 오답.
(C) 다음주 화요일에 교육이 열린다는 말로 연기된 개최 시점을 알리는 정답.

어휘 training 교육 postpone ~을 연기하다 take (교통편) ~을 타다, 이용하다 be scheduled for + 날짜: ~로 예정되어 있다

9. Haven't those sales figures been updated yet?
(A) Have some more.
(B) They have just arrived in Sydney.
(C) I will do it soon.

그 매출 수치들이 아직 업데이트되지 않은 건가요?
(A) 좀 더 드세요.
(B) 그들은 시드니에 막 도착했어요.
(C) 제가 곧 할 겁니다.

정답 (C)

해설 매출 수치가 업데이트되지 않았는지 확인하는 부정 의문문이다.

(A) Have가 반복 사용된 답변으로 질문과 전혀 관련 없는 오답.
(B) 매출 수치의 업데이트 여부가 아닌 특정한 사람들의 도착 사실을 말하는 오답.
(C) 업데이트 작업을 it으로 지칭해 자신이 곧 한다는 말로 업데이트되지 않았음을 알리는 정답.

어휘 sales 영업, 매출, 판매(량) figure 수치, 숫자 arrive 도착하다

10. Ms. Baya has the copies of the agenda, doesn't she?
(A) Only black and white.
(B) Reserve a conference room.
(C) She made the copies, so yes.

Baya 씨가 의제 사본을 갖고 있죠, 그렇지 않나요?
(A) 오직 흑백으로만요.
(B) 회의실을 예약해 주세요.
(C) 그분이 복사를 했으니까, 그렇습니다.

정답 (C)

해설 Baya 씨가 의제 사본을 갖고 있지 않은 지 확인하는 부가 의문문이다.

(A) 의제 사본 소유 여부가 아닌 복사 방식을 언급하는 오답.

(B) 의제 사본 소유 여부와 관련 없는 회의실 예약을 부탁하는 오답.

(C) Ms. Baya를 She로 지칭해 상대방의 질문에 긍정하는 정답.

어휘 copy 사본, 복제본, 한 부 agenda 의제, 안건 reserve ~을 예약하다 make a copy 복사하다

11. The office is locked, isn't it?
(A) Ms. Kim probably has the key.
(B) A leaking pipe.
(C) Please park here.

사무실이 잠겨 있죠, 그렇지 않나요?
(A) Kim 씨가 아마 열쇠를 갖고 있을 겁니다.
(B) 물이 새는 파이프요.
(C) 여기에 주차해 주세요.

정답 (A)

해설 사무실이 잠겨 있지 않은 지 확인하는 부가 의문문이다.

(A) Kim 씨가 열쇠를 갖고 있다는 말로 잠겨 있음을 확인해주는 정답.

(B) 사무실의 잠금 상태와 관련 없는 파이프를 언급한 오답.

(C) 사무실의 잠금 상태와 관련 없는 주차 위치를 지정하는 오답.

어휘 locked 잠겨 있는 probably 아마 leaking (물, 가스 등이) 새는 park 주차하다

UNIT 14
Part 3 미래 행동 문제

EXAMPLE

Questions 1-3 refer to the following conversation.

M: Hi, my name is Gavin and I'm calling from Air Fry Everything for Ms. Kim.
W: This is Ms. Kim.
M: **1** I am terribly sorry to inform you that your order of two large-size air fryers was left out of the delivery schedule this morning by accident.
W: That is unfortunate. **2** I'm replacing my oil fryers with air fryers to meet the new health inspection standards, and they need to be installed before Friday.
M: I understand. **3** Would you hold on for a second? I'll let you speak to my supervisor to see if there's anything else that can be done for your delivery. I'm positive he can help.

남: 안녕하세요, 제 이름은 Gavin이며, Air Fry Everything에서 Kim 씨께 전화 드렸습니다.
여: 제가 Kim입니다.
남: 오늘 아침에 실수로 귀하의 주문품인 두 대의 대형 에어 프라이어 제품이 배송 일정에서 제외되었다는 사실을 알려 드리게 되어 대단히 죄송합니다.
여: 아쉽게 됐네요. 새로운 위생 점검 기준을 충족하기 위해 오일 프라이어를 에어 프라이어로 교체하려고 하는데, 금요일 전에 설치되어야 하거든요.
남: 알겠습니다. 끊지 말고 잠시 기다려 주시겠습니까? 귀하의 배송 건에 대해 취할 수 있는 다른 조치가 있는지 알아볼 수 있도록 제 상사와 이야기하게 해드리겠습니다. 분명 그분이 도와 드릴 수 있을 겁니다.

어휘 terribly (강조) 대단히, 너무, 몹시 inform A that: A에게 ~라고 알리다 order 주문(품) large-size 대형의, 큰 사이즈의 be left out of ~에서 제외되다, 빠지다 by accident 실수로, 우연히 unfortunate 아쉬운, 안타까운 replace A with B: A를 B로 교체하다, 대체하다 meet ~을 충족하다 inspection 점검, 조사 standard 기준, 표준 install ~을 설치하다 hold on (전화 상에서) 끊지 않고 기다리다 supervisor 상사, 부서장, 책임자 see if ~인지 알아보다 positive 분명한, 긍정적인, 확신하는

1. Why is the man calling?
(A) To explain the delay of a delivery
(B) To reschedule a pick-up time
(C) To install a machine
(D) To respond to an inquiry

남자는 왜 전화를 거는가?
(A) 배송 지연 문제를 설명하기 위해
(B) 수거 시간을 재조정하기 위해
(C) 기계를 설치하기 위해
(D) 문의 사항에 답변해 주기 위해

정답 (A)

해설 대화 초반부에 남자가 사과의 말과 함께 여자의 주문품이 배송 일정에서 제외된 사실을(~ your order of two large-size air fryers was left out of the delivery schedule ~) 밝히고 있으므로 이와 같은 배송 문제를 언급한 (A)가 정답이다.

어휘 explain ~을 설명하다 delay 지연, 지체 reschedule (일정 등) ~을 재조정하다 pick-up 수거, 가져가기 respond to ~에 답변하다, 반응하다 inquiry 문의, 질문

Paraphrase left out of the delivery schedule → delay of a delivery

2. According to the woman, why is she trying to change the oil fryers to air fryers?
(A) To remodel the kitchen
(B) To decrease energy consumption

(C) To replace broken equipment
(D) To satisfy new requirements

여자의 말에 따르면, 왜 오일 프라이어에서 에어 프라이어로 바꾸려 하는가?
(A) 주방을 개조하기 위해
(B) 에너지 소비를 줄이기 위해
(C) 고장난 장비를 교체하기 위해
(D) 새로운 요건을 충족시키기 위해

정답   (D)

해설   대화 중반부에 여자가 새로운 위생 점검 기준을 충족하기 위해 오일 프라이어를 에어 프라이어로 교체한다고(I'm replacing my oil fryers with air fryers to meet the new health inspection standards ~) 말하고 있으므로 (D)가 정답이다.

어휘   remodel ~을 개조하다 decrease ~을 줄이다, 감소시키다 consumption 소비, 소모 broken 고장 난 equipment 장비 satisfy ~을 충족시키다 requirement 요건, 필요 조건
Paraphrase meet the new health inspection standards → satisfy new requirements

3.   What will the man do next?
(A) He will file a complaint.
(B) He will schedule an express delivery.
(C) He will refund a payment.
(D) He will transfer a call.

남자는 곧이어 무엇을 할 것인가?
(A) 불만을 제기할 것이다.
(B) 특급 배송 일정을 잡을 것이다.
(C) 비용을 환불해 줄 것이다.
(D) 전화를 돌려줄 것이다.

정답   (D)

해설   대화 마지막에 남자가 잠깐 끊지 말고 기다려 달라면서 자신의 상사와 얘기하게 해주겠다고(Would you hold on for a second? I'll let you speak to my supervisor ~) 말하고 있는데, 이는 전화를 돌려주겠다는 뜻이므로 (D)가 정답이다.

어휘   file a complaint 불만을 제기하다 schedule ~의 일정을 잡다 express 급행의, 속달의 refund ~을 환불해주다 transfer a call 전화를 돌려주다

Questions 1-3 refer to the following conversation.

W: Hello, I am calling about a reservation I recently made through your agency. **1** I just returned from my trip to Seoul, and I was very disappointed with the hotel. Your site stated that it was within walking distance of many major tourism attractions, but the closest attraction was 30 minutes by bus.
M: I am sorry to hear that.
W: Plus, **2** you mentioned there was a kids' pool in the hotel, but it was still under construction.
M: Oh, the hotel didn't inform us of that, either.
W: Well, I would like a refund. My family and I couldn't enjoy the pool or the attractions.
M: **3** Let me talk to my manager and call you back.

여: 안녕하세요, 제가 최근 그쪽 업체를 통해 예약한 것에 관해 전화 드렸습니다. 제가 서울로 떠났던 여행에서 막 돌아왔는데, 그곳의 호텔에 매우 실망했습니다. 웹 사이트에는 그 호텔이 여러 주요 관광 명소에서 걸어서 갈 수 있는 거리에 있다고 나와 있었는데, 가장 가까운 명소가 버스로 30분이나 걸렸어요.
남: 그 말씀을 듣게 되어 죄송합니다.
여: 게다가, 그 호텔 내에 어린이용 수영장이 있다고 했는데, 여전히 공사 중이었어요.
남: 아, 그 호텔은 저희에게 그 부분도 알려주지 않았습니다.
여: 음, 저는 환불을 받았으면 합니다. 제 가족과 저는 그 수영장이나 명소들을 즐길 수 없었어요.
남: 제 상사와 이야기해 보고 다시 전화 드리겠습니다.

어휘   make a reservation 예약하다 recently 최근에 through ~을 통해 agency 업체, 대행사 return from ~에서 돌아오다, 복귀하다 be disappointed with ~에 실망하다 state that ~라고 말하다, 쓰여 있다 within walking distance of ~에서 걸어서 갈 수 있는 거리에 major 주요한 attraction 명소, 인기 장소 closest 가장 가까운 plus 게다가, 추가로 mention (that) ~라고 말하다, 언급하다 under construction 공사 중인 inform A of B: A에게 B를 알리다 either (부정문에서) ~도 would like ~을 원하다, ~하고 싶다 refund 환불 call A back: A에게 다시 전화하다

1.   What is the purpose of the woman's call?
(A) To confirm a schedule
(B) To ask for additional information
(C) To inquire about transportation
(D) To make a complaint

여자가 전화하는 목적은 무엇인가?
(A) 일정을 확인해 주는 것
(B) 추가 정보를 요청하는 것
(C) 교통편에 관해 문의하는 것
(D) 불만을 제기하는 것

정답 (D)

해설 여자가 대화를 시작하면서 여행에서 돌아온 사실과 자신이 이용한 호텔에 실망한 점을(I just returned from my trip to Seoul, and I was very disappointed with the hotel) 밝힌 후, 무엇이 문제였는지 말하고 있다. 이는 불만을 말하는 것이므로 (D)가 정답이다.

어휘 confirm ~을 확인해주다 ask for ~을 요청하다 additional 추가적인 inquire about ~에 관해 문의하다 transportation 교통편 make a complaint 불만을 제기하다

2. What does the woman say about the hotel service?
(A) The shuttle bus was not offered.
(B) The breakfast was not included.
(C) The room was too small for her family.
(D) Some facilities were unavailable.

여자는 호텔 서비스에 대해 뭐라고 하는가?
(A) 셔틀 버스가 제공되지 않았다.
(B) 아침 식사가 포함되지 않았다.
(C) 객실이 가족에게 너무 좁았다.
(D) 일부 시설이 이용 불가능했다.

정답 (D)

해설 대화 중반부에 어린이용 수영장이 있다고 들었지만 여전히 공사 중이었음을(you mentioned there was a kids' pool in the hotel, but it was still under construction) 밝히는 내용이 있다. 이는 해당 시설을 이용할 수 없었다는 뜻이므로 (D)가 정답이다.

어휘 offer ~을 제공하다 include ~을 포함하다 facility 시설(물) unavailable 이용할 수 없는

Paraphrase still under construction → unavailable

3. What will the man do next?
(A) Send the woman a discount coupon
(B) E-mail the hotel manager
(C) Talk to his supervisor
(D) Provide a refund

남자는 곧이어 무엇을 할 것인가?
(A) 여자에게 할인 쿠폰을 보내는 일
(B) 호텔 지배인에게 이메일을 보내는 일
(C) 상사와 이야기하는 일
(D) 환불을 제공하는 일

정답 (C)

해설 대화 맨 마지막에 남자가 상사와 이야기해 보고 다시 전화하겠다고(Let me talk to my manager and call you back) 말하고 있으므로 이를 언급한 (C)가 정답이다.

어휘 provide ~을 제공하다

Paraphrase manager → supervisor

Questions 4-6 refer to the following conversation.

W: Hello, **4** I am interested in ordering some chairs for a wedding I'm planning next month. I checked your Web site's selection, but do you have any other styles available? Plus, do you offer any discounts?
M: **5** We offer discounts if you order more than twenty, and we have a large stock of chairs. The Web site just features our most popular items.
W: Oh, I'll definitely need more than twenty. Could you tell me where I can find images of your entire stock then? I didn't like the ones on the Web site.
M: Sure. **6** I can send you our latest catalogue if you just give me your address.

여: 안녕하세요, 제가 다음 달로 기획하고 있는 결혼식을 위해 몇몇 의자를 주문하는 데 관심이 있습니다. 귀사의 웹 사이트에 나온 제품 종류를 확인해 봤는데, 구매 가능한 다른 스타일도 있나요? 그리고, 할인도 제공해 주시나요?
남: 저희는 20개 넘게 주문하시면 할인을 제공해 드리고 있으며, 의자 제품 재고가 많이 있습니다. 웹 사이트에는 가장 인기 있는 제품들만 특별히 나와 있는 겁니다.
여: 아, 저는 분명 20개 넘게 필요할 거예요. 그럼 전체 재고품 이미지를 어디에서 찾아볼 수 있는지 알려 주시겠어요? 웹 사이트에 있는 것들이 마음에 들지 않았거든요.
남: 물론입니다. 주소만 알려 주시면 최신 카탈로그를 보내 드릴 수 있습니다.

어휘 order ~을 주문하다 plan ~을 기획하다, 계획하다 selection (선택 가능한) 종류, 범위 have A available: 이용 가능한 A가 있다 plus 그리고, 게다가 offer ~을 제공하다 more than ~가 넘는 have a stock of ~을 재고로 갖고 있다 feature v. ~을 특별히 포함하다, 특징으로 하다 popular 인기 있는 definitely 분명히, 확실히 entire 전체의 then 그럼, 그렇다면 latest 최신의

4. Who most likely is the woman?
(A) An office manager
(B) A furniture store owner
(C) An event planner
(D) An interior decorator

여자는 누구일 것 같은가?
(A) 사무실 관리자
(B) 가구 매장 소유주
(C) 행사 기획자
(D) 실내 장식 전문가

정답 (C)

해설 대화를 시작하면서 여자가 다음 달로 자신이 기획 중인 결혼식

을 위해 의자를 주문하고 싶다고(I am interested in ordering some chairs for a wedding I'm planning next month) 밝히는 부분을 통해 행사를 기획하는 사람임을 알 수 있으므로 (C)가 정답이다.

어휘   owner 소유주, 주인 planner 기획자 decorator 장식 전문가

5. What does the woman imply when she says, "I'll definitely need more than twenty"?
(A) An order will be expensive.
(B) A discount will be applicable.
(C) The store's stock is insufficient.
(D) Additional purchases will be required.

여자가 "저는 분명 20개 넘게 필요해요"라고 말한 의도는 무엇인가?
(A) 주문품이 비쌀 것이다.
(B) 할인이 적용될 수 있을 것이다.
(C) 매장의 재고가 부족하다.
(D) 추가 구매가 필요할 것이다.

정답   (B)

해설   남자가 대화 중반부에 20개 넘게 주문하면 할인을 제공한다고 (We offer discounts if you order more than twenty) 알린 것에 대해 20개 넘게 필요하다고 답변하고 있다. 즉 할인을 받을 자격이 있다는 말이므로 (B)가 정답이다.

어휘   applicable 적용될 수 있는 insufficient 불충분한 additional 추가의 purchase 구매(품) required 필요한, 필수인

6. What will the woman do next?
(A) Make a payment
(B) Provide an address
(C) Visit the Web site
(D) Talk to an employee

여자는 곧이어 무엇을 할 것인가?
(A) 비용을 지불하는 일
(B) 주소를 제공해 주는 일
(C) 웹 사이트를 방문하는 일
(D) 직원과 이야기하는 일

정답   (B)

해설   대화 마지막에 남자가 주소만 알려 주면 최신 카탈로그를 보내 줄 수 있다고 말하고 있으므로(I can send you our latest catalogue if you just give me your address) 여자가 주소를 제공할 것을 추측할 수 있다. 따라서 (B)가 정답이다.

어휘   make a payment 비용을 지불하다 provide ~을 제공하다

UNIT 15
Part 4 광고 / 라디오 방송

EXAMPLE 광고

Questions 1-3 refer to the following advertisement.

Do you own a small store? Then you understand the difficulties of displaying all your products with such limited space. Well, here at Tom's Displays, we have the perfect solution for you! **1** We have a wide selection of shelving units to fit any space. Whether you have high ceilings or narrow spaces, we have something for everyone. **2** We also have a huge selection on our online store. And **3** if you order within the next month, we will give you free installation! Visit our Web site today!

소규모 매장을 소유하고 계신가요? 그러시다면, 아주 제한된 공간에 모든 제품을 진열하는 일의 어려움을 알고 계실 겁니다. 자, 저희 Tom's Displays에 여러분을 위한 완벽한 해결책이 있습니다! 저희는 어떤 공간에도 잘 맞는 아주 다양한 선반 제품을 보유하고 있습니다. 천장이 높든 공간이 좁든 상관없이, 모든 분들을 위한 제품을 보유하고 있습니다. 또한 저희 온라인 매장에도 선택 가능한 제품이 아주 많습니다. 그리고 다음 달 내로 제품을 주문하시면, 무료 설치 서비스를 제공해 드릴 것입니다! 오늘 저희 웹 사이트를 방문해 보세요!

어휘   own ~을 소유하다, 갖고 있다 then 그럼, 그렇다면 display ~을 진열하다, 전시하다 limited 제한된, 한정된 solution 해결책 a wide selection of 아주 다양한 shelving unit 선반 제품 fit ~에 잘 들어맞다, 적합하다 whether A or B: A이든 B이든 상관없이 ceiling 천장 narrow 좁은 huge (크기, 양, 정도 등이) 엄청난, 막대한 selection (선택 가능한) 종류, 범위 within ~ 이내에 free 무료의 installation 설치

1. What is being advertised?
(A) Display shelves
(B) Store signs
(C) Ceiling fans
(D) Real estate

무엇이 광고되고 있는가?
(A) 진열용 선반
(B) 매장 표지판
(C) 천장 선풍기
(D) 부동산

정답   (A)

해설   제품 종류가 언급되는 중반부에 아주 다양한 선반 제품을 보유한 사실을(We have a wide selection of shelving units ~) 말

하고 있으므로 (A)가 정답이다.

어휘 display n. 진열(품), 전시(품) shelf 선반 sign 표지(판)
real estate 부동산

2. What does the speaker say about the online store?
(A) Shipping is free for a limited period.
(B) Customers can view various products.
(C) Special discounts are available.
(D) Customers can join a mailing list.

화자는 온라인 매장에 관해 무슨 말을 하는가?
(A) 한정된 기간 중에 배송이 무료이다.
(B) 고객들이 다양한 제품들을 볼 수 있다.
(C) 특별 할인 서비스가 이용 가능하다.
(D) 고객들이 우편물 발송 대상자 명단에 가입할 수 있다.

정답 (B)

해설 온라인 매장이 언급되는 후반부에 온라인 매장에도 선택 가능한 제품이 아주 많다고(We also have a huge selection on our online store) 알리고 있다. 이는 다양한 제품을 볼 수 있다는 말과 같으므로 (B)가 정답이다.

어휘 shipping 배송, 선적 free 무료의 view ~을 보다 various 다양한 available 이용 가능한 join ~에 가입하다, 합류하다 mailing list 우편물 발송 대상자 명단
Paraphrase a huge selection → various products

3. What is being offered for free with customer purchases within the next month?

(A) Delivery
(B) Gift-wrapping
(C) Installation
(D) Extended warranties

다음 달 안으로 제품 구매 고객에게 무엇이 무료로 제공되는가?
(A) 배송 서비스
(B) 선물 포장 서비스
(C) 설치 작업
(D) 품질 보증 기간 연장

정답 (C)

해설 다음 달이라는 시점과 무료라는 특징이 언급되는 마지막 부분에 다음 달 내로 제품을 주문하면 무료 설치 서비스를 제공한다는(if you order within the next month, we will give you free installation) 말이 있으므로 (C)가 정답이다.

어휘 for free 무료로 gift-wrapping 선물 포장 extended 연장된 warranty 품질 보증(서)

EXAMPLE 라디오 방송

Questions 1-3 refer to the following broadcast.

Good evening folks, this is Channel 14 News. **1** Our top story today is Mayor Heilman's press conference about the city's plans to repair the damaged roads in the surrounding area. The mayor has stated that **2** the construction will begin on April 3 and that it will start on Main Street. There will be detour signs posted throughout the city on April 2. The mayor also announced that the city would be hiring at least fifty new workers to complete the roadwork. **3** You can visit our Web site for detailed information about the new jobs.

여러분 안녕하세요, Channel 14 News입니다. 오늘 첫 소식은 인근 지역의 손상된 도로를 수리하기 위한 시의 계획과 관련된 Heilman 시장의 기자 회견 내용입니다. Heilman 시장은 해당 공사가 4월 3일에 시작된다는 점과 Main Street에서 개시된다는 사실을 알렸습니다. 4월 2일에 도시 전역에 걸쳐 우회 경로 표지판이 설치될 것입니다. 시장은 또한 이 도로 공사를 완료하기 위해 최소 50명의 새로운 작업자를 시에서 고용하게 될 것이라고 발표했습니다. 새로운 일자리에 관한 상세 정보를 원하시는 분께서는 저희 웹 사이트를 방문하시면 됩니다.

어휘 folks 사람들 mayor 시장 press conference 기자 회견 plan to do ~하는 계획 repair ~을 수리하다 damaged 손상된, 피해를 입은 surrounding 인근의, 주변의 state that ~라고 말하다 construction 공사, 건설 detour 우회(로) sign 표지(판) post ~을 게시하다, 내걸다 throughout ~ 전역에 걸쳐 announce that ~라고 발표하다 hire ~을 고용하다 at least 최소한, 적어도 complete ~을 완료하다 detailed 상세한

1. What is the news report about?
(A) A budget committee meeting
(B) A building renovation schedule
(C) A local government election
(D) An upcoming construction project

뉴스 보도는 무엇에 관한 것인가?
(A) 예산 위원회 회의
(B) 건물 개조 공사 일정
(C) 지방 자치 단체 선거
(D) 다가오는 공사 프로젝트

정답 (D)

해설 담화 시작 부분에 첫 소식으로 인근 지역의 손상된 도로 수리 계획에 관한 Heilman 시장의 기자 회견 내용을 전하겠다고(~ the city's plans to repair the damaged roads ~) 알린 후에 관련 정보를 말하고 있다. 따라서 곧 있을 공사 프로젝트가 주된 내용임을 알 수 있으므로 (D)가 정답이다.

→ Details about available positions

어휘 budget 예산 committee 위원회 renovation 개조, 보수 local government election 지방 자치 단체 선거 upcoming 다가오는, 곧 있을

Paraphrase plans to repair the damaged roads → construction project

2. What is suggested about Main Street?
(A) It will be renovated on April 2.
(B) It will be unavailable on April 3.
(C) It will be used as a detour.
(D) It will be the site of a new business.

Main Street에 관해 암시된 것은 무엇인가?
(A) 4월 2일에 보수될 것이다.
(B) 4월 3일에 이용할 수 없을 것이다.
(C) 우회 경로로 이용될 것이다.
(D) 새 업체가 들어설 장소가 될 것이다.

정답 (B)

해설 Main Street이 언급되는 중반부에 공사가 4월 3일에 Main Street에서 개시된다는 사실과 4월 2일에 우회 경로 표지판이 설치된다는 점을(~ the construction will begin on April 3 and that it will start on Main Street. There will be detour signs posted throughout the city on April 2) 언급하고 있다. 이는 4월 3일부터 Main Street을 이용할 수 없다는 의미이므로 (B)가 정답이다.

어휘 renovate ~을 보수하다, 개조하다 unavailable 이용할 수 없는 site 장소, 현장, 부지

3. What is available on the Web site?
(A) A list of tourist attractions
(B) Details about available positions
(C) A description of new policies
(D) Maps of the local area

웹 사이트에서 이용할 수 있는 것은 무엇인가?
(A) 관광 명소 목록
(B) 근무 가능한 일자리에 관한 상세 정보
(C) 새로운 정책에 관한 설명
(D) 현지 지역을 보여주는 지도

정답 (B)

해설 웹 사이트가 언급되는 맨 마지막에 새로운 일자리에 관한 상세 정보를 웹 사이트에서 볼 수 있다고(You can visit our Web site for detailed information about the new jobs) 안내하고 있으므로 (B)가 정답이다.

어휘 attraction 명소, 인기 장소 details 상세 정보, 세부 사항 position 일자리, 직책 description 설명, 묘사 policy 정책 local 현지의, 지역의

Paraphrase detailed information about the new jobs

PRACTICE

Questions 1-3 refer to the following advertisement.

1 Are you having trouble getting in shape? Then, come see our fitness experts at the world-renowned St. Mary Health and Fitness Center. Our experts will monitor you as you perform simple exercises, and they'll use advanced technology to track a variety of health measurements as you exercise. The data collected will help us design your perfect exercise routine, one that is specifically catered to the way your body works. **2** If you need to read what our patients have said, please visit our Web site and find the "Testimonials" section. Then, after seeing what we can help you do, **3** call our office at 531-5921 to make an appointment.

좋은 몸 상태를 유지하시는 데 어려움을 겪고 계신가요? 그러시다면, 세계적으로 유명한 저희 St. Mary Health and Fitness Center의 건강 관리 전문가를 만나 보십시오. 저희 전문가들이 여러분께서 간단한 운동을 하시는 동안 관찰해 드릴 것이며, 운동하실 때 다양한 건강 관련 측정 지수를 파악할 수 있는 첨단 기술을 활용할 것입니다. 수집된 데이터는 여러분께 완벽한 운동 일정을 고안해 드리는 데 있어 저희에게 도움이 될 것이며, 그 일정은 여러분의 신체가 움직이는 방식에 특별히 맞춰지게 됩니다. 저희 환자들께서 말씀하신 내용을 읽어 보셔야 한다면, 저희 웹 사이트를 방문하셔서 "추천 후기" 항목을 찾아보시기 바랍니다. 그 후, 무엇을 하시도록 저희가 도와드릴 수 있는지 확인하신 다음, 저희 사무실에 531-5921번으로 전화 주셔서 예약하시기 바랍니다.

어휘 have trouble -ing ~하는 데 어려움을 겪다 get in shape 좋은 몸 상태를 유지하다, 몸매를 가꾸다 then 그럼, 그렇다면, 그 후에 expert 전문가 renowned 유명한 monitor ~을 관찰하다, 감시하다 as ~하면서, ~할 때 perform ~을 실시하다, 수행하다 exercise n. 운동 v. 운동하다 advanced 고급의, 진보된 track ~을 파악하다, 추적하다 a variety of 다양한 measurement 측정(한 치수) collect ~을 수집하다, 모으다 help A do: A가 ~하는 것을 돕다 design ~을 고안하다 routine 일정, 일상적인 일 specifically 특별히 be catered to ~에 맞춰지다, 충족되도록 하다 way 주어 동사: ~가…하는 방식, …하는 법 work 움직이다, 작용하다 patient 환자 testimonial (고객이 쓰는) 추천 후기 make an appointment 예약하다

1. What is being advertised?
(A) A health service
(B) A food store
(C) A sports competition
(D) A dieting application

무엇이 광고되고 있는가?
(A) 건강 서비스 (시설)
(B) 식품 매장
(C) 운동 시합
(D) 다이어트용 애플리케이션

정답   (A)

해설   담화 시작 부분에 좋은 몸 상태를 유지하는 것의 어려움을 언급하면서 St. Mary Health and Fitness Center의 건강 관리 전문가를 만나 보도록 권하고(Are you having trouble getting in shape? Then, come see our fitness experts at the world-renowned St. Mary Health and Fitness Center) 있다. 또한, 건강 전문가들이 환자의 다양한 건강 관련 측정 지수를 파악해 수집된 데이터를 바탕으로 환자 개개인에 맞춘 운동 일정을 고안할 것이라는 내용에서 건강 관리 문제를 해결해 줄 수 있는 서비스일 것이라고 유추할 수 있으므로 (A)가 정답이다.

어휘   dieting 다이어트하기 competition 대회, 시합

2.   What is available on the Web site?
      (A) Sample courses
      (B) Healthy recipes
      (C) Employee credentials
      (D) Customer testimonials

      웹 사이트에서 무엇이 이용 가능한가?
      (A) 샘플 강좌
      (B) 건강에 좋은 조리법
      (C) 직원들의 자격 증명서
      (D) 고객 이용 후기

정답   (D)

해설   웹 사이트가 언급되는 후반부에 환자들이 말한 것을 확인하는 방법으로 웹 사이트의 추천 후기 항목을 찾아보도록(If you need to read what our patients have said, please visit our website, ~ and find the "Testimonials" section) 권하고 있다. 따라서 고객 이용 후기를 뜻하는 (D)가 정답이다.

어휘   healthy 건강에 좋은 recipe 조리법 credential 자격 증명(서)

3.   How can a customer make a reservation?
      (A) By visiting a Web site
      (B) By making a call
      (C) By sending an e-mail
      (D) By submitting a form

      고객이 어떻게 예약할 수 있는가?
      (A) 웹 사이트를 방문해서
      (B) 전화를 걸어서
      (C) 이메일을 보내서
      (D) 서식을 제출해서

정답   (B)

해설   예약 방법이 언급되는 맨 마지막에 전화를 걸어서 예약할 수 있다고(~ call our office at 531-5921 to make an appointment) 알리고 있으므로 (B)가 정답이다.

어휘   make a reservation 예약하다 make a call 전화하다

Questions 4-6 refer to the following broadcast.

4 Welcome to Radio Now's Business Talk. Today, we'll be discussing ways for small businesses to expand their customer base. Small businesses tend to have a limited budget for advertising, so it's often difficult to acquire new customers. Later on in the show, we'll be talking with Edna Moore, who is a professional market trend analyst. **5** Already well-known for her articles in leading business magazines, Ms. Moore published her first full-length book just last month. However, before we speak to Ms. Moore, I'd like to hear what our listeners think. **6** If you are a small business owner, feel free to call in and share how you have been successful in marketing your business.

Radio Now의 Business Talk를 찾아 주신 것을 환영합니다. 오늘, 저희는 소기업들이 고객층을 확장하는 방법을 이야기할 예정입니다. 소기업들은 광고를 위한 예산이 제한된 경향이 있기 때문에, 종종 새로운 고객을 확보하는 것이 어렵습니다. 이후 프로그램 방송 중에, 시장 경향 전문 분석가이신 Edna Moore 씨와 함께 이야기 나눠 보겠습니다. 이미 주요 비즈니스 잡지에 실린 기사로도 잘 알려져 있지만, Moore 씨는 지난 달에 첫 정식 도서를 출간했습니다. 하지만, Moore 씨와 이야기하기에 앞서, 저는 청취자들께서 어떻게 생각하시는지 들어 보고자 합니다. 소기업 소유주이시라면, 마음껏 저희 쪽으로 전화 주셔서 업체를 마케팅하는 데 있어 어떻게 성공을 거두셨는지 공유해주시기 바랍니다.

어휘   discuss ~을 이야기하다, 논의하다 way for A to do: A가 ~하는 방법 small business 소기업 expand ~을 확장하다, 확대하다 customer base 고객층 tend to do ~하는 경향이 있다 limited 제한된, 한정된 budget 예산 advertising 광고 (활동) acquire ~을 얻다, 획득하다 trend 경향, 동향 analyst 분석가 well-known for ~로 잘 알려진 article 기사 leading 주요한, 앞서가는 publish ~을 출간하다 full-length 정식 분량의, 원래 길이의 however 하지만 owner 소유주 feel free to do 마음껏 ~하세요, 얼마든지 ~하셔도 됩니다 call in (직장, 방송국 등으로) 전화하다 share ~을 공유하다 successful 성공적인

4.   Who is the speaker?
      (A) A radio program host
      (B) A news reporter
      (C) An author
      (D) A business analyst

      화자는 누구인가?

(A) 라디오 프로그램 진행자
(B) 뉴스 기자
(C) 작가
(D) 비즈니스 분석가

정답   (A)

해설   담화를 시작하면서 Radio Now의 Business Talk을 찾아 주어
서 환영한다고(Welcome to Radio Now's Business Talk)
인사하는 것을 통해 라디오 프로그램 진행자임을 알 수 있으므로
(A)가 정답이다.

어휘   host (방송 프로그램의) 진행자 author 작가, 저자

5.   What does the speaker say about Ms. Moore?
(A) She is a new stock analyst.
(B) She majored in advertising in university.
(C) She is planning to start her own business.
(D) She released shorter publications before her
book.

화자는 Moore 씨에 관해 뭐라고 말하는가?
(A) 새로운 주식 분석가이다.
(B) 대학에서 광고를 전공했다.
(C) 개인 사업을 시작할 계획이다.
(D) 자신의 책 이전에 더 짧은 출판물을 내놓았다.

정답   (D)

해설   담화 중반부의 Already well-known for her articles in
leading business magazines에서, 비즈니스 잡지에 쓴 기사
로 이미 유명하다고 하므로 (D)가 정답임을 알 수 있다.

어휘   stock 주식 major in ~을 전공하다 plan to do ~할 계획이다
release ~을 출시하다, 공개하다 publication 출판(물)
Paraphrase articles → shorter publications

6.   What are listeners encouraged to do?
(A) Register for a mailing list
(B) Sign up for a membership
(C) Share their business experiences
(D) Visit a small business

청자들이 무엇을 하도록 권해지는가?
(A) 우편물 발송 대상자 명단에 등록하는 일
(B) 회원 가입을 신청하는 일
(C) 각자의 사업 경험을 공유하는 일
(D) 소기업을 방문하는 일

정답   (C)

해설   담화 마지막에 소기업 소유주에게 업체를 마케팅하는 데 있어
어떻게 성공을 거뒀는지 공유해 달라고(If you are a small

business owner, ~ share how you have been
successful in marketing your business) 당부하고 있다.
이는 각자의 경험을 공유해 달라는 말이므로 (C)가 정답이다.

어휘   register for ~에 등록하다 mailing list 우편물 발송 대상자 명단
sign up for ~을 신청하다, ~에 등록하다

UNIT 16
Part 5 to부정사 / 동명사 / 분사

PRACTICE

1.

정답   (C)

해석   그 건물 설계도에 대한 마감 시한을 지키기 위해, Kane 씨는 오후
11시까지 자신의 근무 자리에 머물러 있었다.

해설   빈칸 앞에 위치한 In order to부정사와 결합해 '~하기 위해'라
는 의미를 나타내므로 (C) to meet이 정답이다.

어휘   in order to do ~하기 위해 deadline 마감 시한 blueprint 설계
도 workstation 근무 자리, 업무 공간 until (지속) ~까지 meet ~을
충족하다, (기한 등을) 지키다

2.

정답   (C)

해석   네 곳의 새로운 매장을 개장함으로써, 그 회사는 남부의 여러 주 전
역에 걸쳐 존재감을 확대했다.

해설   전치사 By의 목적어 역할을 함과 동시에 명사구 four new
stores를 목적어로 취할 수 있는 동명사가 빈칸에 쓰여야 알맞으
므로 (C) opening이 정답이다.

어휘   by (방법) ~함으로써 expand ~을 확대하다, 확장하다 presence
존재(감) throughout ~ 전역에 걸쳐 state (행정 구역) 주

3.

정답   (A)

해석   연례 신발 세일 행사에 관한 상세 정보가 오늘 아침, Best Shoes
웹 사이트에 공지되었다.

해설   정관사 The와 명사 information 사이에 위치한 빈칸은 명사를
수식할 형용사 또는 분사 자리이다. 그런데 information은 사람
에 의해 설명되는 대상이므로 수동의 의미를 나타낼 수 있는 과거
분사 (A) detailed가 정답이다.

어휘   annual 연례적인, 해마다의 announce ~을 공지하다, 발표하다
detailed 상세한 detail v. ~을 상세히 설명하다 n. 상세 정보, 세부 사
항

4.

정답   (B)

해석   IT부서장이 자신의 직원들을 교육하는 일을 끝마치는 대로 새로운 시스템 설치 작업이 있을 것이다.

해설   빈칸 앞에 위치한 동사 finish는 동명사를 목적어로 취하는 동사이므로 (B) training이 정답이다.

어휘   installation 설치 take place (일, 행사 등이) 일어나다, 발생되다 once ~하는 대로, ~하자마자 finish -ing ~하는 것을 끝마치다 train ~을 교육하다

UNIT 17
Part 6 어휘 문제 I

전략 포인트 ❶   빈칸 앞뒤 내용으로 단서 찾기

EXAMPLE 1

전기 주전자를 찾고 계신가요? 그러시다면, Stainless Electric Kettle B17 제품을 적극 추천해 드립니다. 이 무선 전기 주전자는 기존에 사용하시던 주전자보다 훨씬 더 빠릅니다. 무선 디자인으로 인해 손쉽게 물을 채우고 제공하는 것이 가능합니다! Stainless Electric Kettle B17 제품은 작동하기 편리한 여러 가지 고급 기능들을 특징으로 합니다. 여기 그 예가 하나 있습니다. 아침 일찍 일어나서 커피 한 잔 하고 싶으시다고요? 문제 없습니다! B17 제품을 사용하시면, 20초 이내에 뜨거운 물을 얻으실 수 있습니다!

어휘   electric kettle 전기 주전자 highly 매우, 대단히 conventional 기존의, 통상적인 allow for ~을 가능하게 하다 filling 채우기, 메우기 serving (음식 등의) 제공 feature v. ~을 특징으로 하다 an array of 여러 가지의, 다양한 quality a. 고급의, 양질의 function 기능, 작동 operate ~을 작동하다, 가동되다 impact ~에 영향을 미치다 improve ~을 개선하다 register 등록하다

EXAMPLE 2

저희 Diamond Appliances 사는 가격을 합리적이고 경쟁력 있게 유지하는 데 전념하고 있습니다. 어떤 제품에 관심이 있으시지만 그것이 다른 소매업체에서 더 저렴한 가격에 구매하실 수 있다는 사실을 알게 되신다면, 다음 정보에 유의하시기 바랍니다. 저희 가격 대응 정책은 오직 동일 제품에 한해 적용되며, 그 대응 정책은 고객 1인당 하루에 하나의 제품으로 한정됩니다. 저희 매장에서 해당 제품이 너무 비싸게 가격이 책정된 것으로 여겨질 경우, 정책에 따라 적절한 조치를 취하겠습니다. 저희 Diamond Appliances 사는 모든 요청 사항 및 조정 사항과 관련해 최종 결정을 내립니다.

어휘   be committed to -ing ~하는 데 전념하다, 헌신하다 keep A 형용사: A를 ~하게 유지하다 reasonable (가격이) 합리적인 competitive 경쟁력 있는 find that ~임을 알게 되다, 발견하다 available 구매할 수 있는, 이용할 수 있는(↔ unavailable) retailer

소매업체 following 다음의, 아래의 price matching 가격 대응(경쟁사와 동일하거나 더 저렴한 가격으로 맞추는 것) policy 정책 apply to ~에 적용되다 identical 동일한 be limited to ~로 제한되다 be deemed to be A: A한 것으로 여겨지다 take action 조치를 취하다 appropriate 적절한 in accordance with ~에 따라 make a final decision 최종 결정을 내리다 regarding ~와 관련해 request 요청 adjustment 조정, 조절 require ~을 요구하다 submit ~을 제출하다 amend ~을 수정하다 note ~에 유의하다, ~에 주목하다 faulty 결함이 있는 overpriced 가격이 너무 비싼 delayed 지연된

PRACTICE

1~4 다음 이메일을 참조하시오.

소중한 고객님께,

귀하께서 Horizon Books 계정 비밀번호를 변경하도록 요청하신 관계로 이 이메일을 보내드립니다. 귀하의 비밀번호는 이제 재설정되었습니다. 다시 비밀번호를 변경하기를 원하시면 아래의 링크를 클릭하시기 바랍니다. 이 링크는 24시간 후에 사용 기간이 만료될 것입니다. 따라서, 한 번 더 변경하기를 꼭 원하실 경우에는 가능한 한 빨리 이 링크를 클릭하셔야 합니다.
저희 Horizon Books는 언제나 고객들의 계정 보안을 소중히 여기고 있습니다. **귀하께서 이 변경 작업을 시작하신 것이 아닐 경우, 즉시 저희에게 연락주시기 바랍니다.**

행운을 빕니다.
Horizon Books 팀으로부터

어휘   valued 소중한, 귀중한 account 계정, 계좌 reset ~을 재설정하다, 다시 맞추다 below 아래에, 밑에 in + 기간: ~ 후에 as soon as possible 가능한 한 빨리 make a change 변경하다 another 또 다른 한 번의 value v. ~을 소중히 여기다

1.

정답   (B)

해설   접속사 because가 이끄는 절에 속한 빈칸 앞뒤로 각각 주어 you와 to부정사구만 있으므로 빈칸은 because절의 동사 자리이다. 2인칭 대명사 you와 어울리는 동사 형태는 (A) request와 (B) requested인데, 바로 다음 문장에 이미 비밀 번호가 재설정된 (has now been reset) 사실이 쓰여 있으므로 그것을 요청한 일은 과거 시점에 이뤄진 것으로 판단할 수 있다. 따라서 과거 시제인 (B) requested가 정답이다.

어휘   request (to do) (~하도록) 요청하다

2.

정답   (B)

해설   빈칸 뒤에 in 전치사구가 있으므로 빈칸에 자동사가 필요하다는 것

을 알 수 있으며, 미래 시점 표현인 in 24 hours와 의미가 어울려야 하므로 '만료되다'라는 뜻으로 시점 표현과 함께 사용되는 자동사 (B) expire가 정답이다. 나머지 동사들은 모두 목적어가 필요한 타동사들이다.

어휘   submit ~을 제출하다 expire 만료되다 amend ~을 수정하다, 개정하다 execute ~을 실행하다

3.

정답   (D)

해설   빈칸 앞에는 링크를 활용할 수 있는 기간이, 빈칸 뒤에는 가능한 한 빨리 링크를 클릭하도록 요청하는 말이 쓰여 있다. 이는 일정 기간에만 사용할 수 있다는 조건에 따른 결과로서 요청하는 일에 해당되므로 '따라서, 그러므로'라는 의미로 결과 앞에 사용하는 (D) Therefore가 정답이다.

어휘   meanwhile 그 동안에, 그 사이에, 한편 although (비록) ~이기는 하지만 for example 예를 들면 therefore 그러므로, 따라서

4.

(A) 저희는 모든 연령대의 고객들을 위해 아주 다양한 신간 및 중고 도서를 제공합니다.
(B) 저희 북 클럽이 처음이시므로, 회원 가입비를 면제해 드리겠습니다.
(C) 할인 및 기타 제공 서비스와 관련된 추가 정보를 보실 수 있도록 저희 웹 사이트를 방문하십시오.
(D) 귀하께서 이 변경 작업을 시작하신 것이 아닐 경우, 즉시 저희에게 연락주시기 바랍니다.

정답   (D)

해설   빈칸에 앞서 지문 전체적으로 고객이 요청한 비밀번호 변경 작업이 완료된 사실과 함께 그와 관련해 알아둬야 하는 일을 설명하고 있다. 또한 빈칸 바로 앞에서는 고객 계정 보안을 소중히 여긴다고 강조하고 있다. 따라서 해당 변경 작업을 the change로 지칭해 상대방이 원한 작업이 아닐 경우에 취해야 하는 조치를 알리는 의미로 쓰인 (D)가 정답이다.

어휘   offer v. ~을 제공하다 n. 제공(되는 것) a wide selection of 아주 다양한 used 중고의 since ~이므로 waive ~을 철회하다, 포기하다 fee 요금, 수수료 initiate ~을 시작하다, ~에 착수하다 contact ~에게 연락하다 immediately 즉시

5-8 다음 기사를 참조하시오.

6월 3일 – 서부 해안 지역의 최대 아몬드 생산업체인 California Almonds Inc.는 향후 몇 개월에 걸쳐 수출 선적 물품 숫자의 상당한 증가를 예상하고 있습니다. 이 예상은 전세계의 아몬드 제품 부족 및 여러 해외 재배업체에 영향을 미친 최근의 아몬드 박테리아 발생을 바탕으로 한 것입니다. California Almonds 사의 대표인 Al Joy 씨는 수출 물량 증가가 한 달에 500톤에 달할 수 있다고 밝혔습니다. **이와 같은 수치는 회사 역사상 전례 없던 일입니다.** California Almonds Inc.는 산호세의 농부들을 통해 가공되지 않은 아몬드를 구입한 다음, 고객들

을 위해 최종 제품을 포장 봉지에 담기 전에 껍질 제거 과정을 거칩니다. Joy 씨는 예상되는 수출 물량 증가에 대해 들떠 있으며, "캘리포니아 아몬드의 이와 같은 수출 물량 급등은 산호세 지역에 위치해 있는 아몬드 농장주들에게 환영받는 소식으로 다가올 것입니다."라고 말했습니다.

어휘   producer 생산업체, 제작업체 anticipate ~을 예상하다, 기대하다 significant 상당한, 많은 increase in ~의 증가(= rise in) export v. ~을 수출하다, n. 수출(품) shipment 선적(품), 배송(품) over ~ 동안에 걸쳐 be based on ~을 바탕으로 하다, 기반으로 하다 shortage 부족 recent 최근의 outbreak (질병, 전쟁 등의) 발생, 발발 affect ~에 영향을 미치다 overseas 해외의 grower 재배업체, 재배업자 state that ~라고 말하다 amount to 양이 ~에 달하다 raw 가공되지 않은, 날것의 perform ~을 실시하다, 수행하다 shelling 껍질 제거 process 과정 package ~을 포장하다 expected 예상되는, 기대되는 volume 양 surge in ~의 급등 come as ~로 다가오다 region 지역

5.

정답   (D)

해설   앞 문장에 수출 물량의 증가가 예상된다는(is anticipating) 말이 쓰여 있으므로 빈칸이 속한 문장은 그와 같은 예상이 가능한 근거를 나타내는 문장이 되어야 한다. 따라서 빈칸 앞에 위치한 This와 함께 앞서 언급된 예상을 가리킬 명사로 '예상, 예측'을 뜻하는 (D) forecast가 정답이다.

어휘   cost 비용 delay 지연, 지체 merger 합병 forecast 예상, 예측

6.

(A) 이와 같은 수치는 회사 역사상 전례 없던 일입니다.
(B) 그에 따라, Joy 씨는 주요 공장을 폐쇄할 계획입니다.
(C) 아몬드는 종종 균형잡힌 식사의 일부분으로 추천됩니다.
(D) California Almonds 사는 아낌없는 직원 임금과 혜택으로 알려져 있습니다.

정답   (A)

해설   바로 앞 문장에 수출 물량 증가가 매달 500톤에 달할 수 있다는 말이 쓰여 있으므로 이와 같은 수치를 Such a figure로 지칭해 그 수치가 회사 역사에서 지니는 의의를 말하는 (A)가 정답이다.

어휘   unprecedented 전례 없는 accordingly 그에 따라, 그 결과 plan to do ~할 계획이다 recommend A as B: A를 B로 추천하다 as part of ~의 일부로, 일환으로 balanced 균형잡힌 be known for ~로 알려져 있다 generous 아낌없는, 넉넉한 wage 임금 benefit 혜택

7.

정답   (B)

해설   빈칸 앞에는 절이 있고, 빈칸 뒤에 동명사가 나오므로 빈칸은 전치사가 들어갈 자리임을 알 수 있다. 문장을 해석해 보면 '아몬드 껍질 제거하기'는 '최종 제품이 포장 봉지에 담기기 전'에 이뤄져야

할 일이므로, 빈칸에는 '~전에'라는 뜻의 전치사 (B) before가 와야 알맞다. (A) toward와 (D) during은 전치사, (C) prior는 형용사이다. before는 접속사와 전치사 둘 다 가능하다.

어휘 **toward** ~을 향해, ~을 위해 **prior (to)** (~에) 앞서, 전에 **during** ~ 동안, ~ 중에

8.

정답 **(A)**

해설 빈칸 앞에 이미 문장의 동사 will come이 있으므로 또 다른 동사 locate는 준동사인 분사의 형태로 쓰여 수식어구 역할을 해야 한다. locate가 전치사 in과 결합해 위치를 나타내는 의미로 쓰일 때 과거분사의 형태가 되어야 하므로 (A) located가 정답이다.

어휘 **located** 위치한 **location** 위치, 지점, 장소 **locate** ~의 위치를 찾다

UNIT 18
Part 7 기사 / 공지

전략 포인트 ❶ 기사(Article) 지문 유형

EXAMPLE

1-3 다음 기사를 참조하시오.

여러분의 참여가 필요합니다!

시카고, 1월 2일 – 많은 시카고 지역 주민들과 업체들이 시내 지역의 제한적인 주차 공간에 관해 지역 당국자들에게 우려를 표명해 왔습니다. **1** 많은 사람들은 시내에 여섯 번째 주차 건물이 지어져야 한다고 요청하고 있습니다. 시에서는 이 문제를 처리하기 위해 **2** 이달 말에 의회 회의를 개최할 예정이며, 모든 주민들은 그때 우려되는 점들을 얼마든지 표현할 수 있습니다. -[1]- **3** 시에서는 주민들에게 무엇이 가장 필요한지를 표현하기 위해 온라인으로 설문지를 작성하도록 요청했습니다. -[2]- 설문 조사 완료 후, 시에서 이용 가능한 주차 구역들을 담아 업데이트한 목록을 제공할 것입니다. -[3]-

"많은 지역 주민들은 2년 전에 MICE 비즈니스 복합 단지의 개장 이후로 줄곧 주차 공간에 대한 수요가 증가했다고 말합니다"라고 지역 주민인 Ed Green 씨는 밝혔습니다. "저는 왜 2년 전에 추가 주차장이 지어지지 않았는지 궁금합니다. 저의 경우, 매일 아침에 주차 공간을 찾는 데 30분이나 걸립니다. 뭔가 잘못되었다고 생각하지 않으세요?"라고 Green 씨는 불만을 나타냈습니다. -[4]- "우리는 정말로 6번째 주차장이 필요합니다"라고 Angela Bazzia 씨가 말했습니다. "대부분의 사람들이 주차장 공사가 시의 최우선 사항이 되어야 한다고 말할 것이라고 생각합니다."

어휘 **participation** 참여, 참가 **local** 지역의, 현지의 **resident** 주민 **express** (생각, 감정 등) ~을 표현하다, 나타내다 **concern** 우려, 걱정 **official** 당국자, 관계자 **limited** 제한된, 한정된 **parking** 주차 (공간)

---

call for ~을 요청하다 **structure** 건물, 구조물 **hold** ~을 개최하다 **council** 의회 **in order to do** ~하기 위해 **address** v. ~을 처리하다, 다루다 **issue** 문제, 사안 **be welcome to do** 얼마든지 ~해도 좋다 **then** 그때 **ask A to do:** A에게 ~하도록 요청하다 **fill out** ~을 작성하다 **survey** 설문 조사(지) **completion** 완료 **provide** ~을 제공하다 **available** 이용 가능한 **demand for** ~에 대한 수요 **increase** 증가하다 **ever since** ~ 이후로 줄곧 **complex** 복합 단지, 복합 건물 **wonder** ~을 궁금해하다 **additional** 추가의 **construct** ~을 짓다, 건설하다 **complain** 불만을 말하다, 불평하다 **highest priority** 최우선 순위(의 일)

1.
현재 시카고 시내에 얼마나 많은 주차장이 있는가?
(A) 3
(B) 4
(C) 5
(D) 6

정답 **(C)**

해설 지문 초반부에 많은 사람들이 시내에 여섯 번째 주차 건물을 지어야 한다고 요청하고 있다는(Many are calling for a sixth parking structure to be built downtown) 사실이 쓰여 있는데, 이는 주차장이 다섯 개 밖에 없음을 뜻하는 것이므로 (C)가 정답이다.

어휘 **parking garage** 주차장 **currently** 현재

2.
시카고에 관해 암시되어 있는 것은 무엇인가?
(A) 의회가 주민들의 요구에 귀를 기울인다.
(B) 주차 시설이 형편없는 상태이다.
(C) 의회가 시내 지역을 기반으로 한다.
(D) 교통 혼잡 문제를 완화하려는 노력이 성공적이었다.

정답 **(A)**

해설 지문 초반부에 의회 회의에서 모든 주민들이 우려되는 점들을 얼마든지 표현할 수 있다고(The city is going to hold a council meeting ~ all residents are welcome to express their concerns ~) 말하는 부분이 있는데, 이는 주민들의 의견을 듣겠다는 뜻이므로 (A)가 정답이다.

어휘 **needs** 요구, 필요로 하는 것 **facility** 시설(물) **in poor condition** 형편없는 상태인 **be based in** ~을 기반으로 하다 **effort to do** ~하려는 노력 **alleviate** ~을 완화하다 **traffic congestion** 교통 혼잡 **successful** 성공적인

3.
[1], [2], [3], [4]로 표시된 위치들 중에서, 다음 문장이 들어가기에 가장 적합한 곳은 어디인가?

"해당 설문 조사는 3월 28일까지 www.chicagocouncil.com/parkingsurvey에서 이용 가능합니다."

(A) [1]
(B) [2]
(C) [3]
(D) [4]

정답　(B)

해설　제시된 문장은 특정 설문지를 지칭하는 The survey와 함께 그 설
　　　문지를 작성하는 방법을 알리고 있다. 따라서 설문지 작성을 요청
　　　했다는 의미를 지닌 문장 뒤에 위치한 [2]에 들어가 해당 설문 조
　　　사에 참여할 수 있는 방법을 알리는 흐름이 되어야 적절하므로
　　　(B)가 정답이다.

어휘　accessible 이용 가능한, 접근 가능한

전략 포인트 ❷　공지(Announcement) 지문 유형

EXAMPLE

1-3 다음 보도 자료를 참조하시오.

즉시 보도용
연락 담당자: David Jenson, 홍보부
전화번호: (02) 555-5606
이메일: davjen@nygallery.org

시즌 특별 전시회

New York Gallery

뉴욕 (5월 24일) – 작품에 자연광을 활용하는 데 중점을 두는 **1** 미술
가 Sam Park 씨의 최신 미술 작품이 New York Gallery에서 시즌 한
정 전시회를 갖습니다. 이 미술관에서 Sam Park 씨의 가장 유명한 미
술품 28점을 전시할 예정이며, 이는 자연광을 활용하는 방법으로 자연
색상을 반영하는 작품들입니다. Sam Park 씨는 끝없는 창의성과 혁신
성으로 인해 미국에서 가장 중요한 현대 미술가들 중의 한 명으로 여겨
지고 있습니다.

이 전시회는 6월 1일부터 8월 31일까지 진행되며, 입장료는 성인 1인
당 15달러, 아동 1인당 5달러입니다. **2** 이 미술관에서 열리는 다른
전시회들과는 달리, Sam Park 전시회는 오직 오전 10시에서 오후 3
시 30분 사이에만 입장 가능한데, 이때가 자연광의 양이 충분한 시간
대로서, 이 미술가의 요청에 따른 것입니다.

7월 1일에, Sam Park 씨가 개인적으로 미술관 관람객들을 만나고 맞
이하며 자신의 몇몇 미술품들을 설명하기 위해 전시회에 **3** 참석할 예
정입니다.

어휘　for immediate release 즉시 보도용의 public relations
　　　홍보 exhibit 전시(회)(= exhibition) artwork 미술 작품 focus
　　　on ~에 중점을 두다, 초점을 맞추다 natural light 자연광 display ~
　　　을 전시하다, 진열하다 piece 작품 reflect ~을 반영하다 by
　　　(방법) ~함으로써 utilize ~을 활용하다 be regarded as ~로 여겨
　　　지다 contemporary 현대의, 동시대의 thanks to ~로 인해, ~ 덕
　　　분에 creativity 창의성 innovation 혁신(성) run 진행되다, 운
　　　영되다 entry fee 입장료 unlike ~와 달리 accessible 이용 가능
　　　한, 접근 가능한 between A and B: A와 B 사이에 sufficient 충
　　　분한 amount 양, 수량, 분량 at the request of ~의 요청에 따라

present 참석한, 있는 greet ~을 맞이하다 patron 손님 explain
~을 설명하다

1.　보도 자료의 목적은 무엇인가?
　　　(A) 일정 변경을 알리는 것
　　　(B) 프로젝트에 관한 의견을 공유하는 것
　　　(C) 절차를 설명하는 것
　　　(D) 행사를 광고하는 것

정답　(D)

해설　첫 단락 시작 부분에 미술가 Sam Park 씨의 최신 미술 작품이
　　　New York Gallery에서 전시회를 갖는다고(The latest
　　　artwork of Sam Park ~ will have a seasonal exhibition
　　　at the New York Gallery) 말한 후, 해당 전시회와 관련된 정보
　　　를 전달하고 있으므로 (D)가 정답이다.

어휘　announce ~을 알리다, 발표하다 share ~을 공유하다 opinion 의견
　　　procedure 절차 advertise ~을 광고하다

2.　해당 전시회에 관해 언급된 것은 무엇인가?
　　　(A) 오직 특정 시간대에만 일반 대중에게 공개된다.
　　　(B) 5세 이하의 아이들에게는 입장이 무료이다.
　　　(C) 여러 미술관에서 주최되어 왔다.
　　　(D) 해당 미술관에서 총 2개월 동안 진행될 것이다.

정답　(A)

해설　두 번째 단락에서 Sam Park 전시회가 오직 오전 10시에
　　　서 오후 3시 30분 사이에만 입장 가능하다는(~ will only be
　　　accessible between 10:00 a.m. and 3:30 p.m. ~) 점과
　　　그 이유를 말하고 있는데, 이는 특정 시간대에만 이용 가능하다는
　　　뜻이므로 (A)가 정답이다.

어휘　the public 일반 대중 during ~ 중에, ~ 동안 specific 특정한, 구체
　　　적인 admission 입장 free 무료인 host ~을 주최하다 several 여
　　　럿의, 몇몇의 a total of 총 ~의

3.　세 번째 단락 첫 번째 줄의 단어 "present"와 의미상 가장 가까운
　　　것은?
　　　(A) 무료의
　　　(B) 즉각적인
　　　(C) 시간이 나는
　　　(D) 지체 없는

정답　(C)

해설　해당 문장에서 present는 형용사로서 전시회에 참석하는 것을 나
　　　타내는 의미로 쓰였는데, 이는 참석할 시간이 난다는 의미와 같으
　　　므로 '시간이 나는'을 뜻하는 (C) available이 정답이다.

PRACTICE

1–4 다음 기사를 참조하시오.

서울을 찾는 보안 전문가

서울 (9월 9일) – 세계적으로 유명한 보안 전문가 Denny Borg 씨가 다음 주에 서울을 방문합니다. **1** Borg 씨는 연례 Seoul Security Forum 행사의 기조 연설자입니다. 이 포럼은 9월 15일부터 21일까지 Seoul Convention Center에서 개최될 예정입니다. –[1]– 약 5,000명의 방문객들이 이 포럼 행사에 참석할 것으로 예상됩니다. Borg 씨는 **2(B)** 본인의 최신 베스트셀러 도서인 <White Hacker>에서 밝힌 여러 주장들을 강조할 것입니다. Borg 씨는 본인의 책에서 다음과 같이 썼습니다. "여러분은 각자의 개인 정보가 안전하다고 생각할지도 모릅니다. 하지만, 많은 사업자들은 고객들의 정보를 안전하게 다뤄야 한다고 생각하지 않습니다." –[2]– Borg 씨는 뉴욕에 거주하는 성공한 온라인 보안 전문가입니다. **2(C)** **4** 그는 현재 전세계에 10곳의 지사를 둔 보안 컨설팅 업체를 소유하고 있습니다. –[3]– **2(A)** 그는 원래 우크라이나 태생이며, 자신의 모국이 번영하도록 돕고자 합니다. –[4]– 그는 가능한 한 많은 사람들에게 자신의 기본 보안 가이드라인을 제공하려 노력할 것입니다. 이번 포럼을 방문하시면 그것에 대해 상세히 배울 수 있습니다. **3** 입장권은 30달러이며, seoulsecurityforum.com에서 온라인으로 구입할 수 있습니다.

어휘 security 보안 expert 전문가 keynote speaker 기조 연설자 annual 연례적인, 해마다의 hold ~을 개최하다 around 약, 대략 be expected to do ~할 것으로 예상되다 attend ~에 참석하다 highlight ~을 강조하다 make a point 주장을 밝히다 recent 최근의 handle ~을 다루다, 처리하다 successful 성공적인 currently 현재 own ~을 소유하다 firm 업체, 회사 branch 지사, 지점 worldwide 전세계에, 세계적으로 originally 원래, 애초에 thrive 번영하다 try to do ~하려 노력하다 provide ~을 제공하다 as many A as one can: 가능한 한 많은 A in detail 상세히

---

1. 기사는 주로 무엇에 관한 것인가?
(A) 초청 연사
(B) 서평
(C) 기업 합병
(D) 일정 변경

정답 (A)

해설 지문 초반부에 세계적으로 유명한 보안 전문가 Denny Borg 씨를 소개하면서 연례 Seoul Security Forum 행사의 기조 연설자라고(He will be the keynote speaker ~) 소개하고 있으므로 (A)가 정답이다.

어휘 review 평가, 의견, 후기 merger 합병

---

2. Borg 씨에 관해 언급되지 않은 것은 무엇인가?
(A) 과거에 우크라이나에 살았다.
(B) 온라인 보안에 관한 책을 최근에 출간했다.
(C) 세계적인 컨설팅 업체를 소유하고 있다.
(D) 보안 포럼을 위해 주기적으로 서울을 방문한다.

정답 (D)

해설 지문 후반부의 He is originally from Ukraine 부분을 통해 (A)를, 중반부의 his recent bestselling book *White Hacker*에서 (B)를 확인할 수 있다. 또한 중반부의 He currently owns a security consulting firm which has 10 branches worldwide에서 (C)도 확인 가능하다. 하지만 서울을 주기적으로 방문하는 일과 관련된 정보는 제시되어 있지 않으므로 (D)가 정답이다.

어휘 previously 과거에, 이전에 recently 최근에 publish ~을 출간하다 regularly 주기적으로

---

3. 기사를 읽는 사람들은 왜 seoulsecurityforum.com을 방문할 것인가?
(A) 구인 광고를 게시하기 위해
(B) 입장권을 구입하기 위해
(C) 오류를 알리기 위해
(D) 세미나에 등록하기 위해

정답 (B)

해설 seoulsecurityforum.com이 언급된 마지막 문장에 입장권을 구입할 수 있는 방법으로 웹 사이트 주소가(Tickets cost $30 and can be purchased online at seoulsecurityforum.com) 쓰여 있으므로 (B)가 정답이다.

어휘 post ~을 게시하다 job advertisement 구인 광고 purchase ~을 구입하다 sign up for ~에 등록하다

---

4. [1], [2], [3], [4]로 표시된 위치들 중에서, 다음 문장이 들어가기에 가장 적합한 곳은 어디인가?

"가장 새로운 곳이 시카고 시내에 막 개장했으며, 100명이 넘는 직원들을 고용하고 있습니다."

(A) [1]
(B) [2]
(C) [3]
(D) [4]

정답 (C)

해설 제시된 문장은 시카고에 새로운 곳이 개장한 사실과 함께 그곳에 고용된 직원 규모를 알리고 있다. 따라서 세계적으로 10곳의 지사가 있다는 사실이 언급된 문장 뒤에 위치한 [3]에 들어가 지사 운영 상황을 설명하는 흐름이 되어야 알맞으므로 (B)가 정답이다.

어휘 employ ~을 고용하다 over ~가 넘는

CHAPTER 4

UNIT 19

Part 1 [사람+사물] 복합 사진
Part 2 요청/제안, 선택, Which 의문문

PRACTICE

1.

(A) A man is wearing sunglasses.
(B) A man is packing up his musical instrument.
(C) A bag is being carried to the truck.
(D) There are mountains in the distance.

(A) 남자가 선글라스를 착용한 상태이다.
(B) 남자가 자신의 악기를 꾸리고 있다.
(C) 가방이 트럭으로 옮겨지고 있다.
(D) 먼 거리에 산맥이 있다.

정답 (D)

해설 [사람+사물] 복합 사진이므로 등장 인물의 동작이나 자세, 관련 사물에 모두 초점을 맞춰 들어야 한다.

(A) 남자가 선글라스를 착용한 상태가 아니므로 오답.
(B) 악기를 꾸리는 동작을 하고 있지 않으므로 오답.
(C) 트럭을 찾아볼 수 없으므로 오답.
(D) 뒤쪽에 멀리 보이는 산맥에 초점을 맞춰 묘사한 정답.

어휘 wear (상태) ~을 착용하다 pack up (짐 등) ~을 꾸리다, 챙겨 넣다 musical instrument 악기 carry ~을 옮기다, 나르다 in the distance 먼 거리에

2.

(A) A chemical plant is being built.
(B) A man is plowing the field.
(C) Flowers have been placed into the vase.
(D) A man is wearing gloves.

(A) 화학 공장이 지어지고 있다.
(B) 남자가 쟁기로 밭을 갈고 있다.
(C) 꽃들이 꽃병에 옮겨져 꽂혀 있다.
(D) 남자가 장갑을 착용한 상태이다.

정답 (D)

해설 [사람+사물] 복합 사진이므로 등장 인물의 동작이나 자세, 관련 사물에 모두 초점을 맞춰 들어야 한다.

(A) 공장이 지어지는 모습을 찾아볼 수 없으므로 오답.
(B) 쟁기로 밭을 갈고 있는 동작을 하고 있지 않으므로 오답.
(C) 꽃병을 찾아볼 수 없으므로 오답.
(D) 장갑을 착용한 상태에 초점을 맞춰 묘사한 정답.

어휘 chemical 화학의 plant 공장, 식물, 초목 plow ~을 쟁기로 갈다 field 밭, 들판 be placed into ~ 안에 놓이다 vase 꽃병 wear (상태) ~을 착용하다

3.

(A) Some women are taking pictures.
(B) Skyscrapers overlook the water.
(C) Some artists are performing near the harbor.
(D) A bridge is being constructed.

(A) 몇몇 여자들이 사진을 찍고 있다.
(B) 고층 건물들이 물을 내려다보고 있다.
(C) 몇몇 예술가들이 항구 근처에서 공연하고 있다.
(D) 다리가 건설되고 있다.

정답 (B)

해설 [사람+ 사물] 복합 사진이므로 사람들의 동작이나 자세, 주변 사물에 모두 초점을 맞춰 들어야 한다.

(A) 사진을 찍는 동작을 하는 사람을 찾아볼 수 없으므로 오답.
(B) 고층 건물이 물을 내려다보는 위치 관계에 초점을 맞춰 묘사한 정답.
(C) 공연하는 사람들을 찾아볼 수 없으므로 오답.
(D) 다리가 건설되는 모습이 나타나 있지 않으므로 오답.

어휘 take a picture 사진을 찍다 skyscraper 고층 건물 overlook (건물 등이) ~을 내려다보다 perform 공연하다, 연주하다 near ~ 근처에 harbor 항구 construct ~을 건설하다, 짓다

4. Would you like to purchase an extended warranty on your new TV?

(A) Sure, that'll be great.
(B) We guarantee delivery by noon.
(C) Installation is free.

새 TV에 대해 기한이 연장된 품질 보증 서비스를 구입하시겠습니까?
(A) 그럼요, 그렇게 하면 아주 좋을 거예요.
(B) 저희는 정오까지 배송을 보장해 드립니다.
(C) 설치 작업은 무료입니다.

정답 (A)
해설 기한이 연장된 품질 보증 서비스를 구입하기를 원하는지 묻는 제안 의문문이다.

(A) 긍정을 나타내는 Sure와 함께 구입하는 일을 that으로 지칭해 제안을 수락하는 정답.
(B) purchase/new TV와 연관성 있는 delivery를 활용한 오답.
(C) purchase/new TV와 연관성 있는 Installation을 활용한 오답.

어휘 Would you like to do? ~하시겠어요?, ~하고 싶으세요? purchase ~을 구입하다 extended (기한이) 연장된, 늘어난 warranty 품질 보증(서) guarantee ~을 보장하다 by (기한) ~까지 installation 설치 free 무료의

5. Can you please take this luggage to my hotel room?

(A) Sure, no problem.
(B) Do you want to extend your stay?
(C) Check-in is at 10.

이 짐을 제 호텔 객실로 가져다 주시겠어요?
(A) 그럼요, 문제 없습니다.
(B) 숙박을 연장하고 싶으신가요?
(C) 체크인은 10시입니다.

정답 (A)

해설 짐을 호텔 객실로 가져다 달라는 요청 의문문이다.

(A) 요청 사항에 대해 수락을 뜻하는 Sure와 No problem으로 답변하는 정답.
(B) hotel과 연관성 있는 stay를 활용한 오답.
(C) hotel과 연관성 있는 Check-in을 활용한 오답.

어휘 take A to B: A를 B로 가져 가다 extend ~을 연장하다, 늘리다 stay 숙박, 머무름

6. Should we make a reservation for a suite room or standard room?

(A) The reservation's under Mario.
(B) I guess in August.
(C) Only standard rooms are available.

우리가 스위트 룸으로 예약해야 하나요, 아니면 스탠다드 룸으로 해야 하나요?
(A) 예약이 Mario라는 이름으로 되어 있어요.
(B) 8월인 것 같아요.
(C) 오직 스탠다드 룸만 이용 가능합니다.

정답 (C)
해설 스위트 룸과 스탠다드 룸 중에서 어느 것을 예약할지 묻는 선택 의문문이다.

(A) 객실 종류가 아닌 예약자 이름을 언급한 오답.
(B) When 의문문에 어울리는 시점으로 답변하는 오답.
(C) 두 가지 선택 사항 중 하나인 스탠다드 룸을 선택한 정답.

어휘 make a reservation for ~을 예약하다 under + 이름: ~라는 이름으로 된 available 이용 가능한

7. Should we order more papers or do we have enough?

(A) Katrina ordered some yesterday.
(B) Yes, you're right.
(C) I prefer the red one.

우리가 용지를 더 주문해야 하나요, 아니면 충분히 갖고 있나요?
(A) Katrina 씨가 어제 좀 주문했어요.
(B) 네, 맞습니다.
(C) 저는 빨간색으로 된 것이 더 좋아요.

정답 (A)
해설 용지 주문 여부를 묻는 선택 의문문이다.

(A) Katrina 씨가 어제 주문했다는 말로 주문할 필요가 없음을 알리는 정답.
(B) 선택 의문문에 맞지 않는 Yes로 답변하는 오답.
(C) 주문 여부가 아닌 색상 종류를 언급한 오답.

어휘 order ~을 주문하다 have enough 충분히 갖고 있다 prefer ~을 더 좋아하다, 선호하다

8. Which of our restaurant's dishes has been the most popular this year?

(A) Yes, a great success.
(B) I think the price is a little bit higher.
(C) Let me check the sales data.

우리 레스토랑 요리들 중에서 어느 것이 올해 가장 인기 있었나요?
(A) 네, 아주 큰 성공입니다.
(B) 가격이 좀 더 높은 것 같아요.
(C) 제가 매출 자료를 확인해 보겠습니다.

정답   (C)

해설   레스토랑 요리들 중에서 어느 것이 가장 인기 있었는지 묻는 Which 의문문이다.

(A) 의문사 의문문에 어울리지 않는 Yes로 답변하는 오답.
(B) 요리 종류가 아닌 가격 수준으로 답변하는 오답.
(C) 가장 인기 있었던 요리를 확인할 방법으로 매출 자료를 언급한 정답.

어휘   dish 요리, 음식 popular 인기 있는 success 성공 a little bit 조금, 약간 Let me do 제가 ~하겠습니다. sales 매출, 판매(량), 영업

9. Which parking lot would you like to use?
(A) The one we used last month.
(B) You should visit the new park.
(C) How about the red car on the corner?

어느 주차장을 이용하고 싶으세요?
(A) 우리가 지난달에 이용했던 곳이요.
(B) 새로운 공원을 방문해 보셔야 해요.
(C) 모퉁이에 있는 빨간색 자동차는 어때요?

정답   (A)

해설   이용하고 싶은 주차장을 묻는 Which 의문문이다.

(A) parking lot을 대신하는 one과 함께 지난 달에 이용한 특정 주차장을 언급한 정답.
(B) parking과 일부 발음이 유사한 park를 활용한 오답.
(C) parking과 연관성 있는 car를 활용한 오답.

어휘   parking lot 주차장 would like to do ~하고 싶다, ~하고자 하다 How about A?: A는 어때요? on the corner 모퉁이에 (있는)

UNIT 20
Part 3 의도 파악 문제

EXAMPLE

Questions 1-3 refer to the following conversation with three speakers.

W: **1** Welcome to Great Reef Resort. How can I assist you today?
M1: My name is Charles Waterloo from Dareville Corporation. I wanted to check on the status of our meeting room reservations for this afternoon.
W: All right, I need to see a form of identification.
M1: Here's my driver's license.
W: Thanks. We have the Pelican Room reserved for you at 2:00 P.M.
M2: **2** The Pelican Room? There will be more than fifty people attending.
M1: **2** Oh, that's right. Are any other rooms available?
W: There's one that might suit you better. **3** I'll move your sign and projector over to it.

여: Great Reef Resort에 오신 것을 환영합니다. 오늘 무엇을 도와 드릴까요?
남1: 저는 Dareville Corporation의 Charles Waterloo입니다. 오늘 오후에 사용할 회의실 예약 상태를 확인하고 싶습니다.
여: 좋습니다, 신분증을 보여주시기 바랍니다.
남1: 여기 제 운전 면허증입니다.
여: 감사합니다. 오후 2시에 Pelican Room으로 예약되어 있으십니다.
남2: Pelican Room이요? 50명이 넘는 사람들이 참석할 건데요.
남1: 아, 맞아요. 이용 가능한 다른 방이 있나요?
여: 더 적합할 수도 있는 곳이 하나 있습니다. 표지판과 프로젝터를 그곳으로 옮겨 드리겠습니다.

어휘   assist ~을 돕다 status 상태, 상황 reservation 예약 form of identification 신분증 have A p.p.: A가 ~되어 있다 reserve ~을 예약하다 There is A -ing: ~하는 A가 있다 more than ~가 넘는 attend 참석하다 available 이용 가능한 suit ~에 적합하다, 어울리다 move A over to B: A를 B로 옮기다 sign 표지(판)

1. Where does the woman probably work?
(A) At a hotel
(B) At a travel agency
(C) At a cleaning company
(D) At a furniture store

여자는 어디에서 근무하고 있을 것 같은가?
(A) 호텔에

(B) 여행사에
(C) 청소 전문 업체에
(D) 가구 매장에

정답　(A)

해설　대화를 시작하면서 여자가 Great Reef Resort에 온 것을 환영 한다고(Welcome to Great Reef Resort) 인사하는 말을 통해 숙박 시설에 근무하고 있음을 알 수 있으므로 (A)가 정답이다.

2. What does one of the men mean when he says, "There will be more than fifty people attending"?
(A) A larger room will be needed.
(B) The meeting is very important.
(C) An attendance list has not been updated.
(D) The man feels unprepared.

남자들 중의 한 명이 "50명이 넘는 사람들이 참석할 건데요"라고 말한 의도는 무엇인가?
(A) 더 큰 방이 필요할 것이다.
(B) 회의가 매우 중요하다.
(C) 참석자 명단이 업데이트되지 않았다.
(D) 자신이 준비되지 않았다고 생각한다.

정답　(A)

해설　대화 중반부에 여자가 오후 2시에 Pelican Room으로 예약되어 있다고(We have the Pelican Room reserved for you at 2:00 P.M.) 말하자, 남자 한 명이 놀라며 50명이 넘는 사람들이 참석할 거라고 말한다. 이는 더 큰 장소가 필요하다는 뜻이므로 (A)가 정답이다.

어휘　attendance 참석(자의 수)　unprepared 준비되지 않은

3. What does the woman say she will do?
(A) Distribute name tags
(B) Move some equipment
(C) Cancel a reservation
(D) Reschedule a meeting

여자는 무엇을 할 것이라고 말하는가?
(A) 명찰을 나눠 주는 일
(B) 일부 장비를 옮기는 일
(C) 예약을 취소하는 일
(D) 회의 일정을 재조정하는 일

정답　(B)

해설　대화 맨 마지막에 여자가 표지판과 프로젝터를 옮겨 주겠다고(I'll move your sign and projector over to it) 말하고 있으므로 장비를 옮기는 일을 뜻하는 (B)가 정답이다.

어휘　distribute ~을 나눠 주다, 배부하다　equipment 장비　cancel ~을 취소하다　reservation 예약　reschedule ~의 일정을 재조정하다

Paraphrase　sign and projector → equipment

PRACTICE

Questions 1-3 refer to the following conversation.

W: I am glad to hear that you are interested in **1** renting one of our office spaces. I think you will like it.
M: I hope I do. We are very interested. Many of our clients are in that area. Which spaces are available?
W: Okay, let's start with the one on the first floor. **2** It has easy access to the street and is easy to find.
M: Hmm… We would have a lot of foot traffic.
W: Indeed. And **3** in your lease, it also states that you have access to the shared kitchen and break room.

─────────────

여: 저희 사무 공간들 중의 하나를 임대하는 데 관심이 있으시다는 얘기를 들어서 기쁩니다. 마음에 드실 거라고 생각합니다.
남: 그랬으면 좋겠어요. 저희는 매우 관심이 큽니다. 많은 저희 고객들이 그 지역에 있거든요. 어느 공간이 이용 가능한가요?
여: 네, 1층에 있는 곳부터 시작해 보겠습니다. 이곳은 거리 쪽으로 접근하기 쉽고, 쉽게 찾을 수 있습니다.
남: 흠… 저희에게 유동 인구가 많겠군요.
여: 맞습니다. 그리고 귀하의 임대 계약서에, 공용 주방과 휴게실을 이용할 수 있다는 내용도 나와 있습니다.

어휘　be interested in ~에 관심이 있다　rent ~을 임대하다, 대여하다　available 이용 가능한　start with ~부터 시작하다　have access to ~에 접근하다, ~을 이용하다　foot traffic 유동 인구　indeed (강조) 맞는, 사실인, 정말인　lease 임대 계약(서)　state that (문서 등에) ~라고 쓰여 있다　shared 공용의　break room 휴게실

1. Where does the woman probably work?
(A) At a bank
(B) At a real estate firm
(C) At a moving company
(D) At a clothing store

여자는 어디에서 근무할 것 같은가?
(A) 은행에
(B) 부동산 중개업체에
(C) 이사 전문 회사에
(D) 의류 매장에

정답　(B)

해설　대화를 시작하면서 여자가 소속 업체를 our로 지칭해 '우리의 사무 공간을 임대하는 일(renting one of our office spaces)'을

언급하고 있다. 이는 부동산 중개업체 직원이 할 수 있는 말이므로 (B)가 정답이다.

어휘   real estate 부동산 firm 업체, 회사 clothing 의류

2.   Why does the man say, "We would have a lot of foot traffic"?
(A) He thinks the location is too busy.
(B) He is concerned about a lack of parking.
(C) He is interested in a business location.
(D) He is launching a new promotion.

남자가 왜 "저희에게 유동 인구가 많겠군요"라고 말하는가?
(A) 해당 위치가 너무 분주하다고 생각한다.
(B) 주차 공간 부족 문제를 우려하고 있다.
(C) 사업을 할 장소에 관심이 있다.
(D) 새로운 홍보 활동을 시작하고 있다.

정답   (C)

해설   대화 중반부에 여자가 거리 쪽으로 접근하기 쉽고 쉽게 찾을 수 있는 곳이라고(it has easy access to the street and is easy to find) 하자, 남자가 유동 인구가 많겠다고 말하고 있다. 이는 많은 사람들이 접근하기에 편리하다는 점을 확인해주는 것으로서, 그곳에 관심이 있음을 뜻하는 말이므로 (C)가 정답이다.

어휘   location 위치, 장소, 지점 be concerned about ~을 우려하다 lack of ~의 부족 parking 주차 launch ~을 시작하다, ~에 착수하다 promotion 홍보 (활동)

3.   What is offered at no cost?
(A) A swimming pool
(B) Shared facilities
(C) Wireless Internet
(D) Regular maintenance services

무엇이 무료로 제공되는가?
(A) 수영장
(B) 공용 시설
(C) 무선 인터넷
(D) 정기 시설 관리 서비스

정답   (B)

해설   제공되는 것과 관련해, 대화 마지막에 계약서에 따라 공용 주방과 휴게실을 이용할 수 있다는(in your lease, it also states that you have access to the shared kitchen and break room) 사실이 언급되고 있으므로 공용 시설을 뜻하는 (B)가 정답이다.

어휘   offer ~을 제공하다 at no cost 무료로 facility 시설(물) regular 정기적인, 정규의 maintenance 시설 관리, 유지 관리

Paraphrase kitchen and break room → facilities

Questions 4-6 refer to the following conversation.

M: Oh, Tanaka, I'm so glad you made it out here so quickly. As it turns out, **4** two of the other servers have called in sick today.
W: No worries. However, **5** I hurried here in a rush and forgot my uniform shirt.
M: **5** I have an extra in my car, so that won't be an issue.
W: Good. So, what's going on today?
M: **6** The Sky Cooperation's annual function is taking place. It's the first time our restaurant has hosted it. It's always been held at Olivia's Kitchen, but if it goes well, maybe they'll have it here again next year.

남: 아, Tanaka 씨, 이렇게 빨리 도착해 주셔서 정말 기쁩니다. 알고 보니, 두 명의 다른 서빙 직원들이 오늘 전화로 병가를 냈어요.
여: 걱정 마세요. 하지만, 급히 서둘러 나오다가 제 유니폼 셔츠를 깜빡 잊었어요.
남: 제 차에 여별의 유니폼이 있으니, 그건 문제가 되지 않을 겁니다.
여: 잘됐네요. 그럼, 오늘 무슨 일인가요?
남: Sky Cooperation 사의 연례 행사가 개최됩니다. 우리 레스토랑에서 이 행사를 여는 건 이번이 처음이에요. 항상 Olivia's Kitchen에서 열렸는데, 잘 진행된다면, 아마 내년에 우리 쪽에서 다시 열지도 몰라요.

어휘   make it 도착하다, 가다 as it turns out (나중에) 알고 보니 call in sick 전화로 병가를 내다 hurry 서둘러 오다, 서둘러 가다 in a rush 급히 forget ~을 잊다 extra 여분의, 추가의 issue 문제, 사안 annual 연례적인, 해마다의 function 행사, 연회 host ~을 주최하다 go well 잘 진행되다

4.   According to the man, what is the problem?
(A) A schedule was wrong.
(B) An appliance has malfunctioned.
(C) An order is late.
(D) Some staff are absent.

남자의 말에 따르면, 무엇이 문제점인가?
(A) 일정이 잘못되었다.
(B) 기기가 작동하지 않았다.
(C) 주문이 늦었다.
(D) 몇몇 직원들이 결근했다.

정답   (D)

해설   남자가 대화 시작 부분에 두 명의 다른 서빙 직원들이 오늘 병가를 낸 사실을(~ two of the other servers have called in sick today) 언급하고 있는데, 이는 직원이 결근했다는 뜻이므로 (D)가 정답이다.

어휘   malfunction 제대로 작동하지 않다 absent 결석한, 결근한

Paraphrase have called in sick → absent

5. What does the man mean when he says, "that won't be an issue"?

(A) He and the woman will use different uniforms.
(B) He will allow the woman not to wear a uniform.
(C) He does not like the uniform.
(D) He will give the woman another uniform.

남자가 "그건 문제가 되지 않을 겁니다"라고 말한 의도는 무엇인가?
(A) 남자와 여자가 다른 유니폼을 이용할 것이다.
(B) 남자가 여자에게 유니폼을 입지 않게 해 줄 것이다.
(C) 남자가 유니폼을 마음에 들어 하지 않는다.
(D) 남자가 여자에게 다른 유니폼을 줄 것이다.

정답 (D)

해설 대화 중반부에 여자가 유니폼을 깜빡 잊었다고(I hurried here in a rush and forgot my uniform shirt) 말하자, 남자가 자신에게 여벌의 유니폼이 있다는(I have an extra in my car) 말과 함께 문제가 되지 않을 것이라고 밝히고 있다. 이는 여벌의 유니폼을 여자에게 빌려주겠다는 뜻이므로 (D)가 정답이다.

어휘 allow A to do: A에게 ~하게 해 주다, ~하도록 허용하다 another 또 다른 하나의

6. What is mentioned about Sky Cooperation's function?

(A) It is held once a year.
(B) More than 50 employees are invited.
(C) It changes venues every year.
(D) Only invited guests can attend.

Sky Cooperation의 행사에 관해 언급되는 것은 무엇인가?
(A) 일년에 한 번 개최된다.
(B) 50명이 넘는 직원들이 초대된다.
(C) 매년 행사 장소를 변경한다.
(D) 오직 초대된 손님들만 참석할 수 있다.

정답 (A)

해설 대화 후반부에 남자가 Sky Cooperation 사의 연례 행사(The Sky Cooperation's annual function)라고 언급하는 부분을 통해 일년에 한 번 열리는 행사임을 알 수 있으므로 (A)가 정답이다.

어휘 function 행사 more than ~가 넘는 invite ~을 초대하다 venue 행사장 attend 참석하다

Paraphrase annual → is held once a year

UNIT 21
Part 4 사내 공지 / 공공장소 공지

EXAMPLE 사내 공지

Questions 1-3 refer to the following announcement.

This is the office manager with an announcement for all employees in our building. The building's maintenance department has just informed me that **1** they will be doing maintenance work on the building's elevators for three days starting on Wednesday. Because of this, the main elevators in the building will not be operational. **2** These elevators will start operating again on Friday afternoon. Until then, **3** all employees in the building will have to use the elevator on the west side of the building or the stairway near the rear entrance. If the work lasts longer than expected, we will make sure to notify all employees in advance.

사무실 관리자로서, 전 직원에게 공지 사항을 알려 드리겠습니다. 우리 건물의 시설 관리부에서 수요일부터 3일 동안 건물 엘리베이터 유지 관리 작업을 할 예정이라고 방금 저에게 알려 주었습니다. 이로 인해, 건물 내 주요 엘리베이터들이 운행되지 않을 것입니다. 이 엘리베이터들은 금요일 오후에 다시 가동되기 시작할 것입니다. 그때까지 건물 내 모든 직원들은 건물 서쪽에 있는 엘리베이터나 뒤쪽 출입구 근처에 있는 계단을 이용해야 할 것입니다. 해당 작업이 예상보다 길어질 경우, 반드시 모든 직원들에게 미리 알려드리도록 하겠습니다.

어휘 maintenance 시설 관리, 유지 관리 inform A that: A에게 ~라고 알리다 operational 운영되는, 가동되는 rear 뒤쪽의, 후방의 last v. 지속되다, 계속되다 than expected 예상보다 make sure to do 꼭 ~하다 notify ~에게 공지하다 in advance 미리, 사전에

1. What is the main purpose of the announcement?
(A) To announce shortened work hours
(B) To let employees know about a schedule change
(C) To notify staff of building maintenance
(D) To prepare staff for a work assignment

이 공지의 주된 목적은 무엇인가?
(A) 줄어든 근무 시간을 알리는 것
(B) 직원들에게 일정 변경에 대해 알리는 것
(C) 직원들에게 건물 유지 관리 작업을 알리는 것
(D) 직원들에게 할당 업무를 위한 준비를 시키는 것

정답 (C)

해설   화자는 자신을 소개한 후에 3일 동안 엘리베이터 관리 작업이 있을 예정이라고(they will be doing maintenance work on the building's elevators for three days) 알리고 있으므로 (C)가 정답이다.

2.   When does the speaker expect conditions to return to normal?
(A) On Wednesday
(B) On Thursday
(C) On Friday
(D) On Saturday

화자는 언제 정상적인 상황으로 돌아올 것으로 예상하는가?
(A) 수요일
(B) 목요일
(C) 금요일
(D) 토요일

정답   (C)

해설   화자는 담화 중반부에 엘리베이터가 금요일 오후에 다시 가동된다고(These elevators will start operating again on Friday afternoon) 알리고 있으므로 (C)가 정답이다.

3.   According to the speaker, what should the employees do?
(A) Come to work earlier
(B) Use a different entrance
(C) Take the subway to work
(D) Use the stairs instead

화자에 따르면, 직원들은 무엇을 해야 하는가?
(A) 일찍 출근한다.
(B) 다른 출입구를 이용한다.
(C) 지하철을 타고 출근한다.
(D) 계단을 대신 이용한다.

정답   (D)

해설   담화 후반부에 다른 엘리베이터 또는 계단을 이용하도록 요청하고 있으므로(use the elevator on the west side of the building or the stairway near the rear entrance) 이 둘 중 하나인 (D)가 정답이다.

Paraphrase stairway → stairs

EXAMPLE 공공장소 공지

Questions 1-3 refer to the following announcement.

Ladies and gentlemen, **1** welcome on board Flight 33B2 with service from London to San Francisco. We are expected to take off in approximately ten minutes. We ask that you please fasten your seatbelts and secure all baggage underneath your seat. **2** We do, unfortunately, have a shortage of overhead space, so if your carry-on bags do not fit under your seat, please let the cabin crew know. Also, **3** we ask that you review your in-flight meal options listed in the magazine stored in the seat pocket. A flight attendant will ask for your order shortly after take-off.

신사 숙녀 여러분, 런던에서 출발해 샌프란시스코까지 운항 서비스를 제공하는 33B2 항공편에 탑승하신 것을 환영합니다. 우리는 약 10분 후에 이륙할 예정입니다. 여러분의 안전 벨트를 착용하시고 모든 수하물을 좌석 밑에 안전하게 고정시켜 두시도록 요청 드립니다. 우리 비행기는 안타깝게도 머리 위쪽 공간이 부족하기 때문에, 기내 휴대용 가방이 좌석 밑의 공간에 들어맞지 않을 경우, 객실 승무원에게 알려 주시기 바랍니다. 또한, 좌석 주머니에 보관되어 있는 잡지에 기재된 기내식 선택권을 살펴 보시도록 요청 드립니다. 승무원이 이륙 직후에 식사 주문을 요청할 것입니다.

어휘   onboard ~에 탑승한 be expected to do ~할 예정이다 take off 이륙하다 in + 시간: ~ 후에 approximately 약, 대략 ask that ~ 하도록 요청하다 fasten (단단히) ~을 채우다, 잠그다 secure v. ~을 고정시켜 놓다 underneath ~ 밑에, 아래에 unfortunately 안타깝게도, 아쉽게도 have a shortage of ~가 부족하다 overhead 머리 위쪽의 carry-on 기내 휴대용의 fit ~에 맞다, 적합하다 let A know: A에게 알리다 cabin crew 객실 승무원 review ~을 살펴보다, 검토하다 in-flight meal 기내식 listed in ~에 기재된 flight attendant 승무원 ask for ~을 요청하다 shortly after ~ 직후에

1.   Where is the announcement being made?
(A) On a bus
(B) On a train
(C) On an airplane
(D) On a boat

공지가 어디에서 이뤄지고 있는가?
(A) 버스에서
(B) 기차에서
(C) 비행기에서
(D) 보트에서

정답   (C)

해설   담화 초반부의 인사말에서 33B2 항공편에 탑승한 것을 환영한다고(~ welcome on board Flight 33B2 ~) 알리는 부분을 통해 공지 장소가 비행기임을 알 수 있으므로 (C)가 정답이다.

2.   What problem does the speaker mention?
(A) Insufficient storage space
(B) Missing baggage
(C) Seat shortages
(D) Schedule delays

화자는 무슨 문제점을 언급하는가?
(A) 불충분한 보관 공간
(B) 분실된 수하물
(C) 좌석 부족
(D) 일정 지연

정답   (A)

해설   담화 중반부에서 머리 위쪽 공간이 확실히 부족하다는(We do, unfortunately, have a shortage of overhead space ~) 문제점을 알리고 있으므로 (A)가 정답이다.

어휘   insufficient 불충분한 missing 분실된, 빠진, 없는 baggage 수하물 delay 지연, 지체

Paraphrase shortage of overhead space → Insufficient storage space

3.   What are the listeners asked to do?
(A) Open some luggage
(B) Check a magazine
(C) Use a seat pocket
(D) Order a meal

청자들은 무엇을 하도록 요청 받는가?
(A) 일부 수하물을 여는 일
(B) 잡지를 확인하는 일
(C) 좌석 주머니를 사용하는 일
(D) 식사를 주문하는 일

정답   (B)

해설   담화 마지막에 잡지에 기재된 기내식 선택권을 살펴보도록(~ we ask that you review your in-flight meal options listed in the magazine ~) 요청하는 부분이 있으므로 이를 언급한 (B)가 정답이다.

어휘   be asked to do ~하도록 요청 받다 order ~을 주문하다

Paraphrase review → Check

PRACTICE

Questions 1-3 refer to the following announcement.

Good morning. I have an announcement for everyone. We will have a press conference tomorrow morning. So, **1** I'd like to review our security procedures for it. We are going to set up two check-in tables at the entrance. We will hand out press passes there. As you know, press passes are reserved for working members of the press only. This includes reporters, producers, camera crews, photographers and industry analysts. **2** Before handing out press passes, you should ask the guests to provide a valid ID. **3** Please call Helena Jameria at 555-1938 for a copy of the guest list.

안녕하세요. 모두에게 공지 사항이 있습니다. 내일 오전에 기자 회견을 열 예정입니다. 그래서 그 행사를 위한 우리 보안 절차를 살펴보고자 합니다. 우리는 입구에 두 곳의 출입확인 탁자를 설치할 예정입니다. 그곳에서 기자 출입증을 나눠 줄 것입니다. 아시다시피, 기자 출입증은 오직 언론에 재직중인 분들에 한해 지정되어 있습니다. 여기에는 기자, 프로듀서, 카메라 팀, 사진 기자, 그리고 업계 분석가들이 포함됩니다. 기자 출입증을 나눠 드리기 전에, 여러분은 손님들께 유효한 신분증을 제시하도록 요청하셔야 합니다. 초대 손님 명단 사본을 받으시려면 555-1938번으로 Helena Jameria 씨에게 전화하시기 바랍니다.

어휘   press conference 기자 회견 review ~을 살펴보다, 검토하다 procedure 절차 set up ~을 설치하다, 마련하다 hand out ~을 나눠 주다 press pass 기자 출입증 be reserved for ~에게 지정되어 있다 include ~을 포함하다 crew (함께 일하는) 팀, 조 photographer 사진 기자 industry 업계 analyst 분석가 ask A to do: A에게 ~하도록 요청하다 valid 유효한

1.   What is the purpose of the announcement?
(A) To welcome new employees
(B) To inform the listeners of a procedure
(C) To postpone a client meeting
(D) To encourage the listeners to donate

공지의 목적은 무엇인가?
(A) 신입 사원들을 환영하는 것
(B) 청자들에게 절차를 알리는 것
(C) 고객 회의를 연기하는 것
(D) 청자들에게 기부하도록 권하는 것

정답   (B)

해설   담화 초반부에 기자 회견에 필요한 보안 절차를 살펴보겠다고(I'd like to review our security procedures ~) 알리면서 해당 절차를 간략히 설명하고 있다. 따라서 (B)가 정답이다.

어휘   inform A of B: A에게 B를 알리다 postpone ~을 연기하다, 미루다

encourage A to do: A에게 ~하도록 권하다, 장려하다 donate 기부하다

2. What is required to receive a press pass?
(A) An application
(B) A receipt
(C) A work permit
(D) A personal identification form

기자 출입증을 받기 위해 필요한 것은 무엇인가?
(A) 신청서
(B) 영수증
(C) 작업 허가서
(D) 개인 신분증

정답 (D)

해설 담화 후반부에 기자 출입증을 나눠 주기 전에 손님들에게 유효 신분증을 제시하도록 요청해야 한다고(Before handing out press passes, you should ask the guests to provide a valid ID) 알리고 있으므로 개인 신분증을 뜻하는 (D)가 정답이다.

어휘 require ~을 필요로 하다 receive ~을 받다 application 신청(서), 허가(서) receipt 영수증 permit 허가서 identification form 신분증

Paraphrase valid ID → personal identification form

3. What are the listeners asked to do?
(A) Contact a colleague
(B) Call some guests
(C) Set up a table
(D) Arrange some paperwork

청자들은 무엇을 하도록 요청 받는가?
(A) 동료 직원에게 연락하는 일
(B) 일부 손님들에게 전화하는 일
(C) 탁자를 설치하는 일
(D) 일부 서류를 마련하는 일

정답 (A)

해설 요청 사항이 언급되는 후반부에 Helena Jameria 씨에게 전화해서 초대 손님 명단 사본을 받으라고(Please call Helena Jameria at 555-1938 for a copy of the guest list) 알리고 있는데, 이는 동료 직원에게 연락하는 일을 뜻하므로 (A)가 정답이다.

어휘 contact ~에게 연락하다 colleague 동료 (직원) arrange ~을 마련하다, 조치하다 paperwork 서류 (작업)

Paraphrase call Helena Jameria → Contact a colleague

Questions 4-6 refer to the following announcement.

Good morning all. **4** Welcome aboard World Airlines Flight 888. Our destination is Fukuoka, Japan, and we should be there in about four hours. **5** Although we expected the weather to be clear and sunny, there is light rain in Japan. Fortunately, the skies are expected to clear up later today, so there will not be any delay to our flight. In the seat back in front of you, we have magazines for duty free shopping. Just circle what you would like to order and press the attendant call button to summon a flight attendant when you are ready. **6** Now, a variety of snacks and beverages will be served. Thank you for choosing World Airlines and I hope you enjoy your flight.

여러분, 안녕하세요. World Airlines 888 항공편에 탑승하신 것을 환영합니다. 우리의 목적지는 일본의 후쿠오카이고 약 4시간 후에 도착하게 됩니다. 날씨가 맑고 화창할 것으로 예상했지만, 일본에는 약간의 비가 내리고 있습니다. 다행스럽게도, 하늘은 오늘 늦게 맑게 갤 것으로 예상되므로 비행이 지연되는 일은 없을 것입니다. 여러분 좌석 앞쪽 등받이에 면세 쇼핑을 위한 잡지들이 있습니다. 주문하고 싶으신 물품에 동그라미 치시고, 준비가 되시면 호출 버튼을 눌러 승무원을 부르시면 됩니다. 이제, 다양한 스낵과 음료가 제공될 것입니다. World Airlines 를 이용해 주셔서 감사드리며 즐거운 비행 되시길 바랍니다.

어휘 aboard ad. ~을 타고, 탑승하여 destination 목적지, 행선지 in + 시간: ~후에 fortunately 다행히도 be expected to do ~할 것으로 예상되다 clear up 맑게 개다 delay 지연, 지체 seat back 등받이 duty free 면세의 circle v. ~에 동그라미를 치다 summon ~을 호출하다 flight attendant 승무원 a variety of 다양한 beverage 음료 serve (음식 등) ~을 제공하다

4. Who most likely is the speaker?
(A) A travel agent
(B) A radio show host
(C) A weather reporter
(D) A flight attendant

화자는 누구일 것 같은가?
(A) 여행사 직원
(B) 라디오 프로그램 진행자
(C) 기상캐스터
(D) 승무원

정답 (D)

해설 담화 시작 부분의 인사말 Welcome aboard World Airlines Flight 888에서 화자의 신분과 장소를 알 수 있다. 기내 공지를 할 수 있는 (D)가 정답이다.

5. What does the speaker mention?
(A) Ticket prices
(B) Flight connections
(C) Menu changes
(D) Weather conditions

화자는 무엇을 언급하는가?
(A) 티켓 비용
(B) 연결 항공편
(C) 메뉴 변경
(D) 기상 조건

정답　(D)

해설　담화 초반부에 예상 날씨와 현지 날씨를 언급하는(Although we expected the weather to be clear and sunny, there is light rain~) 내용이 있으므로 (D)가 정답이다.

6. What will probably happen next?
(A) The customers will go on a shopping trip.
(B) Entertainment will be provided for the audience.
(C) The passengers will receive beverages.
(D) The travelers will pay for their tickets.

곧이어 무슨 일이 일어날 것 같은가?
(A) 고객들이 쇼핑을 할 것이다.
(B) 청중들을 위한 오락거리가 제공될 것이다.
(C) 승객들이 음료를 제공받을 것이다.
(D) 여행객들이 티켓 비용을 지불할 것이다.

정답　(C)

해설　담화 맨 마지막에 간식과 음료가 제공될 예정임을 알리고 있으므로(Now, a variety of snacks and beverages will be served) 이에 해당되는 (C)가 정답이다.

어휘　entertainment 오락(거리)　receive ~을 받다　pay for ~에 대한 비용을 지불하다

UNIT 22
Part 5 전치사와 접속사

PRACTICE

1.

정답　(C)

해설　저희 고객 서비스 담당 직원들 중 한 명이 오늘 아침에 그 고객으로

부터 파일을 받았습니다.

해설　빈칸 앞에 '파일을 받았다'는 말이 있는 것으로 볼 때 해당 파일을 보낸 사람이 빈칸 뒤에 쓰인 고객임을 알 수 있다. 따라서 '~로 부터'라는 의미로 출처나 출발점 등을 나타낼 때 사용하는 전치사 (C) from이 정답이다.

어휘　representative 직원　nearby a. 근처의 ad. 근처에　yet (부정문) 아직, (의문문) 벌써

2.

정답　(A)

해설　저희 웹 사이트를 방문하셔서 다음 번 구매 제품에 대한 50퍼센트 할인 쿠폰을 받으시기 바랍니다.

해설　빈칸 앞뒤에 각각 동사 visit과 receive가 이끄는 두 개의 명령문이 위치한 구조이므로 동일 요소나 구조를 나열할 때 사용하는 등위 접속사 (A) and가 정답이다.

어휘　purchase 구매(품)　although 비록 ~이지만　now that 이제 ~이므로

3.

정답　(C)

해설　새 프로그램이 업데이트되는 동안 일부 시설들은 전 직원들에게 폐쇄될 것입니다.

해설　선택지에 접속사와 전치사가 섞여 있으므로 빈칸 뒤의 구조를 먼저 확인해 본다. 「주어+동사」로 이루어진 절이 나오므로 접속사를 골라야 하는데, 해석을 해 보면 '프로그램이 업데이트되는 동안 시설이 폐쇄된다'는 의미가 자연스러우므로 '~하는 동안'을 뜻하는 (C) while이 정답이다.

어휘　facility 시설　unless ~하지 않는다면

4.

정답　(B)

해설　회사가 더 많은 신제품을 출시할 수 있는지는 올해의 매출에 달려 있다.

해설　빈칸 뒤로 주어와 동사(is)가 포함된 절이고 그 뒤로 또 다른 동사 depends가 바로 이어지는 구조이므로 products까지가 동사 depends의 주어 역할을 하는 명사절이 되어야 자연스럽다. 이 절은 주어(the company)와 동사(is), 그리고 to부정사구(to release more new products)에 이르기까지 구성이 완전하므로 완전한 절을 이끄는 명사절 접속사 (B) Whether가 정답이다. (A) Despite은 전치사, (C) What은 불완전한 절을 이끄는 명사절 접속사, (D) Since는 부사절 접속사이자 전치사이다.

어휘　be able to do ~할 수 있다　release ~을 출시하다, 공개하다　depend on ~에 달려 있다, ~에 따라 다르다　sales 매출, 판매, 영업　despite ~에도 불구하고　whether ~인지 (아닌지)　since ~한 이후로, ~이므로

UNIT 23
Part 6 어휘 문제 II

전략 포인트 ❶ 빈칸 앞뒤 의미 관계로 어휘 찾기

EXAMPLE 1

Fabien 씨께,

저는 Mayfield.com을 대표해 의견을 드리고자 편지를 씁니다. 저희가 Barclay Company의 교육 지원 시스템을 시행한 이후로, 직원들이 교육에 매우 만족해 왔습니다. Barclay Company의 교육 지원 시스템은 직원들이 온라인 교육 강좌들을 수강할 수 있게 해 주기 때문에, 모든 직원들이 각자 선호하는 시간대에 강좌를 이수할 수 있습니다. 또한, 직원들은 기존의 교육보다 시간이 덜 소요된다고 말합니다. 저희는 앞으로도 제휴 관계를 지속할 수 있기를 고대합니다.

Chen
창업주 겸 대표이사, Mayfield.com

어휘   **feedback** 의견 **on behalf of** ~을 대표해, 대신해 **since** ~ 이후로 **implement** ~을 시행하다 **training** 교육 **assistance** 지원, 보조, 도움 **allow A to do**: A가 ~할 수 있게 해 주다 **be able to do** ~할 수 있다 **complete** ~을 완료하다 **preferred** 선호하는 **mention that** ~라고 언급하다, 말하다 **traditional** 기존의, 전통적인 **look forward to -ing** ~하기를 고대하다 **continue** ~을 지속하다 **partnership** 제휴 관계 **disappointed (with)** (~에) 실망한 **satisfied (with)** (~에) 만족한 **confused** 혼란스러워 하는 **doubtful** 의심스러워 하는 **frequent** 잦은, 빈번한 **relevant** 관련된

EXAMPLE 2

고객 여러분께 알립니다. 저희 Newberry Street 지점 옆에 위치한 빈 상업용 공간을 임대하는 것으로 저희 Wolfcreek Pizza를 확장하는 계획을 최종 확정했습니다. 이렇게 함으로써, 고객들께서 이용하실 수 있는 식사 공간을 크게 늘리게 될 것입니다. 이 확장으로 인해 저희가 게임 공간도 추가할 수 있게 될 것이며, 여기에는 당구대와 다양한 비디오 게임이 포함될 것입니다. 개선된 저희 레스토랑과 함께, 고객 여러분께 고품질의 서비스와 음식을 계속 제공해 드릴 수 있습니다.

어휘   **Attention** 알립니다 **patron** 고객 **finalize** ~을 최종 확정하다 **plan to do** ~하려는 계획 **enlarge** ~을 확장하다, 확대하다 **rent** ~을 임대하다 **commercial** 상업의 **next door to** ~ 옆 집에, 옆 방에 **location** 지점, 위치 **greatly** 크게, 대단히, 매우 **increase** ~을 늘리다, 증가시키다 **available** 이용 가능한 **A allow B to do**: A로 인해 B가 ~할 수 있다, A가 B에게 ~할 수 있게 해 주다 **add** ~을 추가하다 **arcade** 게임 공간 **include** ~을 포함하다 **pool table** 당구대 **various** 다양한 **improved** 개선된, 향상된 **continue -ing** 계속 ~하다 **provide A with B**: A에게 B를 제공하다 **high-quality** 고품질의

PRACTICE

1~4 다음 정보를 참조하시오.

> **Seoul Airlines 자주 하는 질문 (FAQs)**
>
> 제 항공편이 제대로 예약되었는지 어떻게 확인할 수 있나요?
>
> 귀하의 항공편 세부 정보가 귀하께서 제공해주신 이메일 주소로 발송됩니다. 하지만, 무슨 이유로든 확인 이메일을 받지 못하셨을 경우, 귀하의 신용카드 비용 청구 내역서를 참고하시기 바랍니다. Seoul Airlines의 이름으로 된 청구 금액이 존재하지 않는다면, 귀하의 예약이 승인되지 않았을 가능성이 있습니다.
>
> **이 경우, 707-1123번으로 저희 고객 서비스부에 전화해보시기 바랍니다.** 귀하의 요청 사항에 대해 반드시 후속 조치를 취해 드리도록 하겠습니다. 이 번호로 거는 전화는 어떤 일반 전화로 거는 것이든 무료입니다. 하지만, 휴대 전화기로 거는 전화 통화에 대해서는 청구 요금이 적용될 수 있다는 점에 유의하시기 바랍니다.

어휘   **Frequently Asked Questions** 자주 하는 질문(= FAQs) **confirm that** ~임을 확인하다, 확정하다 **book** ~을 예약하다 **correctly** 제대로, 정확히 **details** 세부 정보, 상세 사항 **provide** ~을 제공하다 **however** 하지만 **confirmation** 확인(서) **receive** ~을 받다 **for whatever reason** 무슨 이유로든, 이유가 무엇이든 **billing statement** 비용 청구 내역서 **charge** 청구 금액 **under** ~라는 이름 하에 **it is likely that** ~할 가능성이 있다, ~일 수 있다 **booking** 예약 **make sure to do** 반드시 ~하도록 하다 **follow up on** ~에 대해 후속 조치를 취하다 **request** 요청 **toll-free** (전화 통화가) 무료인, 수신자 부담의 **landline** 일반 전화 **note that** ~라는 점에 유의하다 **make a call** 전화하다

1.

정답   **(B)**

해설   확인 이메일을 받지 못했을 경우에 신용카드 비용 청구 내역서로 할 수 있는 일을 나타낼 동사 표현이 필요하므로 '~을 참고하다, 찾아보다'를 뜻하는 (B) refer to가 정답이다.

어휘   **take off** (옷 등) ~을 벗다, (비행기가) 이륙하다, 떠나다 **refer to** ~을 참고하다, 찾아보다 **turn down** ~을 거절하다 **comply with** ~을 준수하다

2.

정답   **(B)**

해설   청구 금액이 존재하지 않는 경우에 예약과 관련해 발생 가능한 상황을 나타낼 과거분사가 필요하므로 not과 함께 '승인되지 않은'이라는 의미를 구성할 수 있는 (B) validated가 정답이다.

어휘   **limit** ~을 제한하다 **validate** ~을 승인하다, 인증하다 **anticipate** ~을 예상하다, 기대하다 **express** (감정, 생각 등) ~을 표현하다

3.
- (A) 그 결과, 예약 확인 번호는 거래 내역서에 쓰여 있었습니다.
- (B) 그런 다음, 좌석 선택을 확정하실 수 있도록 다음 버튼을 클릭하십시오.
- (C) 만일 그렇다면, 귀하의 신용카드 번호와 함께 갱신 신청서를 제출해 주십시오.
- (D) 이 경우, 707-1123번으로 저희 고객 서비스부에 전화해보시기 바랍니다.

정답 **(D)**

해설 앞선 단락 마지막에 청구 금액이 존재하지 않는 경우의 예약 상태를 나타내는 문장이 쓰여 있으므로 그와 같은 상태를 this case로 지칭해 해당 문제에 따른 조치 방법을 설명하는 (D)가 정답이다.

어휘 consequently 그에 따라, 그 결과 reservation 예약 invoice 거래 내역서 then 그런 다음, 그 후에 selection 선택 submit ~을 제출하다 if so (앞서 언급된 일에 대해) 만일 그렇다면 renewal 연장, 갱신 application form 신청서 in this case 이 경우에 try to do ~하려 하다

4.

정답 **(D)**

해설 be동사와 결합 가능하면서 that절의 주어 charges의 일반적인 특성을 나타내는 문장이 되어야 알맞으므로 '적용될 수 있는'을 뜻하는 형용사 (D) applicable이 정답이다. 변하지 않는 일반적인 특성을 나타내야 하므로 동사 apply가 사용되려면 may 뒤에 원형으로 쓰여야 한다.

어휘 application 신청(서), 지원(서), 적용, 응용 apply 신청하다, 지원하다, 적용되다, ~을 적용하다 applicable 적용될 수 있는, 해당되는

5-8 다음 기사를 참조하시오.

> **교복 보조금 승인**
>
> (브라이튼 - 5월 11일) 새 교복에 필요한 비용을 지불하는 데 있어 도움의 손길을 찾고 있는 학부모들에게 정부 관계자들이 최근 표결로 승인한 새 보조금을 신청하도록 촉구되고 있습니다. 표결에 따른 이 결정은 학부모들에게 교복을 구입할 때 도움이 제공되어야 한다는 것이었습니다. 현재 무료 급식을 제공 받고 있는 학생들이 새 교복과 스포츠 장비에 대해 120달러의 보조금을 받을 자격이 있는 학생에 해당됩니다.
>
> "우리는 모든 학생들이 가정 내의 재정적 환경에 상관없이 동일한 조건을 이용할 수 있기를 원합니다"라고 Sam Kaniki 브라이튼 시장이 밝혔습니다. 이 새로운 계획은 지역 사회 단체들로부터 찬사를 받았습니다.

어휘 grant 보조금 approve ~을 승인하다 look for ~을 찾다 help in -ing ~하는 데 대한 도움 pay for ~에 대한 비용을 지불하다 be urged to do ~하도록 촉구되다 apply for ~을 신청하다 official n. 관계자, 당국자 recently 최근에 vote v. 표결하다 n. 표결, 투표 provide A with B: A에게 B를 제공하다 assistance 도움 purchase ~을 구입하다 currently 현재 receive ~을 받다 free 무료의 among ~ 사이에 있는, ~ 중에 those (수식어구와 함께) ~

하는 사람들 equipment 장비 want A to do: A가 ~하기를 원하다 have access to ~을 이용하다, ~에 접근하다 regardless of ~에 상관없이 financial 재정의, 재무의 circumstance (주변) 환경 mayor 시장

5.

정답 **(C)**

해설 빈칸 뒤에 위치한 being urged와 결합 가능한 be동사가 빈칸에 쓰여야 하는데, 주어 Parents(looking ~ uniforms 부분은 수식어)가 복수이므로 (C) are가 정답이다.

6.

정답 **(A)**

해설 빈칸 뒤에 위치한 of the vote의 수식을 받아야 하므로 표결과 관련된 명사가 필요한데, 앞 문장에 표결로 승인된 일이 언급되어 있으므로 이와 같은 결과를 나타낼 명사로 '결정'을 뜻하는 (A) decision이 정답이다.

어휘 decision 결정 procedure 절차 purchase 구입(품) exception 예외, 제외

7.

정답 **(D)**

해설 빈칸 뒤에 위치한 전치사 for와 어울리는 형용사가 필요한데, 빈칸 앞뒤에 신청 대상자와 이용 가능한 보조금이 제시되어 있으므로 자격 요건을 나타낸다는 것을 알 수 있다. 따라서 '~에 대한 자격이 있는'이라는 의미를 구성할 수 있는 (D) eligible이 정답이다.

어휘 responsible 책임이 있는 dedicated 헌신적인, 전념하는 advisable 바람직한, 권할 만한 eligible (for) (~에 대한) 자격이 있는, (~을) 할 수 있는

8.
- (A) 의회는 악화되는 학교 건물 상태에 대해 면밀한 조사를 받았습니다.
- (B) 브라이튼에 위치한 많은 학교들이 졸업률 감소를 알렸습니다.
- (C) 이 새로운 계획은 지역 사회 단체들로부터 찬사를 받았습니다.
- (D) 해당 강좌에 등록하기를 원하는 학생들은 온라인으로 지원해야 합니다.

정답 **(C)**

해설 문장 전체적으로 학부모들이 자녀를 위해 받을 수 있는 보조금이 승인된 사실과 관련된 정보가 제시되어 있으므로 이와 같은 정책을 The new initiative로 지칭해 그 계획에 대한 지역 사회의 긍정적인 반응을 언급한 (C)가 정답이다.

어휘 council 의회 come under scrutiny 면밀한 조사를 받다 worsening 악화되는 decline in ~의 감소 graduation 졸업 (식) rate 비율, 속도, 등급, 요금 initiative (조직적인) 계획, 운동 be praised by ~에게서 찬사를 받다, 칭찬을 듣다 local 지역의, 현지의 community group 지역 사회 단체 enroll in ~에 등록하다 apply 지원하다, 신청하다

UNIT 24
Part 7 이중지문

EXAMPLE

1-5 다음 회람과 이메일을 참조하시오.

수신: 부서 직원들
2 발신: Larry Gambon, 부서장
날짜: 1월 21일
제목: 페인트 작업

안녕하세요, 동료 직원 여러분.

아시다시피, **3** 우리 부서에 1월 27일 수요일 오후 1시부터 4시까지 페인트칠이 될 것입니다. 이 작업은 우리 팀 전체에 상당히 지장을 주게 될 것입니다. 지난 주에 영업부와 마케팅부, 그리고 고객 서비스부에 페인트칠이 되었을 때, 많은 직원들이 페인트에서 비롯된 독한 냄새뿐만 아니라 소음에 대해서도 불만을 제기했습니다.

따라서, **1** 저는 페인트 작업 중에 우리 모두가 오후 휴무를 할 수 있도록 본사로부터 허락을 받아 두었습니다. 페인트 작업자들이 들어와 준비할 수 있도록 반드시 그날 정오까지 급한 업무를 완료한 다음, 우리 부서를 비워 주시기 바랍니다. 다음날 아침에 평소대로 업무에 복귀하실 수 있습니다. **2** 여러분 중 많은 분들이 회사의 내년 예산 작업을 하고 있다는 것을 알고 있습니다. 반드시 어떠한 정보든지 아무렇게나 놓여 있지 않도록 해 주시기 바랍니다. 정보 자료는 파일 캐비닛에 넣어 안전하게 잠겨 있어야 합니다. 질문이 있는데 제가 주변에 없을 경우, 간단한 이메일을 보내 주시기 바랍니다.

감사합니다.
Larry Gambon

어휘   **supervisor** 부서장, 책임자, 감독 **fairly** 상당히, 꽤 **disruptive** 지장을 주는 **entire** 전체의 **sales** 영업, 판매, 매출 **complain about** ~에 대해 불만을 말하다 **A as well as B** B뿐만 아니라 A도 **fume** 독한 냄새 **therefore** 따라서, 그러므로 **obtain** ~을 얻다, 획득하다 **permission** 허락 **take A off** A만큼 쉬다 **make sure that** 반드시 ~하도록 하다 **urgent** 급한 **task** 업무, 일 **by** (기한) ~까지 **vacate** ~을 비우다, ~에서 나가다 **so that** ~할 수 있도록 **get prepared** 준비하다 **as normal** 평소대로 **following** 다음의 **budget** 예산 **leave A lying around** A를 아무렇게나 놓여 있도록 하다 **securely** 안전하게 **around** 주변에 있는 **brief** 간단한, 짧은

수신: lgambon@baracaeng.com
발신: loxley@baracaeng.com
제목: 직원 급여 지급
5 날짜: 1월 22일

Gambon 씨에게,

2 어제 부서에 돌리신 회람을 받았으며, 제안해 주신 계획이 문제를 야기할 수 있다는 생각이 떠올랐습니다. 아시다시피, **3** 페인트 작업이 있는 날은 제가 직원 급여 지급 문제를 처리해야 하는 날입니다. 보통, 저는 오후에 제가 필요로 하는 모든 정보를 받으며, 그런 다음에 오후 2시에서 5시 사이에 직원 급여를 계산합니다. 저에게 하루 늦게 그 일을 하도록 제안해 주셨지만, **3** **4** 분명 많은 직원들이 실망하게 될 것이므로, 대신에 하루 일찍 그 일을 해도 괜찮을까요? 그럴 경우, 필요한 자료를 일찍 저에게 보내도록 다른 부서장님들께도 요청해 주셨으면 합니다. 또한, **5** 제가 조카의 결혼 피로연에 참석할 예정이기 때문에 내일 오후에 사무실에 없을 것이라는 점도 상기시켜 드리고자 합니다.

감사합니다.
Lucy Oxley

어휘   **payroll** 급여 총액, 급여 대상자 명단 **circulate** (메시지 등) ~을 돌리다, 유포하다 **occur to A that:** A에게 ~라는 생각이 떠오르다 **process** ~을 처리하다 **normally** 보통, 일반적으로 **calculate** ~을 계산하다 **between A and B:** A와 B 사이에 **suggest that** ~라고 제안하다 **disappointed** 실망한 **instead** 대신에 **ask A to do:** A에게 ~하도록 요청하다 **necessary** 필요한 **as well** ~도, 또한 **remind A that:** A에게 ~라고 상기시키다 **away from** ~에 없는, ~에서 자리를 비운 **attend** ~에 참석하다 **nephew** 조카 **reception** 축하 연회

---

1. 회람의 목적은 무엇인가?
(A) 업무 장소 장식 작업에 대한 아이디어를 구하는 것
(B) 직원들에게 소음을 덜 내도록 요청하는 것
(C) 직원들에게 일부 시간을 쉬도록 지시하는 것
(D) 직원들에게 곧 있을 확장 작업에 관해 알리는 것

정답   (C)

해설   첫 지문 두 번째 단락에 페인트 작업이 있는 날 오후에 쉴 수 있도록 허락을 받았다는(I have obtained permission ~ to take the afternoon off during the painting work) 말과 함께, 그로 인해 해야 하는 일을 설명하고 있으므로 (C)가 정답이다.

어휘   **seek** ~을 구하다, 찾다 **request that** ~하도록 요청하다 **make noise** 소음을 내다 **instruct A to do:** A에게 ~하도록 지시하다, 설명하다 **inform A about B:** A에게 B에 관해 알리다 **upcoming** 곧 있을, 다가오는 **expansion** 확장, 확대

2. Gambon 씨는 무슨 부서에서 일하고 있을 것 같은가?
(A) 고객 서비스부
(B) 영업부
(C) 마케팅부

(D) 회계부

정답   **(D)**

해설   Mr. Gambon은 첫 지문인 회람을 보낸 사람이다. 상단 부분을 통해 Mr. Gambon은 부서장이며(Department Supervisor), 부서원들에게 회람을 보낸 것임을 알 수 있다. 두 번째 단락에서 '여러분 중 많은 이들이 회사의 내년도 예산 작업을 하고 있음을 알고 있다(I know many of you are working on our company's budget for next year)'고 언급하는데, 회사의 예산 작업을 할 만한 부서는 회계부서일 것이므로 (D)가 정답이다.

3. Oxley 씨는 자신의 업무 일정을 언제로 재조정하고 싶어 하는가?
(A) 1월 26일
(B) 1월 27일
(C) 1월 28일
(D) 1월 29일

정답   **(A)**

해설   두 번째 지문 초반부와 중반부에 Oxley 씨는 페인트칠 작업이 있는 날이 직원 급여를 처리하는 날이라는(~ processing the employee payroll) 말과 함께 하루 일찍 그 일을 하는 것을(~ would it be okay to do it a day earlier instead?) 제안하고 있다. 그리고 첫 지문 시작 부분에 1월 27일에 페인트 작업을 한다고 쓰여 있으므로(~ our department will be painted on Wednesday, January 27 ~) 하루 전날인 1월 26일로 해당 업무를 재조정하고 싶어 한다는 것을 알 수 있다. 따라서 (A)가 정답이다.

어휘   **reschedule A for B:** A의 일정을 B로 재조정하다

4. Oxley 씨는 왜 업무 일정을 재조정하고 싶어 하는가?
(A) 직원들의 기분을 망치고 싶어하지 않는다.
(B) 특히 업무량이 많다.
(C) 일부 정보를 이용할 수 없다.
(D) 자신의 일정에 다른 약속이 있다.

정답   **(A)**

해설   두 번째 지문 중반부에 급여 업무 일정을 재조정하는 것과 관련해 많은 직원들이 실망할 것이라는(I'm sure a lot of our workers will be disappointed) 사실을 이유로 언급하고 있다. 따라서 직원들의 기분을 망치고 싶어 하지 않는다는 의미로 쓰인 (A)가 정답이다.

어휘   **upset** ~의 기분을 망치다, 불쾌하게 만들다 **particularly** 특히 **workload** 업무량 **have access to** ~에 접근하다, ~을 이용하다 **appointment** 약속, 예약

5. Oxley 씨는 1월 23일에 무엇을 할 계획인가?
(A) 직원들에게 업무를 배정하는 일
(B) 가족 행사에 참석하는 일

(C) 직원 급여를 계산하는 일
(D) Gambon 씨와 만나는 일

정답   **(B)**

해설   질문에 제시된 1월 23일은 두 번째 이메일 상단에 적힌 작성 날짜(January 22) 다음날이다. 따라서 '내일'에 해당되는 시점이 제시되는 부분을 찾아야 하는데, 이 이메일 지문 하단에 조카의 결혼 피로연에 참석할 예정이기 때문에 내일 오후에 사무실에 없을 것이라는(~ I'll also be away from the office tomorrow afternoon as I'll be attending my nephew's wedding reception) 말이 있으므로 (B)가 정답이다.

어휘   **assign A to B:** A를 B에 배정하다, 할당하다 **attend** ~에 참석하다 **wage** 급여, 임금 **meet with** (약속하여) ~와 만나다

PRACTICE

1-5 다음 두 이메일을 참조하시오.

수신: staff@tamastech.com
발신: pchieu@tamastech.com
제목: 소프트웨어 업데이트
날짜: 3월 19일

동료 직원 여러분,

1 다음 주 모든 회사 컴퓨터에 새로운 컴퓨터 소프트웨어 업데이트가 설치된다는 점을 알려드리고자 합니다. 주 네트워크와 연결되어 있는 그 어떤 컴퓨터들도 모두 소프트웨어 업데이트 대상이 될 것입니다. 이 설치 작업이 회계부와 인사부, 그리고 IT부에서 사용되고 있는 기존의 프로그램들에 좋지 않은 영향을 미칠 가능성도 약간 있습니다.

그로 인해, **2** 중요한 컴퓨터 파일들을 반드시 백업해두셔야 합니다. 추가로, 소프트웨어 업데이트를 받는 모든 컴퓨터는 설치 작업이 완료되면 반드시 다시 시작되어야 합니다. 이 업데이트 작업이 우리 시스템 상의 모든 컴퓨터가 지속적으로 가동되도록 요구하는 프로그램들에 대해 데이터 손실을 초래할 수도 있다는 점에 유의하시기 바랍니다. 우리 지사 네 곳이 각각 다음 주에 서로 다른 요일에 업데이트를 받게 됩니다. 렘프루 지사가 가장 먼저 3월 26일 월요일에 받을 것입니다. 윈슬로우 지사는 화요일에, **3** 애니빌과 레이튼 지사는 수요일과 목요일에 각각 받을 것입니다. 여러분 모두 각자의 일정표에 해당 날짜를 기입해 주시기 바랍니다.

Peter Chieu
사장
Tamastech Inc.

어휘   **inform A that:** A에게 ~라고 알리다 **install** ~을 설치하다 **link** ~을 연결하다 **be subject to** ~에 대한 대상이 되다 **slight** 약간의 **possibility** 가능성 **have an effect on** ~에 영향을 미치다 **adverse** 좋지 않은, 부정적인 **existing** 기존의 **as such** 그로 인해, 그러한 이유로 **make sure to do** 반드시 ~하도록 하다 **in addition**

추가로, 게다가 **complete** 완료된 **be aware that** ~라는 점에 유의하다, ~임을 알고 있다 **cause** ~을 초래하다 **loss** 손실, 분실 **require A to do:** A에게 ~하도록 요구하다 **run** 가동되다, 운영되다 **continuously** 지속적으로 **branch** 지사, 지점 **respectively** 각각 **put A in B:** A를 B에 기입하다 **appropriate** 해당되는, 적절한

수신: patrickpaul@tamastech.com
발신: kremes@tamastech.com
제목: 판매업체 지불비용
날짜: 3월 20일

안녕하세요, Paul 씨,

다음 주에 우리 판매업체에 비용을 지급하는 데 있어 문제가 있을 수 있다는 점을 알려드리고자 합니다. 일반적으로, **3** 제가 매주 수요일에 이 과정이 발생되도록 조치합니다. 하지만, 어제 발송된 Chieu 사장님의 이메일에 따르면, 저희 지사가 그날 일부 주요 컴퓨터 업데이트를 받을 예정인 관계로 문제가 좀 생길 수 있습니다. 안타깝게도, 제가 다음 주 화요일에 사무실에 있지 않을 것이기 때문에, 하루 일찍 그 지불 비용을 송금할 수 없을 것입니다. **4** 이는 우려되는 문제인데, 우리가 판매업체들에게 서명하게 하는 계약서가 예외 없이 매주 수요일에 비용을 지급받을 것이라고 명백하게 보장하고 있기 때문입니다. **5** 각 업체에 연락하셔서 다음 주의 지불 비용을 하루 늦게 받을 의향이 있는지 확인해주시겠습니까? 앞으로 이와 같은 일이 다시 발생되지 않을 것이라는 점도 확실히 말씀해주시기 바랍니다.

Kay Remes

어휘 **vendor** 판매업체 **payment** 지불(액) **let A know that:** A에게 ~라고 알리다 **issue** ~을 지급하다, 발급하다 **normally** 일반적으로, 보통 **arrange A to do:** A가 ~하도록 조치하다, 마련하다 **process** 과정 **take place** (일, 행사 등이) 발생되다, 개최되다 **according to** ~에 따라 **as** ~이므로 **unfortunately** 안타깝게도, 아쉽게도 **be able to do** ~할 수 있다 **concern** 우려, 걱정 **contract** 계약(서) **have A do:** A에게 ~하게 하다 **explicitly** 명백하게 **guarantee that** ~임을 보장하다 **exception** 예외, 제외 **Would you mind -ing?** ~해 주시겠습니까? **get in touch with** ~에게 연락하다 **whether** ~인지 (아닌지) **be willing to do** ~할 의향이 있다, 기꺼이 ~하다 **accept** ~을 받아들이다, 수락하다 **assure A that:** A에게 ~라고 확실히 말하다, 장담하다

1. 첫 번째 이메일의 목적은 무엇인가?
(A) 컴퓨터 오류에 대해 사과하는 것
(B) 일부 소프트웨어를 추천하는 것
(C) 생산 절차에 관해 조언하는 것
(D) 설치 작업을 알리는 것

정답 **(D)**

해설 첫 지문 첫 단락 시작 부분에 다음 주에 회사 컴퓨터에 새로운 컴퓨터 소프트웨어 업데이트가 설치된다는 사실을(~ a new computer software update will be installed ~) 알리면서 관련 정보를 제공하고 있으므로 (D)가 정답이다.

어휘 **apologize for** ~에 대해 사과하다 **give advice on** ~에 관해 조언하다

2. Chieu 씨는 직원들에게 무엇을 하도록 권하는가?
(A) 사용 후에 장비를 끄는 일
(B) 전직원을 대상으로 하는 회의에 참석하는 일
(C) 중요한 데이터를 저장하는 일
(D) 결함이 있는 컴퓨터를 교체하는 일

정답 **(C)**

해설 Chieu 씨가 쓴 이메일인 첫 지문 두 번째 단락에 중요한 컴퓨터 파일들을 반드시 백업해두도록 권하고 있으므로(~ you should make sure to back up your important computer files) 중요 데이터의 저장을 의미하는 (C)가 정답이다.

어휘 **turn off** ~을 끄다 **equipment** 장비 **attend** ~에 참석하다 **company-wide** 회사 전체의 **replace** ~을 교체하다 **faulty** 결함이 있는

3. Remes 씨는 어느 지사에서 근무하고 있을 것 같은가?
(A) 렌프류
(B) 윈스로우
(C) 애니빌
(D) 레이튼

정답 **(C)**

해설 Remes 씨가 쓴 이메일인 두 번째 지문 초반부에, 자신이 매주 수요일에 해야 하는 업무를 컴퓨터 업데이트 때문에 할 수 없는 상황임을(~ I arrange this process to take place every Wednesday. ~ receiving some major computer updates on that day) 밝히고 있다. 그리고 첫 지문 마지막에 수요일과 목요일에 각각 업데이트를 받는 곳이 애니빌과 레이튼 지사라고(~ Anneville and Leyton getting it on the Wednesday and Thursday, respectively) 쓰여 있으므로 수요일에 받는 곳인 애니빌에 근무하고 있음을 알 수 있다. 따라서 (C)가 정답이다.

4. Remes 씨는 무엇에 대해 우려하는가?
(A) 컴퓨터 데이터를 분실하는 일
(B) 제때 프로젝트를 완료하는 일
(C) 일부 장비를 구입하는 일
(D) 계약 조항을 위반하는 일

정답 **(D)**

해설 Remes 씨가 쓴 이메일인 두 번째 지문 중반부에 우려 사항을 언급하면서 판매업체들과 맺은 계약에 예외 없이 매주 수요일에 비용을 지급받도록 보장한(This is a concern as the contract we have vendors sign explicitly guarantees ~) 사실을 알리고 있다. 이는 앞서 수요일에 비용을 지급할 수 없다고 언급한 것과 관련된 계약 위반 문제를 우려하는 말이므로 (D)가 정답이다.

어휘 lose ~을 분실하다, 잃어버리다 on time 제때 purchase ~을 구입하다 break ~을 위반하다 term (계약서의) 조항, 조건

5. Remes 씨는 Paul 씨에게 무엇을 하도록 요청하는가?
(A) 판매업체에 연락하는 일
(B) Chieu 씨와 이야기하는 일
(C) 비용 지불을 승인하는 일
(D) 컴퓨터 유지 관리 작업을 미루는 일

정답 (A)

해설 두 번째 지문 마지막에 그들 각각에게 연락해서 확인하도록
(Would you mind getting in touch with each of them to check ~) 요청하고 있는데, 여기서 them은 바로 앞 문장에 언급된 vendors를 가리키므로 (A)가 정답이다.

어휘 contact ~에게 연락하다 authorize ~을 승인하다 postpone ~을 미루다, 연기하다 maintenance 유지 관리, 시설 관리

CHAPTER 5

UNIT 25
Part 1 상황별 사진 **Part 2** 평서문

PRACTICE

1.

(A) One of the men is posting a sign on a wall.
(B) The cars are parked along the street.
(C) There are bicycles next to the bus stop.
(D) One of the men is holding a magazine.

(A) 남자들 중 한 명이 표지판을 벽에 붙이고 있다.
(B) 차량들이 길을 따라 주차되어 있다.
(C) 버스 정류장 옆에 자전거들이 있다.
(D) 남자들 중의 한 명이 잡지를 들고 있다.

정답 (C)

해설 2인 사진이므로 두 사람의 공통된 동작이나 자세, 또는 주변 사물에 초점을 맞춰 들어야 한다.

(A) 표지판을 벽에 붙이고 있는 모습은 보이지 않으므로 오답.
(B) 주차된 차량을 찾아볼 수 없으므로 오답.
(C) 정류장 옆에 놓여 있는 자전거에 초점을 맞춰 묘사한 정답.
(D) 잡지를 들고 있는 남자를 찾아볼 수 없으므로 오답.

어휘 post ~을 게시하다 sign 표지(판) park ~을 주차하다 along (길 등) ~을 따라 next to ~ 옆에 hold ~을 들다, 잡다, 쥐다

2.

(A) Some lab equipment is on the desk.
(B) A lab assistant is measuring some liquid.
(C) One of the drawers is left open.
(D) A microscope is being used.

(A) 실험실 장비가 책상 위에 있다.
(B) 실험실 보조 한 명이 액체를 측정하고 있다.
(C) 서랍들 중의 하나가 열린 채로 있다.
(D) 현미경이 사용되고 있다.

정답 (A)

해설 사물 사진이므로 각 사물의 명칭과 위치 관계에 초점을 맞춰 들어야 한다.

(A) 장비가 놓여 있는 상태에 초점을 맞춰 묘사한 정답.
(B) 조수로 보이는 사람을 찾아볼 수 없으므로 오답.
(C) 열려 있는 서랍을 찾아볼 수 없으므로 오답.
(D) 현미경을 사용하는 사람은 없으므로 오답.

어휘 lab 실험실 equipment 장비 assistant 보조, 조수 measure ~을 측정하다 liquid 액체 drawer 서랍 be left 형용사: ~한 채로 있다, ~한 상태로 남겨져 있다 microscope 현미경

3.

(A) Some bread has been displayed for sale.
(B) The items are being placed in a display case.
(C) Some customers are lined up to make
     a purchase.
(D) One of the baskets is empty.

(A) 몇몇 빵이 판매용으로 진열되어 있다.
(B) 제품들이 진열창에 놓이는 중이다.
(C) 몇몇 고객들이 제품 구매를 위해 줄 서 있다.
(D) 바구니들 중의 하나가 비어 있다.

정답 (A)

해설 사물 사진이므로 각 사물의 명칭과 위치 관계에 초점을 맞춰 들어야 한다.

(A) 몇 가지 빵이 진열된 상태에 초점을 맞춰 묘사한 정답.
(B) 제품이 진열창에 놓이는 동작이 나타나 있지 않으므로 오답.
(C) 고객으로 보이는 사람을 찾아볼 수 없으므로 오답.
(D) 비어 있는 바구니를 찾아볼 수 없으므로 오답.

어휘 display ~을 진열하다, 전시하다 for sale 판매용의, 판매 중인 place A in B: A를 B에 놓다, 두다 display case 진열창 be lined up 줄 서 있다 make a purchase 구매하다 empty 비어 있는

4.   I can't seem to open the attachment in your e-mail.
(A) Did you attach the file?
(B) We are scheduled to attend the seminar.
(C) Sorry, let me send it again.

당신 이메일의 첨부 파일을 열 수 없는 것 같아요.
(A) 파일을 첨부하셨나요?
(B) 우리는 세미나에 참석할 예정입니다.
(C) 죄송해요, 다시 보내 드릴게요.

정답 (C)

해설 상대방이 보낸 이메일의 첨부 파일을 열 수 없음을 알리는 평서문이다.

(A) attachment와 일부 발음이 같은 attach와 e-mail에서 연상 가능한 file을 활용한 오답.
(B) attachment와 일부 발음이 유사하게 들리는 attend를 활용한 오답.
(C) 사과의 말과 함께 파일이 열리지 않는 문제점에 대한 해결 방법을 말하는 정답.

어휘 seem to do ~하는 것 같다 attachment 첨부 (파일) attach ~을 첨부하다 be scheduled to do ~할 예정이다 attend ~에 참석하다 let me do 제가 ~해 드릴게요

5.   I didn't receive the receipt for this book.
(A) I will issue it right away.
(B) She is the recipient.
(C) You need a receipt when you return.

이 책에 대한 영수증을 받지 못했습니다.
(A) 즉시 발급해 드리겠습니다.
(B) 그녀가 수취인이에요.
(C) 반품하실 때 영수증이 필요합니다.

정답 (A)

해설 책에 대한 영수증을 받지 못한 사실을 알리는 평서문이다.

(A) receipt을 it으로 지칭해 필요한 조치를 알리는 정답.
(B) 대상을 알 수 없는 She, receipt과 발음이 유사한 recipient를 활용한 오답.

(C) receipt가 반복된 답변으로서 일반적인 정책을 알리는 오답.

어휘   receipt 영수증 issue v. ~을 발급하다 right away 즉시, 당장
recipient 수취인, 수령인 return 반품하다, 반납하다

6. We have to postpone the training until June 30.
(A) OK, let me reserve the venue for that date.
(B) I know where the post office is.
(C) For three hours.

교육을 6월 30일로 연기해야 합니다.
(A) 좋아요, 제가 그 날짜로 행사장을 예약할게요.
(B) 우체국이 어디에 있는지 제가 알아요.
(C) 3시간 동안이요.

정답   (A)
해설   교육을 6월 30일로 연기해야 한다고 알리는 평서문이다.
(A) June 30를 that date로 지칭해 일정 연기에 따른 조치를 말하는 정답.
(B) postpone과 일부 발음이 같은 post office를 활용한 오답.
(C) 일정 연기와 관련 없는 지속 시간을 말한 오답.

어휘   postpone ~을 연기하다 let me do 제가 ~해 드릴게요 reserve ~을 예약하다 venue 행사장, 개최 장소

7. I was very impressed with the lecture yesterday.
(A) Through express mail.
(B) Yes, I learned a lot.
(C) You need to sign up for the class.

저는 어제 강연에 매우 깊은 인상을 받았어요.
(A) 속달 우편을 통해서요.
(B) 네, 저는 많이 배웠어요.
(C) 그 강좌에 등록하셔야 해요.

정답   (B)
해설   어제 강연에 매우 깊은 인상을 받은 사실을 알리는 평서문이다.
(A) impressed와 발음이 유사하게 들리는 express를 활용한 오답.
(B) 긍정을 뜻하는 Yes와 함께 상대방과 같은 의견에 해당되는 말로 답변한 정답.
(C) lecture와 연관성 있게 들리는 sign up과 class를 활용한 오답.

어휘   be impressed with ~에 깊은 인상을 받다 through ~을 통해 express 속달의, 급행의 sign up for ~에 등록하다, ~을 신청하다

8. The safety inspection is on next Tuesday.
(A) Yes, please.
(B) We are fully prepared.
(C) Three inspectors.

안전 점검이 다음 주 화요일에 있어요.
(A) 네, 부탁합니다.
(B) 우리는 완전히 준비되어 있어요.
(C) 세 명의 조사관이요.

정답   (B)
해설   안전 점검이 다음 주 화요일에 있다고 알리는 평서문이다.
(A) 상대방에게 부탁을 할 때 사용하는 말이므로 오답.
(B) 완전히 준비되어 있다는 말로 안전 점검 일정을 알고 있음을 나타낸 정답.
(C) inspection과 연관성 있게 들리는 inspectors를 활용한 오답.

어휘   inspection 점검, 조사 fully 완전히, 전적으로 prepared 준비된 inspector 조사관, 검점자

9. We should post a training schedule on the company Web site.
(A) That's not necessary.
(B) The post office is over there.
(C) Tuesday and Wednesday.

회사 웹 사이트에 교육 일정표를 게시해야 합니다.
(A) 그럴 필요 없어요.
(B) 우체국이 저기 저쪽에 있습니다.
(C) 화요일과 수요일이요.

정답   (A)
해설   회사 웹 사이트에 교육 일정표를 게시해야 한다고 알리는 평서문이다.
(A) 제시하는 일을 That으로 지칭해 그럴 필요가 없다는 말로 상대방의 지시에 반대하는 정답.
(B) post가 반복된 답변으로서 post의 다른 의미를 활용한 오답.
(C) schedule과 연관성 있게 들리는 요일을 말하는 오답.

어휘   post ~을 게시하다 over there 저기 저쪽에

10. Please leave the document on my desk.
(A) We went to buy it yesterday.
(B) Sure, I'd be glad to.
(C) They will leave tomorrow.

그 문서를 제 책상에 놓아주세요.
(A) 저희가 어제 그것을 사러 갔어요.
(B) 물론이죠, 기꺼이 그렇게 해 드리겠습니다.
(C) 그 사람들은 내일 떠날 거예요.

정답   (B)
해설   문서를 자신의 책상에 놓아 두도록 요청하는 평서문이다.
(A) 앞으로 할 일을 요청하는 평서문과 달리 과거 시점의 일을 말

하는 오답.

(B) 수락을 뜻하는 Sure와 함께 그렇게 하겠다는 의사를 표현한 정답.

(C) leave의 다른 의미(놓다/떠나다)를 활용한 답변으로 요청사항과 관련 없는 오답.

어휘   leave ~을 놓다, 떠나다 I'd be glad to 기꺼이 그렇게 하겠습니다

11. Let me know when you're done with the proposal.
(A) No, they didn't propose it.
(B) Yes, it'll take a few hours.
(C) For a new building project.

제안서 작업을 완료하시면 저에게 알려 주세요.
(A) 아뇨, 그 사람들은 그것을 제안하지 않았어요.
(B) 네, 몇 시간 걸릴 겁니다.
(C) 새 건축 프로젝트를 위해서요.

정답   (B)

해설   제안서를 완료하면 알려 달라고 부탁하는 평서문이다.

(A) 거절을 뜻하는 No 뒤에 대상을 알 수 없는 they와 관련된 내용이 이어지고 있으므로 오답.

(B) 수락을 뜻하는 Yes와 함께 대략적인 작업 소요 시간을 알리는 정답.

(C) 목적을 나타내는 말이므로 상대방의 부탁과 관련 없는 오답.

어휘   let A know: A에게 알리다 be done with ~을 완료하다 proposal 제안(서) propose ~을 제안하다 take ~의 시간이 걸리다

UNIT 26

Part 3 시각 정보 연계 문제

EXAMPLE

Questions 1-3 refer to the following conversation and schedule.

M: Hello, Vera, it's Ted. EK Industries was very impressed with your proposal and would like to schedule a presentation. If it goes well, **1** we will be their sole supplier of printer paper.

W: That's great. You know, **2** Angela Lee from Advertising helped me a lot.

M: **2** She does an outstanding job writing our company newsletter as well. Anyway, will next Monday work?

W: Hmm… If someone helps me make the presentation slides, **3** I can do it next Tuesday.

M: Samuel from the Design Department can help you, and I'll let EK Industries know about the date. **3** I have an event I need to attend that day, so I won't be at your presentation.

W: That's OK.

Ted's Schedule

Monday	**3** Tuesday	Wednesday	Thursday
Employee Training	IT Conference	Time Management Workshop	Farewell Party

남: 안녕하세요, Vera, 저는 Ted입니다. EK Industries에서 당신의 제안서에 매우 깊은 인상을 받아서 발표 일정을 잡고 싶어 해요. 그게 잘 진행되면, 우리가 그곳의 유일한 프린터 용지 공급 업체가 될 거예요.

여: 잘됐네요. 저기, 광고부의 Angela Lee 씨가 저를 많이 도와 주셨어요.

남: 그분은 우리 회사의 사보 내용을 작성하는 일도 뛰어나게 해 주고 계시잖아요. 어쨌든, 다음 주 월요일 괜찮으세요?

여: 흠… 제가 발표 슬라이드를 만드는 데 누군가가 도움을 준다면, 다음 주 화요일에 할 수 있어요.

남: 디자인부의 Samuel 씨가 도와 드릴 수 있으니 제가 EK Industries 사에 그 날짜를 알릴게요. 제가 그날 참석해야 하는 행사가 있어서, 당신 발표에는 가지 못할 거예요.

여: 괜찮습니다.

Ted 씨 일정

월요일	화요일	수요일	목요일
직원 교육	IT 컨퍼런스	시간 관리 워크숍	송별회

어휘   be impressed with ~에 깊은 인상을 받다 proposal 제안(서) schedule ~의 일정을 잡다 presentation 발표(회) go well 잘 진행되다 sole 유일한, 단 하나의 supplier 공급 업체 do an outstanding job -ing ~하는 것을 뛰어나게 하다 as well ~도, 또한 anyway 어쨌든 help A do: A가 ~하는 것을 돕다 let A know about B: A에게 B에 관해 알리다 attend ~에 참석하다 training 교육 management 관리, 운영 farewell party 송별회

1. What kind of business do the speakers work in?
(A) An electronics store
(B) A furniture manufacturer
(C) A paper supplier
(D) An advertising agency

화자들은 무슨 종류의 업체에서 근무하는가?
(A) 전자제품 매장
(B) 가구 제조사
(C) 용지 공급 업체
(D) 광고 대행사

정답 (C)

해설 대화 초반부에 남자가 소속 업체를 we로 지칭해 한 회사의 유일한 프린터 용지 공급 업체가 될 것이라고(we will be their sole supplier of printer paper) 말하고 있으므로 (C)가 정답이다.

어휘 electronics 전자제품 manufacturer 제조사 agency 대행사, 대리점

2. What is mentioned about Ms. Lee?
(A) She started at EK Industries last year.
(B) She works in the accounting department.
(C) She is transferring to another office.
(D) She creates the company newsletters.

Lee 씨에 관해 언급된 것은 무엇인가?
(A) 작년에 EK Industries에서 근무를 시작했다.
(B) 회계부에 근무한다.
(C) 다른 사무실로 전근한다.
(D) 회사 사보를 만든다.

정답 (D)

해설 대화 중반부에 여자가 Lee 씨를 언급하자, 회사의 사보 내용을 작성하는 일도 아주 잘 하고 있다고(She does an outstanding job writing our company newsletter ~) 남자가 답변하고 있으므로 (D)가 정답이다.

어휘 accounting 회계 transfer to ~로 전근하다, 이전하다 create ~을 만들어 내다

Paraphrase writing our company newsletter → creates the company newsletters

3. Look at the graphic. Why can the man not attend the woman's presentation?
(A) Due to employee training
(B) Due to an IT conference
(C) Due to a time management workshop
(D) Due to a farewell party

시각 정보를 보시오. 남자가 왜 여자의 발표에 참석할 수 없는가?
(A) 직원 교육 때문에
(B) IT 컨퍼런스 때문에
(C) 시간 관리 워크숍 때문에
(D) 송별회 때문에

정답 (B)

해설 대화 후반부에 여자가 발표 시점으로 화요일을 언급하자(I can do it next Tuesday), 남자가 그 요일에 다른 일이 있어서 참석할 수 없다고(I have an event I need to attend that day, so I won't be at your presentation) 알리고 있다. 시각 정보에서 화요일에 해당되는 일정이 IT 컨퍼런스이므로(IT Conference) (B)가 정답이다.

어휘 attend ~에 참석하다 due to ~ 때문에, ~로 인해

PRACTICE

Questions 1-3 refer to the following conversation and map.

M: Seong, **1** the parking ramp behind our lab will be closed for construction next week. Can you notify the rest of the team?
W: Sure. Where should we park until the construction is finished?
M: **2** We have been given permission to park in the parking lot located at the front of the community building until the construction is finished.
W: That's a long distance from our lab. If the weather gets bad, we are going to have difficulty getting to our lab.
M: Don't worry, **3** the company is going to provide a shuttle bus for us until the construction is finished.

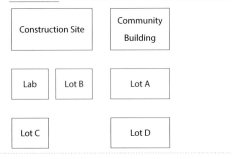

남: Seong 씨, 우리 실험실 뒤쪽의 주차장 경사로가 다음 주에 공사로 인해 폐쇄될 거예요. 팀 내 나머지 인원들에게 알려 주시겠어요?
여: 그럼요, 그 공사가 끝날 때까지 어디에 주차해야 하나요?
남: 공사가 완료될 때까지 지역 문화 센터 앞에 위치한 주차장에 주차하도록 허가를 받았어요.
여: 그곳은 우리 실험실에서 멀리 떨어진 곳이에요. 날씨가 좋지 않으면, 우리 실험실까지 오는 데 어려움을 겪게 될 거예요.
남: 걱정 마세요, 회사에서 공사가 끝날 때까지 우리에게 셔틀 버스를 제공할 예정입니다.

어휘 ramp 경사로 behind ~ 뒤에 lab 실험실 notify ~에게 알리다, 통지하다 the rest of ~의 나머지 until (지속) ~할 때까지 be given permission to do ~하도록 허가받다 located at ~에 위치한 front 앞부분, 앞쪽 community 지역 공동체, 지역 사회 distance 거리 get + 형용사: ~한 상태가 되다 have difficulty -ing ~하는데 어려움을 겪다 get to ~로 가다, 오다 provide ~을 제공하다 site 현장, 장소, 위치

1. What are the speakers discussing?
   (A) A reservation
   (B) A parking fee policy
   (C) A construction project
   (D) An office relocation

   화자들은 무엇을 이야기하고 있는가?
   (A) 예약 사항
   (B) 주차 요금 정책
   (C) 공사 프로젝트
   (D) 사무실 위치 이전

정답 (C)

해설 대화 시작 부분에 남자가 공사로 인해 주차장 경사로가 폐쇄된다고(~ the parking ramp behind our lab will be closed for construction ~) 알린 후, 그에 따른 조치에 관해 이야기하고 있으므로 (C)가 정답이다.

어휘 reservation 예약 fee 요금, 수수료 policy 정책, 방침 relocation 위치 이전

2. Look at the graphic. Where should the employees park?
   (A) Lot A
   (B) Lot B
   (C) Lot C
   (D) Lot D

   시각 정보를 보시오. 직원들은 어디에 주차해야 하는가?
   (A) 주차장 A
   (B) 주차장 B
   (C) 주차장 C
   (D) 주차장 D

정답 (A)

해설 대화 중반부에 남자가 지역 문화 센터 앞에 위치한 주차장에 주차하도록 허가를 받은(We have been given permission to park in the main parking lot located at the front of the community building) 사실을 알리고 있다. 시각 정보에서 Community Building 앞에 위치한 주차장이 Lot A이므로 (A)가 정답이다.

3. What is offered for the employees?
   (A) Free breakfast service
   (B) Discount coupons
   (C) Valet parking
   (D) Shuttle bus service

   직원들을 위해 무엇이 제공되는가?
   (A) 무료 아침 식사 서비스
   (B) 할인 쿠폰
   (C) 대리 주차
   (D) 셔틀 버스 서비스

정답 (D)

해설 대화 마지막에 남자가 회사에서 셔틀 버스를 제공할 것이라고(~ the company is going to provide a shuttle bus for us ~) 알리고 있으므로 (D)가 정답이다.

어휘 free 무료의 valet parking 대리 주차

Questions 4-6 refer to the following conversation and table.

M: Sue, I'm in the middle of drafting the bill for Attorney Gridlock's clients and I'm continuously getting an error message for the billing code.
W: Oh, **4** the billing codes have been revised. You must be using the old code list.
M: Do you have the updated version?
W: I do. Which code do you need?
M: **5** I need the code for legal research.
W: Here you go, use this one.
M: Great. Can you share the updated code list?
W: I can, but I think they are adding it to the billing system shortly. You won't need to manually input the codes anymore. **6** Why don't you ask Sarah about it?

Code list	
Legal Research	ZU019
Consultation	HR321
E-mail Filing	GT625
Process Serving	UB992

남: Sue 씨, 제가 변호사 Gridlock 씨의 고객들에게 필요한 비용 청구서를 작성하는 중인데, 청구서 발부 코드에 계속 오류 메시지가 떠요.
여: 아, 청구서 발부 코드가 변경되었어요. 기존의 코드 목록을 사용하고 계신 게 틀림없는 것 같아요.
남: 업데이트된 버전을 갖고 계신가요?
여: 갖고 있어요. 어느 코드가 필요하세요?
남: 법률 정보 조사에 대한 코드가 필요해요.

여: 여기 있습니다, 이것을 사용하세요.

남: 좋습니다. 업데이트된 코드 목록을 공유해 주실 수 있으세요?

여: 해 드릴 수는 있지만, 곧 청구서 발부 시스템에 추가할 예정인 것 같아요. 더 이상 수동으로 코드를 입력하실 필요가 없을 거예요. 그 부분에 관해 Sarah 씨께 여쭤 보시는 건 어떠세요?

코드 목록	
법률 정보 조사	ZU019
상담	HR321
이메일 정리	GT625
영장 발부	UB992

어휘　in the middle of ~하는 중인 draft v. ~을 작성하다 bill 청구서, 고지서 continuously 계속해서, 연속적으로 billing 청구서 발부 revise ~을 수정하다 must ~임에 틀림 없다 legal 법률의, 합법적인 research 조사, 연구 share ~을 공유하다 add A to B: A를 B에 추가하다 shortly 곧, 머지 않아 manually 수동으로, 손으로 input ~을 입력하다 not ~ anymore 더 이상 ~ 않다 Why don't you ~? ~하는 건 어때요? consultation 상담 filing (서류 등의) 정리 process serving 영장 발부

4. What problem is the man experiencing?
(A) He is looking for the client's current address.
(B) He is using an outdated billing code.
(C) He needs to install a software update.
(D) He needs to repair his computer.

남자는 무슨 문제를 겪고 있는가?
(A) 고객의 현 주소를 찾고 있다.
(B) 오래된 청구서 발부 코드를 사용하고 있다.
(C) 소프트웨어 업데이트를 설치해야 한다.
(D) 자신의 컴퓨터를 수리해야 한다.

정답　(B)

해설　남자의 문제점에 대해 대화 초반부에 여자가 청구서 발부 코드가 변경되었다는 말과 함께 기존의 코드 목록을 사용하고 있는 게 틀림 없다고(~ the billing codes have been revised. You must be using the old code list) 알리고 있다. 따라서 오래된 코드를 언급한 (B)가 정답이다.

어휘　experience ~을 겪다, 경험하다 look for ~을 찾다 current 현재의 outdated 오래된, 구식의 install ~을 설치하다 repair ~을 수리하다
Paraphrase old → outdated

5. Look at the graphic. What code is the man looking for?
(A) ZU019
(B) HR321
(C) GT625
(D) UB992

시각 정보를 보시오. 남자는 무슨 코드를 찾고 있는가?
(A) ZU019
(B) HR321
(C) GT625
(D) UB992

정답　(A)

해설　대화 중반부에 남자가 법률 정보 조사에 대한 코드가 필요하다고(I need the code for legal research) 알리고 있는데, 시각 정보에서 이 항목에 해당되는 코드가 ZU019이므로 (A)가 정답이다.

6. What does the woman tell the man to do?
(A) Inquire about a fee
(B) Issue a receipt
(C) Update a software program
(D) Contact a colleague

여자는 남자에게 무엇을 하도록 말하는가?
(A) 요금에 관해 문의하는 일
(B) 영수증을 발급하는 일
(C) 소프트웨어 프로그램을 업데이트하는 일
(D) 동료 직원에게 연락하는 일

정답　(D)

해설　대화 마지막에 여자가 업무 처리 방식과 관련해 Sarah 씨에게 물어 보도록 권하고 있는데(Why don't you ask Sarah about it?), 이는 동료 직원에게 물어 보라는 말이므로 (D)가 정답이다.

어휘　inquire about ~에 관해 문의하다 issue v. ~을 발급하다 fee 요금, 수수료 contact ~에게 연락하다 colleague 동료 (직원)
Paraphrase ask Sarah → Contact a colleague

UNIT 27
Part 4 행사 연설 / 견학 및 관광 안내

EXAMPLE 행사 연설

Questions 1-3 refer to the following talk.

■ On behalf of the Human Resources Department, I would like to personally thank you all, our top flight attendants, for attending this very important workshop. Today, you will learn how to deal with medical emergencies that can occur during a flight. First, ■ you will watch an instructional video, and after that, we will practice various simple but life-saving techniques. Then we will have a short break for lunch. ■ It will take approximately 45 minutes to watch the whole video, and we should get started since the whole training will take about five hours. **3** But first, if you haven't changed into your uniform yet, please use the changing room in the back.

인사부를 대표해, 저는 우리의 최고 승무원인 여러분 모두에게 매우 중요한 이번 워크숍에 참석해 주신 것에 대해 개인적으로 감사드리고 싶습니다. 오늘, 여러분은 비행 중에 발생될 수 있는 긴급 의료 상황에 대처하는 방법을 배우게 됩니다. 우선, 교육용 동영상을 보시게 될 것이며, 그 후에 간단하지만 생명을 구할 수 있는 다양한 기술을 실습해 볼 것입니다. 그런 다음, 점심 식사를 위해 잠시 쉴 예정입니다. 동영상 전체를 시청하는 데 약 45분의 시간이 걸릴 것이며, 전체 교육에 약 5시간이 소요될 것이기 때문에 이제 시작해야 합니다. 하지만 먼저, 아직 유니폼으로 갈아 입지 않으셨다면, 뒤쪽에 있는 탈의실을 이용해 주시기 바랍니다.

어휘 on behalf of ~을 대표해, 대신해 Human Resources Department 인사부 would like to do ~하고 싶다 personally 개인적으로 flight attendant 승무원 attend ~에 참석하다 how to do ~하는 법 deal with ~에 대처하다, ~을 처리하다 emergency 긴급 상황, 응급 사태 occur 발생되다 instructional 교육용의 practice ~을 실습하다, 실행하다 various 다양한 A but B: A하면서도 B한 then 그런 다음, 그 후에 break 휴식, 쉼 take ~의 시간이 걸리다 approximately 약, 대략(= about) whole 전체의 get started 시작하다 since ~하기 때문에 change into ~로 갈아 입다 in the back 뒤쪽에

1. What department does the woman most likely work in?
   (A) Advertising
   (B) Customer Services
   (C) Human Resources
   (D) Security

여자는 무슨 부서에 근무하고 있을 것 같은가?
   (A) 광고부
   (B) 고객 서비스부
   (C) 인사부
   (D) 보안 관리부

정답 (C)

해설 담화를 시작하면서 화자가 인사부를 대표해 감사 인사를 한다고 (On behalf of the Human Resources Department, I would like to personally thank you all ~) 알리는 것으로 볼 때 인사부 직원임을 알 수 있으므로 (C)가 정답이다.

2. What does the woman mention about the instructional video?
   (A) It is available online.
   (B) It will explain various flight procedures.
   (C) It runs for about 45 minutes.
   (D) It was made by the airline.

여자는 교육용 동영상에 관해 무엇을 언급하는가?
   (A) 온라인으로 이용 가능하다.
   (B) 다양한 비행 관련 절차를 설명해 줄 것이다.
   (C) 약 45분 동안 진행된다.
   (D) 해당 항공사에 의해 제작되었다.

정답 (C)

해설 담화 중반부에 교육용 동영상 시청을 언급한(you will watch an instructional video) 뒤로 그것에 소요되는 시간이 약 45분이라고(It will take approximately 45 minutes to watch the whole video) 밝히고 있으므로 (C)가 정답이다.

어휘 available 이용 가능한 explain ~을 설명하다 procedure 절차 run 진행되다, 운영되다

3. What will happen next?
   (A) Participants will put on their uniforms.
   (B) An instructional video will be played.
   (C) The speaker will introduce the captain.
   (D) A flight will be boarded.

곧이어 무슨 일이 있을 것인가?
   (A) 참가자들이 유니폼을 착용할 것이다.
   (B) 교육용 동영상이 재생될 것이다.
   (C) 화자가 기장을 소개할 것이다.
   (D) 비행기에 탑승이 시작될 것이다.

정답 (A)

해설 담화 마지막에 청자들이 가장 먼저 해야 하는 것으로 유니폼으로 갈아 입는 일을(But first, if you haven't changed into your uniform yet, please use the changing room ~) 언급하고 있으므로 (A)가 정답이다.

어휘 participant 참가자 put on (동작) ~을 착용하다 introduce ~을 소개하다 board ~에 탑승하다

EXAMPLE 견학 및 관광 안내

Questions 1-3 refer to the following tour information.

1 Welcome to City Donut's factory in Chicago. We will be looking around the main production floor today and seeing how our donuts are made. We will start in the packaging room and move on to the donut baking room. After that, **2** Sophia Chen, the production manager, will join us. She will tell us about daily operations and then lead us to the tasting room where we will taste six different flavors of donuts, including the caramel-salt flavor, which Ms. Chen suggested. **3** After the tasting, we will go to the auditorium and watch a short video clip about the company's history. And please remember: while on tour, please do not touch anything.

City Donut의 시카고 공장에 오신 것을 환영합니다. 우리는 오늘 주요 생산 작업장을 둘러보면서 저희 도넛 제품이 어떻게 만들어지는지 살펴볼 것입니다. 제품 포장실에서 시작해 도넛 굽는 공간으로 이동하겠습니다. 그 후에, 저희 생산 책임자이신 Sophia Chen 씨께서 함께 하시겠습니다. 그분께서 공장 일일 운영 상황에 관해 말씀해 주신 다음, 우리를 이끌고 Chen 씨께서 추천하신 카라멜 솔트 맛을 포함한 여섯 가지 다른 맛의 도넛을 맛보게 될 시식 공간으로 가실 것입니다. 시식 후에는, 강당으로 가서 회사 연혁에 관한 짧은 동영상을 시청하겠습니다. 그리고 기억하셔야 하는 것이 있는데, 견학 중에는, 어느 것도 손대지 마시기 바랍니다.

어휘   **look around** ~을 돌아 보다   **packaging** 포장(재)   **move on to** ~로 계속해서 이동하다   **join** ~와 함께 하다, ~에 합류하다   **operation** 운영, 가동   **then** 그 후에, 그런 다음   **lead A to B**: A를 이끌고 B로 가다   **tasting** 시식, 맛보기   **flavor** 맛, 풍미   **including** ~을 포함해   **suggest** ~을 권하다, 제안하다   **auditorium** 강당   **video clip** 동영상   **while** ~하는 중에, ~하는 동안

1.   Where most likely are the listeners?
(A) At a restaurant
(B) At a conference center
(C) At a department store
(D) At a factory

청자들은 어디에 있겠는가?
(A) 식당에
(B) 회의장에
(C) 백화점에
(D) 공장에

정답   (D)

해설   담화 시작 부분에 City Donut의 시카고 공장에 온 것을 환영하는 인사와 함께 도넛 제품이 어떻게 만들어지는지 볼 것이라고 (Welcome to the City Donut's factory in Chicago. ~ seeing how our donuts are made) 말하고 있으므로 (D)가 정답이다.

2.   Who is Sophia Chen?
(A) A production manager
(B) A market analyst
(C) A baker
(D) A store owner

Sophia Chen 씨는 누구인가?
(A) 생산 책임자
(B) 시장 분석가
(C) 제빵사
(D) 매장 소유주

정답   (A)

해설   Sophia Chen 씨의 이름이 언급되는 중반부에 생산 책임자라고 (Sophia Chen, the production manager) 소개하고 있으므로 (A)가 정답이다.

어휘   **analyst** 분석가   **owner** 소유주

3.   What will the listeners do after the tasting?
(A) Attend a lecture
(B) Visit a gift shop
(C) Fill out a survey
(D) Watch a short film

정답   (D)

청자들은 시식 후에 무엇을 할 것인가?
(A) 강의에 참석하기
(B) 선물가게에 방문하기
(C) 설문지를 작성하기
(D) 짧은 영상 시청하기

해설   담화 마지막 부분에 다음 일정으로 짧은 영상 시청하기가 언급되고 있으므로(watch a short video clip) (D)가 정답이다.

Paraphrase a short video clip → a short film

PRACTICE

Questions 1-3 refer to the following tour information.

On behalf of the Metropolitan Museum, **1** I would like to thank you for joining our tour today. **2** I apologize for any inconvenience caused by the renovations, but the 19th Century Jewelry exhibit will reopen in June with a larger collection. Since we can't see it today, we will spend more time in Andy Hall, where the Jack Timothy Sculpture exhibit is going on. Also, **3** I would like to encourage you to attend a showing of *Jack Timothy's Life*, which is a documentary about the artist. It will start in 10 minutes. It's narrated by Fulton University professor Roberto Martinez and I highly recommend it to anyone interested in modern art.

Showing Schedule		
Film	Where	When
The Sculptures of the Middle East	Le Blanc Hall	10:20/14:20
Jack Timothy's Life	Orgini Gallery	13:40/17:40
Drawings and Women	MET Main Hall	10:00/15:00
Art and Artists	Hall 198	11:10/15:10

Metropolitan Museum을 대표해, 오늘 저희 투어에 참석해 주신 것을 감사 드립니다. 개조 공사로 인해 초래되는 모든 불편함에 대해 사과 드리지만, 19세기 보석 전시회는 더 많은 소장 전시품과 함께 6월에 재개장될 것입니다. 우리가 오늘 그것을 볼 수 없기 때문에, Jack Timothy Sculpture 전시회가 진행되고 있는 Andy Hall에서 더 많은 시간을 보낼 것입니다. 또한, 이 미술가에 관한 다큐멘터리인 <Jack Timothy's Life> 상영회에도 참석해 주시기를 권해 드립니다. 이 다큐멘터리는 10분 후에 시작할 것입니다. Fulton University의 Roberto Martinez 교수님께서 내레이션을 맡아 주셨으며, 현대 미술에 관심이 있으신 모든 분께 적극 추천해 드립니다.

상영 일정		
영화	장소	시간
중동의 조각 작품들	Le Blanc Hall	10:20/14:20
Jack Timothy의 일생	Orgini Gallery	13:40/17:40
소묘 작품과 여자들	MET Main Hall	10:00/15:00
예술과 예술가들	Hall 198	11:10/15:10

어휘 on behalf of ~을 대표해, 대신해 join ~에 함께 하다, 합류하다 apologize for ~에 대해 사과하다 inconvenience 불편함 cause ~을 초래하다 renovation 개조, 보수 exhibit 전시회 collection 소장품, 수집품 since ~하기 때문에 go on 진행되다, 운영되다 encourage A to do: A에게 ~하도록 권하다, 장려하다 attend ~에 참석하다 showing 상영(회) narrate ~의 내레이션을 하다 highly 적극, 강력히, 매우 interested in ~에 관심이 있는

1. Who most likely are the listeners?
    (A) University students
    (B) Art critics
    (C) Tour members
    (D) New employees

    청자들은 누구이겠는가?
    (A) 대학생들
    (B) 미술 평론가들
    (C) 견학 참가자들
    (D) 신입 직원들

정답 (C)
해설 담화 시작 부분의 I would like to thank you for joining our tour today를 통해 청자들은 견학(tour)에 참석한 사람들임을 알 수 있으므로 (C)가 정답이다.

어휘 critic 평론가

2. What is suggested about the renovations?
    (A) They have been delayed.
    (B) They will be finished in June.
    (C) They are paid for in donations.
    (D) They will take more time.

    개조 공사에 관해 암시되어 있는 것은 무엇인가?
    (A) 일정이 지연되었다.
    (B) 6월에 완료되어 있을
    (C) 기부를 통해 비용이 지불되고 있다.
    (D) 더 많은 시간이 걸릴 것이다.

정답 (B)
해설 개조 공사가 언급되는 초반부에서 전시회는 더 많은 소장 전시품과 함께 6월에 재개장될 것이라고(will reopen in June) 알리고 있는데, 이에 따르면 공사가 6월에는 완료되어 있을 것이므로 (B)가 정답이다.

어휘 delay ~을 지연시키다 by (기한) ~까지 pay for ~에 대한 비용을 지불하다 donation 기부(금)

3. Look at the graphic. Where does the speaker encourage the listeners to go for the documentary?
    (A) Le Blanc Hall
    (B) Orgini Gallery
    (C) MET Main Hall
    (D) Hall 198

    시각 정보를 보시오. 화자는 청자들에게 다큐멘터리를 보러 어디로 가도록 권하는가?
    (A) Le Blanc Hall
    (B) Orgini Gallery
    (C) MET Main Hall
    (D) Hall 198

정답 (B)
해설 담화 후반부에 <Jack Timothy's Life> 상영회에도 참석하도록 권하고 있는데(I would like to encourage you to attend a showing of Jack Timothy's Life, ~), 시각 정보에서 이 명칭으로 된 것의 상영 장소가 Orgini Gallery로 쓰여 있으므로 (B)가 정답이다.

Questions 4-6 refer to the following tour information and map.

Good morning, everyone. My name is Erica, and I will be your tour guide today. **4 I have been working as a guide for five years, so I am quite familiar with Dark Creek Forest.** The trail we will be hiking today starts easy but becomes steeper once we reach Canopy Point. It usually takes two hours to get there, and from there we'll **depart for 5 Spark Point, which will be the furthest we'll go.** I will take some group photos at our final destination, and you can see and purchase the photos after we return. Oh, and **6 I hope you all remembered to wear hiking boots.** We'll start in ten minutes.

Dark Creek Forest Trails
Estimated times from starting point

Start
Spark Point 3.5 hours
Black Forest 5.5 hours
Canopy Point 2 hours
The Red Lodge 6.5 Hours

안녕하세요, 여러분. 제 이름은 Erica이며, 오늘 여러분의 투어 가이드입니다. 저는 5년째 가이드로 일해 오고 있기 때문에, Dark Creek Forest를 상당히 잘 알고 있습니다. 오늘 우리가 등산할 산길은 처음에는 수월하지만, Canopy Point에 도달하자마자 더욱 가파르게 변합니다. 보통 그곳까지 가는 데 2시간이 걸리며, 그곳에서 우리는 Spark Point를 향해 출발할 텐데, 우리가 가는 가장 먼 지점이 될 것입니다. 최종 도착지에서 단체 사진을 찍어 드릴 것이며, 복귀하신 후에 사진을 확인하고 구매하실 수 있습니다. 아, 그리고 여러분 모두 등산화를 착용하는 것을 기억하셨기를 바랍니다. 10분 후에 출발하겠습니다.

Dark Creek Forest 등산로
출발점으로부터 예상 시간

출발점
Spark Point 3.5시간
Black Forest 5.5시간
Canopy Point 2시간
The Red Lodge 6.5시간

어휘   as (자격, 역할 등) ~로서 quite 꽤, 상당히 be familiar with ~을 잘 알다, ~에 익숙하다 trail 산길, 오솔길 become + 형용사: ~한 상태가 되다 steep 가파른, 급격한 once (일단) ~하는 대로, ~하자마자 reach ~에 도달하다, 이르다 usually 보통, 일반적으로 get there 그곳에 도착하다 depart for ~을 향해 출발하다 furthest 가장 먼 destination 도착지, 목적지 purchase ~을 구입하다 return 복귀하다, 돌아가다 remember to do ~하는 것을 기억하다 in + 시간: ~후에

---

4. What does the speaker mention about herself?
(A) She is an experienced guide.
(B) She was raised in a nearby city.
(C) She used to be a forest researcher.
(D) She took hiking safety classes last month.

화자는 자신에 관해 무엇을 언급하는가?
(A) 경험 많은 가이드이다.
(B) 인근의 도시에서 자랐다.
(C) 한때 산림 연구원이었다.
(D) 지난 달에 등산 안전 강좌를 수강했다.

정답   (A)

해설   담화 초반부에 화자가 자신을 소개하면서 5년째 가이드로 일해 오고 있고 Dark Creek Forest를 상당히 잘 알고 있다고(I have been working as a guide for five years, so I am quite familiar with Dark Creek Forest) 말하는데, 이는 경험이 많다는 뜻이므로 (A)가 정답이다.

어휘   experienced 경험 많은 raise (아이 등) ~을 기르다, 키우다 nearby 인근의 used to do (과거에) 한때 ~했다 researcher 연구원

5. Look at the graphic. How long does it take to reach the hiking group's final destination?
(A) 2 hours
(B) 3.5 hours
(C) 5.5 hours
(D) 6.5 hours

시각 정보를 보시오. 해당 등산 그룹의 최종 도착지까지 얼마나 걸리는가?
(A) 2시간
(B) 3.5시간
(C) 5.5시간
(D) 6.5시간

정답   (B)

해설   담화 중반부에 등산 일정과 관련해 Spark Point가 가장 멀리 가는 곳이라고(~ Spark Point, which will be the furthest we'll go) 알리고 있다. 시각 정보에서 이 지점까지 소요되는 시간이 3.5시간으로(Spark Point, 3.5 hours) 쓰여 있으므로 (B)가 정답이다.

6. What are the listeners expected to wear?
(A) Long pants
(B) Hats
(C) Jacket
(D) Proper shoes

청자들은 무엇을 착용해야 하는가?

(A) 긴 바지
(B) 모자
(C) 재킷
(D) 적절한 신발

정답　(D)

해설　청자들이 착용해야 하는 것이 언급되는 후반부에 등산화를 착용하는 것을 기억했기를 바란다고(I hope you all remembered to wear hiking boots) 말하고 있으므로 (D)가 정답이다.

어휘　be expected to do (기대되는 일로서) ~해야 하다　proper 적절한, 제대로 된

UNIT 28
Part 5 관계사

PRACTICE

1.

정답　(B)

해석　우리는 주말 동안 기꺼이 재고 목록을 기록해 줄 직원들이 필요하다.

해설　빈칸 이하의 절을 이끌어 선행사 staff members를 뒤에서 수식해줄 관계대명사가 필요한데, are의 주어가 없고, 선행사가 사람이므로 주격 관계대명사 who가 와야 한다. 따라서 정답은 (B)이다.

어휘　staff member 직원　be willing to do 기꺼이 ~하다, 자발적으로 ~하다　record inventory 재고 목록을 기록하다

2.

정답　(C)

해석　내가 리더십 워크숍에서 만난 영업부장님은 의무교육 강좌를 이수한 다음, 런던 지사로 전근하셨다.

해설　선행사 the sales manager가 사람이고, 빈칸 뒤에 위치한 동사 met 뒤에 목적어가 빠진 구조이므로 사람 선행사에 대해 사용하는 목적격 관계대명사 (C) whom이 정답이다.

어휘　sales 영업, 판매, 매출　complete ~을 완료하다　mandatory 의무적인, 필수의　training 교육　transfer to ~로 전근하다, 옮기다

3.

정답　(C)

해석　이번주 금요일까지 지원서가 접수되지 않은 지원자는 누구든 고려되지 않을 것이다.

해설　빈칸에 들어갈 관계사가 이끄는 절인 application form is not

received by this Friday가 완전한 절이므로 각 선택지에 제시된 관계사들 중에서 완전한 절과 함께 사용하는 (C) whose가 정답이다.

어휘　applicant 지원자　application form 지원서　by (기한) ~까지　consider ~을 고려하다

4.

정답　(D)

해석　Cooper 씨는 자신의 직원들이 실내를 장식하고 있는 행사장을 방문할 계획이다.

해설　빈칸 이하 부분은 장소 선행사인 the event venue를 수식하는 관계사절이 되어야 알맞은데, 빈칸 뒤에 위치한 his employees are decorating the interior가 완전한 절이므로 장소 선행사를 수식하면서 완전한 절을 이끌 수 있는 관계부사 (D) where가 정답이다.

어휘　plan to do ~할 계획이다　event venue 행사장, 개최 장소　decorate ~을 장식하다　interior 실내

UNIT 29
Part 6 문장 삽입 문제

전략 포인트 ❶　접속부사는 훌륭한 힌트!

EXAMPLE

호텔을 찾고 계신가요? 저희가 보유하고 있는 객실 수가 제한되어 있기 때문에 미리 숙박을 예약하도록 권해 드립니다. 15일 전에 미리 예약하실 경우에 최대 25퍼센트까지 비용을 절약하실 수 있습니다. 게다가, 2인용 일일 뷔페 아침 식사도 즐기실 수 있습니다. 그러니, 이 기회를 놓치지 마십시오. 이는 취소 및 환불 불가 서비스입니다. 더 많은 정보를 원하시는 분은 (412) 381~4818번으로 Sam Cornell 씨에게 연락하시기 바랍니다.

(A) 따라서, 이달 말까지 신청서를 보내 주셔야 합니다.
(B) 그런 다음, 고객 서비스 직원이 귀하께 곧장 연락 드릴 것입니다.
(C) 게다가, 2인용 일일 뷔페 아침 식사도 즐기실 수 있습니다.
(D) 하지만, 이 경로 판촉 행사 이용 자격을 얻으려면 45세가 넘어야 합니다.

어휘　look for ~을 찾다　recommend -ing ~하도록 권하다, 추천하다　book ~을 예약하다　in advance 미리, 사전에　limited 제한된, 한정된　up to 최대 ~까지　make a reservation 예약하다　miss out on ~을 놓치다, 지나치다　opportunity 기회　non-cancellable 취소할 수 없는　non-refundable 환불 받을 수 없는　contact ~에게 연락하다　therefore 따라서, 그러므로　application form 신청서, 지원서　by (기한) ~까지　representative 직원　directly 곧장, 직접　in addition 추가로, 게다가　however 하지만　over ~가 넘는　be eligible for ~에 대한 자격이 있다　senior 연장자(의)　promotion 판촉, 홍보

전략 포인트 ❷   지시어나 대명사를 활용해 정답을 찾자

EXAMPLE

저희 Atlanta Tennis Association은 Ocee Park에서 3월 2일 정오부터 오후 10시까지 개최되는 여름 지역 토너먼트를 알려 드리게 되어 기쁩니다. 저희는 귀하께서 이번 토너먼트에 참가하시고 바비큐도 즐기실 것을 권해드리고자 합니다. **이 바비큐 행사 요금은 성인 1인당 8달러, 아동 1인당 4달러입니다.** 이번 토너먼트를 통해 얻은 수익은 불우한 아이들을 돕는 Hands On Atlanta Foundation에 기부될 것입니다. 토너먼트 행사를 통해 얻은 수익금의 일부 작은 금액은 협회를 위해 테니스 장비를 구입하는 데 사용될 것입니다.

(A) 이 바비큐 행사 요금은 성인 1인당 8달러, 아동 1인당 4달러입니다.
(B) 따라서, 이 행사는 오직 신입 사원들만 이용 가능합니다.
(C) 귀하께서는 2월 16일까지 등록하셔야 합니다.
(D) 최근의 연구에 따르면 테니스를 치는 사람은 직장에서 더 활력이 있다고 합니다.

어휘   neighborhood 지역, 인근 hold ~을 개최하다 invite A to do: A에게 ~하도록 권하다 participate in ~에 참가하다 profit 수익 donate A to B: A를 B에 기부하다 assist ~을 돕다 underprivileged 혜택받지 못한, 불우한 portion 일부, 부분 proceeds 수익금 purchase ~을 구입하다 equipment 장비 fee 요금, 수수료 therefore 따라서, 그러므로 available 이용 가능한 register 등록하다 by (기한) ~까지 recent 최근의 healthier 더 건강한

PRACTICE

1-4 다음 이메일을 참조하시오.

수신: Emerald Chemical Corporation 전직원
발신: Nana Emerald
날짜: 3월 15일
제목: 조사 결과

어제 있었던 회의에서, 회사의 이미지를 개선하는 것뿐만 아니라 비용도 감소시킬 새로운 정책을 소개하는 일이 있었습니다.

우리 시장 조사팀은 회의 참가자들에게 최근의 조사 결과물을 공개했습니다. 결론은 환경적 영향을 줄이고 운영비를 감소시킬 사무용품을 사용하는 것이었습니다.

그 결과물에 따르면 고객들은 환경 보호를 우선순위에 두는 기업을 가치 있게 생각할 가능성이 더 큰 것으로 나타났습니다. **그 결과, 우리는 낡은 전자제품을 에너지 효율이 좋은 기기로 교체할 계획을 고안해냈습니다.** 게다가, 구매부에서는 재활용 재료로 만든 무독성 세척용품과 포장재 제품을 구매하기 시작할 것입니다.
광고 캠페인을 통해 고객들이 이와 같은 변화들을 인식하도록 만들 것입니다. 이 변화들이 시행되고 진전을 보일 때, 이런 조치들이 우리 회사와 환경에 긍정적인 영향을 미칠 것입니다.

어휘   result 결과(물) policy 정책 reduce ~을 감소시키다 in addition to ~뿐만 아니라, ~외에도 improve ~을 개선하다, 향상시키다 corporate 기업의 reveal ~을 공개하다 recent 최근의 participant 참여자, 참가자 conclusion 결론 supplies 용품, 물품 marginalize ~을 감소시키다, 무시하다 impact 영향 operating costs 운영비 value v. ~을 가치 있게 여기다, 소중히 여기다 prioritize ~을 우선적으로 처리하다 protection 보호 in addition 추가로, 게다가 non-toxic 무독성의 packaging 포장(재) made from ~로 만들어진 resource 재료, 재원, 자원 make A 형용사: A를 ~하게 만들다 aware of ~을 인식하고 있는, 알고 있는 implement ~을 시행하다 make progress 진전을 보이다, 진척되다 measure 조치 positive 긍정적인 have an effect on ~에 영향을 미치다

1.

정답   (B)

해설   빈칸 뒤에 위치한 of a new policy의 수식을 받아 새로운 정책과 관련된 일을 나타낼 명사가 필요하다. 뒤에 이어지는 내용을 보면, 조사 결과에 따라 환경적 영향을 줄이고 비용을 감소시킬 수 있는 용품을 사용하겠다고(will begin using) 언급되어 있는데, 이는 새로운 정책의 적용을 의미한다. 따라서 그에 해당되는 명사로서 '소개, 도입'을 뜻하는 (B) introduction이 정답이다.

어휘   possession 소유 introduction 소개, 도입 benefit 혜택, 이득 profitability 수익성

2.

정답   (C)

해설   빈칸 앞뒤에 각각 위치한 be동사 are, to부정사와 어울릴 수 있는 형용사가 필요한데, 조사 결과에 따른 고객들의 성향과 관련된 문장이 되어야 자연스러우므로 '~할 가능성이 더 크다'라는 의미를 구성할 수 있는 (C) likely가 정답이다.

어휘   order 주문(품), 명령, 지시, 순서 likely ~할 가능성이 있는 customary 관례적인, 습관적인

3.

(A) 게다가, 환경을 보호하기 위한 우리의 노력이 곧 있을 업계 시상식에서 인정 받을 것입니다.
(B) 하지만, 환경 지속 가능성은 직장에서뿐만 아니라 가정에서도 다뤄질 수 있는 문제입니다.
(C) 이러한 이유로, 우리는 어쩔 수 없이 세 곳의 우리 제조 공장에서 필수로 일자리를 줄여야 할 것입니다.
(D) 그 결과, 우리는 낡은 전자제품을 에너지 효율이 좋은 기기로 교체할 계획을 고안해냈습니다.

정답   (D)

해설   앞선 문장에 고객들이 환경보호를 우선순위에 두는 기업을 가치 있게 생각한다는 말이, 빈칸 뒤에는 재활용 재료로 만든 제품을 사용하기 시작한다는 계획이 언급되어 있다. 따라서 고객들의 생각에 따른 결과로 재활용 재료로 만든 제품을 사용하는 것과 유사한 정책에 해당되는 (D)가 정답이다.

어휘   **furthermore** 게다가, 더욱이 **effort** 노력 **recognize** ~을 표창하다, 인정해주다 **upcoming** 곧 있을, 다가오는 **sustainability** 지속 가능성 **tackle** (힘든 문제 상황을) 다루다 **B as well as A** A뿐만 아니라 B도 **be forced to do** 어쩔 수 없이 ~하다 **make job cuts** 일자리를 줄이다 **necessary** 필요한, 필수의 **manufacturing plant** 제조 공장 **as a result** 결과적으로 **formulate** ~을 만들어 내다 **replace** ~을 대체하다 **outdated** 낡은, 오래된 **electronics** 전자제품 **energy-efficient** 에너지 효율이 좋은 **device** 기기, 장치

4.

정답   (A)

해설   빈칸 뒤로 주어와 동사가 각각 포함된 두 개의 절이 콤마 앞뒤에 위치해 있으므로 빈칸은 이 절들을 연결할 접속사 자리이다. 따라서 (A) As와 (D) Although 중에서 하나를 골라야 하는데, '변화가 진전을 보일 때, 긍정적인 영향을 미칠 것이다'와 같은 의미가 되어야 알맞으므로 '~할 때, ~하면서'를 뜻하는 (A) As가 정답이다. (B) Therefore는 접속부사, (C) Due to는 전치사이다.

어휘   **as** ~할 때, ~하면서 **therefore** 따라서, 그러므로 **due to** ~로 인해 **although** 비록 ~이기는 하지만

5-8 다음 편지를 참조하시오.

Timothy Gopal 씨
Kaya Insurance Group
338 Sunshine Blvd.
Tuscon, AZ85756

Gopal 씨께,

1,000장 묶음의 고급 용지 10팩에 대한 귀하의 주문에 감사드립니다. 귀하의 주문 확인 번호는 ZQ1836입니다.

감사의 표시로, 저희는 200달러가 넘는 주문에 대해 무료배송 서비스를 제공해 드리고 있습니다. 게다가, 지금 Amigo Paper 우편물 발송 대상자 명단 가입을 신청하시면, 다음 번 제품 구매에 대해 5달러를 할인 받는 데 사용하실 수 있는 쿠폰 코드를 받으시게 됩니다. 그 후 이메일을 통해 자동으로 저희 월간 소식지를 받으시게 되며, 미리 저희 특가 서비스에 관한 소식을 들으실 수 있습니다. 이렇게 하시는 데 불과 2분 밖에 걸리지 않습니다.

저희 Amigo Paper는 귀하께 서비스를 제공해드리게 되어 기쁘게 생각합니다. **앞으로도 계속해서 저희를 선택해 주시기를 바랍니다.**

안녕히 계십시오.
Stephen Lee
선임 고객서비스 직원

어휘   **order** 주문(품) **bundle** 묶음, 꾸러미 **confirmation** 확인(서) **as a token of** ~의 표시로 **offer** v. ~을 제공하다, n. 제공(품) **free** 무료의 **over** ~가 넘는 **furthermore** 추가로, 게다가 **join** ~에 가입하다, 합류하다 **mailing list** 우편물 발송 대상자 명단 **receive** ~을 받다 **good for** ~에 대해 사용 가능한 **purchase** 구입(품) **then** 그 후

에, 그런 다음 **be able to do** ~할 수 있다 **in advance** 미리, 사전에 **take** ~의 시간이 걸리다 **serve** ~에게 서비스를 제공하다

5.

정답   (B)

해설   빈칸은 전치사 of의 목적어 역할을 할 명사 자리이므로 명사인 (B) appreciation이 정답이다.

어휘   **appreciate** ~에 대해 감사하다, ~의 진가를 알아보다 **appreciation** 감사(의 마음) **appreciative** 감사하는, 안목이 있는 **appreciatively** 호감 있게, 좋은 안목으로

6.

정답   (A)

해설   빈칸 뒤에 Amigo Paper 우편물 발송 대상자 명단이 언급되어 있고, 할인 쿠폰 코드를 받게 된다는 말이 쓰여 있다. 따라서 해당 명단에 등록하는 것에 따른 혜택을 말하는 내용임을 알 수 있으므로 '~에 등록하다, 신청하다'를 뜻하는 (A) sign up이 정답이다.

어휘   **sign up** 신청하다, 등록하다 **set up** ~을 설치하다, 설정하다, 마련하다 **go through** ~을 거치다, 살펴보다 **turn down** ~을 거절하다

7.

정답   (A)

해설   빈칸이 속한 문장은 우편물 발송 대상자 명단 가입에 따른 혜택으로서 월간 소식지를 받게 되는 일을 말하는 내용이다. 따라서 빈칸에 들어갈 부사는 그 방식과 관련된 의미를 나타내야 하므로 '자동으로'를 뜻하는 (A) automatically가 정답이다.

어휘   **automatically** 자동으로 **purposefully** 의도적으로, 목적을 갖고 **recently** 최근에 **strategically** 전략적으로

8.

(A) 앞으로도 계속해서 저희를 선택해 주시기를 바랍니다.
(B) 저희는 귀사에 10월 7일에 Best Paper Company Award를 수여할 계획입니다.
(C) 가격은 저희 웹 사이트에 나와 있으며, 변동될 수 있습니다.
(D) 직접 답변하기를 원하실 경우 저희에게 전화주셔도 됩니다.

정답   (A)

해설   빈칸 앞 문장에서 서비스를 제공하게 되어 기쁘게 생각한다고 말한 것과 의미가 연결되는 문장으로서 고객에게 전하는 인사말이 쓰여야 자연스럽다. 따라서 앞으로도 계속 자신의 회사를 이용할 것을 당부하는 의미를 담은 (A)가 정답이다.

어휘   **continue to do** 계속해서 ~하다 **choose** ~을 선택하다 **plan to do** ~할 계획이다 **present A with B**: A에게 B를 주다, 제공하다 **be subject to A**: A의 대상이다, A의 영향을 받을 수 있다 **give A a call**: A에게 전화하다 **respond** 답변하다, 반응하다 **directly** 직접

UNIT 30
Part 7 삼중지문

1-5 다음 청구 내역서와 두 이메일을 참조하시오.

Wooden Nickle Outlet
2243 Jones Bridge Road
Atlanta, GA 30301
404-535-0158

5 주문자: Daytona Corporation
David Jones
387 Brighton Avenue
San Diego, CA 22434
1 주문 날짜: 9월 1일

제품 번호	제품명	수량	단가	금액
S1233	2인용 소파, 크림색	1	$450.00	$ 450.00
L1755	안락의자, 연청색	1	$450.00	$ 450.00
T1867	소형 탁자, 흰색	2	$60.00	$ 120.00
2 A2123	전등, 황색	2	$20.00	$ 40.00
			소계	$1,060.00
			세금	$100.00
			특급 배송	$200.00
			(VIP 회원 혜택)	(- $200.00)
			총액	$1,160.00

배송 직후 비용 지불이 이뤄져야 합니다.

어휘 **order** v. ~을 주문하다 n. 주문(품) **quantity** 수량 **amount** 금액, 액수 **due** 지불해야 하는, 지불 기일이 된 **billing statement** 청구 내역서 **upon delivery** 배송 직후

수신: Steve Wooden <swooden@woodennickle.com>
발신: David Jones <djones@daytona.com>
제목: 9월 주문
날짜: 9월 7일

Steven Wooden 씨께,

9월에 대한 제 구매 주문에 실수가 있는 것 같다는 사실을 알려 드리기 위해 오늘 이메일을 보내 드립니다. 저는 전등 2개가 아닌 1개만 받았는데, 전등 2개에 40달러(개당 20달러)를 지불했습니다. 더욱이, **2** 제가 받은 전등에 마치 누가 떨어뜨린 것처럼 하단에 아주 작은 흠집이 있습니다. 무슨 일이 있었는지 혹시 알고 계신가요?

제가 회사를 시작한 이후로 귀하의 전문 매장에서 가구를 주문해 오고 있다는 사실을 알고 계실 겁니다. 과거에, 저는 Wooden Nickle Outlet로부터 손상된 제품을 한번도 받은 적이 없으며, 이러한 주문 상의 실수 및 제품 손상을 겪게 되어 놀랍습니다. 제가 이웃인 Selma Blake 씨와 얘기해 봤는데, 그분도 최근에 Wooden Nickle Outlet에서 다수의 제품을 주문했다가 손상된 제품을 받았다고 하셨습니다.

3 제 사무실 주소로 상태가 좋은 전등 2개를 가능한 한 빨리 보내주시기 바랍니다.

David Jones

어휘 **let A know that:** A에게 ~라고 알리다 **purchase** 구매(품) **instead of** ~가 아니라, ~ 대신 **furthermore** 더욱이, 게다가 **tiny** 아주 작은 **chip** n. 흠집 **bottom** 하단, 아래 **as if** 마치 ~한 것처럼 **drop** ~을 떨어뜨리다 **since** ~한 이후로 **in the past** 과거에 **damaged** 손상된, 피해를 입은 **be surprised to do** ~해서 놀라다 **goods** 상품, 제품 **recently** 최근에 **in good condition** 상태가 좋은

수신: David Jones <djones@daytona.com>
발신: Steve Wooden <swooden@woodennickle.com>
제목: 회신: 9월 주문
4 날짜: 9월 8일

David 씨께,

귀하의 이메일을 받은 후, 귀하의 9월 구매 주문에 실수가 있었다는 사실을 알고 놀라웠습니다.

제가 무슨 일이 있었는지 조사해 보고 알아냈습니다. 저희가 막 신입 직원들을 고용했는데, 그 직원들이 저희 뉴욕 창고 물류 업무에 익숙하지 않았으며, 시카고에 있는 다른 David Jones 씨에게 그 전등들 중의 하나를 발송했습니다. 손상된 전등과 관련해서는, 배송 경로상의 어딘가에서 흠집이 생긴 것 같습니다. 실수에 대해 사과 드리며, **4** 반드시 그 전등들이 귀하의 주소로 4일 이내에 도착하도록 해 드리겠습니다.

질문이 있으시면 언제든지 저에게 연락 주시기 바랍니다.

안녕히 계십시오.
Steve Wooden

어휘 **look into** ~을 조사하다, 살펴보다 **figure out** ~을 알아내다 **hire** ~을 고용하다 **be familiar with** ~에 익숙하다, ~을 잘 알다 **warehouse** 창고 **logistics** 물류 관리 **in terms of** ~와 관련해, ~의 측면에서 **chip** v. ~에 흠집이 생기다 **along** (길 등) ~을 따라 **apologize for** ~에 대해 사과하다 **make sure that** 반드시 ~하도록 하다 **arrive** 도착하다 **within** ~ 이내에 **feel free to do** 언제든지 ~하세요, 마음껏 ~하세요 **contact** ~에게 연락하다

1. 청구 내역서에 나타나 있는 것은 무엇인가?
   (A) Daytona Corporation은 애틀랜타에 위치해 있다.

(B) Wooden Nickle Outlet이 Daytona Corporation에 대한 배송 요금을 면제했다.

(C) 완납 만기일은 9월 1일이다.

(D) Daytona Corporation은 신용카드로 비용을 지불했다.

정답 **(B)**

해설 청구 내역서에서 Express Shipping에 해당하는 200달러가 VIP 회원 혜택으로 면제되었음을 알 수 있으므로 (B)가 정답이다. (A) Daytona Corporation의 주소지는 샌디에고이며, (C) 9월 1일은 주문이 이뤄진 날짜라고 나와 있으므로 완납 만기일이 아니다. (D) Daytona Corporation이 신용카드로 비용을 지불했는지는 알 수 없다.

어휘 **be located in** ~에 위치해 있다 **waive** ~을 철회하다, 면제해 주다 **be due + 날짜:** 지불기한이 ~까지이다 **make a payment** 비용을 지불하다

2. 어느 제품이 손상되었는가?
(A) S1233
(B) L1755
(C) T1867
(D) A2123

정답 **(D)**

해설 두 번째 지문 첫 단락에 전등 제품이 손상된 사실을(~ the lamp I received has a tiny chip on the bottom as if someone has dropped it) 알리고 있는데, 첫 지문 도표에서 전등(Lamps)의 제품 번호가 A2123로 표기되어 있으므로 (D)가 정답이다.

3. David Jones 씨는 Steve Wooden 씨에게 무엇을 하도록 요청하는가?
(A) 자신의 구매품을 배송해 주는 일
(B) 가능한 한 빨리 전화하는 일
(C) 전액 환불해 주는 일
(D) 할인 쿠폰을 제공하는 일

정답 **(A)**

해설 David Jones 씨가 쓴 이메일인 두 번째 지문 마지막에, 자신의 사무실 주소로 상태가 좋은 전등 2개를 언제 보내 줄 수 있는지 알려 달라고(Please let me know when you can send two lamps ~) 요청하고 있는데, 이는 자신의 구매품을 배송해 주도록 요청하는 것이므로 (A)가 정답이다.

어휘 **ask A to do:** A에게 ~하도록 요청하다 **make a delivery of** ~을 배송하다 **as son as possible** 가능한 한 빨리 **full refund** 전액 환불

4. 두 번째 이메일에 따르면, 전등이 언제 도착할 것인가?
(A) 9월 7일
(B) 9월 8일

(C) 9월 11일
(D) 9월 14일

정답 **(C)**

해설 두 번째 이메일인 지문3 후반부에 반드시 전등들이 4일 이내에 도착하도록 하겠다고(I will make sure that those lamps arrive at your address within four days) 알리고 있다. 그런데 상단의 이메일 작성 날짜가 9월 8일이므로 이 시점으로부터 4일 이내의 기간에 해당되는 (C)가 정답이다.

5. Wooden 씨는 어디로 전등을 보낼 것인가?
(A) 애틀랜타
(B) 시카고
(C) 뉴욕
(D) 샌디에이고

정답 **(D)**

해설 Wooden 씨가 보내는 제품을 받는 주문자 정보가 제시된 첫 지문 상단에, 주문자인 Daytona Corporation의 David Jones 씨가 있는 곳이 샌디에이고로(387 Brighton Avenue, San Diego ~) 나와 있으므로 (D)가 정답이다.

PRACTICE

1-5 다음 견적서와 공지, 그리고 이메일을 참조하시오.

Paramount Creations
112 Luxemberg Drive
3 New York City, New York 42223

날짜: 4월 10일
비용 견적 번호: 53321

수신자: Jennifer Gardens
3 발급자: Gavin Pierre

설명	수량	비용
시멘트 블록 ($3 / 개당)	100	$300.00
붉은색 울타리 기둥 ($2 / 개당)	1,000	$2,000.00
현장 인건비 ($25 / 시간당)	20	$500.00
1 신규 고객 할인 쿠폰 (코드 ZT3928)	1	$-100.00
	견적 총액	$2,700.00

제공해 드린 견적액은 영업일로 5일간 유효합니다.

어휘 **estimate** 견적(서) **prepare** ~을 준비하다 **description** 설명, 묘사 **amount** 총액, 총계 **post** 기둥 **labor charge** 인건비 **provide** ~을 제공하다 **valid** 유효한

어휘 **resident** 거주자, 주민 **obtain** ~을 얻다, 획득하다 **permit** 허가(서) **residential** 주거의 **commercial** 상업의 **prior to** ~에 앞서, ~ 전에 **as of** ~부터 **apply for** ~을 신청하다, ~에 지원하다 **in person** 직접 (가서) **registration** 등록

수신: Gavin Pierre
발신: Jennifer Gardens
날짜: 4월 10일, 금요일 오전 11:22
제목: 울타리 허가서 받기

안녕하세요 Gavin 씨,

전에, **4** 제 사무실 건물의 경계를 이룰 1.5미터 높이의 울타리를 짓는 일을 논의했는데, 이 일에 대해 귀하를 고용하고자 하며, 작업이 4월 12일에 시작될 것입니다. 저는 귀하의 가격에 매우 깊은 인상을 받았으며, **3** 귀하의 회사가 제 회사에서 불과 몇 블록 떨어지지 않은 곳에 위치해 있다는 점을 기쁘게 생각합니다. 저에게 그렇게 지체없이 보내주신 견적 제안서에 대해 감사드립니다. 하지만, 제가 그 견적서와 관련해 갖고 있는 한 가지 질문에 대해 분명하게 말씀해주실 수 있는지 궁금합니다. 특히, 작업 시간에 대한 견적 비용이 시청에서 울타리 건축 허가서를 받는 것과 관련된 일을 포함하고 있는지 궁금합니다.

울타리 작업이 시작되기 전에 이 부분을 저에게 분명하게 말씀해주셨으면 합니다. 그건 그렇고, 제 이웃인 Jinny 씨의 집에 귀하께서 **5** 실시해 주신 울타리 작업에 정말로 깊은 인상을 받았습니다.

가능한 한 빨리 저에게 알려주시기 바랍니다.

안녕히 계십시오.
Jennifer

어휘 **previously** 전에, 과거에 **discuss** ~을 논의하다 **border** ~의 경계를 이루다 **hire** ~을 고용하다 **commence** 시작되다 **be impressed with** ~에 깊은 인상을 받다 **firm** 회사 **be based a few blocks from** ~에서 몇 블록 떨어진 곳에 위치해 있다, 몇 블록 떨어진 곳을 기점으로 하다 **proposal** 제안(서) **promptly** 지체없이, 즉시 **wonder if** ~인지 궁금하다 **clarify** ~을 분명히 말하다 **regarding** ~와 관련해 **specifically** 특히 **labor** 노동, 근로 **include** ~을 포함하다 **involved in** ~와 관련된, ~에 수반되는 **by the way** (화제 전환 시) 그건 그렇고 **carry out** ~을 실시하다, 수행하다 **neighbor** 이웃 (사람) **as soon as one can** 가능한 한 빨리

---

1. 견적서에 나타나 있는 것은 무엇인가?
   (A) 일부 물품들이 현재 재고가 없다.
   (B) Paramount Creations는 신규 고객들에게 할인을 제공한다.

(우측 단)

   (C) 작업 프로젝트가 완료되는 데 5일이 걸릴 것이다.
   (D) 고객들이 신용카드로 비용을 지불할 수 있다.

정답 **(B)**

해설 견적서인 첫 지문 하단에 신규 고객 할인 쿠폰(New Customer Discount Coupon)이 언급된 것으로 볼 때, 새로운 고객들에게 할인을 제공한다는 사실을 알 수 있으므로 (B)가 정답이다.

어휘 **currently** 현재 **out of stock** 재고가 없는 **offer** ~을 제공하다 **take** ~의 시간이 걸리다 **complete** ~을 완료하다 **make a payment** 비용을 지불하다

2. 공지에 따르면, 허가서는 어떻게 받을 수 있는가?
   (A) 온라인으로 등록함으로써
   (B) 건설회사에 연락함으로써
   (C) 신청서를 우송함으로써
   (D) 시청에 전화함으로써

정답 **(A)**

해설 공지인 두 번째 지문 하단에 시청에 직접 방문하거나 온라인 등록을 위해 웹 사이트를 방문해 신청하는(You can apply for the fence permit in person at City Hall, or visit our Web site for online registration) 두 가지 방법이 언급되어 있다. 따라서 이 둘 중 하나에 해당되는 (A)가 정답이다.

어휘 **register** 등록하다 **contact** ~에 연락하다 **mail** ~을 우송하다, 우편으로 보내다 **application** 신청(서)

3. Gardens 씨에 관해 암시되어 있는 것은 무엇인가?
   (A) 최근에 새로운 사업을 시작했다.
   (B) 현재 뉴욕시에서 일하고 있다.
   (C) 이전의 여러 프로젝트에 대해 Paramount Creations를 고용했었다.
   (D) 제공 받은 가격 견적서에 대해 불만스러워하고 있다.

정답 **(B)**

해설 Gardens 씨가 쓴 이메일인 세 번째 지문에 상대방인 Gavin 씨의 회사가 자신의 회사에서 몇 블록 떨어지지 않은 곳에 있다는(~ your firm is based just a few blocks from my workplace) 사실을 언급했는데, 견적서인 첫 지문 상단에 발급자가 Gavin Pierre 씨로(Prepared by: Gavin Pierre), 그의 회사 주소가 뉴욕으로 되어 있어(New York City, New York 42223) 두 사람 모두 뉴욕에서 일하고 있음을 알 수 있다. 따라서 이를 언급한 (B)가 정답이다.

어휘 **recently** 최근에 **launch** ~을 시작하다, ~에 착수하다 **currently** 현재 **previous** 이전의, 과거의 **be unhappy with** ~에 불만스러워하다

4. Gardens 씨는 건축 허가서에 대해 얼마를 지불할 것 같은가?
   (A) 100달러

(B) 150달러

(C) 250달러

(D) 350달러

정답 **(D)**

해설 세 번째 지문 시작 부분에 Gardens 씨는 자신의 사무실 건물 울타리 작업을 언급하고 있는데(~ building a 1.5 meter fence to border my office building), 두 번째 지문에 상업용 건물의 울타리 작업은 350달러라고($350 for commercial buildings) 쓰여 있으므로 (D)가 정답이다.

5. 이메일에서, 두 번째 단락 두 번째 줄의 표현 "carried out"과 의미가 가장 가까운 것은?

(A) 운송했다

(B) 실시했다

(C) 들어 올렸다

(D) 제안했다

정답 **(B)**

해설 해당 문장에서 carried out은 fence-building work를 수식하는 관계대명사절(관계사는 생략)에 속해 있다. 여기서 fence-building work는 깊은 인상을 받은 작업을 가리키므로 상대방이 실시한 작업을 의미한다는 것을 알 수 있다. 따라서 '실시하다, 수행하다'를 의미하는 또다른 동사인 (B)가 정답이다.

시원스쿨LAB
승무원 토익 700+

TOEIC 700점 한 달 완성
승무원 면접 대비까지 한 번에 끝!

승무원 토익
Kelly 강사님

 TALK 선생님 직접 관리
카카오톡 실시간 스터디

01

국내 최초!
예비 승무원 맞춤 토익 인강

승무원 합격선인 토익 700점, 한 달 안에 완성!
승무원 전형 준비에 맞는 초단기 학습 커리큘럼
토익 점수와 함께 항공영어 실력도 UP

02

총 30강으로
완성하는 LC+RC

700+ 출제 포인트 완벽 정리
빈출 유형별 접근법과 공략법
이론+전략+실전 문제풀이 30강 완성

03

영어 면접 답변
템플릿 강의

기내 방송 대본 완벽 연습
영어 면접 답변 템플릿 완벽 암기 훈련

04

승무원 토익 전문 강사
Kelly 저자 직강

제주국제대학교 항공서비스경영학과 항공영어 초빙 교원
시원스쿨LAB 토익 입문 대표강사
파고다어학원 종로센터 토익 대표강사

지금 시원스쿨LAB 사이트(lab.siwonschool.com)에서 승무원 토익 700+ 유료 강의를 확인하세요!

시원스쿨LAB에서 100% 무료로 공부하자

시원스쿨LAB 무료 학습 시스템

무료

TOEIC 실전 문제풀이

하루 5분 투자로 이번 달 토익 점수가 바뀐다!
토익 파트별 고퀄리티 퀴즈부터 해설 강의까지 무료로 누려보세요.

무료

빅토익 적중 특강

시원스쿨LAB이 100% 적중에 도전합니다!
이번 정기 토익을 예측하고 목표 점수 달성을 위해 꼭 필요한 학습 포인트를 제공합니다.
정기 토익 전, 점수를 올리기 위한 마무리 특강

무료

토익 기출 변형 해설 특강

당월 토익에 출제된 문제들을 99% 재현!
Part 5 기출을 변형한 문제와 해설강의를 무료로 누려보세요!

무료

빅오픽 무료 특강

대한민국 오픽 최초 도입, 오픽 창시자 강지완 선생님이 알려주는
오픽 출제 공식부터, 단계별 문장 만들기와 다양한 표현 연습으로 목표 점수를 달성하자!

실전 문제풀이와 무료 특강은 시원스쿨LAB(lab.siwonschool.com)에서 무료로 제공합니다.

과목별 스타 강사진 영입, 기대하세요!

시원스쿨LAB 강사 라인업

20년 노하우의 토익/토스/오픽/아이엘츠/지텔프/텝스 기출 빅데이터 심층 연구로
빠르고 효율적인 목표 점수 달성을 보장합니다.

시험영어 전문 연구 조직

시원스쿨어학연구소

시험영어 전문

빅데이터

264,000시간

TOEIC/TOS/OPIc
IELTS/G-TELP/TEPS 등
공인 영어시험 콘텐츠 개발 경력
10년 이상의 국내외
연구원들이 포진한
전문적인 연구 조직입니다.

본 연구소 연구원들은
매월 각 전문 분야의 시험에 응시해
시험에 나온 모든 문제를
철저하게 해부하고,
시험 별 기출문제 빅데이터 분석을 통해
단기 고득점을 위한
학습 솔루션을 개발 중입니다.

각 분야 연구원들의 연구시간
모두 합쳐 264,000시간
이 모든 시간이 쌓여
시원스쿨어학연구소가
탄생했습니다.

PART 2

Directions: You will hear a question or statement and three responses spoken in English. They will not be printed in your test book and will be spoken only one time. Select the best response to the question or statement and mark the letter (A), (B), or (C) on your answer sheet.

4.   Mark your answer on your answer sheet.

5.   Mark your answer on your answer sheet.

6.   Mark your answer on your answer sheet.

7.   Mark your answer on your answer sheet.

8.   Mark your answer on your answer sheet.

9.   Mark your answer on your answer sheet.

10.   Mark your answer on your answer sheet.

11.   Mark your answer on your answer sheet.

12.   Mark your answer on your answer sheet.

13.   Mark your answer on your answer sheet.

14.   Mark your answer on your answer sheet.

15.   Mark your answer on your answer sheet.

16.   Mark your answer on your answer sheet.

GO ON TO THE NEXT PAGE

PART 3

Directions: You will hear some conversations between two or more people. You will be asked to answer three questions about what the speakers say in each conversation. Select the best response to each question and mark the letter (A), (B), (C) or (D) on your answer sheet. The conversations will not be printed in your test book and will be spoken only one time.

17. What is the topic of the conversation?
(A) The woman's new job
(B) The woman's hometown
(C) The woman's promotion
(D) The woman's housewarming party

18. What is mentioned about Mr. Son?
(A) He has recently quit his job.
(B) He has been praised for his work.
(C) He will be moving to L.A.
(D) He collaborated on a project with the woman.

19. According to the woman, what will happen next Tuesday?
(A) A training session
(B) A party
(C) A store opening
(D) An interview

20. Why is the man calling?
(A) To rearrange a meeting
(B) To speak with a client
(C) To ask for a ride to work
(D) To check a meeting location

21. What does the woman suggest the man do?
(A) Contact his colleague
(B) Reserve a taxi
(C) Text his address
(D) Schedule some repairs

22. What will the woman send to the man?
(A) A meeting schedule
(B) A company's address
(C) A price list
(D) A business's phone number

23. What is the woman doing?
(A) Repairing a computer
(B) Applying for an ID badge
(C) Preparing a presentation
(D) Interviewing for a job

24. What does the man say he will do?
(A) Install some software
(B) Conduct a survey
(C) Drive to work
(D) Contact a coworker

25. What does the man suggest the woman do?
(A) Call a travel agent
(B) Estimate a cost
(C) Attend a meal
(D) Give a speech

26. What does the man say is a problem?
(A) The number of complaints has risen.
(B) The vacation policy has changed.
(C) The volume of work has increased.
(D) The working hours have been extended.

27. According to the man, what caused the problem?
(A) An increased wage
(B) A schedule conflict
(C) A meeting cancellation
(D) A shortage of workers

28. What does the woman ask the man to do?
(A) Draw a chart
(B) Help some colleagues
(C) Increase his efficiency
(D) Fill out some paperwork

29. What does the woman notify the man about?

(A) She will not attend a seminar.

(B) She will change the seminar schedule.

(C) She will cancel a training session.

(D) She will call a travel agent.

30. What is the woman supposed to do?

(A) Contact an event organizer

(B) Train new employees

(C) Pay a registration fee

(D) Make a reservation

31. What does the man say he will do?

(A) Prepare a presentation

(B) Arrange transportation

(C) Speak with a colleague

(D) Review some applications

32. What does the man offer to do for the woman?

(A) Inspect the elevator

(B) Carry some boxes

(C) Call the superintendent

(D) Repair some equipment

33. According to the man, what happened two weeks ago?

(A) A package was delivered.

(B) A neighbor moved in.

(C) An elevator broke.

(D) A landlord visited.

34. What caused a delay?

(A) A worker is busy.

(B) A bill has not been paid.

(C) Some plans were altered.

(D) Special parts are needed.

GO ON TO THE NEXT PAGE

PART 4

Directions: You will hear some talks given by a single speaker. You will be asked to answer three questions about what the speaker says in each talk. Select the best response to each question and mark the letter (A), (B), (C), or (D) on your answer sheet. The talks will not be printed in your test book and will be spoken only one time.

35. Why is the speaker unable to attend the meeting?
    (A) She has an emergency in Seoul.
    (B) She needs to meet her clients in Bangkok.
    (C) She made a mistake on her schedule.
    (D) She did not catch her flight.

36. What did Aaron suggest doing?
    (A) Cutting expenses
    (B) Hiring more staff
    (C) Updating some information
    (D) Remodeling an office

37. What does the woman mean when she says, "Let's talk about this more when I return"?
    (A) She will meet the listener at the Bangkok office.
    (B) She needs to clarify some issues with the listener.
    (C) She wants to schedule an extra meeting.
    (D) She supports the listener's proposal.

38. What type of organization is the Contemporary Art Society?
    (A) A travel agency
    (B) A cinema
    (C) A museum
    (D) An art school

39. What is the maximum number of tours that can be given in a day?
    (A) One
    (B) Three
    (C) Five
    (D) Ten

40. How can a listener make a reservation?
    (A) By leaving a message
    (B) By visiting a Web site
    (C) By sending an e-mail
    (D) By submitting a form

41. Who is the message probably for?
    (A) Medical patients
    (B) Specialized doctors
    (C) Insurance agents
    (D) Conference attendees

42. What is the message mainly about?
    (A) Conference schedules
    (B) Hours of operation
    (C) Canceled appointments
    (D) A new phone system

43. According to the message, what will happen on September 25?
    (A) Renovations will be made.
    (B) An operation will take place.
    (C) The phone system will be upgraded.
    (D) Doctors will travel out of town.

44. Why is the man calling?
    (A) To request additional information
    (B) To confirm his order
    (C) To file a complaint
    (D) To order more equipment

45. What happened yesterday?
    (A) A product demonstration
    (B) An inspection
    (C) A fashion show
    (D) A training session

46. What does the speaker say he is worried about?
    (A) Submitting more documents
    (B) Meeting a deadline
    (C) Changing some materials
    (D) Working extra hours

Empire Furniture Order #009844 for Adrian Geovanni	
Contact Number	555-7887
Purchase Date	June 25
Delivery Date	June 28
Sales Representative	Rachel Cooke

47. Who is the speaker?
    (A) A sales representative
    (B) A repair technician
    (C) A delivery driver
    (D) An office manager

48. Look at the graphic. What information is incorrect?
    (A) 555-7887
    (B) June 25
    (C) June 28
    (D) Rachel Cooke

49. What does the speaker request?
    (A) An updated map
    (B) A store address
    (C) A return call
    (D) An additional order

GO ON TO THE NEXT PAGE

READING TEST

In the Reading test, you will read a variety of texts and answer several different types of reading comprehension questions. This Reading test will last 40 minutes. There are three parts, and directions are given for each part. You are encouraged to answer as many questions as possible within the time allowed. You must mark your answers on the separate answer sheet. Do not write your answers in your test book.

PART 5

Directions: A word or phrase is missing in each of the sentences below. Four answer choices are given below each sentence. Select the best answer to complete the sentence. Then mark the letter (A), (B), (C), or (D) on you answer sheet.

50. General Automobile's research department employees have extensive ------- of current automotive systems.
(A) know
(B) knowledge
(C) knew
(D) knowledgeable

51. In ------- to higher demand, we will hire additional representatives this summer.
(A) respond
(B) responded
(C) response
(D) responsive

52. The data acquired from users' daily updates on social media makes future marketing activities -------.
(A) predict
(B) predictable
(C) predictably
(D) prediction

53. Ms. Smith requested assistance with the new market research from ------- volunteers.
(A) herself
(B) she
(C) hers
(D) her

54. Mr. Bolton will attend an IT workshop after ------- candidates for several vacant positions.
(A) interview
(B) interviewee
(C) interviewing
(D) interviews

55. The recent article by Rob Thompson discusses how new business owners can make insightful and ------- decisions.
(A) productive
(B) productively
(C) produce
(D) produces

56. ------- a year, Mr. Johns visits our branch in Canada to have lunch with the employees.
(A) Once
(B) For
(C) Since
(D) Until

57. Professor McDonald has gladly ------- his new role as the dean of the university.
(A) motivated
(B) provided
(C) advised
(D) accepted

58. The ------- of the software ensures that you no longer need to worry about data loss caused by cyber attacks.
(A) installs
(B) installed
(C) installer
(D) installation

59. We at the Dinal Corporation would like to show our ------- for all of your hard work and dedication.
(A) appreciate
(B) appreciation
(C) appreciative
(D) appreciates

60. The introductory pamphlet ------- Florida orange juice was very well written.
(A) because
(B) provided
(C) following
(D) regarding

61. The manager ------- explained to the office workers how to install the financial software.
(A) clear
(B) clears
(C) clearly
(D) clearing

62. Blake and William went to the all-you-can-eat buffet and tried ------- on the menu.
(A) anyone
(B) each other
(C) another
(D) everything

63. The weather has ------- the AR Corporation from finishing its work on the BC Company project.
(A) prevented
(B) provided
(C) required
(D) relocated

64. The environmental scientist emphasized the importance of land ------- and outlined some effective strategies.
(A) preserves
(B) preserved
(C) preserve
(D) preservation

GO ON TO THE NEXT PAGE

PART 6

Directions: Read the texts that follow. A word, phrase, or sentence is missing in parts of each text. Four answer choices for each question are given below the text. Select the best answer to complete the text. Then mark the letter (A), (B), (C), or (D) on your answer sheet.

Questions 65-68 refer to the following article.

In the past decade, the number of people residing in the Edgewood area has ------- significantly. **65.** Recent census data shows that the population climbed 35 percent, which is nearly double the growth rate of the surrounding communities. However, there is not ------- available housing to meet **66.** the demand of the growing population. -------. The City Council has already decided where the new **67.** buildings will be constructed. As of now, the Lakewood area only has two apartment complexes: Arbor Court and Spring Gardens. The new complexes ------- the area with an additional 750 new **68.** homes for the growing population.

65. (A) dropped
    (B) proceeded
    (C) increased
    (D) noticed

66. (A) numerical
    (B) attentive
    (C) sufficient
    (D) competent

67. (A) As a result, there are plans to build four
        new apartment complexes.
    (B) Furthermore, the number of residences is
        rapidly climbing.
    (C) In addition, an expansion plan still needs
        to be approved.
    (D) In the end, the committee will request
        additional building permits.

68. (A) will provide
    (B) providing
    (C) provided
    (D) have provided

Questions 69-72 refer to the following notice.

If you are a permanent staff member at Super Electronics, you will be entitled to six days of

additional time-off for health reasons. In order ------- your additional time-off, you are required
69.

to provide the company with evidence. Documents issued by state agencies, national institutes,

public hospitals, and certified institutions are considered as acceptable -------. -------. As such, any
70. **71.**

health-related records you submit will only be ------- by an authorized person for genuine business
72.

reasons.

---

69. (A) ensuring
    (B) to ensure
    (C) ensures
    (D) for ensuring

70. (A) application
    (B) proof
    (C) experience
    (D) outcome

71. (A) We care about the privacy of your health
        information.
    (B) Sick leave cannot be carried over into
        subsequent years.
    (C) Please give us at least 24 hours' warning
        if you need a day off.
    (D) Thank you for your cooperation on this
        matter.

72. (A) access
    (B) accessing
    (C) to access
    (D) accessed

GO ON TO THE NEXT PAGE

PART 7

Directions: In this part you will read a selection of texts, such as magazine and newspaper articles, e-mails, and instant messages. Each text or set of texts is followed by several questions. Select the best answer for each question and mark the letter (A), (B), (C), or (D) on your answer sheet.

Questions 73-74 refer to the following letter.

1 July

Dear Ms. Robertson,

Congratulations! You have earned enough points through TVG Cinema Club's rewards program to receive two free movie tickets, which you will find enclosed. So that you may take full advantage of your two free movie tickets that are valid until August 31, we have also enclosed our current movie showtimes.

Our valued TVG Cinema Club members receive two free tickets for every 2,500 points accumulated. Points are earned for every regular priced ticket purchased at participating TVG cinema locations. You can keep track of the points you have earned online at www.TVGCLUB.co.uk.

Sincerely,

TVG Cinema Club

73. What is enclosed with the letter?
   (A) A free magazine
   (B) A membership application
   (C) A movie schedule
   (D) An event invitation

74. Why should Ms. Robertson visit the Web site?
   (A) To see her points
   (B) To purchase movie tickets
   (C) To renew her membership
   (D) To cancel a reservation

Questions 75-76 refer to the following e-mail.

E-Mail Message

From: Karl Castro <karlcastro@socksandyou.uk>
To: Aaron Stanler <aaronstanler@mpgr.com>
Re: Order #07073009
Date: July 11

Dear Mr. Stanler,

We regret to inform you that we do not currently have enough blue wool socks in stock to fulfill the order of 20 pairs you placed on our online store on July 7. We are not able to provide a date as to when we will be able to fulfill the order and prepare it for shipping. We do, however, have yellow and green wool socks in stock. If you would like to change your order, please contact our Customer Service Department at 555-3346. If you do not want to change the order, we will cancel the order and credit your account for the amount you originally paid.

We apologize for any inconvenience this may have caused you. If there is anything else we can help you with, please contact our Customer Service Department.

Karl Castro
Customer Service Department
555-3346

---

75. What is the purpose of the e-mail?
    (A) To arrange a delivery date
    (B) To submit an application
    (C) To revise the terms of a contract
    (D) To report a problem with an order

76. What will happen if Mr. Stanler doesn't change the order?
    (A) A delivery fee will be waived.
    (B) A gift certificate will be sent.
    (C) A delivery will be made within a week.
    (D) A refund will be provided.

GO ON TO THE NEXT PAGE ➡

To:	Palm Springs Shop Cashiers
From:	James Brown
Date:	June 8
Subject:	Progress Update

Starting on July 1, Palm Springs Shop will not accept returns or exchanges of worn or damaged clothing that is returned without an original receipt.

This notification will be displayed on every cashier station by next week. An e-mail notification will also be sent out to existing customers to inform them about this new policy.

However, if a customer wants to make a return that is not accompanied by a receipt, you should call the manager on duty for further assistance.

We appreciate your cooperation.

James Brown
Director of Operations

77. What is the purpose of the e-mail?
(A) To announce a policy change
(B) To discuss common customer complaints
(C) To explain the closing of a shop
(D) To inform staff about new products

78. According to the e-mail, what will be required for a return?
(A) A credit card
(B) A membership card
(C) A receipt
(D) Cash

79. Where does Mr. Brown probably work?
(A) In a stationery store
(B) In an electronics store
(C) In a clothing shop
(D) In an auto shop

Questions 80-82 refer to the following information from a brochure.

Visiting Clark County? Make sure to check out these amazing attractions!

Eden Gardens

Open daily, 9 A.M. – 6 P.M.; $5 admission

The Eden Gardens is a beautiful place to enjoy plant life from all over the world. The admission includes shuttle service from downtown with a choice of departure points and return times throughout the day. Don't miss the fireworks in the summer months!

Edmund Concert Hall

Open to the public Monday to Friday, 10 A.M. – 4 P.M.

Designed by the famous architect Grant Elridge in 1907, Edmund Concert Hall has an elegant design that is breathtaking. Guided tours are offered for $5 per person. Reservations are required.

Clark County Museum of Art

Open daily, 10 A.M. – 7 P.M.; $8 admission

This grand art museum showcases various works by local artists. Special exhibits rotate weekly.

The Rock Museum

Open Monday through Saturday from 9 A.M. – 4 P.M.; no admission necessary. Donations accepted.

An exquisite collection of the various rock types of the area. From its beautiful geode collection to its enormous underground cave exhibit, this museum has something to appeal to every rock lover! It holds a special exhibit every Tuesday.

---

80. Who is the information most likely intended for?

(A) Government workers

(B) Job seekers

(C) Potential exhibitors

(D) Tourists

81. the word "appeal" in paragraph 4, line 5, is closest in meaning to

(A) claim

(B) dispute

(C) inform

(D) attract

82. What is true about The Rock Museum?

(A) Advance reservations are required.

(B) Some discounts are available for local residents.

(C) A special exhibit is offered once every two weeks.

(D) It does not open on Sundays.

GO ON TO THE NEXT PAGE

E-Mail Message

From:	Won Ho Kim
To:	Management Team
Re:	2 August
Subject:	Improving employee satisfaction

Management Team:

— [1] —. Over the course of the next several months, there will be many discussions regarding increasing productivity and employee satisfaction through a joint effort between the Human Resources Department and the Management Team.

Due to many types of distractions in the work place, telecommuting is an approach to working that companies often use because it allows their workers to focus on their work away from distractions. — [2] —.

In January, the building reconfiguration project will begin, and our company would like to consider this project an opportunity to try out telecommuting.

— [3] —. Therefore, I would like to obtain your feedback.

Human Resources is currently gathering information, so I would like you to please fill out the survey by logging onto the Human Resources Webpage. There should be a link on the left side of our homepage.

Thank you in advance, and please let me know if you have any questions. — [4] —.

Won Ho Kim

Human Resources Manager
GHTY Engineering, Inc.

83. What is the purpose of the e-mail?

    (A) To provide information about a company
    (B) To request feedback on a plan
    (C) To address the need to recruit more employees
    (D) To explain how to get promoted

84. What is mentioned about telecommuting?

    (A) It helps employees to focus on work.
    (B) Very few companies encourage employees to do it.
    (C) GHTY Engineering has allowed it for two years.
    (D) Mr. Kim has found its effects to be beneficial in the past.

85. What are the recipients of the e-mail asked to do?

    (A) Complete an application form
    (B) State their preferred work hours
    (C) Check for a follow-up e-mail
    (D) Visit the company's Web site

86. In which of the positions marked [1], [2], [3], and [4] does the following sentence best belong?

    "The work space organization will be altered depending on our decision."

    (A) [1]
    (B) [2]
    (C) [3]
    (D) [4]

GO ON TO THE NEXT PAGE

To:	service@mountainandforest.ca
From:	jinheeshin@sharemail.ca
Date:	10 January
Subject:	Order B75022

Hi,

In preparation for my hiking trip next weekend, I placed an order for hiking boots and a thermal jacket, which cost a total of $135. —[1]—.

Based on the order confirmation I received by e-mail at the time of purchase, I expected my items to be delivered yesterday. —[2]—. I even paid the additional service fee for expedited three-day shipping. —[3]—.

I still have not received the products. Therefore, I would like to request that the additional expedited shipping fee be refunded to my credit card. Furthermore, if the package is not delivered by tomorrow, I would like to cancel my order, and I will pay a visit to a local shop to buy the items instead. —[4]—.

Sincerely,

Jin-Hee Shin

87. What is the purpose of the e-mail?

(A) To apologize for a delay
(B) To ask for a refund
(C) To explain a return process
(D) To complain about a damaged order

88. What is indicated about order B75022?

(A) It qualified for a discount.
(B) It was paid for by credit card.
(C) It was delivered to the wrong address.
(D) It was placed in person at a store.

89. When was order B75022 most likely placed?

(A) January 1
(B) January 6
(C) January 10
(D) January 12

90. In which of the positions marked [1], [2], [3], and [4] does the following sentence best belong?

"This additional charge made me think that I would receive my order in time."

(A) [1]
(B) [2]
(C) [3]
(D) [4]

GO ON TO THE NEXT PAGE

Children's Education First (CEF) Expo - July 10
AE Stadium, Madison, Ohio

CEF would like to formally invite you to represent your firm at the annual CEF Expo at the AE Stadium in Madison, Ohio. At the CEF Expo, manufacturers of educational toys and various other educational materials come from all over the world to showcase their products.

CEF is pleased to announce that we accept several types of corporate sponsorships and these come with the benefits described below. All donations go toward helping children in low income areas around the world receive a higher quality of education. For inquiries, contact Mr. Carl Paras at 123-555-5555. To register, e-mail sponsors@CEF.org.

Greeting Patron - $1,600
A representative of your company will have the honor of introducing the keynote speakers at the unveilings for KEB Toys and Educom.

Charging Station Patron - $2,200
We will place your company emblem and information on all of the charging stations in the stadium.

Tote Patron - $3,750
We will put your emblem on all of the complimentary tote bags that our guests get for attending.

Banquet Patron - $5,800
Two representatives from your company will have the honor of attending the banquet dinner and providing a 30-minute speech to the audience.

From: carlparas@CEF.org
To: mkeel@westcorp.com
Date: May 15
Subject: Thank you

Dear Mr. Keel,

Thank you for registering West Corporation as a sponsor of the Children's Education First Expo. We truly value your patronage, as it not only helps us to run the expo, but also to improve children's education worldwide.

We have received your contribution of $2,200. To further thank you for your longtime support, we would like to offer you the opportunity to also put your emblem on our tote bags, for no extra charge. If you are interested in this offer, please send us your company emblem as soon as possible.

Carl Paras
CEF Expo Coordinator

91. Who is the flyer most likely intended for?

    (A) Stadium workers
    (B) Expo organizers
    (C) Parents
    (D) Business owners

92. Which patron option did West Corporation choose?

    (A) Greeting Patron
    (B) Charging Station Patron
    (C) Tote Patron
    (D) Banquet Patron

93. What is the purpose of the e-mail?

    (A) To outline an event itinerary
    (B) To confirm registration
    (C) To announce a change of venue
    (D) To amend a contract

94. What is Mr. Keel asked to provide?

    (A) A schedule
    (B) A donation
    (C) A list of participants
    (D) A company logo

95. In the e-mail, the word "value" in paragraph 1, line 2, is closest in meaning to

    (A) calculate
    (B) appreciate
    (C) spend
    (D) evaluate

GO ON TO THE NEXT PAGE

Questions 96-100 refer to the following e-mails and contract addendum.

From: Aaron Garza <agarza@stpro.com>
To: Jacob Levin <owner@jlevin.com>
Date: Monday, September 7, 9:31 A.M.
Subject: Contract Amendment

Mr. Levin,

Thank you for informing me of the progress you have made on the construction project at Beauly Plaza in downtown Detroit. If I understand everything correctly, you said that the shipment of glass window panels will arrive late due to some problems, right? I hope you are aware that the shipment must arrive no later than September 20, so that we keep on schedule. I would like to add that I am not responsible for the delay, so I, as the client, will not be held responsible for any resulting charges. Also, I would like to receive a status report twice weekly from this point onwards. Please make sure I receive a revised contract, with the necessary amendments, so that I can sign it this week.

Thanks again for your diligence.

Aaron Garza

From: Jacob Levin <owner@jlevin.com>
To: Aaron Garza <agarza@stpro.com>
Date: Monday, September 7, 4:16 P.M.
Subject: RE: Contract Amendment
Attachment: Contract Amendment

Mr. Garza,

I have made the requested revisions to the contract and attached it to this e-mail. The terrible thunderstorms we had in the area last week caused some setbacks, including the shipment we discussed, but we should be able to remain on schedule. As a result of the storms, the construction site suffered some minor flooding, but our workers have managed to dispose of most of the water now. I will try to keep you as up-to-date as possible by sending you the status report, as requested. However, my top priority is finishing the work.

Please print and sign the contract amendment, then send it to me. If you have any concerns, please contact me. I welcome any questions you might have.

Best regards,

Jacob Levin
Project Manager
J Levin Construction

Contract Amendment

Arrival of glass window panels

Due to the unforeseen circumstances that took place from September 2 to September 6, the shipment arrival date for the glass window panels has been moved from September 5 to September 12. There will be no additional costs to the client and the contractor (J Levin Construction) will pay any additional costs that accrue due to the extension.

Progress reports

As discussed via e-mail, the contractor will provide the client with monthly reports.

96. What is the purpose of the first e-mail?
    (A) To express appreciation for some work
    (B) To confirm a delivery date
    (C) To request a revised document
    (D) To suggest changes to a building design

97. In the second e-mail, the word "welcome" in paragraph 2, line 2, is closest in meaning to
    (A) thank
    (B) participate
    (C) celebrate
    (D) encourage

98. According to Mr. Levin, what caused a delay?
    (A) Transportation costs
    (B) A scheduling conflict
    (C) A software error
    (D) Inclement weather

99. What is indicated about Beauly Plaza?
    (A) It is a busy commercial zone.
    (B) It is located in a suburban area.
    (C) It was temporarily flooded.
    (D) It is owned by J Levin Construction.

100. What information in the contract addendum will Mr. Garza most likely disagree with?
    (A) The arrival date of a delivery
    (B) The responsible party for payment of charges
    (C) The contents of an upcoming shipment
    (D) The frequency of report submission

GO ON TO THE NEXT PAGE

TEST 2

PART 1

Directions: For each question in this part, you will hear four statements about a picture in your test book. When you hear the statements, you must select the one statement that best describes what you see in the picture. Then find the number of the question on your answer sheet and mark your answer. The statements will not be printed in your test book and will be spoken only one time.

1.

2.

3.

PART 2

Directions: You will hear a question or statement and three responses spoken in English. They will not be printed in your test book and will be spoken only one time. Select the best response to the question or statement and mark the letter (A), (B), or (C) on your answer sheet.

4. Mark your answer on your answer sheet.

5. Mark your answer on your answer sheet.

6. Mark your answer on your answer sheet.

7. Mark your answer on your answer sheet.

8. Mark your answer on your answer sheet.

9. Mark your answer on your answer sheet.

10. Mark your answer on your answer sheet.

11. Mark your answer on your answer sheet.

12. Mark your answer on your answer sheet.

13. Mark your answer on your answer sheet.

14. Mark your answer on your answer sheet.

15. Mark your answer on your answer sheet.

16. Mark your answer on your answer sheet.

GO ON TO THE NEXT PAGE

Directions: You will hear some conversations between two or more people. You will be asked to answer three questions about what the speakers say in each conversation. Select the best response to each question and mark the letter (A), (B), (C) or (D) on your answer sheet. The conversations will not be printed in your test book and will be spoken only one time.

17. Why is the man calling?
    (A) To apologize for a delay
    (B) To ask for help
    (C) To check the delivery date
    (D) To discuss a problem

18. Why will the woman be unavailable Wednesday morning?
    (A) She will be moving offices.
    (B) She will be remodeling her house.
    (C) She will be in a meeting.
    (D) She will be setting up a computer.

19. What does the woman ask the man to do?
    (A) Arrive early
    (B) Install some equipment
    (C) Provide a discount
    (D) Give her advance notice

20. Where does the man most likely work?
    (A) At a car dealership
    (B) At a travel agency
    (C) At a manufacturing plant
    (D) At a government office

21. Why does the woman need 100 car seats first?
    (A) To complete a safety test
    (B) To estimate the final price
    (C) To take a picture for a catalog
    (D) To display at the store

22. According to the man, why does the request take less time?
    (A) It only uses one design.
    (B) It is a small quantity.
    (C) It meets industry regulations.
    (D) It is being done abroad.

23. What does the man ask for help with?
    (A) Contacting clients
    (B) Completing a budget report
    (C) Booking a flight
    (D) Filing a complaint

24. What does the woman suggest the man do?
    (A) Check his flight number
    (B) Talk to a manager
    (C) Open a bank account
    (D) Delay a trip

25. According to the woman, what is needed for reimbursement?
    (A) Bank information
    (B) Budget reports
    (C) Signatures
    (D) Receipts

26. What did the man recently do?
    (A) Graduate from school
    (B) Visit another country
    (C) Participate in a business class
    (D) Start a business

27. What is the man excited about?
    (A) A business trip
    (B) A language lesson
    (C) A book publication
    (D) A magazine article

28. What does the man suggest the woman do?
    (A) Attend a free class
    (B) Travel abroad
    (C) Invest in a business
    (D) Lead a seminar

29. What are the speakers mainly discussing?

(A) A schedule change
(B) A missing item
(C) An employee training schedule
(D) An international conference

30. Where does the woman work?

(A) At a car rental company
(B) At a travel agency
(C) At a hotel
(D) At an airline

31. What additional information does the woman need?

(A) A name
(B) A credit card number
(C) A travel date
(D) A reservation number

Delivery Fee Rates	
City/Area	Fee
Hardrock	$60
Salt Lake	$65
Brighton	$70
Springfield	$75

32. What is the woman's job?

(A) Interior decorator
(B) Delivery driver
(C) Sales associate
(D) Construction worker

33. Why was the woman late?

(A) There was traffic congestion.
(B) She had to travel too far.
(C) She missed a bus.
(D) The weather was bad.

34. Look at the graphic. How much does the man need to pay?

(A) $60
(B) $65
(C) $70
(D) $75

GO ON TO THE NEXT PAGE

PART 4

Directions: You will hear some talks given by a single speaker. You will be asked to answer three questions about what the speaker says in each talk. Select the best response to each question and mark the letter (A), (B), (C), or (D) on your answer sheet. The talks will not be printed in your test book and will be spoken only one time.

35. Who is Mr. Bourdain?
    (A) A food critic
    (B) A radio show host
    (C) A restaurant chef
    (D) A magazine editor

36. What did Mr. Bourdain recently do?
    (A) He opened a new restaurant.
    (B) He published a book.
    (C) He hosted a television show.
    (D) He won a cooking award.

37. What will probably happen next?
    (A) A guest will be interviewed.
    (B) A recipe will be introduced.
    (C) A commercial will be aired.
    (D) A speech will be given.

38. What is the purpose of the meeting?
    (A) To choose a new senior manager
    (B) To interview prospective employees
    (C) To discuss general staff efficiency
    (D) To announce a promotional campaign

39. What does Colton Waddell do?
    (A) He runs regular safety workshops.
    (B) He designs product packaging.
    (C) He coordinates employee training.
    (D) He supervises all junior managers.

40. What will the listeners most likely do next?
    (A) Evaluate samples of a new product
    (B) Interview a job applicant
    (C) Register for monthly training sessions
    (D) Review a worker's accomplishments

41. What event is being held?
    (A) A retirement party
    (B) An awards dinner
    (C) An opening ceremony
    (D) A promotion celebration

42. What is mentioned about Mr. Quan?
    (A) He studied marketing in university.
    (B) He expanded the business in Canada.
    (C) He will be promoted to CEO.
    (D) He will have a vacation in South America.

43. What will happen next?
    (A) A gift will be awarded.
    (B) A speech will be given.
    (C) Invitation letters will be sent.
    (D) Meals will be distributed.

44. What is the main purpose of the talk?
    (A) To notify employees of construction details
    (B) To announce some policy changes
    (C) To inform employees of a merger
    (D) To discuss the costs of a proposal

45. What does the speaker mean when he says, "the plans also include a parking tower!"?
    (A) Construction expenses will increase.
    (B) The construction will take longer than expected.
    (C) More employees will be hired.
    (D) Limited parking will no longer be a concern.

46. What are the listeners asked to do?
    (A) Inquire about the project
    (B) Work from home temporarily
    (C) Extend a project deadline
    (D) Request assigned parking spaces

Travel Requests Form - IFC2042	
Name	John Doneti
Department	Marketing
Travel Date	March 18 to March 20
Travel Destination	Chicago
Purpose	To attend an awards ceremony

47. What is the topic of the talk?

(A) An employee workshop

(B) A new product design

(C) The results of a competition

(D) An upcoming company trip

48. Look at the graphic. Which section will most likely cause Mr. Doneti's request to be denied?

(A) Department

(B) Travel Date

(C) Travel Destination

(D) Purpose

49. What will the listeners most likely do next?

(A) Provide some feedback

(B) Go to the cafeteria

(C) Prepare some paperwork

(D) Visit a bakery

GO ON TO THE NEXT PAGE

READING TEST

In the Reading test, you will read a variety of texts and answer several different types of reading comprehension questions. This Reading test will last 40 minutes. There are three parts, and directions are given for each part. You are encouraged to answer as many questions as possible within the time allowed. You must mark your answers on the separate answer sheet. Do not write your answers in your test book.

PART 5

Directions: A word or phrase is missing in each of the sentences below. Four answer choices are given below each sentence. Select the best answer to complete the sentence. Then mark the letter (A), (B), (C), or (D) on you answer sheet.

50. The hiring committee ------- many job applications, but only two or three of the applicants meet the minimum job requirements.
(A) receiving
(B) to receive
(C) has received
(D) was received

51. Sales department employees should include the order number in any ------- with customers.
(A) corresponds
(B) correspondence
(C) correspondingly
(D) correspondent

52. Although academic qualifications are important, the importance ------- hands-on job experience cannot be underestimated.
(A) of
(B) to
(C) from
(D) with

53. The new Web site launched by Whoosh Sportswear concentrates on the company's ------- range of sneakers.
(A) personally
(B) personalized
(C) personality
(D) personalizes

54. ------- the temperature stays above 70 degrees, the pool will stay open throughout the entire summer.
(A) As long as
(B) Not only
(C) Along
(D) In case of

55. The internal auditor ensures that all business practices ------- in accordance with policies.
(A) would have performed
(B) have performing
(C) to be performed
(D) are being performed

56. The Baltimore Patriarchs college football team ranked second place ------- in the final league standings.
(A) generally
(B) overall
(C) totally
(D) evenly

57. The council's decision to expand the city limits ------- some concerns among local residents.
(A) has generated
(B) generating
(C) is generated
(D) generate

58. We will mail your ------- for passing the Advanced Business Spanish course once you verify your home address.
(A) passage
(B) application
(C) recommendation
(D) certificate

59. Before making a payment, please note that batteries are not ------- with this purchase.
(A) including
(B) include
(C) includes
(D) included

60. Mr. Hayasi needs a durable phone case ------- he has a habit of dropping his phone while working on the construction site.
(A) due to
(B) so that
(C) because
(D) before

61. Due to the surprisingly low sales of our ACER X27 monitor, there is a very high ------- the model may be discontinued.
(A) possible
(B) possibility
(C) possibly
(D) possibilities

62. Dr. Kenneth Wong ------- explained strategies that can be used to improve your overall happiness.
(A) brief
(B) briefly
(C) briefing
(D) briefed

63. Mr. Hudson is currently in a meeting, so he ------- available after 4 P.M.
(A) was
(B) is
(C) will be
(D) being

64. As long as they have the proper documentation, all employees will be reimbursed for ------- business trip expenses.
(A) they
(B) their
(C) themselves
(D) theirs

GO ON TO THE NEXT PAGE

PART 6

Directions: Read the texts that follow. A word, phrase, or sentence is missing in parts of each text. Four answer choices for each question are given below the text. Select the best answer to complete the text. Then mark the letter (A), (B), (C), or (D) on your answer sheet.

Questions 65-68 refer to the following article.

The Hot 95 Atlanta Report, hosted by Tom Jones and Quincy Steven, is a local cable TV program

focused ------- bringing viewers up-to-date forecasts and local weather-related news and programs.
     65.

The Hot 95 Atlanta Report started with only Tom Jones six years ago delivering local forecasts.

-------, it really started to rise as the top-rated show in the Atlanta area when award-winning
    66.

journalist Quincy Steven joined Tom Jones a few years later. At that time, the upper management

of the program ------- to include weather-related documentaries as part of its regular show format.
      67.

-------. In response to viewer demand, the show now features two or three short documentaries per
  68.

week, in addition to its regular reports and forecasts.

---

65. (A) from
    (B) on
    (C) of
    (D) to

66. (A) Therefore
    (B) Namely
    (C) However
    (D) Meanwhile

67. (A) decided
    (B) will decide
    (C) deciding
    (D) to decide

68. (A) Most viewers prefer to watch documentaries
       on the Internet.
    (B) The weather in the region can change
       quickly, so accurate forecasts are
       necessary.
    (C) Tom Jones went on to win an award for
       weather journalism the following year.
    (D) These proved to be extremely popular with
       viewers.

Questions 69-72 refer to the following advertisement.

Do you ever feel that marketing your products or business is frustrating and difficult? Then contact us here at Yamada Marketing and we will handle everything on your behalf! Even these days, traditional marketing tools, ------- newspapers and magazines, are still highly effective platforms
69.
for advertising. -------, social media platforms have become essential tools for marketers. Then
70.
there are in-app advertisements on mobile devices, which ------- data taken from a user's browsing
71.
history and preferences. -------. If you are looking for someone who can optimize your marketing
72.
presence, contact us right now!

69. (A) in case
(B) such as
(C) between
(D) within

70. (A) Otherwise
(B) As a result
(C) Therefore
(D) In addition

71. (A) utilize
(B) serve
(C) confirm
(D) design

72. (A) We will consider all options and develop
the best multi-platform strategy for you.
(B) Press releases are one of the most
important things in marketing.
(C) An annual marketing report is always a
valuable source of data.
(D) The vast majority of purchases these days
are made through the Internet.

GO ON TO THE NEXT PAGE

PART 7

Directions: In this part you will read a selection of texts, such as magazine and newspaper articles, e-mails, and instant messages. Each text or set of texts is followed by several questions. Select the best answer for each question and mark the letter (A), (B), (C), or (D) on your answer sheet.

Questions 73-74 refer to the following form.

Paramount Employee Access Card
Application Form

In order to receive your access card, you are required to complete and submit this form. Please print your name and use a black or blue pen.

Name ___Larry Stevenson___	Division ___Sales___
Employee No. ___3578___	Duration of employment ___Two weeks___

Please indicate the reason why you would like to receive an access card.

Requesting first access card (v)

Previous card was lost ( )

Previous card was stolen ( )

Other reasons _____

---

73. Why did Mr. Stevenson fill out the form?

(A) To apply for a company document

(B) To be assigned to a different division

(C) To register for a training session

(D) To request a temporary relocation

74. What is indicated about Mr. Stevenson?

(A) He was recently hired by Paramount.

(B) He misplaced his original access card.

(C) His access card was stolen recently.

(D) He is the manager of the sales division.

Questions 75-76 refer to the following text message.

Hi, Brad,

I was supposed to receive a Clavins Tool Pack today, according to the order confirmation e-mail, but it has not arrived yet. The order number is ZZ010103. Can you please call Clavins and see when it will arrive at my office? Also, I am driving to our Yellowtail branch for a 4:00 meeting with supervisors, but it seems like I will be late by around 20 minutes. There is a busy music festival happening nearby and I'm currently waiting behind a long line of cars. I don't have the phone number, so can you call the Yellowtail branch and let them know I will be 20 minutes late? Thanks.

Richard

75. Who most likely is Brad?
   (A) Richard's client
   (B) A Clavins employee
   (C) Richard's colleague
   (D) The Yellowtail branch manager

76. Why will Richard be late for the meeting?
   (A) He is stuck in traffic.
   (B) His car has broken down.
   (C) He has a schedule conflict.
   (D) He went to the wrong location.

GO ON TO THE NEXT PAGE

Rhea Lee: [1:51 P.M.] Hi, Joshua. This is my first time using the training system on our Web site. I just open the e-mail and click the link to get started, right?

Joshua Park: [1:52 P.M.] Yeah, and then you'll need to choose a user name and use the code in your e-mail.

Rhea Lee: [1:54 P.M.] I did that, but I keep getting an error message. It says to try again later.

Joshua Park: [1:55 P.M.] Hmm... that's strange. I will send you the e-mail again.

Rhea Lee: [1:55 P.M.] Is there an issue with the invitation?

Joshua Park: [1:56 P.M.] It might have expired. Here you go... I sent you another one.

Rhea Lee: [1:57 P.M.] Thanks, it seems to be working fine now.

77. Why did Ms. Lee contact Mr. Park?
    (A) To thank him for his advice
    (B) To request his assistance
    (C) To notify him about a new system
    (D) To check if he received an e-mail

78. What problem does Ms. Lee mention?
    (A) She cannot open the attached file.
    (B) She cannot access an online system.
    (C) She cannot install some software.
    (D) She cannot attend a training workshop.

79. At 1:57 P.M., what does Ms. Lee mean when she writes, "it seems to be working fine now"?
    (A) She can access the system with the man's help.
    (B) She made copies of the meeting minutes.
    (C) She liked the man's presentation very much.
    (D) She can reschedule the training session.

Questions 80-82 refer to the following online chat discussion.

June Kim [11:16 A.M.]
Everyone, as you know, our sales have been down and we are considering moving in a new direction. I'd like the team to begin to think about the team meeting we had on Friday.

May Chen [11:17 A.M.]
Should we have prepared something?

June Kim [11:26 A.M.]
It appears that office supplies demand is on the decrease, so it will be smart for us to include more products in the McDougal's catalog.

Samuel Patison [11:27 A.M.]
Day-to-day cleaning products are always in need for businesses.

Ruby Shayer [11:28 A.M.]
Great. Let's look into more paper products and supplies to be used in break rooms.

May Chen [11:30 A.M.]
I agree. Appliances such as microwaves or coffee makers can be sold as well.

June Kim [11:32 A.M.]
I like all your ideas. Please prepare to present them at the meeting with research on other suppliers and costs. I will need your research and pricing information alongside your proposals for preliminary budgeting with the management.

Ruby Shayer [11:33 A.M.]
Will do.

June Kim [11:34 A.M.]
If you have any questions or concerns, please let me know. Otherwise, I will reserve a conference room for Friday.

---

80. Where most likely does Ms. Kim work?
(A) At a tourist information center
(B) At a catering company
(C) At an office supplies shop
(D) At a cleaning company

81. At 11:33 A.M, what does Ms. Shayer mean when she writes, "Will do"?
(A) She will purchase a microwave and a coffee maker.
(B) She will send a questionnaire to Ms. Kim.
(C) She will reserve a conference room.
(D) She will work on Ms. Kim's request.

82. What will Ms. Kim do next?
(A) She will send an e-mail with a sales report.
(B) She will schedule a meeting with a client.
(C) She will prepare a meeting with the board of directors.
(D) She will make a reservation.

GO ON TO THE NEXT PAGE

E-Mail Message

To:	All employees
From:	CEO Hank Smitty
Subject:	Mark your calendar
Date:	11 May

Dear employees,

—[1]—. I would like to let you know in advance to mark your calendar for the company's annual Happy Hour, which will take place this Friday at 5:30 p.m. in the lobby of our building. This Happy Hour session is not mandatory, but for those who attend, light snacks and beverages will be served until 6:30 p.m. —[2]—.

For those attending the Happy Hour, the Human Resources Department has informed us that there will be a raffle. Three lucky winners will each receive a $50 gift certificate for the coffee shop located on the first floor. —[3]—. James Chen, our HR director, will soon send you an e-mail about how to enter the raffle. —[4]—.

Sincerely,

CEO
Hank Smitty

---

83. What is the purpose of the e-mail?

(A) To request volunteers for an event
(B) To provide a reminder to staff
(C) To announce a change of venue
(D) To ask employees for suggestions

84. What is NOT true about the Happy Hour event?

(A) All staff are required to attend.
(B) Refreshments will be provided.
(C) Some prizes will be awarded.
(D) It is held once a year.

85. In which of the positions marked [1], [2], [3], and [4] does the following sentence best belong?

"If you have too much work to deal with, you may remain at your workstation for the duration of the event."

(A) [1]
(B) [2]
(C) [3]
(D) [4]

86. What will Mr. Chen send to the employees?

(A) Contest instructions
(B) An activity schedule
(C) An event invitation
(D) A gift certificate

June 7 – One of the Big 4 consulting firms, Baker McDonald, based in New York, has announced its merger with Henney Consulting, a New Jersey consulting firm specializing in corporate reconstruction. —[1]—. With more than 2,000 consultants, Baker McDonald & Henney is now the largest consulting firm in North America. With regards to the merger, James Hardin, the former chief operating officer of Baker McDonald, stated, "This merger is the result of a long-standing corporate friendship between two firms who share similar work ethics. —[2]—. The merger will allow us to serve a wider range of clients. We will become a full service firm that is capable of meeting the needs of every client." Baker McDonald has earned its reputation through the provision of corporate financial advisory services since it was established in 1989. —[3]—. With the merger, now they are able to better assist their corporate clients by also providing business reconstruction solutions. —[4]—.

87. What is NOT mentioned about Henney Consulting?

(A) It had a good relationship with Baker McDonald.
(B) It was located in New Jersey.
(C) It was established in 1989.
(D) It usually handles reconstruction issues.

88. Who is James Hardin?

(A) A financial consultant
(B) A market analyst
(C) The COO of Henny Consulting
(D) A former executive of Baker McDonald

89. What is an expected result of the merger?

(A) Discounted business rates
(B) A wider range of services
(C) Increasing stock prices
(D) The hiring of new employees

90. In which of the positions marked [1], [2], [3], and [4] does the following sentence best belong?

"The new name of the consulting firm will be Baker McDonald & Henney."

(A) [1]
(B) [2]
(C) [3]
(D) [4]

GO ON TO THE NEXT PAGE

To: Linda Fenlin <lfenlin@spfinancial.co.sg>
From: Katherine Zhao <kzhao@kom.co.sg>
Subject: Note from Katherine Zhao
Date: July 13

Dear Ms. Fenlin,

Thank you for approving my application that I submitted for the 4-week internship program at SP Financial. I am looking forward to working with you at your financial institution. I hope that I will have the opportunity to transition from an intern to a full-time employee at the end of the internship period.

I am sending this e-mail because I have an issue concerning the start date. I want to inquire if it is possible to start on the following Monday, which would be August 1. I am currently enrolled in a six-week intensive course focused on commercial lending. It will end on Friday, July 29. This means that, if the original start date of Monday, July 25, cannot be changed, I would have to miss either the last week of the class or the first week of the internship. I hope that you can give me the extension so that I can take advantage of the opportunity you have given me. I look forward to your reply.

Sincerely,
Katherine Zhao

To:	Katherine Zhao <kzhao@kom.co.sg>
From:	Linda Fenlin <lfenlin@spfinancial.co.sg>
Subject:	RE: Note from Katherine Zhao
Date:	July 20

Hi Katherine,

Thank you for your e-mail. We have had so many applicants this year that we have decided to run two internship programs. The first one starts on July 25 and the second one begins August 22. I suggest you take the second one. This should resolve any scheduling issues that you might have.

As for the full-time position, we will only offer positions after both internship programs have finished. On the last day of the second internship, we will evaluate the performance of each intern. Based on our findings, interviews will be scheduled. We will make the final decision to hire full-time workers by September 28,and the successful candidates will start on October 1. Please contact me so we can finalize your plans.

Kind regards,
Linda Fenlin

91. What is the purpose of the first e-mail?

(A) To apply for a position
(B) To schedule an interview
(C) To ask about job requirements
(D) To postpone a start date

92. What will happen on July 29?

(A) Ms. Zhao will attend a job interview.
(B) Ms. Zhao will complete a course.
(C) Ms. Zhao will begin an internship.
(D) Ms. Zhao will meet with Ms. Fenlin.

93. In the first e-mail, the word "issue" in paragraph 2, line 1, is closest in meaning to

(A) theme
(B) edition
(C) problem
(D) submission

94. What does Ms. Fenlin suggest that Ms. Zhao do?

(A) Apply for a full-time position
(B) Fill out a form online
(C) Attend a workshop for new interns
(D) Join the second internship group

95. When most likely will Ms. Zhao's internship performance be evaluated?

(A) July
(B) August
(C) September
(D) October

GO ON TO THE NEXT PAGE

Camel AIR

We regret that your luggage has not arrived as scheduled. Please provide us with the following details so that we can locate and return your luggage. A Camel Air representative will contact you by phone as soon as your luggage is located. We will send the luggage to the address you provided. If your luggage is not found within three business days, please contact our senior customer service representative James Chan at (380) 555-2283.

Date: November 18
Name: Elaine Song
Local Address: Hotel Red, 345 Main St., New York City, New York, USA
Tel: +1 123 445 6789
Flight No.: CA76FGHR

Delayed Luggage Information:

	Quantity	Description
Suitcase	1	Large red suitcase with stickers on it.
Backpack	1	A blue backpack labeled "fragile" with the name "Elaine Song" on it
Purse		
Box		
Other		

From:	Dwade@co.org
To:	esongka@co.se
Subject:	Re : Textile Color Samples
Date:	19 Nov, 2:03 P.M.

Dear Elaine,

I am sorry to hear about your situation, and I hope everything gets sorted out. By the way, don't worry. I contacted our New York office and they will be providing you with some replacement samples of our new line of fabrics, so you will still be able to present them at the client meeting tomorrow. They should provide you with 15 samples. Gina Davis at the New York office will arrange for a courier to bring the samples to the place where you will be staying. I hope everything goes well!

Take care,

Derek Wade

96. What is the purpose of the form?

(A) To pay for excess baggage
(B) To provide delivery details
(C) To request an upgrade on a flight
(D) To file a complaint with an airline

97. What will most likely happen on November 20?

(A) Ms. Song will present new color samples.
(B) Ms. Song will check in at Hotel Red.
(C) Ms. Song will visit the New York branch.
(D) Ms. Song will return from her trip.

98. What is indicated about Ms. Song?

(A) She regularly visits New York on business.
(B) She had difficulties booking accommodation in New York.
(C) Her luggage contains company materials.
(D) Her flight to New York was delayed.

99. What is Ms. Song planning to do in New York?

(A) Purchase new fabrics
(B) Recruit new employees
(C) Meet with clients
(D) Attend a workshop

100. What will Gina Davis probably do?

(A) Reschedule a presentation
(B) Send a package to Hotel Red
(C) Meet Ms. Song at her hotel
(D) Accompany Ms. Song to a meeting

GO ON TO THE NEXT PAGE

TEST 3

TEST 3 MP3

TEST 3 해설

PART 1

Directions: For each question in this part, you will hear four statements about a picture in your test book. When you hear the statements, you must select the one statement that best describes what you see in the picture. Then find the number of the question on your answer sheet and mark your answer. The statements will not be printed in your test book and will be spoken only one time.

1.

2.

3.

PART 2

Directions: You will hear a question or statement and three responses spoken in English. They will not be printed in your test book and will be spoken only one time. Select the best response to the question or statement and mark the letter (A), (B), or (C) on your answer sheet.

4. Mark your answer on your answer sheet.

5. Mark your answer on your answer sheet.

6. Mark your answer on your answer sheet.

7. Mark your answer on your answer sheet.

8. Mark your answer on your answer sheet.

9. Mark your answer on your answer sheet.

10. Mark your answer on your answer sheet.

11. Mark your answer on your answer sheet.

12. Mark your answer on your answer sheet.

13. Mark your answer on your answer sheet.

14. Mark your answer on your answer sheet.

15. Mark your answer on your answer sheet.

16. Mark your answer on your answer sheet.

GO ON TO THE NEXT PAGE

PART 3

Directions: You will hear some conversations between two or more people. You will be asked to answer three questions about what the speakers say in each conversation. Select the best response to each question and mark the letter (A), (B), (C) or (D) on your answer sheet. The conversations will not be printed in your test book and will be spoken only one time.

17. Why is the man calling?

(A) To explain the delay of a delivery

(B) To reschedule a pick-up time

(C) To install a machine

(D) To respond to an inquiry

18. According to the woman, why is she trying to change the oil fryers to air fryers?

(A) To remodel the kitchen

(B) To decrease energy consumption

(C) To replace broken equipment

(D) To satisfy new requirements

19. What will the man do next?

(A) He will file a complaint.

(B) He will schedule an express delivery.

(C) He will refund a payment.

(D) He will transfer a call.

20. What is the purpose of the woman's call?

(A) To confirm a schedule

(B) To ask for additional information

(C) To inquire about transportation

(D) To make a complaint

21. What does the woman say about the hotel service?

(A) The shuttle bus was not offered.

(B) The breakfast was not included.

(C) The room was too small for her family.

(D) Some facilities were unavailable.

22. What will the man do next?

(A) Send the woman a discount coupon

(B) E-mail the hotel manager

(C) Talk to his supervisor

(D) Provide a refund

23. Who most likely is the woman?

(A) An office manager

(B) A furniture store owner

(C) An event planner

(D) An interior decorator

24. What does the woman imply when she says, "I'll definitely need more than twenty"?

(A) An order will be expensive.

(B) A discount will be applicable.

(C) The store's stock is insufficient.

(D) Additional purchases will be required.

25. What will the woman do next?

(A) Make a payment

(B) Provide an address

(C) Visit the Web site

(D) Talk to an employee

26. What event is scheduled for next Tuesday?

(A) A branch opening

(B) A staff party

(C) An office visit

(D) A restaurant review

27. What does the man mention about Mr. Sato?

(A) He studied finance in university.

(B) He was recently promoted.

(C) He first worked in the marketing department.

(D) He joined the company over ten years ago.

28. What will the man do next?

(A) Check an order

(B) Inspect a venue

(C) Update a list

(D) Send a message

29. What are the speakers mainly discussing?
   (A) A tour itinerary
   (B) A historical attraction
   (C) A business location
   (D) Public transportation

30. What does the man imply when he says, "Oh, well, we're vegetarians"?
   (A) He will have the lasagna dish.
   (B) He would prefer more options.
   (C) He cannot eat at the restaurant.
   (D) He wants a refund for the steak.

31. What does the woman tell the man to do?
   (A) Sign a ticket
   (B) Bring a camera
   (C) Arrive on time
   (D) Visit a souvenir shop

Error code list		What to do
QBD-3211	Mobile network unavailable	Contact your network provider
FNB-2210	Missing installation program	Perform a factory reset
ZIR-1928	Faulty battery	Service required
MRD-9204	No camera function	Service required

32. Where does the woman work?
   (A) A cable company
   (B) A clothing outlet
   (C) A grocery store
   (D) An electronics shop

33. Look at the graphic. Which error code does the man's phone have?
   (A) QBD-3211
   (B) FNB-2210
   (C) ZIR-1928
   (D) MRD-9204

34. What does the woman offer to do?
   (A) Provide a refund
   (B) Contact a manufacturer
   (C) Exchange a product
   (D) Replace a battery

GO ON TO THE NEXT PAGE

PART 4

Directions: You will hear some talks given by a single speaker. You will be asked to answer three questions about what the speaker says in each talk. Select the best response to each question and mark the letter (A), (B), (C), or (D) on your answer sheet. The talks will not be printed in your test book and will be spoken only one time.

35. What is being advertised?
(A) Display shelves
(B) Store signs
(C) Ceiling fans
(D) Real estate

36. What does the speaker say about the online store?
(A) Shipping is free for a limited period.
(B) Customers can view various products.
(C) Special discounts are available.
(D) Customers can join a mailing list.

37. What is being offered for free with customer purchases within the next month?
(A) Delivery
(B) Gift-wrapping
(C) Installation
(D) Extended warranties

38. What is the news report about?
(A) A budget committee meeting
(B) A building renovation schedule
(C) A local government election
(D) An upcoming construction project

39. What is suggested about Main Street?
(A) It will be renovated on April 2.
(B) It will be unavailable on April 3.
(C) It will be used as a detour.
(D) It will be the site of a new business.

40. What is available on the Web site?
(A) A list of tourist attractions
(B) Details about available positions
(C) A description of new policies
(D) Maps of the local area

41. What is being advertised?
(A) A health service
(B) A food store
(C) A sports competition
(D) A dieting application

42. What is available on the Web site?
(A) Sample courses
(B) Healthy recipes
(C) Employee credentials
(D) Customer testimonials

43. How can a customer make a reservation?
(A) By visiting a Web site
(B) By making a call
(C) By sending an e-mail
(D) By submitting a form

44. Who is the speaker?
(A) A radio program host
(B) A news reporter
(C) An author
(D) A business analyst

45. What does the speaker say about Ms. Moore?
(A) She is a new stock analyst.
(B) She majored in advertising in university.
(C) She is planning to start her own business.
(D) She released shorter publications before her book.

46. What are listeners encouraged to do?
(A) Register for a mailing list
(B) Sign up for a membership
(C) Share their business experiences
(D) Visit a small business

Saturday	Sunday	Monday	Tuesday
☁🌧	☀	☁🌧	☁❄

47. Look at the graphic. When will the baseball tournament take place?

(A) Saturday
(B) Sunday
(C) Monday
(D) Tuesday

48. What does the speaker say she is excited about?

(A) A musical performance
(B) A store opening
(C) A food vendor
(D) A celebrity appearance

49. What does the speaker recommend the listeners do?

(A) Purchase a ticket
(B) Place an order
(C) Visit a Web site
(D) Arrive early

GO ON TO THE NEXT PAGE

READING TEST

In the Reading test, you will read a variety of texts and answer several different types of reading comprehension questions. This Reading test will last 40 minutes. There are three parts, and directions are given for each part. You are encouraged to answer as many questions as possible within the time allowed. You must mark your answers on the separate answer sheet. Do not write your answers in your test book.

PART 5

Directions: A word or phrase is missing in each of the sentences below. Four answer choices are given below each sentence. Select the best answer to complete the sentence. Then mark the letter (A), (B), (C), or (D) on you answer sheet.

50. The New York Metropolitan Museum plans to exhibit Andy Warhol's most ------- works of art.
    (A) innovative
    (B) innovate
    (C) innovatively
    (D) innovation

51. We must review the budget and make sure that we remove any unnecessary -------.
    (A) invoices
    (B) reservations
    (C) surveys
    (D) expenses

52. In order ------- the deadline for the building blueprint, Mr. Kane stayed at his workstation until 11 P.M.
    (A) meets
    (B) met
    (C) to meet
    (D) meeting

53. The planned ------- of several new office buildings in Newberry will create a sizable demand for skilled workers.
    (A) construct
    (B) construction
    (C) constructed
    (D) constructing

54. By ------- four new stores, the company has expanded its presence throughout the southern states.
    (A) opened
    (B) open
    (C) opening
    (D) opens

55. The expansion of the London office ------- us to add 15 new positions in the sales department.
    (A) will be allowed
    (B) have allowed
    (C) is being allowed
    (D) will allow

56. As the chairman of the board, Mr. Kim ------- a new business model for SSD International Group.
    (A) proposed
    (B) accompanied
    (C) ranked
    (D) motivated

57. The concert in Grange Park has been rescheduled ------- tomorrow due to inclement weather.
    (A) at
    (B) by
    (C) until
    (D) for

58. ------- the IT manager implemented the new software, we are now able to quickly calculate resources from sales data.
(A) Due to
(B) Although
(C) Since
(D) So that

59. The ------- information about the annual shoe sale was announced on the Best Shoes Web site this morning.
(A) detailed
(B) detailing
(C) details
(D) detail

60. During the Board of Directors' meeting, the chairman of the board ------- expressed his objection to the proposed salary cuts.
(A) repeated
(B) repeatedly
(C) repeating
(D) repeats

61. The operating hours for Original Pancake House are 6:00 a.m. to 10 p.m. daily, ------- on the third Wednesday of every month.
(A) except
(B) still
(C) following
(D) for

62. Make sure to follow the safety procedures when you ------- heavy boxes to avoid injury.
(A) lift
(B) increase
(C) affect
(D) notify

63. Installation of the new system will take place once the IT manager finishes ------- his employees.
(A) to train
(B) training
(C) train
(D) trains

64. Please look ------- at the document to make sure that there are no errors.
(A) nearly
(B) closely
(C) recently
(D) newly

GO ON TO THE NEXT PAGE

PART 6

Directions: Read the texts that follow. A word, phrase, or sentence is missing in parts of each text. Four answer choices for each question are given below the text. Select the best answer to complete the text. Then mark the letter (A), (B), (C), or (D) on your answer sheet.

Questions 65-68 refer to the following e-mail.

To: tomsawyer@adrn.co
From: noreply@horizonbooks.edu
Date: July 1
Subject: Horizon Books

Dear Valued Customer,

We are sending you this e-mail because you ------- to change your Horizon Books account
                                      65.
password. Your password has now been reset. Please click the link below if you wish to change

your password again. The link will ------- in 24 hours. -------, you should click the link as soon as
                                66.   **67.**
possible if you do wish to make another change.

Horizon Books always values its customers' account security. -------.
                                                              68.

Best wishes,

horizon Books Team

---

65. (A) request
(B) requested
(C) requesting
(D) requests

66. (A) submit
(B) expire
(C) amend
(D) execute

67. (A) Meanwhile
(B) Although
(C) For example
(D) Therefore

68. (A) We offer a wide selection of new and used
books for all age groups.
(B) Since you are new to our book club, we will
waive the membership fee.
(C) Visit our Web site for more information
about discounts and other offers.
(D) If you did not initiate the change, please
contact us immediately.

June 3 - California Almonds Inc., the West Coast's biggest producer of almonds, is anticipating a significant increase in its number of exported shipments over the next few months. This ------- **69.** is based on the shortage of almond products around the world and the recent almond bacteria outbreak that has affected many overseas growers. California Almonds' president, Al Joy, stated that the export increase may amount to 500 tons a month. -------. California Almonds Inc. buys the **70.** raw almonds from almond farmers in San Jose and performs a shelling process ------- packaging **71.** the final product in bags for customers. Mr. Joy is excited about the expected rise in export volume, saying, "This surge in exports of California almonds will come as welcome news to almond farmers ------- in the San Jose region." **72.**

69. (A) cost
    (B) delay
    (C) merger
    (D) forecast

70. (A) Such a figure is unprecedented in the company's history.
    (B) Accordingly, Mr. Joy plans to close his main factory.
    (C) Almonds are often recommended as part of a balanced diet.
    (D) California Almonds is known for its generous employee wages and benefits.

71. (A) toward
    (B) before
    (C) prior
    (D) during

72. (A) located
    (B) location
    (C) are located
    (D) locating

GO ON TO THE NEXT PAGE

PART 7

Directions: In this part you will read a selection of texts, such as magazine and newspaper articles, e-mails, and instant messages. Each text or set of texts is followed by several questions. Select the best answer for each question and mark the letter (A), (B), (C), or (D) on your answer sheet.

Questions 73-74 refer to the following text message.

From: Richard Barilla
Thursday, August 4,
8:53 A.M.

Hello, Martha. I am currently at the Barthian Hotel, repairing leaky pipes in the bathroom in the lobby. Terrie called in sick and she is not with me now. You know, I can't finish the job alone. So, is there anyone else that you send to assist me? Maybe you could ask Aiden? Please let me know ASAP.

73. What most likely is Mr. Barilla's job?
(A) A hotel receptionist
(B) A plumber
(C) A hardware store clerk
(D) An engineer

74. What does Mr. Barilla ask Martha to do?
(A) Repair some equipment
(B) Post a job advertisement
(C) Contact a colleague
(D) Meet with him at the hotel

Questions 75-76 refer to the following survey.

Thank you for choosing Redford Inn. We would appreciate it if you would give us some feedback. Please let us know how we are doing by filling out this brief survey and leaving it in your room when you check out. At Redford Inn, we take feedback from our guests seriously.

How likely are you to recommend the Redford Inn to others?	Not likely ☐	Likely ☑
Was our hotel clean?	Yes ☑	No ☐
Were our amenities as described?	Yes ☑	No ☐
Was our staff friendly?	Yes ☑	No ☐

Additional Comments: I had a great time at your hotel. Everything was very satisfactory except one thing. I ordered room service at around 11 last night, but the receptionist said the kitchen is already closed. The menu in the room mentions the room service is available from 6 A.M. to 12 A.M. every day. So, I was a little confused by the conflicting information.

If you would like to receive 10% discount coupon for next stay, please leave your e-mail address.

Name: Sophia Farword

E-mail Address: sofw1234@gtwd.com

75. What are guests encouraged to do?
   (A) Extend their stay
   (B) Provide their opinions
   (C) Order room service
   (D) Sign up for a membership

76. Why did Ms. Farword leave her e-mail address?
   (A) To apply for a job
   (B) To request additional information
   (C) To contact a supervisor
   (D) To receive a voucher

GO ON TO THE NEXT PAGE

Questions 77-79 refer to the following article.

Your Participation is Needed!

Chicago, January 2 - Many local Chicago residents and businesses have expressed concerns to local officials about the limited parking in the downtown area. Many are calling for a sixth parking structure to be built downtown. The city is going to hold a council meeting at the end of the month in order to address the issue, and all residents are welcome to express their concerns then. —[1]—. The city has asked residents to fill out a survey online to express what is most needed. —[2]—. After the completion of the survey, the city will provide an updated list of available parking areas.—[3]—.

"Many local people say that the demand for parking has increased ever since the opening of the MICE business complex two years ago," said Ed Green, a local resident. "I wonder why an additional parking lot was not constructed two years ago. For me, it takes 30 minutes to find a parking space every morning. Don't you think something is wrong?" Mr. Green complained. —[4]—. "We really need the sixth lot," said Angela Bazzia. "I think most people would say the parking lot construction should be the city's highest priority."

---

77. How many parking garages are currently in downtown Chicago?

(A) 3
(B) 4
(C) 5
(D) 6

78. What is suggested about Chicago?

(A) Its council listens to the needs of residents.
(B) Its parking facilities are in poor condition.
(C) Its council is based in the downtown area.
(D) Its efforts to alleviate traffic congestion were successful.

79. In which of the positions marked [1], [2], [3], and [4] does the following sentence best belong?

"The survey will be accessible at www.chicagocouncil.com/parkingsurvey by March 28."

(A) [1]
(B) [2]
(C) [3]
(D) [4]

For immediate release

Contact: David Jenson, Office of Public Relations
Telephone: (02) 555-5606
E-mail: davjen@nygallery.org

Season's Special Exhibit
New York Gallery

New York (May 24) – The latest artwork of Sam Park, an artist who focuses on the use of natural light in his art, will have a seasonal exhibition at the New York Gallery. The gallery will be displaying 28 of Sam Park's most famous art pieces, which reflect natural colors by utilizing natural light. Sam Park is regarded as one of the most important contemporary artists in America thanks to his endless creativity and innovation.

The exhibition will run from June 1 to August 31, and the entry fee will be $15 per adult and $5 per child. The Sam Park exhibition, unlike other exhibitions in the gallery, will only be accessible between 10:00 a.m. and 3:30 p.m., when there is a sufficient amount of natural light, at the request of the artist.

On July 1, Sam Park will be present at the exhibition to personally meet and greet the gallery patrons and explain some of his artwork.

80. What is the purpose of the press release?
(A) To announce a schedule change
(B) To share opinions about a project
(C) To explain a procedure
(D) To advertise an event

81. What is mentioned about the exhibit?
(A) It is open to the public only during specific hours.
(B) Admission is free for children under five.
(C) It has been hosted in several galleries.
(D) It will run at the gallery for a total of two months.

82. The word "present" in paragraph 3, line 1, is closest in meaning to
(A) complimentary
(B) immediate
(C) available
(D) prompt

GO ON TO THE NEXT PAGE

Questions 83-86 refer to the following article.

Security Expert Coming to Seoul

SEOUL (September 9) — Denny Borg, a world famous security expert, will be visiting Seoul next week. He will be the keynote speaker at the annual Seoul Security Forum. The forum will be held at the Seoul Convention Center from September 15 to September 21. —[1]—. Around 5,000 visitors are expected to attend the forum. Mr. Borg will be highlighting many points made in his recent bestselling book *White Hacker*. Mr. Borg wrote in his book, "You might think your personal information is safe. However, many business owners don't think they should handle their customers' information safely." —[2]—. Mr. Borg is a successful online security expert living in New York. He currently owns a security consulting firm which has 10 branches worldwide. —[3]—. He is originally from Ukraine, and he wishes to help his home country to thrive. —[4]—. He will try to provide his basic security guidelines to as many people as he can. You can learn about them in detail by visiting the forum. Tickets cost $30 and can be purchased online at seoulsecurityforum.com.

---

83. What is the article mainly about?
    (A) A guest speaker
    (B) A book review
    (C) A business merger
    (D) A schedule change

84. What is NOT mentioned about Mr. Borg?
    (A) He previously lived in Ukraine.
    (B) He recently published a book on online security.
    (C) He owns an international consulting firm.
    (D) He regularly visits Seoul for the security forum.

85. Why would readers visit seoulsecurityforum.com?
    (A) To post a job advertisement
    (B) To purchase tickets
    (C) To report an error
    (D) To sign up for a seminar

86. In which of the positions marked [1], [2], [3], and [4] does the following sentence best belong?

    "The newest one just opened in downtown Chicago and employs over 100 staff."

    (A) [1]
    (B) [2]
    (C) [3]
    (D) [4]

From:	Human Resources
To:	Client Services Department
Subject:	Spanish classes
Date:	June 16

Dear all,

As you are already aware, our company is expanding into Argentina and this means that many opportunities for interaction with clients in Spanish will arise. To help you adjust to the changes to our corporate environment, we would like to offer free Spanish classes to all employees in the Client Services Department, who will inevitably have to deal with clients in Spanish over the phone. The offered Spanish classes are not mandatory and are completely optional. However, we want to encourage everyone to participate in taking the Spanish classes for personal improvement. For the classes, we have partnered up with EF Language Institute and they will be providing regular classes.

EF Language Institute will be conducting the classes on-site at our headquarters on Tuesday and Thursday evenings, so no traveling will be necessary. EF will be offering multiple levels of classes including intermediate, advanced and professional.

We hope that you will take advantage of these free classes. If you are interested, please get back to me by Wednesday in order to register.

Best regards,

Jenny Huh
HR Manager
Foxwood Technology

87. Why is the company offering Spanish classes for the employees?
(A) Employees will communicate with Spanish-speaking clients.
(B) The company will move its headquarters to Argentina.
(C) The Human Resources Department is planning to hire more Spanish speakers.
(D) The company hopes to open a new branch office in Argentina.

88. What is indicated about EF Language Institute?
(A) It has been in business for more than ten years.
(B) It primarily offers beginner-level Spanish classes.
(C) It has more than 10 branches worldwide.
(D) It will send teachers to Foxwood Technology.

89. The word "conducting" in paragraph 2, line 1, is closest in meaning to
(A) administering
(B) behaving
(C) transferring
(D) evaluating

90. Why should employees respond to Mr. Huh?
(A) To sign up for a class
(B) To obtain a class schedule
(C) To help arrange an event
(D) To volunteer for a job

GO ON TO THE NEXT PAGE

Questions 91-95 refer to the following information and e-mail.

Quick Shot is Japan's best reviewed camera rental company. We offer a large range of cameras at affordable prices. Why would you purchase a new camera for your travels? Just rent one from us! We will match any price! We not only have various cameras but also camera accessories! You can reach us at 555-6592 or e-mail us at inquiries@quickshot.com.

Some of our fees can be seen below:

	Rent for a day	Rent for a week
Shot Pro H5 camera	$8	$50
Shot Pro professional camera	$12	$68
Camera case	$3	$16
Camera wrist strap	$4	$20

* To celebrate being in business for ten years, we will soon be offering a free photo album to those who travel from September 1 to September 30 and rent one of our cameras for their trip. Please contact us to make your equipment reservation in advance. You can pick up your items from our airport branches when you arrive in Japan.

E-Mail Message

To:	inquiries@quickshot.com
From:	kchen@globemail.net
Subject:	Camera Rental
Date:	July 30

Hello, I am planning to visit Japan soon, so I visited your Web site to reserve a Shot Pro H5 Camera for one week and make the appropriate payment. I have two questions for you. I could not find the answers to them on your site. The first question that I have is, can I pick it up at one airport and drop it off at another? My second question is, will the photo album be given to me when I pick up the camera? Based on the information I read, the dates of my trip qualify me for the free item.

Thank you for your assistance.

Karen Chen

91. What kind of company is Quick Shot?

(A) A sportswear company
(B) A trading company
(C) A travel agency
(D) A rental company

92. In the information, the word "match" in paragraph 1, line 3, is closest in meaning to

(A) gather
(B) equal
(C) charge
(D) oppose

93. What is the purpose of the e-mail?

(A) To request additional information
(B) To confirm a reservation
(C) To respond to an inquiry
(D) To complain about some equipment

94. When is Ms. Chen planning to visit Japan?

(A) In July
(B) In August
(C) In September
(D) In October

95. How much did Ms. Chen most likely pay to Quick Shot?

(A) $8
(B) $12
(C) $50
(D) $68

GO ON TO THE NEXT PAGE

Sara Blaton	RPC Bank	Credit Card Statement
Card number: XXXX-XXXX-XXXX-3820		Date Issued: September 2

Transactions		
Date	**Description**	**Amount**
5 August	Blanco Coffee	19.99
11 August	Luck Sports Goods	24.99
18 August	Simply Thai Restaurant	18.99
22 August	Newfield Bakery	28.50
27 August	Star Grocery	54.80
31 August	Annual Fee	80.00
1 September	GHJ Store	48.99

* Please make check or money order payable to RPC Bank by September 30. Include card number on the front.
* Annual Fee
ABC Master Card $20
ABC Master Premium Card $40
ABC Platinum Card $80
ABC Gold Card $100

From: Sara Blaton
To: RPC Bank
Re: Statement Inquiry
Date: September 3

Dear sir/madam,

I am writing because I noticed something on my credit card billing statement for August which concerned me. It seems as though I have been charged double the amount that I should have been for the credit card annual fee. I hope you will look into the matter promptly and correct this by crediting the difference back to my account next month.

Regards,
Sara Blaton

E-Mail Message

From: RPC Bank
To: Sara Blaton
Re: Statement Inquiry
Date: September 5

Dear Ms. Blaton,

Please accept my apologies on behalf of RPC Bank for the incorrect annual fee that appeared on your recent statement. I have already taken the necessary steps to ensure that this will be refunded to you next month. I regret to inform you that I found another error while checking your recent statement. The September 1 charge should appear on next month's statement, not the one for August. I have removed this charge and arranged for a new statement to be issued immediately. Please understand that we have recently hired new staff who are still learning how to process our customers' monthly statements. We will make sure that they receive extra training so that no future errors occur.

Regards,
Donald Heaton
Customer Service Representative
RPC Bank

---

96. Where did Ms. Blaton make her largest credit card purchase in August?

(A) Blanco Coffee
(B) Luck Sports Goods
(C) Newfield Bakery
(D) Star Grocery

97. What kind of credit card does Ms. Blaton most likely have?

(A) ABC Master Card
(B) ABC Master Premium Card
(C) ABC Platinum Card
(D) ABC Gold Card

98. What is the purpose of the first e-mail?

(A) To request a new credit card
(B) To complain about an interest rate
(C) To report an error
(D) To close a bank account

99. What problem does Mr. Heaton mention in his e-mail?

(A) Some software is faulty.
(B) Some staff are inexperienced.
(C) An annual charge will increase.
(D) A billing statement was sent to the wrong address.

100. Which charge will be removed from Ms. Blaton's recent billing statement?

(A) $18.99
(B) $28.50
(C) $48.99
(D) $54.80

GO ON TO THE NEXT PAGE

TEST 4

PART 1

Directions: For each question in this part, you will hear four statements about a picture in your test book. When you hear the statements, you must select the one statement that best describes what you see in the picture. Then find the number of the question on your answer sheet and mark your answer. The statements will not be printed in your test book and will be spoken only one time.

1.

2.

3.

PART 2

Directions: You will hear a question or statement and three responses spoken in English. They will not be printed in your test book and will be spoken only one time. Select the best response to the question or statement and mark the letter (A), (B), or (C) on your answer sheet.

4. Mark your answer on your answer sheet.

5. Mark your answer on your answer sheet.

6. Mark your answer on your answer sheet.

7. Mark your answer on your answer sheet.

8. Mark your answer on your answer sheet.

9. Mark your answer on your answer sheet.

10. Mark your answer on your answer sheet.

11. Mark your answer on your answer sheet.

12. Mark your answer on your answer sheet.

13. Mark your answer on your answer sheet.

14. Mark your answer on your answer sheet.

15. Mark your answer on your answer sheet.

16. Mark your answer on your answer sheet.

GO ON TO THE NEXT PAGE

PART 3

Directions: You will hear some conversations between two or more people. You will be asked to answer three questions about what the speakers say in each conversation. Select the best response to each question and mark the letter (A), (B), (C) or (D) on your answer sheet. The conversations will not be printed in your test book and will be spoken only one time.

17. Where does the woman probably work?
    (A) At a hotel
    (B) At a travel agency
    (C) At a cleaning company
    (D) At a furniture store

18. What does one of the men mean when he says, "There will be more than fifty people attending"?
    (A) A larger room will be needed.
    (B) The meeting is very important.
    (C) An attendance list has not been updated.
    (D) The man feels unprepared.

19. What does the woman say she will do?
    (A) Distribute name tags
    (B) Move some equipment
    (C) Cancel a reservation
    (D) Reschedule a meeting

20. Where does the woman probably work?
    (A) At a bank
    (B) At a real estate firm
    (C) At a moving company
    (D) At a clothing store

21. Why does the man say, "We would have a lot of foot traffic"?
    (A) He thinks the location is too busy.
    (B) He is concerned about a lack of parking.
    (C) He is interested in a business location.
    (D) He is launching a new promotion.

22. What is offered at no cost?
    (A) A swimming pool
    (B) Shared facilities
    (C) Wireless Internet
    (D) Regular maintenance services

23. According to the man, what is the problem?
    (A) A schedule was wrong.
    (B) An appliance has malfunctioned.
    (C) An order is late.
    (D) Some staff are absent.

24. What does the man mean when he says, "that won't be an issue"?
    (A) He and the woman will use different uniforms.
    (B) He will allow the woman not to wear a uniform.
    (C) He does not like the uniform.
    (D) He will give the woman another uniform.

25. What is mentioned about Sky Cooperation's function?
    (A) It is held once a year.
    (B) More than 50 employees are invited.
    (C) It changes venues every year.
    (D) Only invited guests can attend.

26. Why is the man calling?
    (A) To inquire about an event
    (B) To update an address
    (C) To make a payment
    (D) To confirm his attendance

27. What does the man mean when he says, "I am not a fan of pasta"?
    (A) He will have the mixed vegetable salad.
    (B) He usually doesn't go to Italian restaurants.
    (C) He will prepare his own meal.
    (D) He was surprised by the quality of a dish.

28. Why should the man arrive before 6 P.M.?
    (A) To pick up his tickets
    (B) To be in a photo
    (C) To receive a brochure
    (D) To get a good seat

29. Where are the speakers?
    (A) At a bank
    (B) At a conference
    (C) At a theater
    (D) At a stationery store

30. Why does the man say, "We're actually looking for a new office supplies vendor"?
    (A) To indicate that he is looking for a job
    (B) To suggest a business opportunity
    (C) To recommend a reliable vendor
    (D) To turn down a job applicant

31. What does the man give the woman?
    (A) A business card
    (B) A receipt
    (C) A contract
    (D) A letter of recommendation

Museum Floor Guide

Auditorium	Gallery A	Floor 1
Souvenir shop	Gallery B	Floor 2
Café	Gallery C	Floor 3
Roof Garden	Gallery D	Floor 4

32. What does the woman give the man?
    (A) A ticket to a dinosaur exhibit
    (B) A membership application
    (C) A receipt
    (D) A brochure about the museum

33. Look at the graphic. What floor does the man need to go to?
    (A) 1st floor
    (B) 2nd floor
    (C) 3rd floor
    (D) 4th floor

34. Why should the man visit the Web site?
    (A) To get directions to the museum
    (B) To correct a mistake
    (C) To apply for a museum membership
    (D) To join a class

GO ON TO THE NEXT PAGE

PART 4

Directions: You will hear some talks given by a single speaker. You will be asked to answer three questions about what the speaker says in each talk. Select the best response to each question and mark the letter (A), (B), (C), or (D) on your answer sheet. The talks will not be printed in your test book and will be spoken only one time.

35. What is the main purpose of the announcement?
(A) To announce shortened work hours
(B) To let employees know about a schedule change
(C) To notify staff of building maintenance
(D) To prepare staff for a work assignment

36. When does the speaker expect conditions to return to normal?
(A) On Wednesday
(B) On Thursday
(C) On Friday
(D) On Saturday

37. According to the speaker, what should the employees do?
(A) Come to work earlier
(B) Use a different entrance
(C) Take the subway to work
(D) Use the stairs instead

38. Where is the announcement being made?
(A) On a bus
(B) On a train
(C) On an airplane
(D) On a boat

39. What problem does the speaker mention?
(A) Insufficient storage space
(B) Missing baggage
(C) Shortage of seats
(D) Delays in schedule

40. What are the listeners asked to do?
(A) Open some luggage
(B) Check a magazine
(C) Use a seat pocket
(D) Order a meal

41. What is the purpose of the announcement?
(A) To welcome new employees
(B) To inform the listeners of a procedure
(C) To postpone a client meeting
(D) To encourage the listeners to donate

42. What is required to receive a press pass?
(A) An application
(B) A receipt
(C) A work permit
(D) A personal identification form

43. What are the listeners asked to do?
(A) Contact a colleague
(B) Call some guests
(C) Set up a table
(D) Arrange some paperwork

44. Who most likely is the speaker?
(A) A travel agent
(B) A radio show host
(C) A weather reporter
(D) A flight attendant

45. What does the speaker mention?
(A) Ticket prices
(B) Flight connections
(C) Menu changes
(D) Weather conditions

46. What will probably happen next?
(A) The customers will go on a shopping trip.
(B) Entertainment will be provided for the audience.
(C) The passengers will receive beverages.
(D) The travelers will pay for their tickets.

Tips for finding your first office space	Page 9
How to approach your customers	Page 14
Creative advertising at your fingertips	Page 23
Whom to hire? – Recruiting tips	Page 49

47. Who are the listeners?

(A) Entrepreneurs
(B) Web designers
(C) Accountants
(D) Reporters

48. Look at the graphic. What page should the listeners open to?

(A) Page 9
(B) Page 14
(C) Page 23
(D) Page 49

49. What are the listeners asked to do?

(A) Brainstorm some ideas
(B) Share some office supplies
(C) Design a logo
(D) Purchase a book

GO ON TO THE NEXT PAGE

TEST 4

READING TEST

In the Reading test, you will read a variety of texts and answer several different types of reading comprehension questions. This Reading test will last 40 minutes. There are three parts, and directions are given for each part. You are encouraged to answer as many questions as possible within the time allowed. You must mark your answers on the separate answer sheet. Do not write your answers in your test book.

PART 5

Directions: A word or phrase is missing in each of the sentences below. Four answer choices are given below each sentence. Select the best answer to complete the sentence. Then mark the letter (A), (B), (C), or (D) on you answer sheet.

---

50. At Peak Consulting Advisory Services, ------- help our clients achieve short-term and long-term marketing goals at affordable costs.
(A) our
(B) ours
(C) we
(D) us

51. Some facilities will be closed to all employees ------- the new programs are being updated.
(A) before
(B) during
(C) while
(D) unless

52. One of our customer service representatives received the files ------- the customer this morning.
(A) to
(B) nearby
(C) from
(D) yet

53. The grand ------- of the new movie studio in Hollywood was attended by numerous famous actors and actresses.
(A) openly
(B) opening
(C) opened
(D) open

54. Mr. Lee ------- who is assigned to the renovation project based on each architect's unique set of abilities.
(A) have decided
(B) deciding
(C) will decide
(D) decision

55. Make sure that we only provide the client with ------- information regarding the project, and no unnecessary details.
(A) relevance
(B) relevantly
(C) relevant
(D) relevancy

56. Since your car registration is about -------, please visit your local RMF office on Jackson Street.
(A) expiring
(B) to expire
(C) will be expired
(D) expire

57. ------- the equipment malfunctioned, the catering company performed superbly in delivering quality food in a timely manner.
(A) Also
(B) As long as
(C) If
(D) Even though

58. We would like to hear all board members' opinions on whether or not we should be ------- ALR's proposal.
(A) consider
(B) considering
(C) considers
(D) considered

59. Based on our policy, our couriers will make at least three ------- to deliver a package before returning it to the sender.
(A) attempts
(B) results
(C) factors
(D) charges

60. Please visit our Web site ------- receive a 50% discount coupon for your next purchase.
(A) and
(B) although
(C) now that
(D) also

61. Optimal Cosmetics has just signed a promotional deal with Gold Marketing, ------- offices are on the 10th floor.
(A) whenever
(B) how
(C) whose
(D) which

62. ------- of the stock market crash in 2008, the United States' economy fell into a recession.
(A) In order
(B) Unless
(C) Despite
(D) Because

63. The management concluded ------- using office equipment designed to minimize environmental impact also reduces our operating costs.
(A) what
(B) which
(C) that
(D) nor

64. ------- the company is able to release more new products depends on this year's sales.
(A) Despite
(B) Whether
(C) What
(D) Since

GO ON TO THE NEXT PAGE

PART 6

Directions: Read the texts that follow. A word, phrase, or sentence is missing in parts of each text. Four answer choices for each question are given below the text. Select the best answer to complete the text. Then mark the letter (A), (B), (C), or (D) on your answer sheet.

Questions 65-68 refer to the following information.

Seoul Airlines Frequently Asked Questions (FAQs)

How can I confirm that my flight was booked correctly?

Your flight details will be sent to the e-mail address you provided. However, if the confirmation e-mail has not been received, for whatever reason, please ------- your credit card billing statement.
65.
If there are no charges under Seoul Airlines, it is likely that your booking was not -------.
66.

-------. We will make sure to follow up on your request. Calls to this number are toll-free from any
67.
landline. However, please note that charges may be ------- to calls made from mobile phones.
68.

---

65. (A) take off
(B) refer to
(C) turn down
(D) comply with

66. (A) limited
(B) validated
(C) anticipated
(D) expressed

67. (A) Consequently, the reservation confirmation number was written on the invoice.
(B) Then, click the next button to confirm your seat selection.
(C) If so, please submit the renewal application form with your credit card number.
(D) In this case, try to call our customer service at 707-1123.

68. (A) application
(B) apply
(C) applying
(D) applicable

Questions **69-72** refer to the following article.

School Uniform Grant Approved

(Brighton – May 11) Parents looking for help in paying for new school uniforms ------- being urged
69.
to apply for a new grant that government officials recently voted to approve. The ------- of the vote
70.
was that parents of students should be provided with assistance when purchasing school uniforms.

Students who currently receive free school meals are among those ------- for a $120 grant for new
71.
clothing and sports equipment.

"We want all students to have access to the same things, regardless of their family's financial
circumstances," said Brighton's mayor, Sam Kaniki. -------.
72.

---

69. (A) is
(B) have
(C) are
(D) was

70. (A) decision
(B) procedure
(C) purchase
(D) exception

71. (A) responsible
(B) dedicated
(C) advisable
(D) eligible

72. (A) The council has come under scrutiny for the worsening condition of school buildings.
(B) Many schools in Brighton have reported a decline in graduation rates.
(C) The new initiative has been praised by local community groups.
(D) Students who wish to enroll in the course should apply online.

GO ON TO THE NEXT PAGE

PART 7

Directions: In this part you will read a selection of texts, such as magazine and newspaper articles, e-mails, and instant messages. Each text or set of texts is followed by several questions. Select the best answer for each question and mark the letter (A), (B), (C), or (D) on your answer sheet.

Questions 73-74 refer to the following e-mail.

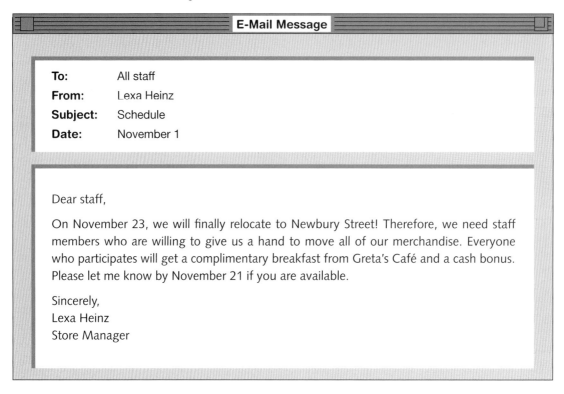

E-Mail Message

To: All staff
From: Lexa Heinz
Subject: Schedule
Date: November 1

Dear staff,

On November 23, we will finally relocate to Newbury Street! Therefore, we need staff members who are willing to give us a hand to move all of our merchandise. Everyone who participates will get a complimentary breakfast from Greta's Café and a cash bonus. Please let me know by November 21 if you are available.

Sincerely,
Lexa Heinz
Store Manager

73. What is the purpose of the e-mail?
(A) To announce a store sale
(B) To describe a new location
(C) To express thanks to employees
(D) To seek volunteers

74. What will some staff members receive on November 23?
(A) Discount coupons
(B) Travel vouchers
(C) A salary raise
(D) A free meal

Join the team at Spectra!

Now Hiring:

Sales associates, administrative staff, and customer service agents.

Full-time and part-time positions available at our offices in Kettering and Maidstone.

- Fill out your application at www.spectra.com/employment.
- No experience required, although those with a background in the medical equipment field will be given preference.
- Interviews for most jobs will be scheduled for the week beginning March 5.

75. What is indicated about Spectra?

(A) It is offering an internship program.
(B) It will open a new branch on March 5.
(C) It is preparing to launch new products.
(D) It operates in more than one location.

76. How can applicants apply for a position?

(A) By mailing a résumé
(B) By visiting the Web site
(C) By visiting the office in person
(D) By attending a job fair

GO ON TO THE NEXT PAGE

To: All Office Employees
From: Lily Baker
Re: Necessary action
Date: Thursday, June 10

I looked at the expense report from last quarter and noticed that we are spending far too much money. We must cut costs in our office in order to help the business to remain profitable. One of the largest expenses last quarter was the electricity bill, which is something that we should be able to reduce fairly easily. I'd like you all to start plugging computers and copy machines into power strips and turning the strips off when the office is closed. That way, we might save a lot of energy. Please follow this new office policy, and if you do not have any power strips, please contact John Riana in the maintenance office at extension 358. Thank you for your cooperation.

Thank you,
Lily Baker

77. What is the purpose of the memo?
    (A) To encourage employees to reduce expenses
    (B) To announce a company relocation
    (C) To correct some mistakes in a report
    (D) To request an extra copy of a document

78. What are employees asked to do?
    (A) Pack up their belongings
    (B) Install computer software
    (C) Turn off the lights when leaving the office
    (D) Use some additional equipment

79. Why should employees contact Mr. Riana?
    (A) To register for an event
    (B) To request equipment repairs
    (C) To inquire about a schedule
    (D) To obtain a power strip

Questions 80-82 refer to the following e-mail.

From:	Ayumi Murakami <amurakami@sti.org>
To:	Imran Al Gaood <ialgaood@cuad.ac.uk>
Subject:	Re: Amended conference schedule
Date:	25 January

Dear Mr. Al Gaood,

As you requested, I have listed you as a keynote speaker at the conference on Wednesday, March 19, rather than Monday, March 17.

You inquired about the identity of some of your fellow speakers at the event. Well, I have just been informed that Ms. Marie Therese is KTC Film School's representative. Ms. Therese will talk on March 18 about what film school graduates can hope to achieve in the field.

Unfortunately, Mr. Andrei Durchenko from RAQ Art School of Film has informed me that he is withdrawing from the conference due to a schedule conflict. He has to attend a graduation ceremony on March 20. His replacement from the same school, Ms. Melina Vakhitova, will submit the title of her presentation shortly. I also wanted to add that I will be arriving in Abu Dhabi at 6:00 A.M, on Monday, March 17, and will be overseeing the general running of the conference for the entire week. If you have no other plans, I would be delighted to have a coffee and a chat with you right after your speech.

Regards,

Ayumi Murakami

80. What is the main purpose of the e-mail?
    (A) To confirm a schedule change
    (B) To invite Mr. Al Gaood to an event
    (C) To give details about a conference venue
    (D) To suggest a presentation topic

81. What is indicated about Ms. Vakhitova?
    (A) She is a colleague of Mr. Durchenko.
    (B) She will replace Ms. Therese as an event speaker.
    (C) She has submitted the title of her speech.
    (D) She has met Mr. Al Gaood before.

82. When does Ms. Murakami hope to meet Mr. Al Gaood?
    (A) March 17
    (B) March 18
    (C) March 19
    (D) March 20

GO ON TO THE NEXT PAGE

We at the Center City Museum (CCM) are dedicated to providing our visitors with free admission to all of our exhibitions. The CCM heavily relies on donations from our valued visitors to provide exhibitions such as the ones currently on display. —[1]—.

Donate by post
Give a one-off gift or make a regular donation to support the work of the CCM.

Donate by bank transfer
Make a donation to the CCM directly from your bank account. Contact development@ccm.org for more details.

—[2]—. If you would like to become a member of CCM, please let us know. Membership allows you to access all exhibition openings, and you will receive a premium paperback museum guide which highlights all of our major artworks. You will also be sent a monthly letter with up-to-date information about CCM. —[3]—. Also, you will get vouchers which allow you to park free of charge. You can even get a 20% discount on all purchases in our CCM souvenir shop on the second floor. —[4]—.

83. What is the main purpose of the flyer?
(A) To promote a new museum exhibition
(B) To express gratitude to visitors for their patronage
(C) To announce a collaboration with a charitable foundation
(D) To encourage patrons to support the museum

84. What is indicated about the City Center Museum?
(A) It primarily exhibits the work of local artists.
(B) It has more than one location.
(C) It does not charge an entrance fee.
(D) It is currently hiring new employees.

85. What is NOT mentioned as a benefit available to CCM members?
(A) Free parking
(B) Discounts on souvenirs
(C) A book featuring selected art pieces
(D) An invitation to a monthly event

86. In which of the positions marked [1], [2], [3], and [4] does the following sentence best belong?

"You have two options should you wish to offer us your financial backing."

(A) [1]
(B) [2]
(C) [3]
(D) [4]

Local Business News

Dellville (Jan. 8) – Yesterday, ATK Electronics officially announced the finalization of its purchase and takeover of Brown Corporation. More importantly, ATK has recently confirmed that it will resume the construction of the Brown Corporation building in Dellville.

The new building will serve as ATK-Brown's new headquarters, and it is expected to bring thousands of jobs to Dellville. There was an issue a few years ago when Brown ran into hard financial times and was unable to complete the building construction. ATK spokesperson Sara Oreni made an official announcement saying that the facility will be completed within the next few months and hiring will begin shortly thereafter. "We expect the construction to be finished by June," said Oreni. Once completed, the headquarters will employ more than 1,000 employees, many of whom are expected to move to Dellville from other towns and cities. ATK Electronics has recently become one of the leading semiconductor manufacturers in the world, after facing many years of financial difficulties.

87. What is the article mainly about?
    (A) The appointment of a CEO
    (B) A successful business acquisition
    (C) The announcement of a new product
    (D) A recently completed construction project

88. The word "shortly" in paragraph 2, line 5, is closest in meaning to
    (A) soon
    (B) briefly
    (C) sometimes
    (D) limitedly

89. What is suggested about ATK Electronics?
    (A) It will close several of its current branches.
    (B) It manufactures kitchen appliances.
    (C) It is planning to collaborate on a product with Brown.
    (D) It struggled to become successful in its field.

90. What is indicated about Dellville?
    (A) Many companies have relocated there.
    (B) Local residents are opposed to ATK's move.
    (C) It is known for its high unemployment rate.
    (D) Its employment rate is expected to increase.

GO ON TO THE NEXT PAGE

E-Mail Message

To:	staff@tamastech.com
From:	pchieu@tamastech.com
Subject:	Software updates
Date:	Monday, March 19

Dear colleagues,

I would like to inform you that a new computer software update will be installed on all company computers next week. Any and all computers linked with the main network will be subject to the software update. There is a slight possibility of the installation having an adverse effect on existing programs used by the Accounting, Human Resources, and IT Departments.

As such, you should make sure to back up your important computer files. In addition, all computers that receive the software update must be restarted when the installation is complete. Please be aware that this update may cause loss of data on the programs that require all computers on our system to run continuously. Each of our four branches will receive the update on different days next week. The Renfrew branch will be the first, receiving it on Monday, March 26. Winslow will get it on Tuesday, with Anneville and Leyton getting it on Wednesday and Thursday, respectively. Please put the appropriate date in your diary, everyone.

Peter Chieu
President
Tamastech Inc.

To:	patrickpaul@tamastech.com
From:	kremes@tamastech.com
Subject:	Vendors' payments
Date:	March 20

Hi, Mr. Paul,

I need to let you know that there might be a problem with issuing the payments to our vendors next week. Normally, I arrange this process to take place every Wednesday. However, according to Mr. Chieu's e-mail sent yesterday, I might have some problems as our branch is receiving some major computer updates on that day. Unfortunately, I'm not in the office on Tuesday next week, so I won't be able to send the payments a day early. This is a concern as the contract we have vendors sign explicitly guarantees that they will be paid every Wednesday, with no exceptions. Would you mind getting in touch with each of them to check whether they would be willing to accept next week's payment one day late? Please also assure them that it will not happen again in the future.

Kay Remes

91. What is the purpose of the first e-mail?

(A) To apologize for a computer error
(B) To recommend some software
(C) To give advice on a production process
(D) To announce an installation

92. What does Mr. Chieu advise employees to do?

(A) Turn off equipment after use
(B) Attend a company-wide meeting
(C) Save important data
(D) Replace faulty computers

93. Which branch does Ms. Remes most likely work at?

(A) Renfrew
(B) Winslow
(C) Anneville
(D) Leyton

94. What is Ms. Remes concerned about?

(A) Losing computer data
(B) Finishing a project on time
(C) Purchasing some equipment
(D) Breaking contract terms

95. What does Ms. Remes ask Mr. Paul to do?

(A) Contact some vendors
(B) Speak with Mr. Chieu
(C) Authorize a payment
(D) Postpone computer maintenance

GO ON TO THE NEXT PAGE

Questions 96-100 refer to the following e-mails and invoice.

```
╔══════════════════════════ E-Mail Message ══════════════════════════╗

   From:        mgreen@xps.org
   To:          dhenricks@astrolights.ca
   Date:        August 9
   Subject:     Order LR-134567
   Attached:    Order Information

   Dear Ms. Hendricks,

   We received our shipment (Order No.: LR-134567) today. When checking the contents,
   we noticed there was an extra item in the shipment that we did not order. We looked into
   the invoice and found out we had been charged for that. We would like that charge to
   be refunded immediately. We will send you back item GHFN23 as soon as possible. Your
   Web site says return shipping is free. Will you be providing a shipping label or will I have to
   provide and send an invoice for the cost?

   Thank you,

   Matthew Green
   XPS Corporation

╚════════════════════════════════════════════════════════════════════╝
```

Invoice

From: ASTRO LIGHTS

To: XPS CORP

332 Green Dr.

Fairview, TX 45119

ATTN: Matthew Green

Order number: LR-134567

Order date: July 22

Item	Description	Unit Price	Quantity	Total
Greenbulb 22k	LED light bulb 120W	$5.25	10	$52.50
Lumination 34-op	Halogen lamp bulb 60W	$3.95	5	$19.75
RGDW320	Red light	$9.90	10	$99.00
GHFN23	Indoor glow lights	$108.00	1	$108.00

Total $279.25

Thank you for your purchase!

From:	dhendricks@astrolights.ca
To:	mgreen@xps.org
Date:	August 11
Subject:	Automated message - RE: Order LR-134567

Thank you for contacting me. I am currently unavailable and will not be back at my workstation until August 14, so I will not be able to reply to you immediately. If you need immediate assistance, please contact one of the following:

• For product information: *Joe Larg at jlarg@astrolights.ca*
• For employment opportunities: *Rhonda Harley at rharley@astrolights.ca*
• For membership inquiries: *Jason Monski at jmonski@astrolights.ca*
• For shipping instructions: *Jennifer Caldwell at jcaldwell@astrolights.ca*

Sincerely,

Diane Hendricks
Customer Service Representative
Astro Lights

96. Why did Mr. Green send the e-mail?

(A) Some items he ordered are damaged.
(B) He was overcharged for shipping.
(C) His order has not arrived yet.
(D) He received an unwanted item.

97. How much will Mr. Green most likely be refunded?

(A) $52.50
(B) $19.75
(C) $99.00
(D) $108.00

98. In the first e-mail, the word "checking" in paragraph 1, line 1, is closest in meaning to

(A) marking
(B) calculating
(C) examining
(D) monitoring

99. What is indicated about Ms. Hendricks?

(A) She was recently hired by Astro Lights.
(B) She is in charge of Accounting.
(C) She is out of the office at the moment.
(D) She is Mr. Green's coworker.

100. Who will Mr. Green probably contact next?

(A) Joe Larg
(B) Rhonda Harley
(C) Jason Monski
(D) Jennifer Caldwell

GO ON TO THE NEXT PAGE

TEST 5

TEST 5 MP3

TEST 5 해설

PART 1

Directions: For each question in this part, you will hear four statements about a picture in your test book. When you hear the statements, you must select the one statement that best describes what you see in the picture. Then find the number of the question on your answer sheet and mark your answer. The statements will not be printed in your test book and will be spoken only one time.

1.

2.

3.

PART 2

Directions: You will hear a question or statement and three responses spoken in English. They will not be printed in your test book and will be spoken only one time. Select the best response to the question or statement and mark the letter (A), (B), or (C) on your answer sheet.

4. Mark your answer on your answer sheet.

5. Mark your answer on your answer sheet.

6. Mark your answer on your answer sheet.

7. Mark your answer on your answer sheet.

8. Mark your answer on your answer sheet.

9. Mark your answer on your answer sheet.

10. Mark your answer on your answer sheet.

11. Mark your answer on your answer sheet.

12. Mark your answer on your answer sheet.

13. Mark your answer on your answer sheet.

14. Mark your answer on your answer sheet.

15. Mark your answer on your answer sheet.

16. Mark your answer on your answer sheet.

GO ON TO THE NEXT PAGE

PART 3

Directions: You will hear some conversations between two or more people. You will be asked to answer three questions about what the speakers say in each conversation. Select the best response to each question and mark the letter (A), (B), (C) or (D) on your answer sheet. The conversations will not be printed in your test book and will be spoken only one time.

17. What are the speakers discussing?
    (A) Future recruitment plans
    (B) The responsibilities of lawyers
    (C) The opening of a law school
    (D) A visa application process

18. What does the man mean when he says, "last year could've gone better"?
    (A) He wants to try last year's strategy again.
    (B) He is open to suggestions.
    (C) He would rather be in charge.
    (D) He is disappointed about new attorneys.

19. What will the woman do next?
    (A) Search on the Internet
    (B) Compose an e-mail
    (C) Post an advertisement
    (D) Issue a check

20. What did the man do yesterday?
    (A) He made a report about sales.
    (B) He gave a presentation on staffing.
    (C) He spoke with his client over the phone.
    (D) He created some meeting minutes.

21. What does the man mean when he says, "Were you there"?
    (A) He wants to check the meeting's attendance.
    (B) He wants information about the meeting.
    (C) He wants to know why the woman missed a meeting.
    (D) He wants to make sure he didn't make a mistake.

22. What does the woman suggest doing?
    (A) Referring to some instructions
    (B) Applying for a seminar
    (C) Contacting Human Resources
    (D) Making a budget report

23. What are the speakers discussing?
    (A) A reservation
    (B) A parking fee policy
    (C) A construction project
    (D) An office relocation

24. Look at the graphic. Where should the employees park?
    (A) Lot A
    (B) Lot B
    (C) Lot C
    (D) Lot D

25. What is offered for the employees?
    (A) Free breakfast service
    (B) Discount coupons
    (C) Valet parking
    (D) Shuttle bus service

Code list	
Legal Research	ZU019
Consultation	HR321
E-mail Filing	GT625
Process Serving	UB992

26. What problem is the man experiencing?
(A) He is looking for the client's current address.
(B) He is using an outdated billing code.
(C) He needs to install a software update.
(D) He needs to repair his computer.

27. Look at the graphic. What code is the man looking for?
(A) ZU019
(B) HR321
(C) GT625
(D) UB992

28. What does the woman tell the man to do?
(A) Inquire about fee
(B) Issue a receipt
(C) Update a software program
(D) Contact a colleague

Ted's Schedule

Monday	Tuesday	Wednesday	Thursday
Employee Training	IT conference	Time Management Workshop	Farewell Party

29. What kind of business do the speakers work in?
(A) An electronics store
(B) A furniture manufacturer
(C) A paper supplier
(D) An advertising agency

30. What is mentioned about Ms. Lee?
(A) She started at EK Industries last year.
(B) She works in the accounting department.
(C) She is transferring to another office.
(D) She creates the company newsletters.

31. Look at the graphic. Why can the man not attend the woman's presentation?
(A) Due to employee training
(B) Due to an IT conference
(C) Due to a time management workshop
(D) Due to a farewell party

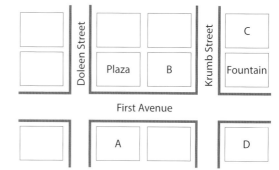

32. What did Mr. Freeman do?
(A) Submit a job application
(B) Interview some people
(C) Read an article
(D) Request a service

33. According to the woman, what is attached with the e-mail?
(A) A cover letter
(B) Directions
(C) A voucher
(D) A parking pass

34. Look at the graphic. Where will the job interview be held?
(A) Building A
(B) Building B
(C) Building C
(D) Building D

GO ON TO THE NEXT PAGE

PART 4

Directions: You will hear some talks given by a single speaker. You will be asked to answer three questions about what the speaker says in each talk. Select the best response to each question and mark the letter (A), (B), (C), or (D) on your answer sheet. The talks will not be printed in your test book and will be spoken only one time.

35. What department does the woman most likely work in?
    (A) Advertising
    (B) Customer Services
    (C) Human Resources
    (D) Security

Floor Guide	
Lobby	Planning Dept
2nd floor	Human Resources Dept
3rd floor	Marketing Dept
4th floor	Accounting Dept

36. What does the woman mention about the instructional video?
    (A) It is available online.
    (B) It will explain various flight procedures.
    (C) It runs for about 45 minutes.
    (D) It was made by the airline.

37. What will happen next?
    (A) Participants will put on their uniforms.
    (B) An instructional video will be played.
    (C) The speaker will introduce the captain.
    (D) A flight will be boarded.

38. Where most likely are the listeners?
    (A) At a restaurant
    (B) At a conference center
    (C) At a department store
    (D) At a factory

39. Who is Sophia Chen?
    (A) A production manager
    (B) A market analyst
    (C) A baker
    (D) A store owner

40. What will the listeners do after the tasting?
    (A) Attend a lecture
    (B) Visit a gift shop
    (C) Fill out a survey
    (D) Watch a short film

41. What is the purpose of the message?
    (A) To ask for help
    (B) To introduce a new employee
    (C) To notify an employee of a change
    (D) To request attendance at a meeting

42. Look at the graph. Which floor is Jeff moving to?
    (A) 1st floor
    (B) 2nd floor
    (C) 3rd floor
    (D) 4th floor

43. What will the speaker do next?
    (A) Send an e-mail
    (B) Arrange a meeting
    (C) Reserve a table
    (D) Create a floor plan

Showing Schedule		
Film	Where	When
The Sculptures of the Middle East	Le Blanc Hall	10:20/14:20
Jack Timothy's Life	Orgini Gallery	13:40/17:40
Drawings and Women	MET Main Hall	10:00/15:00
Art and Artists	Hall 198	11:10/15:10

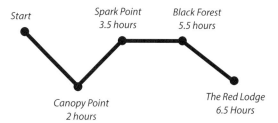

Dark Creek Forest Trails
Estimated times from starting point

44. Who most likely are the listeners?

(A) University students

(B) Art critics

(C) Tour members

(D) New employees

45. What is suggested about the renovations?

(A) They have been delayed.

(B) They will be finished in June.

(C) They are paid for by donations.

(D) They will take more time.

46. Look at the graphic. Where does the speaker encourage the listeners to go for the documentary?

(A) Le Blanc Hall

(B) Orgini Gallery

(C) MET Main Hall

(D) Hall 198

47. What does the speaker mention about herself?

(A) She is an experienced guide.

(B) She was raised in a nearby city.

(C) She used to be a forest researcher.

(D) She took hiking safety classes last month.

48. Look at the graphic. How long does it take to reach the hiking group's final destination?

(A) 2 hours

(B) 3.5 hours

(C) 5.5 hours

(D) 6.5 hours

49. What are the listeners expected to wear?

(A) Long pants

(B) Hats

(C) Jacket

(D) Proper shoes

GO ON TO THE NEXT PAGE

READING TEST

In the Reading test, you will read a variety of texts and answer several different types of reading comprehension questions. This Reading test will last 40 minutes. There are three parts, and directions are given for each part. You are encouraged to answer as many questions as possible within the time allowed. You must mark your answers on the separate answer sheet. Do not write your answers in your test book.

PART 5

Directions: A word or phrase is missing in each of the sentences below. Four answer choices are given below each sentence. Select the best answer to complete the sentence. Then mark the letter (A), (B), (C), or (D) on you answer sheet.

50. Northside Medical Center ------- an array of payment plans to meet the financial needs of patients.
(A) offering
(B) offers
(C) to offer
(D) is offered

51. Any applicant ------- application form is not received by this Friday will not be considered.
(A) which
(B) that
(C) whose
(D) who

52. The continuous rain during the monsoon season creates ------- flood problems for houses situated below sea level.
(A) consider
(B) considerably
(C) considering
(D) considerable

53. At the Ford Automotive company, the annual safety training sessions are ------- for all employees.
(A) mandatory
(B) affiliated
(C) excessive
(D) liable

54. At Star Financial, our services are ------- offered to the customers according to their needs.
(A) strategic
(B) strategy
(C) strategize
(D) strategically

55. ------- our previous accountant retired recently, we need to hire a new one as soon as possible.
(A) Due to
(B) As
(C) In case that
(D) If

56. The pine trees ------- New York's Central Park have been cut down to prevent their resin from falling on people during summer time.
(A) surrounded
(B) surrounds
(C) surrounding
(D) surround

57. All temporary residents of the United States are required to send a visa renewal application ------- the US Immigration Services.
(A) from
(B) to
(C) by
(D) regardless of

58. Mr. Cooper plans to visit the event venue ------- his employees are decorating the interior.
(A) who
(B) what
(C) which
(D) where

59. The rocket scientists are trying to figure out ------- exactly went wrong that caused the space rocket to explode.
(A) that
(B) it
(C) those
(D) what

60. The sales manager ------- I met at the leadership workshop completed the mandatory training course and transferred to the London office.
(A) who
(B) whose
(C) whom
(D) which

61. We need staff members ------- are willing to record inventory over the weekend.
(A) whom
(B) who
(C) which
(D) whose

62. The first Monday of every month is ------- the outside windows of the office building are cleaned.
(A) how
(B) for
(C) when
(D) what

63. Recently, Mr. Park ------- as the chairman of the board, and now he works as the CEO of Alexpo.com.
(A) resign
(B) has resigned
(C) is resigning
(D) have been resigned

64. It is ------- that customers be informed about our new business hours before they go into effect.
(A) frequent
(B) critical
(C) potential
(D) actual

GO ON TO THE NEXT PAGE

PART 6

Directions: Read the texts that follow. A word, phrase, or sentence is missing in parts of each text. Four answer choices for each question are given below the text. Select the best answer to complete the text. Then mark the letter (A), (B), (C), or (D) on your answer sheet.

Questions 65-68 refer to the following e-mail.

To: All employees of Emerald Chemical Corporation
From: Nana Emerald
Date: March 15
Subject: Study results

At the meeting yesterday, there was the ------- of a new policy that will reduce company costs in
                                            65.
addition to improving its corporate image.

Our market research team revealed the results of their recent study to the participants of the
meeting. Their conclusion was to use office supplies that will marginalize our environmental impact
and reduce our operating costs.

The results showed that customers are more ------- to value corporations that prioritize
                                              66.
environmental protection. -------. In addition, the Purchasing Department will begin buying non-toxic
                           67.
cleaning supplies and packaging products made from recycled resources.

An advertising campaign will make customers aware of these changes. ------- the changes are
                                                                      68.
implemented and progress is made, these measures will have a positive effect on the company and
the environment.

---

65. (A) possession
(B) introduction
(C) benefit
(D) profitability

66. (A) order
(B) about
(C) likely
(D) customary

67. (A) Furthermore, our efforts to protect the
environment will be recognized at an
upcoming business awards ceremony.
(B) However, environmental sustainability is an
issue that can be tackled at home as well
as in the workplace.
(C) For this reason, we will be forced to
make necessary job cuts at three of our
manufacturing plants.
(D) As a result, we have formulated a plan to
replace outdated electronics with energy-
efficient devices.

68. (A) As
(B) Therefore
(C) Due to
(D) Although

Mr. Timothy Gopal

Kaya Insurance Group

338 Sunshine Blvd.

Tuscon, AZ 85756

Dear Mr. Gopal,

Thank you for your order of 10 packs of 1,000-count bundles of premium paper. Your order confirmation number is ZQ1836.

As a token of ------, we offer free shipping on orders over $200. Furthermore, if you ------ to
      69.   **70.**
join the Amigo Paper mailing list now, you will receive a coupon code good for $5 off your next purchase. You will then ------ receive our monthly newsletter by e-mail and be able to hear about
                                     71.
our special offers in advance. It only takes two minutes to do that.

Amigo Paper is pleased to serve you. ------.
                                          72.

Sincerely,

Stephen Lee

Lead Customer Service Representative

69.
(A) appreciate
(B) appreciation
(C) appreciative
(D) appreciatively

70.
(A) sign up
(B) set up
(C) go through
(D) turn down

71.
(A) automatically
(B) purposefully
(C) recently
(D) strategically

72.
(A) We hope you continue to choose us in the future.
(B) We plan to present you with the Best Paper Company Award on October 7.
(C) The price is on our Web site, and it is subject to change.
(D) You can also give us a call if you wish to respond directly.

GO ON TO THE NEXT PAGE

PART 7

Directions: In this part you will read a selection of texts, such as magazine and newspaper articles, e-mails, and instant messages. Each text or set of texts is followed by several questions. Select the best answer for each question and mark the letter (A), (B), (C), or (D) on your answer sheet.

Questions 73-74 refer to the following advertisement.

Urgent delivery? Try Running Man!

Do you need your delivery to take place today? Our company can promise same-day delivery on urgent items to any parts of the Walmore area. From a small book to a sofa, we can deliver items of any size. And, no advance reservations are needed! We operate 24 hours a day, seven days a week, so you can call us anytime you want. We will always be able to connect you with an available delivery person!

You don't even have to think about the price! Within Walmore City, every delivery is only $40. Once the package has been dispatched, you will receive a text message that offers a link to a map which shows where the delivery person is in real time. Also, if you use our service nine times, the tenth time is free! Speak to one of our customer service representatives today at 555-9582!

73. What is NOT mentioned in the advertisement?
   (A) The company takes almost every size of package.
   (B) Customers need to call the company to determine the price.
   (C) Customers can keep track of the package location.
   (D) The company offers a benefit to repeat customers.

74. How should potential customers contact Running Man?
   (A) By visiting the business location
   (B) By calling a phone number
   (C) By sending a text message
   (D) By using an online reservation system

Louie Santino 9:30 A.M.

Where are you Ken? I thought you would be here by 9 a.m.

Ken Mann 9:31 A.M.

Sorry, I am still on Balimore Street, stuck in the traffic. I just heard the bridge is closed so the bus I am on is taking a different route. I guess it should take another 30 minutes or so.

Louie Santino 9:34 A.M.

Ok. I was about to change the orientation venue to Malita Hall, and wondered if you have already notified the new employees. If you have, we will do it in Conference Room 328 as planned.

Ken Mann 9:34 A.M.

I didn't do it yet. I was about to do it today.

Louie Santino 9:35 A.M.

Good. Let me reserve Malita Hall, and when you notify our new staff, please make sure to ask them to come to Malita Hall. Have you printed the new employee manuals?

Ken Mann 9:36 A.M.

Yes, I left them on your desk yesterday. See you soon!

75. Why is Mr. Mann late?

(A) His car has broken down.
(B) He went to the wrong location.
(C) He had a schedule conflict.
(D) He is caught in a traffic jam.

76. Which department do the writers probably work in?

(A) Accounting
(B) Human Resources
(C) Marketing
(D) Engineering

GO ON TO THE NEXT PAGE

From:	Alexander Patterson, Director of Human Resources
To:	Michel Chang, Director of Finance
Re:	Budget
Attachment:	HR Budget

Dear Mr. Chang,

I have attached the HR department's budget request. Please review it and let me know if there are any immediate changes that need to be made. We are cutting expenses in the third quarter by switching travel agencies. Unfortunately, the annual HR Conference's registration fee has increased by nearly 15 percent. That is roughly $2,000. It counterbalances the savings from the conference budget. Therefore, we are currently unable to provide any changes to our budget from the current quarter.

I am interviewing potential candidates for our open positions tomorrow. If you need to have a meeting with me, please let me know by the end of today.

Sincerely,

Alexander Patterson
Director of Human Resources

77. What is the main purpose of the e-mail?

(A) To notify Mr. Chang about an upcoming conference
(B) To ask Mr. Chang to review a document
(C) To reject a budget proposed by Mr. Chang
(D) To compare the cost of different travel agencies

78. According to the e-mail, what will most likely happen in the third quarter?

(A) Human Resources staff will attend an event.
(B) The finance department is planning to review budget requests.
(C) Mr. Patterson will purchase new equipment for the HR department.
(D) Mr. Chang will hold a meeting with Mr. Patterson.

79. What is Mr. Patterson planning to do tomorrow?

(A) Meet with job applicants
(B) Talk to the board of directors about the budget
(C) Reserve an interview venue
(D) Send some documents to Mr. Chang

September 5

Warren Temps

452 Main St. Lawrenceville, Maine 53421

Dear Mr. Temps,

We at *Speed Weekly* would like to thank you for being a long-time subscriber. We are writing to inform you of some changes.

First, please be advised that the cost of our subscription will increase, beginning on January 1. The price of our basic subscription will increase from $35 to $42 yearly. This is still much cheaper than buying from a third party.

Second, your current one-year subscription will end on December 31. You have the option at that time to renew your subscription starting on January 1. If you would like to renew, please sign and mail the bottom portion of this letter back with the self-addressed envelope we have provided. Or you can call our customer service at 555-1822. If you renew your subscription, we will also offer unlimited access to our Web site.

We hope to hear from you soon.

Sincerely,

Speed Weekly Membership Services Department

80. What is mentioned about Mr. Temps?
(A) His subscription will expire next month.
(B) He recently moved to a suburban area.
(C) He has subscribed the *Speed Weekly* for three years.
(D) He has been a loyal customer of *Speed Weekly*.

81. According to the e-mail, what change will be made in January?
(A) The subscription fee will increase.
(B) A new magazine will be launched.
(C) The magazine company will open a new Web site.
(D) *Speed Weekly* will hire three additional editors.

82. What is included with the letter?
(A) A brochure
(B) A manual
(C) An envelope
(D) A receipt

GO ON TO THE NEXT PAGE

The Seoul International Book Fair

15-17 March · COEX Exhibit Hall C · Seoul, Korea
Schedule for Thursday, 17 March

Common Sense   11:00 A.M-12:00 P.M., Section C

The author Damian Schnauz will be touring to promote his new book, *Common Sense*. Mr. Schnauz will be present at the Seoul International Book Fair to deliver a short lecture and to take questions from the participants. Subsequently, he will be signing autographs and posing for pictures with those who attend the lecture. Reservation required.

Design with Photoshop program   12:30 P.M.-2:30 P.M., Media Centre 4

Allen Doubek, the professional book designer and author of *Photoshop Master V1*, will be discussing efficient techniques and giving attendees a chance to practice first hand. Reservation required.

How To Become an Author - Online Publishing   3:40 P.M.-4:30 P.M., Section A

Tina Savona, the marketing manager of Vendler Publishing and author of a newly-released E-book, *Creating My Story*, will be talking about what skills are needed to be an author. There will be a chance to purchase the E-book after the seminar.

Debate: Are we getting better?   5:00 P.M.-6:30 P.M., Room 014

Garry Gunnarson, editor in chief at *Olive* magazine, will be hosting a debate session to discuss whether literacy has advanced or inhibited digital media.

Admission tickets will be up for sale for 20,000 won and will allow you to attend all sessions.

During the sessions, we would like to let you know that video recording is NOT permitted. Also photography is NOT permitted unless otherwise mentioned.
Meals are available for purchase at locations throughout Main Hall.
Information about accommodations may be obtained on our Web site at www.seoulbookfair.com.

83. What is suggested about the book fair?

(A) The event is held once a year.

(B) All speakers work in a publishing field.

(C) Parking is reserved for event speakers.

(D) Complimentary food will be available for attendees.

84. What are attendees encouraged to do?

(A) Bring their identification to receive an entrance ticket

(B) Download a map for the conference hall from the Web site

(C) Make a reservation for some sessions in advance

(D) Meet with book fair organizers in person

85. Where will attendees be able to take pictures with a guest speaker?

(A) Section C

(B) Media Centre 4

(C) Section A

(D) Room 014

86. The word "deliver" in paragraph 1, line 2, is closest in meaning to

(A) send

(B) perform

(C) transport

(D) invite

GO ON TO THE NEXT PAGE

E-Mail Message

To:	All employees
From:	Justin Perry
Subject:	Workshop
Date:	19 July
Attachment:	Workshop application

Hello everyone,

I am sending you this message so that you don't forget to attend the workshop on August 23. Here's some brief information about the workshop. It will be held from 10:30 A.M. to 12:30 P.M. on August 23, at the Palace Hotel in the Grand Ballroom. At this workshop, you will learn the critical factors of effective content marketing, how to develop your own marketing strategy, and how to reach, engage with, and convert new customers.

We will have Will Landrum speaking at this workshop! Will is famous for his work in the marketing field. He has worked for K&K Marketing for nearly 15 years. Will told me in an e-mail that he would like you all to know that he is looking forward to answering all of your questions. Afterward we will be having lunch at Danver Bistro, and then we will spend some time at the seaside resort!

To sign up, please fill out the attached form, and send it to Jessica Gomez jgomez@parah. com by July 28. Also, please note the conference venue doesn't have a large parking lot, so you are encouraged to take the bus or a train.

Thanks,

Justin Perry

87. What is the purpose of the e-mail?

(A) To promote a newly released product
(B) To celebrate an opening of a branch
(C) To request a detailed workshop schedule
(D) To remind staff of an upcoming event

88. What is mentioned about Will Landrum?

(A) He agreed to replace another speaker at the event.
(B) He has worked at his current company for almost 10 years.
(C) He is a very experienced marketer.
(D) He and Mr. Perry have met before.

89. The word "critical" in paragraph 1, line 4, is closest in meaning to

(A) trivial
(B) false
(C) negative
(D) key

90. What are employees who are planning to attend the workshop advised to do?

(A) Take public transportation
(B) Send an e-mail to Mr. Landrum
(C) Purchase tickets online
(D) Book accommodations

GO ON TO THE NEXT PAGE

Questions 91-95 refer to the following Web page and e-mail.

Confidence in Business Speaking Seminar Series
With Catering Provided by Anatolia Restaurant

Woolcroft Business Institute (WBI) is delighted to announce its October seminar series, which is designed to give confidence to those who are often required to speak publicly in the business world. All of the seminars will be led by instructors who possess a wealth of experience in a wide range of business fields. Spaces for each seminar will be in high demand, and we can only accept a maximum of 250 people per session. Interested individuals may sign up online or by calling us directly at 555-0127. Participants in each session will be able to enjoy a delicious buffet and drinks after the session, provided by local Turkish restaurant, Anatolia.

Date	Time	Topic	Instructor	Venue
7 October	12:30 P.M.-2:00 P.M.	Introduction to Speechmaking	Kenneth Lee	WBI Main Auditorium
14 October	3:00 P.M.-4:30 P.M.	Understanding Your Target Audience	Vlatko Andonov	WBI Main Auditorium
21 October	4:30 P.M.-6:00 P.M.	Making an Effective Presentation	Sheri Renner	WBI Main Auditorium
28 October	6:00 P.M.-7:30 P.M.	Succeeding in Any Interview Scenario	Karisma Kapoor	WBI Main Auditorium

To:	smeadows@estracorp.com
From:	registration@wbi.com
Date:	3 October
Subject:	Seminar registration
Attachment:	Stanmeadows.dcx

Dear Mr. Meadows,

We are contacting you to confirm your registration for one of the sessions in our October seminar series. I have no doubt that the strategies and skills you will pick up at the session will help you to avoid any problematic job interviews in the future.

Please find a document attached that provides detailed information about our institute, including a map of the building, a description of amenities, and details about parking. If you are interested in finding out more about our full-time courses, you can find a full course list on our Web site. Once you arrive at the institute on the day of the seminar, please go directly to the information kiosk to obtain an identification tag.

Woolcroft Business Institute is a proud leader in professional advancement courses. We look forward to helping you to advance your skill set.

Regards,

Registration Department
Woolcroft Business Institute

91. According to the Web page, what is being offered?
(A) Chances to improve public speaking skills
(B) Information about employment opportunities
(C) A financial consultation for business owners
(D) A networking event for marketing companies

92. What is NOT indicated about the seminars?
(A) They can be registered for by phone.
(B) They will be followed by food and beverages.
(C) They are held in several event venues.
(D) They are hosted by Woolcroft Business Institute.

93. Who will instruct the session Mr. Meadows is planning to attend?
(A) Mr. Lee
(B) Mr. Andonov
(C) Ms. Renner
(D) Ms. Kapoor

94. In the e-mail, the phrase "pick up" in paragraph 1, line 2, is closest in meaning to
(A) carry
(B) choose
(C) acquire
(D) ascend

95. What document is attached to the e-mail?
(A) A list of available courses
(B) A guide to an institute
(C) A registration receipt
(D) An identification tag

GO ON TO THE NEXT PAGE

Questions 96-100 refer to following estimate, notice, and e-mail.

Paramount Creations

112 Luxemberg Drive

New York City, New York 42223

Date: April 10

Cost Estimate No.: 53321

Prepared for: Jennifer Gardens

Prepared by: Gavin Pierre

Description	Amount	Cost
Cement Blocks ($3 / block)	100	$300.00
Red Fence Posts ($2 / post)	1,000	$2,000.00
Onsite labor charge ($25 / hour)	20	$500.00
New Customer Discount Coupon (Code ZT3928)	1	$-100.00
		ESTIMATE TOTAL $2,700.00
Provided estimates are valid for five business days.		

New York City Building Permit

Any resident in the state of New York shall obtain a building permit($250 for residential buildings; $350 for commercial buildings) from City Hall prior to building a fence as of April 1. You can apply for the fence permit in person at City Hall or visit our Web site for online registration.

To:	Gavin Pierre
From:	Jennifer Gardens
Date:	Friday, April 10, 11:22 A.M.
Subject:	Obtaining a Fence Permit

Hi Gavin,

Previously, we discussed building a 1.5 meter fence to border my office building, and I would like to hire you for the job, which will commence on April 12. I was very impressed with your prices and am pleased that your firm is based just a few blocks from my workplace. Thank you for the estimate proposal you sent to me so promptly. However, I was wondering if you can clarify a question I have regarding the estimate. Specifically, I was wondering if the estimate for labor hours includes the work involved in obtaining the fence building permit from City Hall.

Please clarify this for me before the fence building work begins. By the way, I was really impressed with the fence-building work you carried out at my neighbor Jinny's home.

Please let me know as soon as you can.

Sincerely,

Jennifer

96. What is indicated from the estimate?
   (A) Some of the items are currently out of stock.
   (B) Paramount Creations offers discounts for new customers.
   (C) The work project will take five days to complete.
   (D) Customers can make a payment by credit card.

97. According to the notice, how can a permit be obtained?
   (A) By registering online
   (B) By contacting a construction firm
   (C) By mailing an application
   (D) By calling City Hall

98. What is suggested about Ms. Gardens?
   (A) She has recently launched a new business.
   (B) She currently works in New York City.
   (C) She has hired Paramount Creations for previous projects.
   (D) She is unhappy with the provided cost estimate.

99. How much will Ms. Gardens most likely pay for a building permit?
   (A) $100
   (B) $150
   (C) $250
   (D) $350

100. In the e-mail, the phrase "carried out" in paragraph 2, line 2, is closest in meaning to
   (A) transported
   (B) performed
   (C) lifted
   (D) proposed

GO ON TO THE NEXT PAGE

Half
Test

TEST 1~5

정답
&
스크립트

TEST 1

Part 1

1. (C)   **2.** (A)   **3.** (D)

Part 2

4. (B)   **5.** (C)   **6.** (B)   **7.** (C)   **8.** (C)   **9.** (B)   **10.** (B)
11. (A)   **12.** (B)   **13.** (B)   **14.** (A)   **15.** (A)   **16.** (A)

Part 3

17. (C)   **18.** (A)   **19.** (B)   **20.** (C)   **21.** (B)   **22.** (D)   **23.** (B)
24. (D)   **25.** (C)   **26.** (C)   **27.** (D)   **28.** (A)   **29.** (A)   **30.** (B)
31. (C)   **32.** (B)   **33.** (C)   **34.** (D)

Part 4

35. (D)   **36.** (A)   **37.** (B)   **38.** (C)   **39.** (B)   **40.** (B)   **41.** (A)
42. (B)   **43.** (D)   **44.** (A)   **45.** (B)   **46.** (B)   **47.** (C)   **48.** (C)
49. (C)

Part 5

50. (B)   **51.** (C)   **52.** (B)   **53.** (D)   **54.** (C)   **55.** (A)   **56.** (A)
57. (D)   **58.** (D)   **59.** (B)   **60.** (D)   **61.** (C)   **62.** (D)   **63.** (A)
64. (D)

Part 6

65. (C)   **66.** (C)   **67.** (A)   **68.** (A)   **69.** (B)   **70.** (B)   **71.** (A)
72. (D)

Part 7

73. (C)   **74.** (A)   **75.** (D)   **76.** (D)   **77.** (A)   **78.** (C)   **79.** (C)
80. (D)   **81.** (D)   **82.** (D)   **83.** (B)   **84.** (A)   **85.** (D)   **86.** (C)
87. (B)   **88.** (B)   **89.** (B)   **90.** (C)   **91.** (D)   **92.** (B)   **93.** (B)
94. (D)   **95.** (B)   **96.** (C)   **97.** (D)   **98.** (D)   **99.** (C)   **100.** (D)

Part 1

1.   (A) A woman is staring at the monitor.
    (B) A woman is putting on a jacket.
    (C) A woman is talking on the phone.
    (D) A woman is typing on a keyboard.

2.   (A) A woman is looking in a display case.
    (B) A woman is holding jewelry.
    (C) A woman is opening a bag.
    (D) A woman is paying for a purchase.

3.   (A) Luggage is being unloaded from a cart.
    (B) Some bags are arranged in rows.
    (C) A man is putting merchandise into a bag.
    (D) A man is wearing a backpack.

Part 2

4.   When was the last time you checked the patient?
    (A) Absolutely.
    (B) Two hours ago.
    (C) For three hours.

5.   How will the interns be chosen?
    (A) The interviewees were well dressed.
    (B) She has an impressive résumé.
    (C) They were already selected.

6.   Why don't you sign up for the trade seminar with me?
    (A) On the second floor.
    (B) I am not sure if I can go.
    (C) The sign says "No smoking".

7.   Who can I talk to about applying for the facility manager position?
    (A) Yes, within two days.
    (B) A résumé is required.
    (C) I'll send you the guidelines.

8.   Why did ABC Cleaning cancel our appointment?
    (A) Yes, it was very clean.
    (B) That's a good point.
    (C) There was a conflict in their schedule.

9.   Where can I keep this chart until the presentation?
    (A) Yes, I need to keep it.
    (B) In the drawer over there.
    (C) He will give a speech.

10.   What's the price of this jacket?
    (A) It's a good product.
    (B) There may be a discount.
    (C) Mostly pants and socks.

11. How did our clients like the proposal?

    (A) They will discuss it tomorrow.

    (B) It's due on Monday.

    (C) I'd like to.

12. Who's picking up Mr. Kona from the airport?

    (A) He's flying back to New York.

    (B) It's listed on the schedule.

    (C) At 3:30.

13. Where should we place this photo?

    (A) A well-known photographer.

    (B) There's no space in this room.

    (C) No, I need two nails.

14. When does the musical start?

    (A) Take a look at your ticket.

    (B) In Theater 3.

    (C) Piano and violin.

15. What kind of bicycle do you have?

    (A) Are you considering buying one?

    (B) Near a bicycle shop.

    (C) I have some concerns.

16. Where is the staff orientation being held?

    (A) In meeting room 6.

    (B) Interviewing applicants.

    (C) About half an hour.

Part 3

Questions 17-19 refer to the following conversation.

M: Congratulations, Ms. Rodriguez, on your recent promotion. I heard you are going to be responsible for two store locations in L.A. Will you be relocating?

W: Yes, I am going to move next month. Mr. Son, who was in charge of the two downtown stores, resigned last week, so I was assigned to take his place.

M: It sounds like an amazing opportunity for you. It must have better pay, and it gives you a reason to move. Are they going to have a farewell party for you?

W: Absolutely, they are going to have a reception next Tuesday for all the members being transferred. I hope to see you there!

17. What is the topic of the conversation?

18. What is mentioned about Mr. Son?

19. According to the woman, what will happen next Tuesday?

Questions 20-22 refer to the following conversation.

M: Hello, Karen, this is Marcus. Can you give me a ride to the office on your way in?

W: Oh, I came in early to prepare for our meeting. Will you be able to make it here on time?

M: I don't know. My car won't start, and the subway is closed for repairs. I'm supposed to give the presentation today, so what should I do?

W: Oh, no. Our clients will be here soon, so I can't leave the office to get you. Why don't you call a cab? I will text you Yellow Cab's phone number.

M: Okay, thanks.

20. Why is the man calling?

21. What does the woman suggest the man do?

22. What will the woman send to the man?

Questions 23-25 refer to the following conversation.

M: Hello, Ying, are you enjoying your first day of work here? Were you able to get your company ID badge? You need to complete the form online for that first.

W: I know, but when I tried to fill out the form, I couldn't click the "Submit" button. I have no idea why it's happening.

M: I see. I think some security programs need to be installed. I will ask our IT technician, Hyu-so, to install them for you.

W: Thank you.

M: By the way, a few of us are having dinner together after work. Would you like to join us? It would be a good way for you to get to know your coworkers better.

23. What is the woman doing?

24. What does the man say he will do?

25. What does the man suggest the woman do?

Questions 26-28 refer to the following conversation.

M: Good morning, Ms. Werner. I would like to speak with you about the shortage of staff in the Customer Service Department.

W: Oh, I heard there has been an increase in calls lately.

M: Well, the number of calls we handle has increased greatly, and now we are unable to maintain our outstanding customer service.

W: We can't hire new staff at this time, but I might be able to get approval from management to allow overtime pay.

M: I don't know. We really need to hire at least two more employees.

W: I will discuss it with the management next Tuesday, but can you put together a graph showing the recent increase in call volumes? It would help a lot.

26. What does the man say is a problem?

27. According to the man, what caused the problem?

28. What does the woman ask the man to do?

Questions 29-31 refer to the following conversation.

W: Clayton, I don't think I can make it to the seminar next week. Can you find someone else to go with?

M: Oh, I'm sure I can find someone else. May I ask why you are unable to go?

W: My boss has just hired two more staff members and I will be in charge of training them.

M: I see. Then I'll ask Raymond if he wants to go.

29. What does the woman notify the man about?

30. What is the woman supposed to do?

31. What does the man say he will do?

Questions 32-34 refer to the following conversation.

M: Kyle, do you need help carrying those boxes? It looks like you could use a hand.

W: Yes, please! That would be great, especially since the elevator is still out of order and we'll have to use the stairs.

M: Didn't the elevator break down almost two weeks ago? The superintendent should have fixed it by now.

W: Oh, he's having a hard time finding the right parts because they have to be custom made.

M: Well, I'm glad that you live on the second floor. We only have to climb one set of stairs.

W: That's right!

32. What does the man offer to do for the woman?

33. According to the man, what happened two weeks ago?

34. What caused a delay?

Part 4

Questions 35-37 refer to the following telephone message.

Hello, Aaron, this is Tina. I will be unable to attend our meeting this afternoon. I missed my flight from Bangkok to Seoul, so I won't be in the office today. However, I read through your proposal suggesting a decrease in company spending. I see that you mentioned improving our energy efficiency, which would increase our costs initially, but allow for savings in the future. However, do you have any suggestions on how to improve our immediate financial issue? Let's talk about this more when I return.

35. Why is the speaker unable to attend the meeting?

36. What did Aaron suggest doing?

37. What does the woman mean when she says, "Let's talk about this more when I return"?

Questions 38-40 refer to the following recorded message.

> You have reached the Contemporary Art Society. We've displayed contemporary art, not only on canvas, but statues, to the public for over 10 years. Our hours of operation are Monday through Friday from 9 a.m. to 7 p.m., and Saturdays from 10 a.m. until 5 p.m. Please be aware, guided tours are held only three times a day. If you would like to make a reservation, please do so online on our Web site. A calendar with available times can be found by clicking the "Reservations" tab. Thank you for calling.

38. What type of organization is the Contemporary Art Society?

39. What is the maximum number of tours that can be given in a day?

40. How can a listener make a reservation?

Questions 41-43 refer to the following recorded message.

> Thank you for calling the Rochester Medical Clinic, located on Tonawanda Boulevard. If you're calling to schedule an appointment with a doctor, please leave a message or call again when our office is open. Our regular office hours are from 9 a.m. to 7 p.m. Monday through Friday, and 10 a.m. to 3:30 p.m. on Saturdays. However, our office will be closed on Thursday, September 25, because our doctors will be leaving at 9 a.m. to attend a conference in Chicago. Therefore, no appointments can be made for that day. Please leave a message after the tone and we will return your call when we are available.

41. Who is the message probably for?

42. What is the message mainly about?

43. According to the message, what will happen on September 25?

Questions 44-46 refer to the following telephone message.

> Hello, this is Abel Ross from the clothing manufacturer Stylish Imports. I am calling because I need some more information regarding the safety inspection that you did yesterday. The majority of your report is quite detailed, but there is no explanation on the comments section as to why we failed the inspection. We recently got a very large order that needs to be filled as soon as possible, but are unable to do so because we cannot improve our machinery if we don't know why it failed the inspection. Please call me back as soon as possible.

44. Why is the man calling?

45. What happened yesterday?

46. What does the speaker say he is worried about?

Questions 47-49 refer to the following telephone message and table.

> Hi, my name is Diana, and I drive one of your trucks. I was scheduled to deliver a few chairs and desks to your client, Mr. Geovanni. As per our company policy, I'm supposed to contact Mr. Geovanni and inform him of the delivery 30 minutes beforehand. However, when I called to confirm it with him, he told me that he is expecting the delivery a day later. I'm on the road now with his order, so this is quite an inconvenience for me. If the sales representative in charge of the order could call me back to explain what happened, I would appreciate it.

47. Who is the speaker?

48. Look at the graphic. What information is incorrect?

49. What does the speaker request?

TEST 2

Part 1

1. (A) The man and woman are unloading a cart.
    (B) The man and woman are inspecting a product.
    (C) The man and woman are paying for groceries.
    (D) The man and woman are standing face to face.

2. (A) They are pulling their suitcases.
    (B) One of the women is holding a boarding pass.
    (C) One of the men is putting on a hat.
    (D) They are walking along the street.

3. (A) Some people are enjoying a performance.
    (B) Some people are taking a walk.
    (C) A woman is resting under a tree.
    (D) A man is posing for a picture.

Part 2

4. Where are the new chairs being made?
    (A) Mr. Dalton is the new chairman.
    (B) In Canada.
    (C) The old one.

5. Did you hear that the new exhibit will open next Wednesday?
    (A) A flyer.
    (B) Yes, and I'm planning to go.
    (C) The art museum is far away.

6. Excuse me, is this your car key?
    (A) No, I lost my credit card.
    (B) Long time no see.
    (C) Oh, thanks. That's mine.

7. Should I put these reports in the drawer?
    (A) Did you draw the line?
    (B) A budget report.
    (C) Of course. That will be helpful.

8. Have you repaired the elevator?
    (A) Three technicians.
    (B) Only four hours.
    (C) No, not yet.

9. Who's responsible for picking up Mr. Kang from the airport?
    (A) Sarah from Accounting.
    (B) Next Thursday, I guess?
    (C) Yes, it is scheduled.

10. When will construction on Highway 7 be done?
    (A) It was constructed five years ago.
    (B) Not until next week.
    (C) Between Highway 7 and Fifth Street.

11. Has your boss approved your business trip yet?

(A) I'm taking a taxi to the airport.

(B) I just made a request.

(C) My business trip to New York.

12. Can we hire additional assistants?

(A) A résumé and cover letter.

(B) No, we can't afford it.

(C) I think the new ad is very appealing.

13. Do you know where Samantha's Studio is?

(A) It's on the fifth floor.

(B) I've been studying for hours.

(C) Next Tuesday at 2:30.

14. Have you contacted Mr. Garcia yet?

(A) Here's the sales contract.

(B) We will meet tomorrow.

(C) Do you have your contact list?

15. Which train should I take to go to Busan?

(A) A new shopping mall.

(B) The schedule is over there.

(C) A window seat, please.

16. Could you present the new designs to our clients?

(A) Around 30.

(B) Sure, I can do that.

(C) An anniversary gift.

Part 3

Questions 17-19 refer to the following conversation.

M: Hi. My name is Robert, and I'm from Dalton Corporation. I'm calling today to confirm the delivery date for the new computer you ordered. Could you confirm that this Wednesday is still good for the delivery?

W: Oh, good thing that you called! As it turns out, I have an important meeting that morning. Can we reschedule it to next Monday?

M: Let me check the availability. Yes, Monday at 10:30 A.M. is indeed available. Would you like us to schedule the delivery for that time?

W: Yes, please. Also, could you give me a call 30 minutes before you arrive? That would be helpful.

17. Why is the man calling?

18. Why will the woman be unavailable Wednesday morning?

19. What does the woman ask the man to do?

Questions 20-22 refer to the following conversation.

M: Hi, Ayako. I received your new design for the car seats yesterday. We can begin making them next month right here at our newly opened factory in China.

W: Great. Let's start with 100 car seats so that I can submit them for a safety inspection. How much do you estimate an order of that size will cost?

M: Well, luckily, it will be cheaper and faster to make all 100 seats in the same model. If you had wanted to try multiple designs, it would require more time and resources.

20. Where does the man most likely work?

21. Why does the woman need 100 car seats first?

22. According to the man, why does the request take less time?

Questions 23-25 refer to the following conversation.

M: Susan, I have never been on a business trip for work. I don't even know how to make the flight reservation. Can you help me out with it?

W: First, go ahead and check with your supervisor for the travel budget because there should be a reimbursement limit. Once you've done that, I will gladly help you book the flight.

M: All right. How about reimbursements? Do I need to file all the receipts?

W: As long as it is relevant to your work, the company will reimburse everything. And, of course, you'll need to file all your receipts.

23. What does the man ask for help with?

24. What does the woman suggest the man do?

25. According to the woman, what is needed for reimbursement?

Questions 26-28 refer to the following conversation.

W: Daniel, I heard that you have started your own language school. Is your business venture going well?

M: Yes, and the number of members is growing. I'm looking forward to next week's issue of *Town Life* magazine because we are being featured in it.

W: Wow, being featured in a magazine should bring in a lot of new students.

M: Right, and the article will emphasize the classes we offer such as business Spanish, business French, and more.

W: Business French? You know, I will go on a business trip to France soon.

M: Then come to the class tomorrow night. We offer trial lessons.

W: That sounds great.

26. What did the man recently do?

27. What is the man excited about?

28. What does the man suggest the woman do?

Questions 29-31 refer to the following conversation with three speakers.

M1: Hello, I'm calling from JT Incorporated. My meeting in Busan has been postponed, so I need to alter the travel plans I made through your agency.

W: No problem. However, there are additional costs associated with this type of request.

M1: That is a surprise. Your agency has not charged any additional fees before for revising travel plans.

W: I have my supervisor right here. Please hold while I ask him about this matter. Mr. Clive, someone from JT Incorporated wants to alter their travel plans. Are there additional charges for that?

M2: JT's contract allows them to alter their travel plans without additional charges as long as there is sufficient notice. What are the dates for the current reservations?

W: I am not sure. Let me ask and find out.

29. What are the speakers mainly discussing?

30. Where does the woman work?

31. What additional information does the woman need?

Questions 32-34 refer to the following conversation and table.

W: Are you Mr. Eric Johnson? Your carpet delivery is here.

M: Oh, is it from onlinecarpets.com?

W: Yes. Sorry I am late. There was a traffic jam on the highway. Where would you like me to put this carpet?

M: It's no problem. Please put it in the storage room over there.

W: OK. Are you paying the delivery fee in cash or with credit card?

M: In cash. The delivery fee is $60, right?

W: Actually, the delivery fee for the Brighton area is a bit higher.

M: I didn't know that, but OK.

32. What is the woman's job?

33. Why was the woman late?

34. Look at the graphic. How much does the man need to pay?

Part 4

Questions 35-37 refer to the following introduction.

On today's show, we're happy to be joined by Paul Bourdain. As some of you may know, Mr. Bourdain is the owner and head chef of Paul's Kitchen on Main Street. Paul's Kitchen has been one of the most popular restaurants in the region for the last ten years. We've asked Mr. Bourdain to come to our station today to talk about his newly released cookbook, which has been on the bestseller list of most major newspapers for more than four weeks. His book, *Bon Appétit with Paul Bourdain*, includes recipes and cooking tips for healthy homemade meals. After the interview, Mr. Bourdain will be taking questions from our listeners. If you have something you want to ask Mr. Bourdain, call us at 555-3429.

35. Who is Mr. Bourdain?

36. What did Mr. Bourdain recently do?

37. What will probably happen next?

Questions 38-40 refer to the following excerpt from a meeting.

As senior managers of this branch of Burger Time, it is our duty at today's meeting to pick one junior manager whose performance and dedication make him or her deserving of a senior position. The first candidate I'd like to discuss is Colton Waddell. Colton started working for the restaurant around six years ago, and for the past two years he has been responsible for running our monthly skills workshops for new recruits. He has also played a key role in creating the successful Smiley Meal promotional campaign. Before discussing our next candidate, Kristina Moss, let's take a moment to look over Colton's company file and his past achievements at Burger Time.

38. What is the purpose of the meeting?

39. What does Colton Waddell do?

40. What will the listeners most likely do next?

Questions 41-43 refer to the following talk.

Welcome to Marketing Manager Anton Quan's promotion party! Anton has dedicated himself to the highest standard of success during his time here. As you know, ever since he joined our Canada region, our company has experienced tremendous growth. Once he took over, our number of locations in Canada more than tripled. Of course, he didn't do it by himself, but we cannot deny that he contributed so much. And now, after being promoted to Marketing Director, he will be joining our latest expansion efforts in South America. Anton, I would like to invite you to the stage now to present you with a gift that shows our appreciation of your services over the years.

41. What event is being held?

42. What is mentioned about Mr. Quan?

43. What will happen next?

Questions 44-46 refer to the following excerpt from a meeting.

It is my pleasure to announce that we have finalized the building renovation details and construction will begin shortly. I have the blueprints of the floor plans, so if you are interested in seeing them, please let me know. I would be happy to share them. You might also be curious about how our parking situation will improve. Well, the plans also include a parking tower! Now, I'll be happy to answer any questions regarding the upcoming renovations.

44. What is the main purpose of the talk?

45. What does the speaker mean when he says, "the plans also include a parking tower"?

46. What are the listeners asked to do?

Questions 47-49 refer to the following excerpt from a meeting and form.

Thanks for attending this meeting. As you know, the Graphic Design Department created a new company logo this year. We really love the new logo, so we decided to participate in a corporate design competition in February. The results came in yesterday, and among hundreds of entries, we won the Best Company Logo Award! The awards ceremony will be held next week in Chicago, and we fully encourage members of the Graphic Design Department to attend. Please still fill out the required travel request form, though. And, to further show our appreciation, we have ordered cupcakes from Downhill Bakery. You can enjoy them in the cafeteria.

47. What is the topic of the talk?

48. Look at the graphic. Which section will most likely cause Mr. Doneti's request to be denied?

49. What will the listeners most likely do next?

TEST 3

Part 1

1. (C) **2.** (C) **3.** (B)

Part 2

4. (B) **5.** (C) **6.** (C) **7.** (B) **8.** (C) **9.** (C) **10.** (C)
11. (B) **12.** (C) **13.** (A) **14.** (A) **15.** (C) **16.** (B)

Part 3

17. (A) **18.** (D) **19.** (D) **20.** (D) **21.** (D) **22.** (C) **23.** (C)
24. (B) **25.** (B) **26.** (B) **27.** (B) **28.** (A) **29.** (A) **30.** (A)
31. (B) **32.** (D) **33.** (B) **34.** (C)

Part 4

35. (A) **36.** (B) **37.** (C) **38.** (D) **39.** (B) **40.** (B) **41.** (A)
42. (D) **43.** (B) **44.** (A) **45.** (D) **46.** (C) **47.** (B) **48.** (C)
49. (C)

Part 5

50. (A) **51.** (D) **52.** (C) **53.** (B) **54.** (C) **55.** (D) **56.** (A)
57. (D) **58.** (C) **59.** (A) **60.** (B) **61.** (A) **62.** (A) **63.** (B)
64. (B)

Part 6

65. (B) **66.** (B) **67.** (D) **68.** (D) **69.** (D) **70.** (A) **71.** (B)
72. (A)

Part 7

73. (B) **74.** (C) **75.** (B) **76.** (D) **77.** (C) **78.** (A) **79.** (B)
80. (D) **81.** (A) **82.** (C) **83.** (A) **84.** (D) **85.** (B) **86.** (C)
87. (A) **88.** (D) **89.** (A) **90.** (A) **91.** (D) **92.** (B) **93.** (A)
94. (C) **95.** (C) **96.** (D) **97.** (B) **98.** (C) **99.** (B) **100.** (C)

Part 1

1. (A) Some pots are on the table.
(B) Some cups have been stacked next to the table.
(C) A teakettle is placed on the table.
(D) Some pastries are being displayed in a display case.

2. (A) Some books are being put on the shelves.
(B) Some shelves are being assembled.
(C) Some cushions have been placed on the sofa.
(D) A sofa is being moved to the corner.

3. (A) A bicycle is leaning against the wall.
(B) Some chairs and tables have been arranged in rows.
(C) Some cars are parked along the alley.
(D) Some chairs are occupied.

Part 2

4. Sales of our new shampoo line are better than we anticipated.
(A) The negotiations with our client.
(B) Indeed. I think the marketing was outstanding.
(C) On top of the bookshelf.

5. Do you know who's responsible for booking the conference venue?
(A) A reservation for 50.
(B) Yes, I attended the conference.
(C) I think Mr. Patel is.

6. Wasn't this sales report due last Friday?
(A) No, you don't have to report to Ms. Yamamoto.
(B) Mark it on page 13.
(C) The deadline has been moved back a week.

7. Didn't we submit our budget proposal last month?
(A) June or July.
(B) We decided to revise it.
(C) Sign at the bottom.

8. Hasn't the training been postponed?
(A) Glory Hotel, Grand Ballroom.
(B) Take the next train to Oxford.
(C) It is scheduled for next Tuesday.

9. Didn't Alex move to Chicago?
(A) A deeply moving experience.
(B) Let me look for the report.
(C) Yes, he transferred to the Chicago branch.

10. Ms. Baya has the copies of the agenda, doesn't she?
(A) Only black and white.
(B) Reserve a conference room.
(C) She made the copies, so yes.

11. Wasn't she promoted last year?

    (A) Our promotion team.

    (B) Yes, and she is a sales manager now.

    (C) Their new album.

12. Haven't those sales figures been updated yet?

    (A) Have some more.

    (B) They have just arrived in Sydney.

    (C) I will do it soon.

13. The office is locked, isn't it?

    (A) Ms. Kim probably has the key.

    (B) A leaking pipe.

    (C) Please park here.

14. Who's writing the budget proposal?

    (A) It hasn't been decided yet.

    (B) At 9 in the morning.

    (C) Mr. Peng has a good reputation.

15. Ms. Jones knows the departure time, doesn't she?

    (A) Flight 459.

    (B) No, I didn't pay.

    (C) Mr. Kang reminded her of it yesterday.

16. Why did our costs increase last quarter?

    (A) At a quarter till seven.

    (B) Tina will look into it.

    (C) Do you have this in red?

Part 3

Questions 17-19 refer to the following conversation.

M: Hi, my name is Gavin, and I'm calling from Air Fry Everything for Ms. Kim.

W: This is Ms. Kim.

M: I am terribly sorry to inform you that your order of two large-size air fryers was left out of the delivery schedule this morning by accident.

W: That is unfortunate. I'm replacing my oil fryers with air fryers to meet the new health inspection standards, and they need to be installed before Friday.

M: I understand. Would you hold on for a second? I'll let you speak to my supervisor to see if there's anything else that can be done for your delivery. I'm positive he can help.

17. Why is the man calling?

18. According to the woman, why is she trying to change the oil fryers to air fryers?

19. What will the man do next?

Questions 20-22 refer to the following conversation.

W: Hello, I am calling about a reservation I recently made through your agency. I just returned from my trip to Seoul, and I was very disappointed with the hotel. Your site stated that it was within walking distance of many major tourism attractions, but the closest attraction was 30 minutes by bus.

M: I am sorry to hear that.

W: Plus, you mentioned there was a kids' pool in the hotel, but it was still under construction.

M: Oh, the hotel didn't inform us of that, either.

W: Well, I would like a refund. My family and I couldn't enjoy the pool or the attractions.

M: Let me talk to my manager and call you back.

20. What is the purpose of the woman's call?

21. What does the woman say about the hotel service?

22. What will the man do next?

W: Hello, I am interested in ordering some chairs for a wedding I'm planning next month. I checked your Web site's selection, but do you have any other styles available? Plus, do you offer any discounts?

M: We offer discounts if you order more than twenty, and we have a large stock of chairs. The Web site just features our most popular items.

W: Oh, I'll definitely need more than twenty. Could you tell me where I can find images of your entire stock then? I didn't like the ones on the Web site.

M: Sure. I can send you our latest catalogue if you just give me your address.

23. Who most likely is the woman?

24. What does the woman imply when she says, "I'll definitely need more than twenty"?

25. What will the woman do next?

W: Hi, Tom. I reviewed the order for Mr. Sato's party next Tuesday.

M: OK. The restaurants will deliver the food around noon, so we'll have plenty of time to set up for the luncheon.

W: That's great, but I was thinking, I don't even know Mr. Sato.

M: I've met him a few times. He's worked here in Chicago for over eight years, and now he has been promoted to director of the Payroll Department in the Boston office.

W: It sounds like he deserves it. Oh, and one last thing. Did you check the beverage orders, too? I believe we ordered Zumba juice, but I want to make sure.

M: Oh, I'll do that now.

26. What event is scheduled for next Tuesday?

27. What does the man mention about Mr. Sato?

28. What will the man do next?

M: Hello. May I purchase three tickets for the next double decker bus tour?

W: Yes. We have several available seats on the upper deck. The tour offers seven different site stops, and its final destination is the Golden Goose Restaurant.

M: Oh, my parents will love that!

W: Golden Goose Restaurant requires all guests to pre-order from their menu. So, would you prefer the veggie lasagna or the sirloin steak?

M: Oh, well, we're vegetarians.

W: Ah, of course. Here are your tickets, and don't forget to bring your camera. There are clear skies, so you will have an incredible view of the city tonight.

29. What are the speakers mainly discussing?

30. What does the man imply when he says, "Oh, well, we're vegetarians"?

31. What does the woman tell the man to do?

W: Welcome to ABC Electro-Mart. How may I help you?

M: Hello. I purchased a smart phone from your store yesterday, but when I try to set it up, I keep getting an error message.

W: OK, no problem. Did you write down the error code?

M: Oh, no. I do remember it said something about a missing root file, though.

W: I think I know what's wrong. Let me check the manual… Yep, we need to do a factory reset on your phone.

M: Great! Can we do that now?

W: Sure, and if it doesn't work, you can just trade it in.

32. Where does the woman work?

33. Look at the graphic. Which error code does the man's phone have?

34. What does the woman offer to do?

Part 4

Questions 35-37 refer to the following advertisement.

Do you own a small store? Then you understand the difficulties of displaying all your products with such limited space. Well, here at Tom's Displays, we have the perfect solution for you! We have a wide selection of shelving units to fit any space. Whether you have high ceilings or narrow spaces, we have something for everyone. We also have a huge selection on our online store. And if you order within the next month, we will give you free installation! Visit our Web site today!

35. What is being advertised?

36. What does the speaker say about the online store?

37. What is being offered for free with customer purchases within the next month?

Questions 38-40 refer to the following broadcast.

Good evening folks, this is Channel 14 News. Our top story today is Mayor Heilman's press conference about the city's plans to repair the damaged roads in the surrounding area. The mayor has stated that the construction will begin on April 3 and that it will start on Main Street. There will be detour signs posted throughout the city on April 2. The mayor also announced that the city would be hiring at least fifty new workers to complete the roadwork. You can visit our Web site for detailed information about the new jobs.

38. What is the news report about?

39. What is suggested about Main Street?

40. What is available on the Web site?

Questions 41-43 refer to the following advertisement.

Are you having trouble getting in shape? Then, come see our fitness experts at the world-renowned St. Mary Health and Fitness Center. Our experts will monitor you as you perform simple exercises, and they'll use advanced technology to track a variety of health measurements as you exercise. The data collected will help us design your perfect exercise routine, one that is specifically catered to the way your body works. If you need to read what our patients have said, please visit our Web site and find the "Testimonials" section. Then, after seeing what we can help you do, call our office at 531-5921 to make an appointment.

41. What is being advertised?

42. What is available on the Web site?

43. How can a customer make a reservation?

Questions 44-46 refer to the following broadcast.

Welcome to Radio Now's Business Talk. Today, we'll be discussing ways for small businesses to expand their customer base. Small businesses tend to have a limited budget for advertising, so it's often difficult to acquire new customers. Later on in the show, we'll be talking with Edna Moore, who is a professional market trend analyst. Already well-known for her articles in leading business magazines, Ms. Moore published her first full-length book just last month. However, before we speak to Ms. Moore, I'd like to hear what our listeners think. If you are a small business owner, feel free to call in and share how you have been successful in marketing your business.

44. Who is the speaker?

45. What does the speaker say about Ms. Moore?

46. What are listeners encouraged to do?

Questions 47-49 refer to the following news report and forecast.

Next up is your weather forecast. I'm happy to say that the rain will give us a short break just in time for Ridgeville's annual baseball tournament. You can expect blue skies and plenty of sunshine, but it will still be a little chilly. And, I love sports, but I'm more excited that my favorite restaurant, Randy's Barbecue, will have a food truck at the park. Keep in mind, their full menu won't be available, so if you're looking forward to enjoying some delicious food, you can check their special menu beforehand by visiting the "Events" page of our station's Web site. There, you can find a full list of the food and drinks that will be available.

47. Look at the graphic. When will the baseball tournament take place?

48. What does the speaker say she is excited about?

49. What does the speaker recommend the listeners do?

TEST 4

Part 1

1. (D) **2.** (D) **3.** (B)

Part 2

4. (B) **5.** (A) **6.** (B) **7.** (A) **8.** (C) **9.** (C) **10.** (A)
11. (C) **12.** (A) **13.** (A) **14.** (A) **15.** (A) **16.** (A)

Part 3

17. (A) **18.** (A) **19.** (B) **20.** (B) **21.** (C) **22.** (B) **23.** (D)
24. (D) **25.** (A) **26.** (D) **27.** (A) **28.** (D) **29.** (B) **30.** (B)
31. (A) **32.** (D) **33.** (B) **34.** (D)

Part 4

35. (C) **36.** (C) **37.** (D) **38.** (C) **39.** (A) **40.** (B) **41.** (B)
42. (D) **43.** (A) **44.** (D) **45.** (D) **46.** (C) **47.** (A) **48.** (C)
49. (A)

Part 5

50. (C) **51.** (C) **52.** (C) **53.** (B) **54.** (C) **55.** (C) **56.** (B)
57. (D) **58.** (B) **59.** (A) **60.** (A) **61.** (C) **62.** (D) **63.** (C)
64. (B)

Part 6

65. (B) **66.** (B) **67.** (D) **68.** (D) **69.** (C) **70.** (A) **71.** (D)
72. (C)

Part 7

73. (D) **74.** (D) **75.** (D) **76.** (B) **77.** (A) **78.** (D) **79.** (D)
80. (A) **81.** (A) **82.** (C) **83.** (D) **84.** (C) **85.** (D) **86.** (A)
87. (B) **88.** (A) **89.** (D) **90.** (D) **91.** (D) **92.** (C) **93.** (C)
94. (D) **95.** (A) **96.** (D) **97.** (D) **98.** (C) **99.** (C) **100.** (D)

Part 1

1. (A) A man is wearing sunglasses.
(B) A man is packing up his musical instrument.
(C) A bag is being carried to the truck.
(D) There are mountains in the distance.

2. (A) A chemical plant is being built.
(B) A man is plowing the field.
(C) Flowers have been placed into the vase.
(D) A man is wearing gloves.

3. (A) Some women are taking pictures.
(B) Skyscrapers overlook the water.
(C) Some artists are performing near the harbor.
(D) A bridge is being constructed.

Part 2

4. Where would you recommend going for seafood?
(A) A recommendation letter from Dr. Strause.
(B) Sea World Restaurant on 5th Avenue.
(C) A reservation for four.

5. Can you lend me your laptop if possible?
(A) I need to work on a report tonight.
(B) What about the electronics shop on Main Street?
(C) I was really impressed.

6. Do you need a podium to give your speech tomorrow?
(A) Tomorrow and next Wednesday.
(B) If possible.
(C) It was a great speech.

7. Would you like to purchase an extended warranty on your new TV?
(A) Sure, that'll be great.
(B) We guarantee delivery by noon.
(C) Installation is free.

8. Should we make a reservation for a suite room or standard room?
(A) The reservation's under Mario.
(B) I guess in August.
(C) Only standard rooms are available.

9. Which of our restaurant's dishes has been the most popular this year?
(A) Yes, a great success.
(B) I think the price is a little bit higher.
(C) Let me check the sales data.

10. I am going to Madrid for my next summer vacation.
(A) For how long?
(B) Can you pick me up at the airport?

(C) Vacant positions.

11. Has the sales manager arrived yet?
(A) I will wait in the conference room.
(B) Managerial positions.
(C) No, his flight has been delayed.

12. Why was your flight delayed?
(A) Due to inclement weather.
(B) The airline said no.
(C) Did you postpone the flight?

13. Which parking lot would you like to use?
(A) The one we used last month.
(B) You should visit the new park.
(C) How about the red car on the corner?

14. Should we order more papers or do we have enough?
(A) Katrina ordered some yesterday.
(B) Yes, you're right.
(C) I prefer the red one.

15. Can you please take this luggage to my hotel room?
(A) Sure, no problem.
(B) Do you want to extend your stay?
(C) Check-in is at 10.

16. Do we have any more paper clips?
(A) They're usually on the shelf.
(B) 100 documents.
(C) The paper was interesting.

Part 3

Questions 17-19 refer to the following conversation with three speakers.

> W: Welcome to Great Reef Resort. How can I assist you today?
> M1: My name is Charles Waterloo from Dareville Corporation. I wanted to check on the status of our meeting room reservations for this afternoon.
> W: All right, I need to see a form of identification.
> M1: Here's my driver's license.
> W: Thanks. We have the Pelican Room reserved for you at 2:00 P.M.
> M2: The Pelican Room? There will be more than fifty people attending.
> M1: Oh, that's right. Are any other rooms available?
> W: There's one that might suit you better. I'll move your sign and projector over to it.

17. Where does the woman probably work?

18. What does one of the men mean when he says, "There will be more than fifty people attending"?

19. What does the woman say she will do?

Questions 20-22 refer to the following conversation.

> W: I am glad to hear that you are interested in renting one of our office spaces. I think you will like it.
> M: I hope I do. We are very interested. Many of our clients are in that area. Which spaces are available?
> W: Okay, let's start with the one on the first floor. It has easy access to the street and is easy to find.
> M: Hmm… We would have a lot of foot traffic.
> W: Indeed. And in your lease, it also states that you have access to the shared kitchen and break room.

20. Where does the woman probably work?

21. Why does the man say, "We would have a lot of foot traffic"?

22. What is offered at no cost?

Questions 23-25 refer to the following conversation.

M: Oh, Tanaka, I'm so glad you made it out here so quickly. As it turns out, two of the other servers have called in sick today.

W: No worries. However, I hurried here in a rush and forgot my uniform shirt.

M: I have an extra in my car, so that won't be an issue.

W: Good. So, what's going on today?

M: The Sky Cooperation's annual function is taking place. It's the first time our restaurant has hosted it. It's always been held at Olivia's Kitchen, but if it goes well, maybe they'll have it here again next year.

23. According to the man, what is the problem?
24. What does the man mean when he says, "that won't be an issue"?
25. What is mentioned about Sky Cooperation's function?

Questions 26-28 refer to the following conversation.

M: Hello, Natasha. I should be able to come to the fundraiser on September 29.

W: I'm glad that you'll be able to attend, Jacob. Which meal option would you like?

M: Are there any vegetarian options?

W: Sure, there are two: a zucchini sauce pasta and a mixed vegetable salad.

M: Oh, I am not a fan of pasta.

W: That's taken care of, then. We also have some musical entertainment planned during the evening. If you want a seat close to the stage, you will have to arrive before 6:00 P.M.

26. Why is the man calling?
27. What does the man mean when he says, "I am not a fan of pasta"?
28. Why should the man arrive before 6 P.M.?

Questions 29-31 refer to the following conversation.

M: Hi, can I sit here? I'm excited to see this presentation on policy management.

W: Sure. Me, too. I hope it gives me some more insight on innovative company policies. This convention has been excellent so far this year.

M: Definitely. Where are you from?

W: I work in sales at GHT Incorporated. We sell stationery and other office supplies.

M: Oh, I'm from the Purchasing Department at ULI. We're actually looking for a new office supplies vendor.

W: Really? Well, if you would like, after this we can talk, and I can give you some quotes.

M: I have to leave directly after the presentation, but here's my business card. Give me a call anytime next week.

29. Where are the speakers?
30. Why does the man say, "We're actually looking for a new office supplies vendor"?
31. What does the man give the woman?

Questions 32-34 refer to the following conversation and floor guide.

W: Welcome to the Bertram Metropolitan Museum. How can I help you today?

M: Can you point me in the direction of the Andy Kartina exhibit? I need to meet my parents there.

W: First of all, take this pamphlet that tells you about our galleries and exhibits for this week. And you can find the gallery on the floor where the souvenir shop is. The elevator is next to the auditorium over there. Is there anything else?

M: One more thing. I heard that there is a class on dinosaurs that is available this season.

W: Yes, you can register for it via our Web site.

M: Great, I will make sure to register for that.

32. What does the woman give the man?
33. Look at the graphic. What floor does the man need to go to?
34. Why should the man visit the Web site?

Part 4

This is the office manager with an announcement for all employees in our building. The building's maintenance department has just informed me that they will be doing maintenance work on the building's elevators for three days starting on Wednesday. Because of this, the main elevators in the building will not be operational. These elevators will start operating again on Friday afternoon. Until then, all employees in the building will have to use the elevator on the west side of the building or the stairway near the rear entrance. If the work lasts longer than expected, we will make sure to notify all employees in advance.

35. What is the main purpose of the announcement?
36. When does the speaker expect conditions to return to normal?
37. According to the speaker, what should the employees do?

Questions 38-40 refer to the following announcement.

Ladies and gentlemen, welcome on board Flight 33B2 with service from London to San Francisco. We are expected to take off in approximately ten minutes. We ask that you please fasten your seatbelts and secure all baggage underneath your seat. We do, unfortunately, have a shortage of overhead space, so if your carry-on bags do not fit under your seat, please let the cabin crew know. Also, we ask that you review your in-flight meal options listed in the magazine stored in the seat pocket. A flight attendant will ask for your order shortly after take-off.

38. Where is the announcement being made?
39. What problem does the speaker mention?
40. What are the listeners asked to do?

Questions 41-43 refer to the following announcement.

Good morning. I have an announcement for everyone. We will have a press conference tomorrow morning. So, I'd like to review our security procedures for it. We are going to set up two check-in tables at the entrance. We will hand out press passes there. As you know, press passes are reserved for working members of the press only. This includes reporters, producers, camera crews, photographers and industry analysts. Before handing out press passes, you should ask the guests to provide a valid ID. Please call Helena Jameria at 555-1938 for a copy of the guest list.

41. What is the purpose of the announcement?
42. What is required to receive a press pass?
43. What are the listeners asked to do?

Questions 44-46 refer to the following announcement.

Good morning all. Welcome aboard World Airlines Flight 888. Our destination is Fukuoka, Japan, and we should be there in about four hours. Although we expected the weather to be clear and sunny, there is light rain in Japan. Fortunately, the skies are expected to clear up later today, so there will not be any delay to our flight. In the seat back in front of you, we have magazines for duty free shopping. Just circle what you would like to order and press the attendant call button to summon a flight attendant when you are ready. Now, a variety of snacks and beverages will be served. Thank you for choosing World Airlines and I hope you enjoy your flight.

44. Who most likely is the speaker?
45. What does the speaker mention?
46. What will probably happen next?

Welcome to today's class on small business startups. We'll be talking about designing a logo that represents the company you're creating. It's how customers will identify you, so the first thing you should do is consider the message you want to communicate. If you take out your handout, we'll begin by looking at the section "Creative advertising at your fingertips." Here, we'll learn that alongside your logo, you also need a slogan that tells customers what your company is all about. Now, try to come up with phrases that might work for your own business. You'll find some paper and pens in your packets.

47. Who are the listeners?

48. Look at the graphic. What page should the listeners open to?

49. What are the listeners asked to do?

TEST 5

Part 1

1. (C) **2.** (A) **3.** (A)

Part 2

4. (C) **5.** (C) **6.** (C) **7.** (A) **8.** (B) **9.** (C) **10.** (B)
11. (B) **12.** (B) **13.** (A) **14.** (B) **15.** (A) **16.** (A)

Part 3

17. (A) **18.** (B) **19.** (A) **20.** (C) **21.** (B) **22.** (A) **23.** (C)
24. (A) **25.** (D) **26.** (B) **27.** (A) **28.** (D) **29.** (C) **30.** (D)
31. (B) **32.** (A) **33.** (B) **34.** (B)

Part 4

35. (C) **36.** (C) **37.** (A) **38.** (D) **39.** (A) **40.** (D) **41.** (C)
42. (C) **43.** (A) **44.** (C) **45.** (B) **46.** (B) **47.** (A) **48.** (B)
49. (D)

Part 5

50. (B) **51.** (C) **52.** (D) **53.** (A) **54.** (D) **55.** (B) **56.** (C)
57. (B) **58.** (D) **59.** (D) **60.** (C) **61.** (B) **62.** (C) **63.** (B)
64. (B)

Part 6

65. (B) **66.** (C) **67.** (D) **68.** (A) **69.** (B) **70.** (A) **71.** (A)
72. (A)

Part 7

73. (B) **74.** (B) **75.** (D) **76.** (B) **77.** (B) **78.** (A) **79.** (A)
80. (D) **81.** (A) **82.** (C) **83.** (B) **84.** (C) **85.** (A) **86.** (B)
87. (D) **88.** (C) **89.** (D) **90.** (A) **91.** (A) **92.** (C) **93.** (D)
94. (C) **95.** (B) **96.** (B) **97.** (A) **98.** (B) **99.** (D) **100.** (B)

Part 1

1. (A) One of the men is posting a sign on a wall.
   (B) The cars are parked along the street.
   (C) There are bicycles next to the bus stop.
   (D) One of the men is holding a magazine.

2. (A) Some lab equipment is on the desk.
   (B) A lab assistant is measuring some liquid.
   (C) One of the drawers is left open.
   (D) A microscope is being used.

3. (A) Some bread has been displayed for sale.
    (B) The items are being placed in a display case.
    (C) Some customers are lined up to make a purchase.
    (D) One of the baskets is empty.

Part 2

4. I can't seem to open the attachment in your e-mail.
    (A) Did you attach the file?
    (B) We are scheduled to attend the seminar.
    (C) Sorry, let me send it again.

5. What time are we meeting with the clients from Brazil?
    (A) It's no problem.
    (B) The new class starts on May 4.
    (C) After lunch, in conference room C.

6. Should we take the bus or a taxi to the museum?
    (A) Please put the application here.
    (B) A painting and an artist.
    (C) I see the bus stop over there.

7. We have to postpone the training until June 30.
    (A) OK, let me reserve the venue for that date.
    (B) I know where the post office is.
    (C) For three hours.

8. Please leave the document on my desk.
    (A) We went to buy it yesterday.
    (B) Sure, I'd be glad to.
    (C) They will leave tomorrow.

9. You reviewed the budget proposal, didn't you?
    (A) Probably a budget cut.
    (B) The finance committee.
    (C) No, I didn't have time.

10. The safety inspection is on next Tuesday.
    (A) Yes, please.
    (B) We are fully prepared.
    (C) Three inspectors.

11. Let me know when you're done with the proposal.
    (A) No, they didn't propose it.
    (B) Yes, it'll take a few hours.
    (C) For a new building project.

12. Why don't we purchase the concert tickets online?
    (A) Your ID and password.
    (B) I already did.
    (C) It depends on the weather.

13. We should post a training schedule on the company Web site.
    (A) That's not necessary.
    (B) The post office is over there.
    (C) Tuesday and Wednesday.

14. I was very impressed with the lecture yesterday.
    (A) Through express mail.
    (B) Yes, I learned a lot.
    (C) You need to sign up for the class.

15. I didn't receive the receipt for this book.
    (A) I will issue it right away.
    (B) She is the recipient.
    (C) You need a receipt when you return.

16. Isn't it supposed to snow tonight?
    (A) That's what the forecast said.
    (B) It's an old coat.
    (C) Last night's news report.

Part 3

Questions 17-19 refer to the following conversation.

> W: Previously, we have been doing on-campus recruiting for new attorneys every summer. But for next year, I would like to try a different method for recruiting recent graduates.
> M: Well, last year could've gone better.
> W: Right. And since our attorneys on the recruiting team spend so much time visiting law schools to hold the recruiting sessions, they fall behind on their clients' work.
> M: Yes, I have noticed the same issue.
> W: Perhaps we can try to hire an outside recruiting firm. Most companies our size use them and then pay a commission fee upon the actual hiring.
> M: That's a good strategy.
> W: Let me find some reliable firms online.

17. What are the speakers discussing?
18. What does the man mean when he says, "last year could've gone better"?
19. What will the woman do next?

Questions 20-22 refer to the following conversation.

> M: Hey, Chloe. I couldn't make it to the staff meeting yesterday afternoon. I was caught up with another conference call with a client. Were you there?
> W: Yes, but I think everyone who was supposed to be there has received the meeting minutes.
> M: I did, but I didn't quite understand the part covering overtime meal expenses. Was there any further explanation about it?
> W: Not really. Just open the minutes and click on the link in that section. Then you'll see the company's additional instructions on what is covered by overtime meal expenses.
> M: Oh, I didn't know that. Thanks.

20. What did the man do yesterday?
21. What does the man mean when he says, "Were you there"?
22. What does the woman suggest doing?

Questions 23-25 refer to the following conversation and map.

> M: Seong, the parking ramp behind our lab will be closed for construction next week. Can you notify the rest of the team?
> W: Sure. Where should we park until the construction is finished?
> M: We have been given permission to park in the parking lot located at the front of the community building until the construction is finished.
> W: That's a long distance from our lab. If the weather gets bad, we are going to have difficulty getting to our lab.
> M: Don't worry, the company is going to provide a shuttle bus for us until the construction is finished.

23. What are the speakers discussing?
24. Look at the graphic. Where should the employees park?
25. What is offered for the employees?

Questions 26-28 refer to the following conversation and table.

> M: Sue, I'm in the middle of drafting the bill for Attorney Gridlock's clients and I'm continuously getting an error message for the billing code.
> W: Oh, the billing codes have been revised. You must be using the old code list.
> M: Do you have the updated version?
> W: I do. Which code do you need?
> M: I need the code for legal research.
> W: Here you go, use this one.
> M: Great. Can you share the updated code list?
> W: I can, but I think they are adding it to the billing system shortly. You won't need to manually input the codes anymore. Why don't you ask Sarah about it?

26. What problem is the man experiencing?
27. Look at the graphic. What code is the man looking for?
28. What does the woman tell the man to do?

Questions 29-31 refer to the following conversation and schedule.

M: Hello, Vera, it's Ted. EK Industries was very impressed with your proposal and would like to schedule a presentation. If it goes well, we will be their sole supplier of printer paper.

W: That's great. You know, Angela Lee from Advertising helped me a lot.

M: She does an outstanding job writing our company newsletter as well. Anyway, will next Monday work?

W: Hmm… If someone helps me make the presentation slides, I can do it next Tuesday.

M: Samuel from the Design Department can help you, and I'll let EK Industries know about the date. I have an event I need to attend that day, so I won't be at your presentation.

W: That's OK.

29. What kind of business do the speakers work in?

30. What is mentioned about Ms. Lee?

31. Look at the graphic. Why can the man not attend the woman's presentation?

Questions 32-34 refer to the following conversation and map.

W: Hi, Mr. Freeman. This is Kirin Oguri, the HR manager in charge of hiring for Bit-Keep Industries. Your job application has been reviewed and you are invited for an interview. Did you see the e-mail I sent?

M: Oh, let me check... Yes, I have it.

W: Do you see the attachment?

M: Yes. There's a map and a form.

W: Great. Our office is on First Avenue, right between the Plaza and the fountain on Krumb Street. We're on the fifth floor.

M: Great. Is there anything I should prepare?

W: No, but please fill out the attached form and send it by Monday at 10 A.M.

M: OK. Thanks.

32. What did Mr. Freeman do?

33. According to the woman, what is attached with the e-mail?

34. Look at the graphic. Where will the job interview be held?

Part 4

Questions 35-37 refer to the following talk.

On behalf of the Human Resources Department, I would like to personally thank you all, our top flight attendants, for attending this very important workshop. Today, you will learn how to deal with medical emergencies that can occur during a flight. First, you will watch an instructional video, and after that, we will practice various simple but life-saving techniques. Then we will have a short break for lunch. It will take approximately 45 minutes to watch the whole video, and we should get started since the whole training will take about five hours. But first, if you haven't changed into your uniform yet, please use the changing room in the back.

35. What department does the woman most likely work in?

36. What does the woman mention about the instructional video?

37. What will happen next?

Questions 38-40 refer to the following tour information.

Welcome to City Donut's factory in Chicago. We will be looking around the main production floor today and seeing how our donuts are made. We will start in the packaging room and move on to the donut baking room. After that, Sophia Chen, the production manager, will join us. She will tell us about daily operations and then lead us to the tasting room where we will taste six different flavors of donuts, including the caramel-salt flavor, which Ms. Chen suggested. After the tasting, we will go to the auditorium and watch a short video clip about the company's history. And please remember: while on tour, please do not touch anything.

38. Where most likely are the listeners?

39. Who is Sophia Chen?

40. What will the listeners do after the tasting?

Questions 41-43 refer to the following recorded message and floor guide.

Hello, this is Jeff. I would like to talk to you about moving your office. I know moving is a burden, but the new office space is closer to the other members of your team and it will be further from the break room, which means it will be quieter. We would like you to move so that we can have our entire team in the same area. So, when you have a marketing meeting with your team, it will be easier for you to attend. This will allow our team as well as yours to communicate more efficiently. I'll send you an e-mail with an attachment of the new floor plan now.

41. What is the purpose of the message?

42. Look at the graph. Which floor is Jeff moving to?

43. What will the speaker do next?

Questions 44-46 refer to the following tour information and schedule.

On behalf of the Metropolitan Museum, I would like to thank you for joining our tour today. I apologize for any inconvenience caused by the renovations, but the 19th Century Jewelry exhibit will reopen in June with a larger collection. Since we can't see it today, we will spend more time in Andy Hall, where the Jack Timothy Sculpture exhibit is going on. Also, I would like to encourage you to attend a showing of *Jack Timothy's Life*, which is a documentary about the artist. It will start in ten minutes. It's narrated by Fulton University professor Roberto Martinez and I highly recommend it to anyone interested in modern art.

44. Who most likely are the listeners?

45. What is suggested about the renovations?

46. Look at the graphic. Where does the speaker encourage the listeners to go for the documentary?

Questions 47-49 refer to the following tour information and map.

Good morning, everyone. My name is Erica, and I will be your tour guide today. I have been working as a guide for five years, so I am quite familiar with Dark Creek Forest. The trail we will be hiking today starts easy but becomes steeper once we reach Canopy Point. It usually takes two hours to get there, and from there we'll depart for Spark Point, which will be the furthest we'll go. I will take some group photos at our final destination, and you can see and purchase the photos after we return. Oh, and I hope you all remembered to wear hiking boots. We'll start in ten minutes.

47. What does the speaker mention about herself?

48. Look at the graphic. How long does it take to reach the hiking group's final destination?

49. What are the listeners expected to wear?